我国太空活动现代化治理体系发展战略研究

吴伟仁　唐玉华　王大轶　等　著

中国宇航出版社
·北京·

图书在版编目（CIP）数据

我国太空活动现代化治理体系发展战略研究 / 吴伟仁等著. -- 北京：中国宇航出版社，2022.4

ISBN 978-7-5159-1955-3

Ⅰ.①我… Ⅱ.①吴… Ⅲ.①空间探索－现代化管理－研究－中国 Ⅳ.①F426.5

中国版本图书馆CIP数据核字(2021)第150039号

责任编辑　彭晨光　朱琳琳　　**封面设计**　宇星文化

出版发行　中国宇航出版社

社　址　北京市阜成路8号　邮　编　100830

(010)68768548

网　址　www.caphbook.com

经　销　新华书店

发行部　(010)68767386　(010)68371900

(010)68767382　(010)88100613（传真）

零售店　读者服务部　(010)68371105

承　印　北京厚诚则铭印刷科技有限公司

版　次　2022年4月第1版

2022年4月第1次印刷

规　格　787×1092

开　本　1/16

印　张　17.25　彩　插　4面

字　数　366千字

书　号　ISBN 978-7-5159-1955-3

定　价　128.00元

《我国太空活动现代化治理体系发展战略研究》编委会名单

顾　问　(按姓氏笔画排序)

王礼恒　龙乐豪　卢锡城　李伯虎　吕跃广

杜善义　何　友　沈荣骏　戚发轫

编　委　会

主　任　吴伟仁

成　员　于登云　王　赤　刘继忠　胡朝斌　李　明

王冀莲　王大轶　唐玉华

编　写　组

组　长　唐玉华

副组长　王大轶

成　员　黄晓峰　侯宇葵　申志强　邢卓异　王　彤

杜　辉　吴　克　张　哲　郭筱曦　任　迪

许菁菁　贠　敏　范嵬娜　付春岭　赵小宇

前　言

太空是海、陆、空之外人类活动的第四疆域，具有重大的政治、军事和经济价值，不受国界限制且充满未知与挑战。太空活动是指人类进入太空、探索太空、开发利用太空的各种行为，具有高技术、高风险、高投入和长周期等特点。太空活动治理是国家或组织规范进入、探索、开发和利用太空过程中采取的一系列管理活动。

自 1957 年第一颗人造地球卫星发射以来，太空的科学价值、应用价值和战略价值，使人类的太空活动越来越频繁，近年来更呈现出高速发展态势。据统计，2021 年全球共实施了 146 次航天发射，卫星数量创纪录地达到了 1 851 颗。截至目前，全球共发射 12 000 多颗卫星，仍在轨运行的 5 000 余颗，空间轨道日渐拥挤；部分解体和废弃的卫星成为太空垃圾，目前可观测到的 10 cm 以上空间碎片数量已近 30 000 个，空间环境日趋恶化，严重威胁在轨航天器的安全。此外，随着进入太空成本门槛不断降低，各国商业航天蓬勃兴起，规模庞大的低价值航天活动呈无序化发展态势，美国星链计划将发射 40 000 多颗近地轨道卫星，令本已“满目疮痍”的太空“雪上加霜”。此外，随着对深空探测这一新兴领域的重视，主要航天国家在国际新规则制定和话语权主导方面展开角逐，如美国与 13 个“志同道合”的国家签署《阿尔忒弥斯协定》，形成月球探测“小北约”，力图在月面划定保护区，遏制其他国家月球探索活动，国际格局和秩序面临重塑。有效开展太空治理，创造和谐的太空活动环境，促进人类太空活动长期可持续发展，成为全球急需解决的重要问题。

太空治理是全人类共同的责任。各国由于国情不同，太空治理呈现出多样化的特点。较典型的是美国，通过联邦、政府部门和地方等一系列的法规、文件，形成了军、民、商分制管理、相互协调、共为一体的太空活动组织管理体系。我国航天经过60多年的发展，已初步建立了有效的航天管理体系，太空活动总体上规范有序，但在组织架构、法律法规、国际参与以及治理技术等方面尚有待提高。组织管理方面存在多头管理、统筹力度不够的问题；法律法规方面尚未出台航天法，法规体系亟待完善；国际合作的广度和话语权不高；太空治理的支撑技术不强，不足以支持日益增长的太空治理需求。我国的太空活动现代化治理体系尚待完善和发展。

太空活动现代化治理就是在组织管理、法律法规、国际合作和技术手段等几个方面，改革不适应新时代发展的体制机制障碍，完善法律法规体系，补齐技术短板，实现太空活动治理科学化、系统化、制度化、法治化。太空活动治理现代化也是国家治理现代化的重要支撑，是国家参与全球治理的重要手段，更是实现航天强国目标的重要保障。

本书在中国工程院重大咨询课题“太空活动现代化治理体系发展战略研究”原创性研究成果的基础上凝练形成。全书共分7章。第1章介绍了太空治理的概念及其内涵。第2章梳理了新时期太空活动治理面临的形势以及国外太空活动治理的特点。第3~6章分别从组织管理、法律法规、国际合作和支撑技术四个方面开展深入研究和探讨，是本书的核心所在。第7章提出太空活动现代化治理的建议。

在课题研究和本书编写过程中，探月与航天工程中心、中国空间技术研究院、北京空间飞行器总体设计部、北京空间科技信息研究所、中国科学院国家空间科学中心等单位深度参与，给予了大力支持。课题组通过查阅文献资料、实地调研、咨询访谈和学术研讨等形式，使研究内容更加详实、观点更加成熟、体系更加完善、建议更加合理，力图为从事太空治理的管理者和技术人员提供参考和借鉴，但由于水平有限，疏漏与不足之处在所难免，恳请广大读者不吝指正。

吴伟仁

2022年2月18日

目 录

第 1 章　绪　论

党的十九届四中全会指出："坚持和完善中国特色社会主义制度、推进国家治理体系和治理能力现代化，是全党的一项重大战略任务。"治理能力现代化就是要适应时代变化，勇于改革不适应实践发展要求的体制机制障碍、法律法规短板，实现各项事务治理的制度化、规范化、程序化和科学化。

太空活动治理是国家治理的重要组成部分，是对进入太空、探索太空、开发太空和利用太空各种活动的管理与规范，涵盖组织管理、法律法规、国际治理和支撑技术等多个方面。经过 60 多年的发展，我国航天事业取得了辉煌的成就，但依然存在行业管理效率不高，法律法规建设滞后，国际话语权、主导权不强，自主创新能力较弱等制约发展的突出问题，凸显我国太空活动现代化治理能力亟待提升。

本书为了贯彻落实十九届四中全会精神，聚焦太空活动现代化治理体系、治理能力和治理手段等开展深入研究，提出对策建议，不仅是推进航天强国建设的重大支撑，也是丰富我国现代国家治理体系的有益探索。

1.1　太空活动治理核心概念及其内涵

1.1.1　太空与太空活动

太空（Space），又称为外层空间或空间，是指地球大气层以外的宇宙空间。太阳系以内的空间可分为行星空间和行星际空间。行星空间是指行星引力的作用范围，或行星磁层、大气层所及范围。例如地球空间，若按地球引力作用范围来确定，其半径为从地心向外约 93 万千米；若按地球磁层所及范围来确定，其半径为从地心向外约 6.5 万千米。太阳系行星之间的空间（除行星空间外）称为行星际空间。太阳系以外的空间可分为恒星际空间、恒星系空间和星系际空间等。一些国际组织规定，距地球约等于或大于地–月距离（约为 38.4 万千米）的空间称为深空。有时把地球静止卫星轨道高度（约为 3.58 万千米）及其以下的空间称为近地空间。外层空间的下界一般认为距地面 100 千米左右①。太空可以说是海、陆、空之外人类活动的第四疆域，具有重大的政治价值、军事价值和经济价

① 侯深渊．太空//栾恩杰，等．国防科技名词大典：航天．北京：航空工业出版社，兵器工业出版社，原子能出版社，2002：426.

值，不受国界限制，充满未知与挑战，具有高技术、高投入、高风险、高效益和长周期等特点。太空治理能力是反映一个国家综合实力的一项重要指标，也是维护国家安全的战略基石，是大国博弈的战略高地。

太空活动（Space Activity）是人类进入太空、探索太空、开发和利用太空的各种活动。从不同角度看，太空活动的分类不同。从行为特性上看，太空活动分为进出太空、探索太空和利用太空。从学术特性上看，太空活动分为空间科学、空间技术和空间应用。从应用特性上看，太空活动分为军事航天、民用航天和商业航天。从资产特性上看，支持太空活动的载体包括发射场、运载器、卫星、飞船、深空探测器、测控系统、测量船等。从安全特性上看，太空活动包括进出空间、空间态势感知、垃圾清除、废弃物处置、行星防御、冲突对抗（干扰与抗干扰、摧毁与被摧毁）等。太空活动既为国民经济、军事运用和科技发展带来了重大倍增效果，促进了世界经济发展和社会稳定运行，也有可能是国家间不信任和紧张局势的潜在来源。

太空活动是当今世界最具挑战性和广泛带动性的高科技领域之一，深刻改变了人类对宇宙的认知，为人类社会进步提供了重要动力。探索外层空间，将有效扩展人类对地球和宇宙的认识；对外层空间的和平利用，将促进人类文明和社会进步，造福全人类；同时，空间活动将满足国家经济建设、科技发展、国家安全和社会进步等方面的需求，提高全民科学文化素质，维护国家权益，增强综合国力。太空活动是国家意志和战略利益的重要体现，是大国博弈和利益争夺的战略高地。20 世纪 60 年代初，美国肯尼迪总统提出，谁控制了宇宙，谁就控制了地球；谁控制了空间，谁就控制了战争主动权。美国历届政府都秉承着这个理念，始终把在空间领域的世界领先作为战略目标。

航天（Spaceflight），又称为空间飞行或宇宙航行。狭义的指人类在太空的航行活动。广义的指人类探索太空、开发和利用太空以及地球以外天体的活动。这些活动借助航天器来实现。包括环绕地球的运行、飞往月球或各大行星的航行（包括环绕天体运行，从近旁飞过或在其上着陆）、行星际空间的航行和飞出太阳系的航行。航天的基本条件是航天器达到足够的速度，克服、摆脱地球引力或太阳引力。宇宙速度是航天所需的特征速度。在相当长的时间内，航天基本是在太阳系以内的航行活动。航天是 20 世纪科学技术进步和社会生产发展的结果，其作用远远超出科学技术领域，对政治、经济、军事以及人类社会生活都产生了广泛而深远的影响。有人把太阳系内的航行活动称为航天，把太阳系外的航行活动称为航宇①。

① 孙家栋．航天//栾恩杰，等．国防科技名词大典：航天．北京：航空工业出版社，兵器工业出版社，原子能出版社，2002：200.

1.1.2 治理与治理体系

治理（Governance）一词源于拉丁文和古希腊语，原意是控制、引导和操纵。最初被用于政治学领域，主要指政府如何运用国家权力来管理国家和统治人民。20 世纪 90 年代以后，治理概念的内涵不断丰富，不再局限于政治学领域，而被广泛用于社会学和经济学领域。

美国著名学者詹姆斯 · N. 罗西瑙（James N. Rosenau）将治理定义为："一系列活动领域里的管理机制，它们虽未得到正式授权，却能有效发挥作用。"他认为，治理与统治不同，治理指的是一种由共同目标支持的管理活动，这些管理活动的主体未必是政府，也可以是私营部门或公民社会。换言之，与政府统治相比，治理的内涵更加丰富，它既包括政府机制，也包括非政府机制，两者各司其职，政府只是创造一个可行的政治和法律环境，非政府组织才是具体参与各种社会事务的行动者。

治理主要指国家行政部门对公共事务的管理。著名学者俞平伯指出："治理一词的基本含义是指在一个既定的范围内运用权威维持秩序，满足公众的需要①。"

可以认为，所谓治理就是政府和非政府组织在一个既定的范围内运用公共权威，共同处理社会公共事务的活动过程，从而最大限度地实现和增进公共利益。

体系作为系统性概念，是指若干事务或某些观念互相关联而构成的有机整体。治理体系是通过建立一套民众普遍认可、高效利民的规则框架，实现对公共事务公正、透明和有效的管理。

1.1.3 太空活动治理体系

太空活动治理是政府和非政府组织在一个既定的范围内运用公共权威，共同处理太空活动的过程，从而最大限度地实现和增进全球太空活动的公共利益。目前，国际社会对全球公域的治理极为关注。作为全球公域一部分的太空活动及其治理，自然也是国际社会高度关注的问题。

太空活动治理体系是人类对进入太空、探索太空、开发和利用太空各种活动的管理与规范，是全球治理的重要领域。太空活动治理能力则是运用太空治理体系制度管理太空活动各方面事务的执行能力，包括进入太空、探索太空、开发和利用太空等各个方面。基于科学合理的太空活动治理体系才能提高太空治理能力，进而充分发挥太空活动治理体系的效能。图 1 - 1 所示为太空活动治理体系的一般架构。

① 俞平伯. 法理与善治. 北京：社会科学文献出版社，2020.

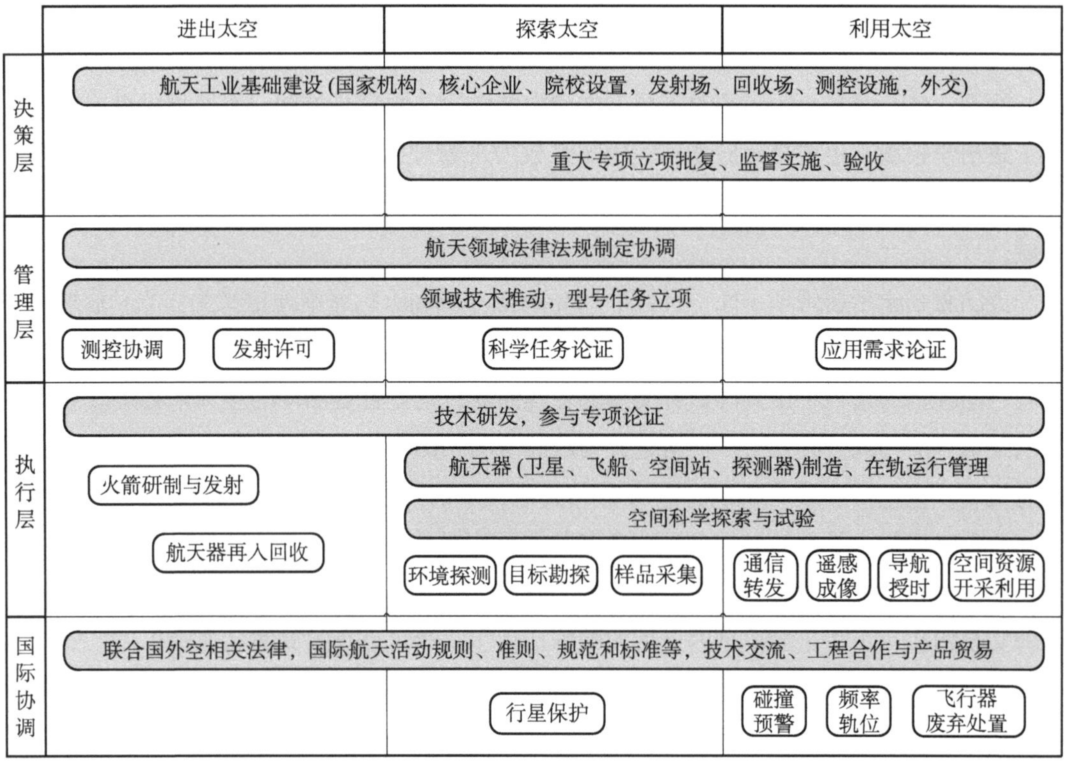

图 1－1　太空活动治理体系的一般架构

1.2　太空活动治理现代化和国家治理现代化的关系

1.2.1　国家治理体系和治理能力现代化

（1）治理体系和治理能力现代化

“现代化”是指使具有现代先进科学技术水平[1]。

治理体系现代化，是指运用一定的权威对公共范围内的公众及其活动予以引导、控制和规范的一种平衡个人利益、增进公共利益的现代化过程。没有治理能力的提升，再完善的治理体系都是无效的，正如制度的优势首先必须体现为执行的优势[2]。

（2）国家治理能力现代化

国家治理包括治理体系和治理能力两大维度，两者相辅相成，构成一个有机整体。国家治理作为一个涵盖政治、经济、文化、社会和生态等多方面的系统工程，内在的要求是

① 中国社会科学院语言研究所词典编辑室．现代汉语词典．第6版．北京：商务印书馆，2012.

② 陈进华．治理体系现代化的国家逻辑．中国社会科学，2019（5）.

全社会广泛参与和协同治理。国家治理体系和治理能力综合表现为一个国家的制度和制度的执行力，良好的制度优势必须依靠最优的执行能力来保障①。

推进国家治理体系和治理能力现代化，就是要使国家治理体系制度化、规范化、程序化和科学化，使国家治理者善于运用科学思维、民主思维和法治思维等，善于依靠法律制度来治理国家，从而把中国特色社会主义的制度优势转化为治理国家的效能。

习近平总书记指出："国家治理体系和治理能力是一个国家制度和制度执行能力的集中体现。国家治理体系是在党领导下管理国家的制度体系，包括经济、政治、文化、社会、生态文明和党的建设等各领域体制机制、法律法规安排，也就是一整套紧密相连、相互协调的国家制度；国家治理能力则是运用国家制度管理社会各方面事务的能力，包括改革发展稳定、内政外交国防、治党治国治军等各个方面。国家治理体系和治理能力是一个有机整体，两者相辅相成，有了好的国家治理体系才能提高治理能力，提高国家治理能力才能充分发挥国家治理体系的效能②。"

习近平总书记还指出："推进国家治理体系和治理能力现代化，就是要适应时代变化，既改革不适应实践发展要求的体制机制、法律法规，又不断构建新的体制机制和法律法规，使各方面制度更加科学、更加完善，实现党、国家、社会各项事务治理制度化、规范化、程序化③。"

1.2.2　太空活动治理体系现代化

我国开展太空活动的一个重要宗旨就是满足经济建设、科技发展、国家安全和社会进步等各方面的需求，增强我国的综合国力。党的十九大做出了中国特色社会主义进入新时代的重大政治判断，确立了新时代的指导思想，提出了新时代党的历史使命，做出了新时代的战略安排，明确了新时代党的建设的总要求。特别是，党的十九大报告中提出的加快建设航天强国的宏伟目标，为我国航天事业的发展指明了前进方向，描绘了美好蓝图④。

在我国，太空活动治理体系是在中国共产党领导下管理太空活动的制度体系和规则框架，如图1－2所示。太空活动治理现代化即太空活动治理体系和治理能力现代化。

太空活动治理体系现代化指在价值维度、制度维度、协调维度、全球治理维度和科技创新维度等方面推进现代化进程。太空活动治理体系是构建国家治理体系的重要支撑，是完善全球治理的核心载体，是实现太空治理能力现代化的具体实践，是落实十九届四中全会精神的关键举措。

---

① 刘须宽．国家治理体系和治理能力现代化．北京：人民日报出版社，2020.

② 习近平．习近平谈治国理政．北京：外文出版社，2014：91.

③ 习近平．习近平谈治国理政．北京：外文出版社，2014：92.

④ 雷凡培．开启建设航天强国的新征程．企业文明，2017（12）.

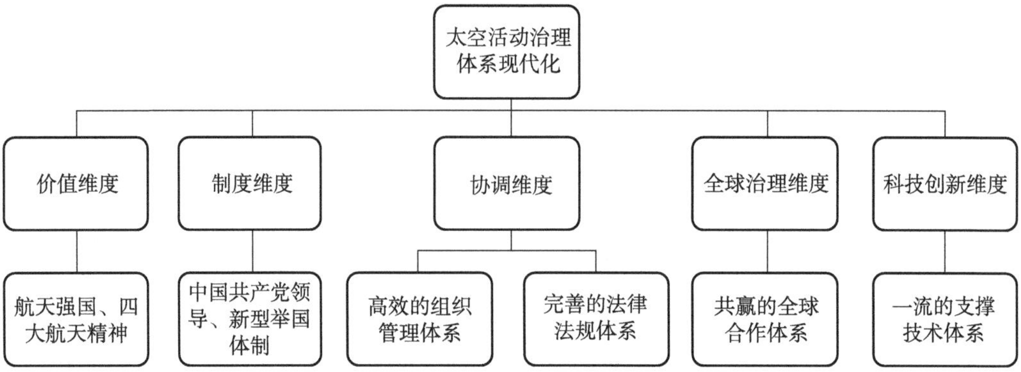

图 1－2　太空活动治理体系现代化架构

始终坚持党的领导、加强党的建设，是航天事业发展的最深厚动力、最根本保证。党中央高度重视我国航天事业的发展，自十八大以来，以习近平同志为核心的党中央，给予航天事业极大的关怀和支持，明确要求以航天梦助力中国梦的实现，提出了建设航天强国的伟大战略构想，为航天事业的蓬勃发展指明了前进方向①。

太空活动治理体系是在党领导下管理太空活动的制度体系和规则框架，其基本要素包括决策管理、依法治理、国际化治理和支撑技术等，相应的组成体系包括组织管理体系、法律法规体系、全球合作体系和支撑技术体系等，也是一整套紧密相连、相互协调的太空活动管理制度。

太空活动治理能力则是运用太空治理体系制度管理太空活动各方面事务的执行能力，包括进入太空、探索太空、开发和利用太空等各个方面。基于科学合理的太空活动治理体系才能提高太空治理能力，进而充分发挥太空活动治理体系的效能。

（1）价值维度——践行社会主义核心价值体系

航天事业有践行社会主义核心价值观的沃土。习近平总书记指出：“探索浩瀚宇宙，发展航天事业，建设航天强国，是我们不懈追求的航天梦。”在航天事业 60 余年的发展历程中，伴随着“两弹一星”、载人航天、探月工程以及导弹武器装备建设取得一个又一个里程碑意义的辉煌成就，航天传统精神、“两弹一星”精神、载人航天精神和探月精神不断孕育、成长、升华，爱国、创新、协同、奉献已成为航天人的优秀基因和价值遵循。航天精神是伟大的民族精神和航天实践相结合的产物，与社会主义核心价值观是内在统一、根本一致的。

新时代开启新征程，太空活动领域将在建设航天强国的道路上，坚持以习近平新时代中国特色社会主义思想为指导，主动服务国家战略、国防建设、国计民生，为早日实现航天梦、强军梦、中国梦做出新的更大贡献。

---

① 雷凡培．不忘初心 勇攀高峰 为实现航天强国梦而不懈奋斗．国防科技工业，2017（10）．

2020年4月23日，在第5个“中国航天日”和东方红一号卫星成功发射50周年前夕，中共中央总书记、国家主席、中央军委主席习近平给参与“东方红一号”任务的老科学家回信，向他们致以诚挚的问候，并就弘扬“两弹一星”精神、加快航天强国建设方面向广大航天工作者提出殷切期望。习近平强调，不管条件如何变化，自力更生、艰苦奋斗的志气不能丢。新时代的航天工作者要以老一代航天人为榜样，大力弘扬“两弹一星”精神，敢于战胜一切艰难险阻，勇于攀登航天科技高峰，让中国人探索太空的脚步迈得更稳更远，早日实现建设航天强国的伟大梦想。

（2）制度维度——中国共产党领导下的新型举国体制

我国航天事业60余年的发展历程，是实践和发展社会主义集中力量办大事制度优势的历程，举国体制是贯穿始终的制度主线。坚持党对航天事业的领导，是把“新型举国体制”制度优势转变为航天事业发展优势的根本保证。航天事业是党、国家和人民的事业，必须始终坚持党的领导，始终服从服务于国家战略和发展大局，始终把自身发展融入中华民族伟大复兴这一中枢主线中，同心共筑、同频发力、同向前行。新时代发展航天事业，必须以习近平新时代中国特色社会主义思想为指导，保持战略定力，坚定发挥国家中长期规划的引领作用，一张蓝图绘到底，梯次接续、持续推进，确保发展主线不偏航、不反复。新型举国体制是新时代推进科技创新的创新制度安排。发挥新型举国体制优势，高质量推进航天强国建设，应在党中央统一领导下，通过顶层制度设计，科学谋划、精心组织，远近结合、整体推进，推动各方面协调行动、有机融合、增强合力，切实把中国特色社会主义集中力量办大事的制度优势转化为政策优势、发展优势，落实到航天强国建设的各个环节①。

（3）协调维度——组织管理和法律法规

库伊曼认为：“治理的任务主要在于系统的构建（结构）与协调。”治理是有系统的协调推进，治理首先表现为规则系统、协调能力建设，党集中领导下的有序控制与协调过程。

国家治理与社会治理中“强调机制、汲取机制、共识机制、监管机制、协调机制、表达机制、整合机制、再分配机制”，本质都是利益协调机制、利益优化机制和效率改进机制。政府与市场良性互动和协调运作体现在既要“发挥市场在资源配置中的决定性作用”，又要“更好发挥政府作用”的相互协调。太空活动治理体系和治理能力现代化的动力来自国家和人民利益的需要，充分发挥市场作用，也是社会主义市场经济不断成熟的必然要求。

太空活动具有战略性、高风险性、国际敏感性和影响要素复杂性等特征，其治理体系

① 张洪太．新型举国体制下建设航天强国的思考．国资报告，2020（6）．

要求建立和完善良好的组织管理体制和机制，高效配置资源，为太空活动高质量发展提供制度的保障。多数现代化组织管理的层级是三层。究其核心原因，是组织管理运转的三大“治理活动”，即决策、管理和执行，相对独立地分布到了由上而下的3个层级，每个层级专门负有一种职责，专门行使一种权力，专门管理一种信息，它带来了实实在在的治理活动的专业化优势①。

充分发挥市场在资源配置中的决定性作用，在“新型举国体制”下高质量推进航天强国建设。理论和实践都证明，市场配置资源是最有效率的形式。市场决定资源配置是市场经济的一般规律，市场经济本质上就是市场决定资源配置的经济。在社会主义基本经济制度框架下，新时代高质量建设航天强国，主导权在政府，主体则在市场，必须使市场在资源配置中起决定性作用，更好地发挥政府的科学宏观调控和有效政府治理作用。

党的十九大提出，要“深化国有企业改革，发展混合所有制经济，培育具有全球竞争力的世界一流企业”。当前阶段，我国航天事业发展主体仍是国有企业，民营企业是有益补充。强国必须要有强企支撑。高质量建设航天强国，关键主体在国有企业，核心根本在于激发国有企业发展活力，推动建设世界一流航天企业。在国家深化改革的总方略总框架下，坚持市场化改革方向不动摇，坚持两个“一以贯之”，着力推进建立中国特色现代企业制度，全面增强航天国有企业竞争力、创新力、影响力和抗风险能力。以国有企业改革顶层设计为框架，以国家政策性改革为契机，推动航天国有企业改革向纵深发展，加速推进事业单位转企改制，加快建立产权清晰、治理规范、运行高效的经营管理体制机制，推进治理体系和治理能力现代化，利用混合所有制改革、股权多元化和资产证券化等手段，最大程度发挥改革乘数效应，释放最强发展活力，为航天强国建设发挥更强战略支撑作用。

一套完善的制度体系是太空活动可持续发展的根本保障，而法律是制度体系的核心和基石。为了营造更加有利于太空活动的良好外部环境，建议国家加快航天立法步伐，在法律层面进一步完善太空活动管理体制机制，强化决策层和执行层的职能权限，归口政府管理层的职能权限，推动我国太空活动的管理模式更加科学高效。

通过立法形式强化国家决策层对太空活动的集中统一领导和顶层谋划，引领太空活动全面、协调和可持续发展。集中统一领导和顶层决策是我国航天事业取得辉煌成就的制胜法宝，也是世界各国发展航天事业的普遍做法。建议以立法形式进一步加强中央专委在指导太空活动长远发展等方面的作用，如制定和颁布包括军用和民用在内的统一的国家航天政策和法律，批准、颁布航天发展总体战略规划，并对其实施监督和协调等②。通过立法

---

① 陈彩虹．公司治理“扁平化”的度．中国发展观察，2018（21）．

② 王旭辉，王家胜．加快航天立法推动航天企业集团可持续发展．中国宇航学会中国空间法学会2012年学术年会论文集，2012.

形式强化作为执行层的单位的职能权限，推动自我完善、自主发展的太空活动治理体系建设。通过立法形式归口政府管理层对太空活动发展的管理职权，实现集中统一的高效管理。

建议加快航天立法，构建完善的太空活动法律法规体系，为太空活动治理的法制化建设奠定坚实基础。目前，“航天法”的立法工作正由航天相关部门牵头共同推进。航天管理体制和机制问题主要由“航天法”来加以解决，而具体的实施问题，可以通过执行配套的下位法或修改已经存在的下位法来加以解决。

（4）全球治理维度——全球合作

作为重要的全球公域范围与全球治理对象之一，太空既面临着日益严峻的资源、环境与安全问题，又不断彰显着其极具地缘政治意义的战略地位，攸关国家利益与安全。自进入太空时代以来，争夺和维持太空领域的领先地位一直是航天强国不懈追求的目标①。

随着人类在太空领域活动的不断拓展，太空面临的环境与安全问题日益严重，突出表现在以下 3 个方面：一是空间碎片与日俱增，威胁航天器进出太空与在轨运行；二是在轨航天器大幅增多，卫星频率、轨道资源紧张，相互干扰现象突出；三是太空武器化暗流涌动，破坏国际战略格局的稳定与平衡。太空全球性问题所涉及的资源、环境与安全 3 个层面是密切相关且相互交织的，可谓“牵一发而动全身”，已经超越了单个国家治理的能力范围。

针对这些突出问题与危机，国际社会长期以来也采取了相应措施进行治理。通过加强国际合作，所有国家和人民发现其视野将得到拓展，知识将得到丰富，生活将得到极大改善。

立足于时代背景和国际局势的“人类命运共同体”思想与国际空间法律体系的价值观高度契合，蕴含人本、合作和共进 3 个思维层次，以维护和推进全人类的共同利益为其最高宗旨，提倡国际合作与可持续发展的原则。在“人类命运共同体”的视角下，太空资源开发、利用活动应以人类共同利益为根本追求，尊重各国自治，在平等互利和公平合理的基础上展开合作，同时，充分考虑广大发展中国家的利益，在全球范围内提高利用外空资源的能力，从而使不同发展水平的国家都能够享有开发和利用外空所带来的好处，促进太空活动长期可持续发展。

（5）科技创新维度——支撑技术

进入新时代，我国航天事业迈入了从跟跑为主到多领域并跑、领跑，从量的积累到质的飞跃转变的发展时期，在许多关键领域进入了“创新无人区”，发展的历史方位、支撑基础和发展态势呈现出新变化。

---

① 王文超，石海明．全球治理视角下奥巴马政府太空战略解读．国防科技，2014（10）．

创新环境发生转变，为我国航天事业跨越发展提供了更多机遇。面向太空资源、太空轨道交通和太空安全等太空活动治理的重点领域，梳理太空活动治理现代化中的支撑技术体系，提出支撑项目建议。

1.2.3　太空活动治理现代化体系

太空活动治理现代化主要包括协调维度、全球治理维度和科技创新维度等方面。相应研究体系包括组织管理体系、法律法规体系、全球合作体系和支撑技术体系等，也是一整套紧密相连和相互协调的太空活动管理制度，如图 1－3 所示。

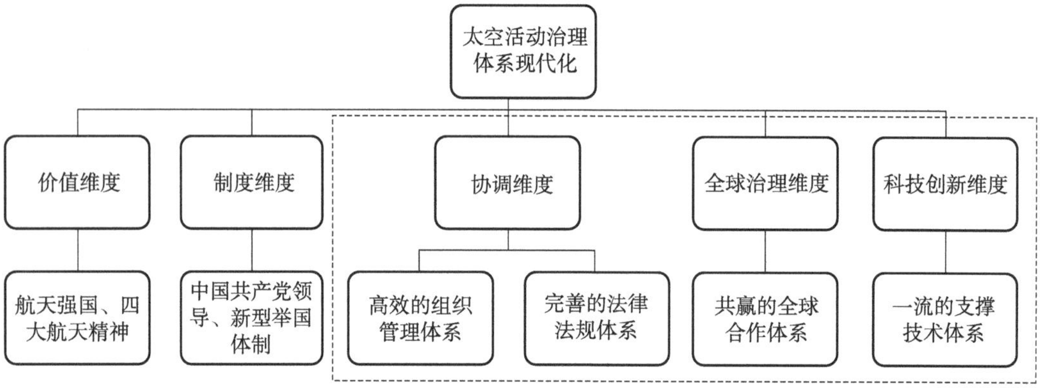

图 1－3　太空活动治理体系现代化研究内容

（1）组织管理体系

我国的国家战略目标，就是实现“两个一百年”奋斗目标和实现中华民族伟大复兴的中国梦①。中国梦就是强国梦，对中国航天来说就是航天强国梦。我国于 2000 年、2006 年、2011 年和 2016 年先后发布了 4 部《中国的航天》白皮书，强调把发展航天事业作为国家整体发展战略的重要组成部分。中国政府把发展航天事业作为国家整体发展战略的重要组成部分，始终坚持为和平目的探索和利用外层空间。

太空活动具有投入大、产出大和风险大的特点，这就要求建立和完善良好的组织管理体制和机制，合理配置资源，保障经费投入，明确参与太空活动的各方主体的权利、义务与责任。通过制定航天法，建立航天法律法规体系，合理有效地解决统筹规划问题、分工合作问题、资源配置问题、信息共享问题和经费投入问题等②。

当前，我国太空活动发展顶层统筹协调不够，军民需求对接机制尚未健全，规划缺乏统筹衔接；太空活动管理涉及多部门多单位，职责分工不合理，“九龙治水”的现象较为

① 全国干部培训教材编审指导委员会．全面推进国防和军队现代化．北京：人民出版社，党建读物出版社，2019.

② 王冀莲．加快航天立法 建设航天强国．国际太空，2018（5）.

突出；国际合作多头对外，难以形成合力。空间资源统筹力度不够。空间资源是国家的宝贵财富，只有共建共享共用才能实现效益最大化。但是目前各类空间数据存在“谁建设，谁使用”的现象，数据共享不够，卫星资源共享存在壁垒，军用卫星平战结合不够；空间基础设施没有完全开放共享；空间经济的巨大潜力还需进一步释放。

太空治理是国家治理体系现代化的重要组成部分。高度认识太空治理的重要性、紧迫性和艰巨性，按照习近平总书记“建设航天强国”的指示和十九届四中全会关于国家治理现代化的要求，中央加强对太空治理建设的领导，加快推进航天法立法进程；由政府主管部门牵头，加快推进太空治理体系建设。

（2）法律法规体系

自十八大以来，以习近平同志为核心的党中央从坚持和发展中国特色社会主义战略全局出发，强调指出要全面推进依法治国，坚持法治国家、法治政府和法治社会一体化建设。十九大报告提出了中国特色社会主义新时代法治建设的战略布局。目前，世界上已有29个国家颁布了航天领域的国内法律或法规，我国是世界航天大国中唯一没有颁布航天法的国家，与航天大国地位严重不符。从1998年我国就提出制定航天法，至今没有结果。由于上位法的缺失，航天法律法规体系推进缓慢，与依法治国的要求远不适应。加快立法进程，建设法治航天是贯彻党和国家领导人指示精神的重要举措，是实现航天强国梦的根本途径①。

2016年《中国的航天》白皮书进一步明确指出，着力加强法律法规体系建设，加快推进以航天法立法为核心的法制航天建设，研究制定空间数据与应用管理条例、宇航产品与技术出口管理条例等法规，完善航天发射项目许可管理、空间物体登记管理、科研生产许可管理等法规，依法指导和规范各类航天活动，为航天强国建设提供有力法制保障。加强国际空间法研究，积极参与外空国际规则制定。

未来，我国太空活动法律法规体系将围绕《航天法》加以构建。

（3）全球合作体系

“人类命运共同体”思想自2010年5月第二轮中美战略和经济对话中提出到在党的十九大报告中确认，内涵不断丰富，从主张经济层面的合作扩展至民生的各个领域。同时落实在外层空间领域中，“人类命运共同体”思想中涉及的国际权力观、共同利益观、可持续发展观和全球治理观也可指导外层空间命运共同体的构建。2017年1月18日，习近平总书记在联合国日内瓦总部发表题为“共同构建人类命运共同体”的主旨演讲。其中，他特别提到：“要秉持和平、主权、普惠、共治原则，把深海、极地、外空、互联网等领域打造成各方合作的新疆域，而不是相互博弈的竞技场。”将外空命运共同体的构建纳入

① 王冀莲. 加快航天立法 建设航天强国. 国际太空，2018（5）.

“人类命运共同体”构建中。

外层空间命运共同体的构建涉及全人类利益，例如外层空间法律体系的构建和实施需要不同国家在利益上加以妥协；外空资源的开采和利用需要考虑包括发达国家及发展中国家需求；外空目前存在的生物污染和核动力源污染非一国带来的安全威胁，更非一国之力可以化解；外空争端急需公正高效的解决机构予以和平解决。因此，外层空间命运共同体的构建可在参考“人类命运共同体”思想的基础上得到全世界人民的合作，方可探索出一条可持续发展之路①。

外层空间技术发展至今，众多空间资源权利归属和外空争端等法律问题仍悬而未决，也需要“人类命运共同体”思想加以衡量和指导。十九大报告中强调的“相互尊重、平等协商”在外层空间国际条约的制定中体现了各国之间的利益衡量和约束；“坚持环境友好，合作应对气候变化”为空间碎片的治理和外空环境的维护提供了指导原则；“扩大同各国的利益交汇点，推进大国协调和合作”更是促进外层空间的技术和开发合作，符合联合国要求的对外层空间的和平利用。

太空活动全球合作是在符合联合国国际航天规则框架下进行的，以和平利用外层空间、为全人类造福为目的，以航天产品、航天技术和航天科研等为内容，以政府相关部门和非政府行为体为主体，通过官方或非官方途径，通过航天科学合作研究、航天技术合作研发、产品研制和项目运行、商业航天发射服务与运营、航天人才交流与培训、航天学术交流与合作等方式，开展的国家或地区之间的双边、多边或区域性、国际性合作活动的总称②。

近年来，我国在国际空间舞台上虽然取得了长足的进展，但是，在国际空间组织和国际活动的话语权、主导权远远不够，与航天大国的地位不相称。对国际空间法规和国际标准等缺乏系统的、深入的持续研究。我国一些重大空间工程和活动对外开放不够，我国参与国际重大空间工程和活动也极其有限，严重制约了影响力和辐射度。由于多方面原因，国际交流的广度和深度、国际会议的参与、国际组织的任职没有得到应有的重视和鼓励。因此，在国际太空治理方面难以发挥主导作用。

我国在太空活动领域坚持“和平发展”与“开放发展”，积极为国家和人类福祉做贡献。建议积极主动争取国际话语权和主导权。搭建“以我为主、多方参与、合作共赢”的太空活动国际化平台。在国家重大空间工程和活动中进一步对外开放，提升合作的规模和力度。国家制定有效措施，深度参与国际空间法规及政策的制定，提高参与国际交流频次，支持在国际空间组织的任职。

---

① 朱忻艺. 外层空间命运共同体构建略论. 卫星应用，2019（7）.

② 操群，代坤. 航天国际合作管理体制立法问题研究. 国际太空，2018（3）.

(4) 支撑技术体系

自第一颗人造地球卫星成功发射开辟“太空时代”的新纪元以来，人类的活动不断向深空延伸。太空成为人类生存发展的第四疆域，空间科学成为与重大科学技术突破和人类生存发展密切相关的前沿交叉学科领域。太空资源、太空轨道交通和太空安全等太空活动治理重点领域对支撑技术提出了非常高的要求。

当前，重大科学问题的原创性突破和重大颠覆性技术创新交织互动，大数据、云计算、人工智能、区块链等新一代信息技术同智能制造技术相互融合步伐加快，科技创新链条更加灵巧，技术更新和成果转化更加快捷，产业更新换代不断加快。站在这一关键节点上，我国航天事业如果不能在技术创新领域取胜，就不能掌握全球竞争先机和优势，迈向航天强国就会失去支撑技术。

1.3 太空活动现代化治理的重要意义

1.3.1 国家治理现代化的有力支撑

太空活动治理是国家治理在太空领域的延伸，同时，由于太空蕴含着丰富的资源，利用其位置高远和疆域广阔等特征，可给国家其他领域治理带来大量发展机遇和发展利益，如图1-4所示。

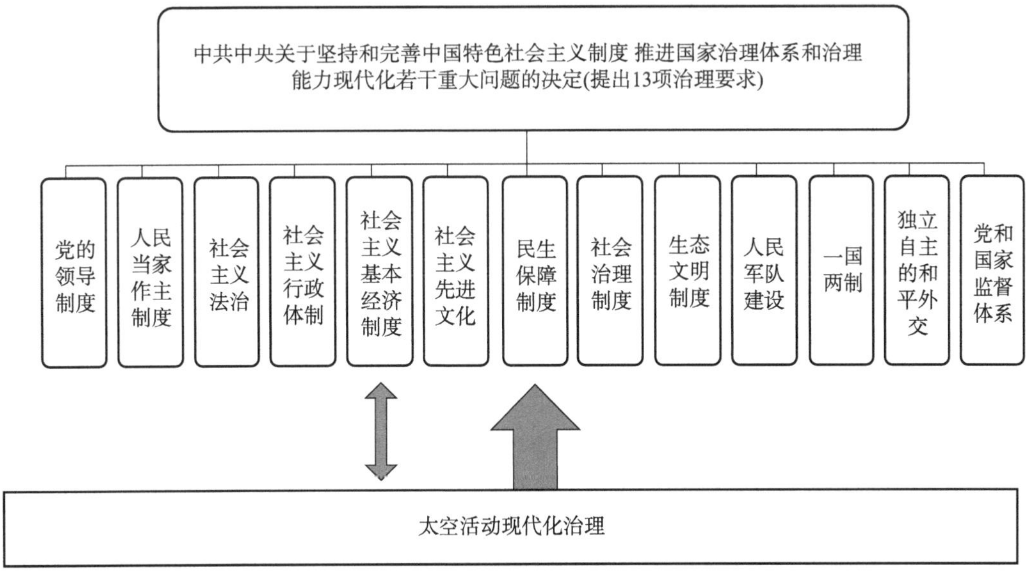

图1-4 太空活动现代化治理与国家现代化治理的关系

（1）支撑国家安全

太空安全是国家安全的重要组成部分，是国家安全的高边疆，也可为构建现代军事力量体系、提升新质作战能力提供重要手段，是实现国家军事安全的重要基础。同时，也为海洋安全和网络安全等新兴安全提供重要支撑。

（2）服务经济社会发展

当前，航天已深入经济社会各个领域，促进太空信息、能源、生物和材料等战略新兴产业发展，太空经济规模不断扩大，“航天+”产业成为国民经济新的增长点；太空系统在资源开发、环境保护、防灾减灾、反恐应急和交通物流等领域发挥着不可替代的作用。

（3）促进生态文明建设

“中共中央关于坚持和完善中国特色社会主义制度 推进国家治理体系和治理能力现代化若干重大问题的决定”要求实行最严格的生态环境保护制度，包括国土空间规划和用途统筹协调管控、环境污染防治、生态保护和修复、绿色循环低碳发展以及生态保护红线、永久基本农田边界管控等，太空系统具有位置高远、全球覆盖和快速重访等特点，是开展生态环境保护必不可少的重要手段。

（4）航天技术推动创新型国家建设

航天技术代表着高新技术发展的方向，是一个国家经济社会发展和科技进步的重要推动力量，起着引领、带动和辐射的重要作用，引领基础科学、基础材料、基础工艺和微电子、光电子、增材制造、空间机器人等高新技术和前沿技术发展。航天技术成果移植到国民经济各领域，带动新能源和煤化工等新兴产业，孕育了智慧城市、太空育种和太空制药等新业态。

1.3.2 航天强国目标的基本保障

太空活动现代化治理必然伴随着航天强国建设全过程，是贯彻落实习近平总书记“建设航天强国”指示精神和十九届四中全会关于国家治理现代化的必然要求。

航天强国建设是一个长期过程，在不同的时期会面临不同的矛盾和问题，太空活动治理现代化就是要在党的领导下不断改革不适应实践发展要求的体制机制障碍、法律法规短板，为航天强国建设保驾护航。在决策管理方面，加强对太空治理建设的集中统一领导，建立完善的组织管理体制和机制，高效配置资源，为太空活动高质量发展提供制度保障；在依法治理方面，不断完善以航天法为主体的法律规章体系，更好地为太空活动提供政策与战略保障；在国际化治理方面，不断增强我国在国际空间法规、规则、标准制定以及其他太空活动中的话语权与影响力，为人类文明发展做出贡献；在技术创新方面，坚持创新驱动，通过不断探索，持续夯实太空技术与产业发展基础。

1.3.3 参与国际事务的重要手段

党的十八大明确提出要倡导人类命运共同体意识，在追求本国利益时兼顾他国合理关切，在谋求本国发展中促进各国共同发展。“中共中央关于坚持和完善中国特色社会主义制度 推进国家治理体系和治理能力现代化若干重大问题的决定”要求高举人类命运共同体旗帜，推动构建更加公平合理的国际治理体系。

太空活动治理是全球公域治理的战略制高点。国际社会对全球公域治理极为关注，作为全球公域一部分的太空活动及其治理，自然也是国际社会高度关注的问题。太空活动国际治理既是国家治理在外空的延伸，也是国家治理在国际层面的延伸，太空活动国际治理秉承人类命运共同体理念，通过联合国等多边层面、双边层面国际合作实践，可为构建新型国际治理体系提供重要借鉴。

第2章　发展形势研判

2.1　新时期太空活动治理面临的形势

2.1.1　太空安全形势日趋严峻

（1）多个国家组建天军，为太空战预做准备

俄罗斯和美国等国家组建天军。俄罗斯于2015年组建空天军；美国于2019年立法组建第六军种“天军”，同时组建国防部航天发展局（SDA）；日本和法国于2020年分别成立太空部队和太空司令部；印度于2019年成立国防太空局（DSA）。

美国、北约等明确太空是物理作战域和战场，完善相关作战条令。美国冷战后再次重构大国对抗的太空作战体系，成立太空司令部，负责统一指挥美国全球太空作战行动，建立由威胁驱动的太空装备能力快速采办机制，并发布由“传输层、跟踪层、监管层、威慑层、导航层、作战管理层、支持层”等组成的下一代太空体系架构，为太空战预做准备。

（2）美国联合盟国常态化开展太空作战演习演训

美国联合盟国开展的太空作战演习演训覆盖战略、战役和战术各层次。截至目前，累计开展了6次“全球哨兵”演习、13次“施里弗”兵棋推演、9次“太空旗”演训。其中，“全球哨兵”演习每年组织一次，与盟军共同举行，推动太空态势感知多国合作和数据共享；“施里弗”兵棋推演每年开展一次，以决策层为目标对象，研究未来太空军事战略、兵力与能力以及重大问题；“太空旗”演训每年举行3次，以太空部队为目标对象，采取红蓝对抗的形式，检验太空作战技战术训练成果和战备水平。

（3）大力发展天基武器，太空武器化加速

美军现已在高轨部署了4类共7型11颗作战卫星，初步构建起高轨作战体系。聚焦太空对抗密集开展太空作战试验，开发验证高轨作战战术战法。在高轨态势感知方面，近年来利用GSSAP巡视卫星及其他太空态势感知系统，对我国若干高轨敏感目标进行长期、不间断跟踪监视和频繁抵近侦察侦听，如掌握并公布我国实践-17卫星自2018年1月10日至2018年9月11日连续9个月每天所在轨位的星下点经度数据；在高轨攻防对抗方面，从2016年开始，美国把负责试验卫星运控的第50太空联队第3太空试验中队的主要任务转变为太空攻防战术试验，目前利用坟墓轨道上部署的2颗铠甲攻防试验微卫星、老鹰机

动飞行器和麦考罗夫特护卫试验卫星开展轨道攻防试验，开发和验证高轨作战技战术；在低轨作战方面，美国长期开展X37B隐秘试验，最长在轨时间多达780多天；在空间操控方面，2019年10月9日发射任务延寿飞行器-1（MEV-1），在坟墓轨道与国际通信卫星-901交会对接，提供5年位置保持服务后，再把卫星推入坟墓轨道，抓捕其他卫星继续提供延寿服务。未来可通过将星链计划等庞大星座和载荷应用于军事（天基反卫、导弹防御），以及实战化部署天基感知、天基拦截一体化武器系统，对全球任意地点发射的弹道导弹、临近空间高超声速武器实施发射前摧毁和全程预警拦截，以期取得战略核武器防御优势。

（4）空间碎片数量大幅增加，太空环境恶化

自1957年以来，各国航天发射累计5 450余次，入轨航天器8 950余个，在轨航天器5 000余个，仍在服役航天器2 062个，发生爆炸、解体和撞击事件500余次，已被跟踪编目目标22 300多个，轨道物体总质量达8 400 t。目前，太空中10 cm以上碎片约2.3万个，占比0.02%；1~10 cm碎片约75万个，占比0.37%；0.1~1 cm碎片约13 500万个，占比99.61%。到2018年年底，国际上超过16颗卫星因碎片撞击失效或异常，全球卫星每年机动规避碎片超过30次，全球碎片撞击卫星概率大于10^{-4}的事件超过1 000次/年。

（5）低轨大规模星座引发新的安全挑战

随着多个巨型星座的部署，在轨卫星数量将是过去60多年来发射的所有空间物体的数倍，大大超过了当前跟踪编目的空间物体数量。在这种情况下，单个卫星所在区域年碰撞概率明显增大，最大将增加约20倍。与此同时，未来的卫星发射窗口将严重缩短。

2.1.2　太空战略资源竞争激烈

（1）空间频率、轨位资源争夺日趋激烈

目前，C、Ku、Ka等频段、轨道资源主要被美国、俄罗斯、欧洲等垄断。在频率方面，各国非常注意资源的储备，低轨频率申报无限制增长，国际电联（ITU）已经收到了上百份包含800~4 500颗卫星规模的星座网络资料，涉及C、Ku、Ka、Q/V等频段，导致我国低轨频率资源明显不足。在轨位方面，静止轨道原则上可容纳1 800个空间物体，当前在轨卫星为1 396个，预计30年后轨位将饱和，无新的轨位资源可用。以Ka频段为例，全球共申报了636个轨位，平均每1°弧段范围内就有两份卫星网络资料。欧洲和亚太地区上空最拥挤，我国仅在亚太上空还留存有一定的静止轨道卫星发展和布局空间。

（2）空间资源争夺向更远的深空延伸

美国以延伸其活动疆域为长远目标，通过对太阳系各类主要天体开展持续探测，确保和加强在航天领域的领导地位。同时，还鼓励私营企业或个人对地球空间、月球和小行星

等进行商业开发，实施“跑马圈地”。2015 年 11 月，美国通过《外空资源探索和利用法》，解决了美国私人实体从事外空矿物资源开发开采的法律问题，为抢占外空矿物等资源开辟了通道。此外，卢森堡也积极制定政策法律吸引国际投资者在卢森堡设立外空资源开发公司，通过制定监管和财政激励措施，力图发展天基小行星资源开采行业，包括联合开展研发投资以及最终向在卢森堡设立的空间资源开采公司直接投资。受这一举措影响，美国加利福尼亚州的深空工业公司已在卢森堡设立了子公司。太空资源的开发利用正在成为科学研究外的新热点。2020 年 4 月，美国出台了《关于鼓励国际社会支持空间资源回收和利用的行政命令》，不承认外空“公域”属性。2020 年 7 月，美国太空委员会发布了《深空探索与发展新时代》，聚焦载人深空探索，以火星为长远目标，以月球为近期目标，重启“重返月球”计划，提出 2024 年载人登月；近期，美国宣布《阿尔忒弥斯协定》（Artemis Accords），提出在月球南极建立“安全区”。

2.1.3 太空国际治理主导权争夺不断加剧

（1）美欧初步构建“太空北约”军事联盟，推行太空霸权

2018 年，美国将原联合太空作战中心转变为 7 国联盟（美国、英国、澳大利亚、加拿大、法国、德国和意大利）联合太空作战中心，各国太空作战中心联网。通过联合太空作战中心打造“太空北约”雏形，在太空推行冷战思维。美国还取消了举办多年的有我国航天局局长参加的各国航天局局长民用航天发展论坛，代之以 11 个盟国空军参谋长参加的航天会议，秘密讨论推行国际太空行为准则等议题。迄今为止，美国已与 25 个国家、2 个国际组织和 78 个商业实体签署太空态势感知数据共享协议，表面上为了避免空间碰撞，防止空间环境的进一步恶化，实质上是采用技术支持、数据共享和服务输出等策略拉拢盟国，构建以美国为核心的“太空军事联盟”，谋求太空国际事务的领导力，力图建立以美国为主导的国际太空新秩序，占领“道义”的高地，并以“透明”“负责任”的旗号指责、挤压和限制包括我国在内的潜在竞争对手的发展，巩固其太空霸权地位，国际太空秩序正在进入动荡调整新阶段。

（2）以技术优势强化太空博弈主导权，复制“美国优先”策略

美国在太空领域复制“美国优先”战略，采取军事“硬实力”与政治、经济和外交等“软实力”结合的手段实施太空治理，积极布局太空集体安全机制。美国牵头实施的国际空间站（ISS）项目，联合俄罗斯、法国、德国、英国、意大利、加拿大、日本等 15 国参与建设，60 余个国家共同参与应用和实验，影响力巨大。2019 年，美国提出了“阿尔忒弥斯”计划，正式宣告将在月球建立永久存在基地，进一步强化在航天领域的单边主义，意图在空间站之后建立以己为核心的合作体系，排除中国参加。

（3）国内法国际化，意图在太空领域实施长臂管辖

为了维护其国际领先地位，美国在国际太空规则制定方面一直试图掌握主动权和优势地位，并通过国内法国际化来实施长臂管辖，以法律为手段维护其太空霸权，自特朗普上台以后此要求进一步强化。美国正试图通过意识形态斗争和单边主义行动来强化其在太空规则方面的领导地位。美国 2015 年发布的《外空资源探索和利用法》，直接违反了《外空条约》。2018 年发布的“3 号航天政策令”——国家空间交通管理政策，有意向国际推广。2020 年出台的《关于鼓励国际社会支持空间资源回收和利用的行政命令》，意图改变现行外空规则，单边主义倾向明显。

航天科技在大国博弈中具有举足轻重的战略地位。随着我国不断走向世界舞台的中央，以美国为代表的西方国家对我国产生的焦虑上升，把阻挠航天在内的高科技发展作为遏制我国崛起的主要手段之一。美国大力渲染“中国威胁论”，2019 年 2 月，美国发表报告“太空安全挑战”，称中国和俄罗斯发展太空技术对美国的太空安全构成“挑战”。2020 年 5 月，美中经济与安全审查委员会发布“中国太空和反太空能力与活动”报告，鼓吹采取措施遏制中国太空发展。不仅如此，美国还阻挠我国航天官员及专业人员参加国际航天技术交流。将主要航天企业、高校列入制裁清单，打压我国航天事业的发展。

2.1.4　太空活动发展迅猛监管难度加大

（1）在商业航天的带动下，太空活动发展迅猛

美国、欧洲制定专门的政策鼓励商业太空活动，领域涵盖应用卫星、载人旅游、外空资源开采和深空探测等。近几年，商业卫星发射数量远远超过传统航天，规划的巨型星座数量超过 5 万颗。随着 OneWeb、SpaceX、亚马逊等公司提出并陆续建设千颗乃至万颗级的低轨宽带卫星互联网星座，商业化的低轨大规模星座进入爆发式发展阶段。OneWeb 星座原计划发射 700 多颗卫星，2020 年 3 月破产后，又申请了 4 万多份频率资源，为后续发展储备资源。SpaceX 的星链计划规模达到了 42 000 颗，轨道高度从 300 多千米延伸到 1 000 多千米。亚马逊的 Kuiper 系统将在高度分别为 590 千米、610 千米和 630 千米的轨道上部署 3 236 颗 Ka 波段卫星，提供高速、低延迟的卫星宽带服务，按照计划，星链计划、Kuiper 系统都将在 10 年内完成部署。

（2）商业太空活动带来治理困难

商业卫星的发展不仅为航天发展带来新的动力，但同时也使低轨环境更为复杂。一是太空安全形势更为复杂，美国、欧洲等利用商业航天服务军事目的，依托商业天基平台部署攻防系统，大规模系统所带来的攻防能力提升都极有可能改变游戏规则，从而形成绝对优势，对和平利用太空构成潜在威胁。二是太空环境存在失序风险，美国、欧洲等鼓励商业航天公司开展触碰国际规则红线的太空活动，如碎片清除、外空采矿等。

2.2　国外太空活动治理的特点

2.2.1　国外太空治理的特点

（1）高度重视太空活动治理，建立最高领导人决策机制

世界主要航天国家普遍在总统或总理直接领导下，设立航天委员会或国家科技委员会等专门机构，负责国家航天发展顶层决策，统一领导国家航天活动，如美国设立以总统任主席的国家科技委员会，作为美国航天的最高决策层，协调军民航天发展战略和规划，统一领导军民航天发展；俄罗斯总统是航天活动的最高决策人，下设联邦军事工业委员会，负责统筹协调军民航天发展；法国和印度在总理统一领导下，设立航天委员会，负责军民航天发展的领导决策；日本建立了由首相牵头的一元化的航天决策领导体制。这种由国家统一领导和权威高效的顶层决策机制为其航天整体健康有序发展提供了根本保障。

在军事航天活动管理方面，各国基本都设有国家级军事航天活动主管部门。比如国防部（DOD）是美国军事航天的主管部门，负责制定航天政策、科研计划、预算及其计划的管理与实施等。美国的国防部的其他一些机构也具有太空活动治理职责，例如导弹防御局（MDA）利用外空监测导弹的发射；国防预先研究计划局（DARPA）负责管理外空相关的研究和发展；国家安全外空办公室管理国家空间安全政策的战略和战术分析等。欧洲防务局（EDA）通过能力发展计划、合作项目数据库、包括行为准则等的汇集和分享，进行能力规划，通过对能力、军备、研究与技术进行最大协同，为未来做好项目准备。俄罗斯空天军下属的航天司令部和航天防御司令部负责军用航天器发射、测控、情报及航天发射场的管理。

在民商航天活动管理方面，主要通过设置“独立政府机构”进行管理。比如 NASA（美国国家航空航天局）是美国民用航天活动的组织、领导和实施主体，负责制定和实施美国的民用航天计划，并开展航空与航天领域的科学研究。ESA（欧洲空间局）是欧洲国家组织和协调空间科学技术活动的政府间机构，任务是在欧洲长期航天政策及工业政策的指导下，通过协调欧洲及各国的航天计划，使成员国通过资金投入的方式共同开展较大型的航天项目。俄罗斯航天国家集团在总理的领导下管理民、商航天活动；负责起草经费预算草案、议案及航天活动规划、政策，由总理上交联邦委员会（即上议院/联邦会议）开会讨论，审议通过后向总统提交，由总统审批签发，批准后获财政部拨款，该集团兼具“政府机关”和“企业”的双重职能，既是国家订货方，又担任总承包商。

（2）推动依法治理，形成军、民、商协调发展格局

世界主要国家通过制定航天法规范促进太空活动的开展。例如，美国是航天立法内容

最多、最完备的国家，美国的航天立法与太空活动的开展紧密联系，有需要即立法，体现出很强的美国实用主义。自艾森豪威尔和肯尼迪时期美国开始制定并发布其国家航天政策以来，几乎历届总统都会在任上发布新的航天政策。这些国家航天政策既表明了该届政府在任期内发展航天活动的总体性和方向性计划，同时也包含了对军、民、商等领域航天活动的政策引导。除了在立法中强调国家安全，并在制度设计中确保航天相关技术、产品和信息可为国防部门获得和使用外，美国航天法中还包含大量的商业航天立法。早在 1984 年，美国就通过了《商业太空发射法》，并逐步建立了完备的商业航天政策法规体系，涵盖商业航天涉及的市场准入、机构权限、安全保护、数据分发、进出口和产业发展等各个环节，体现了美国对商业航天业的一贯重视。

当前，美国、俄罗斯和欧洲等均通过立法等手段逐步形成寓军于民、以民掩军的发展模式，已形成军用、民用、商业航天协调发展的格局。民用、商用卫星平时主要为经济社会发展服务，战时则集中为军事斗争需要服务。如美国在伊拉克战争期间共调用 160 多颗卫星，其中，民商用卫星占 70%。同时，美国、俄罗斯、欧洲等均强调寓军于民、以民掩军的发展模式。纯军事用途的卫星由军方负责管理，军民两用和民用卫星由政府负责管理，军队、政府和企业关系明确。如美国的 GPS 由国防部负责运行，国务院负责制定对外政策，NASA 和相关航天企业负责技术研发，交通运输部承担民用市场开发；俄罗斯 GLONASS 导航定位系统由俄罗斯航天局负责投资和研制建设，并负责国际合作和运行管理，同时会同相关公司负责国内外市场开拓。

（3）充分发挥市场作用，提高太空活动治理效益

航天是国家争夺战略制高点的领域，航天产业是战略性新兴产业，近年来，航天大国加快推动发展模式转变，逐步形成国家主导、市场参与和全球配置的多元化发展格局。

政府是航天产业的公益性用户，也是航天产业发展的引领者。各国政府大量运用行政、市场和金融等各种手段支持航天系统建设、航天技术的研究、开发与应用、航天技术转化和航天产业化项目示范工程。在国家层面建立创新活动的统筹管理机构，积极地以国家战略规划进行技术和产业政策支持，制定国家层面的战略、规划和政策，以保证航天业发展。

在此前提下，各航天强国也充分发挥市场的基础性作用，将航天产业发展作为航天提升自身造血能力的重点，充分发挥市场配置资源的基础性作用，不断加速航天产业化进程，积极倡导航天向商业应用的转变，谋划航天技术与航天产业的深度融合，打造空间、地面与终端产品制造、运营服务以及航天技术转化应用的航天产业链，构建国际一流航天企业和具有国际竞争力的航天产业。

以当前低轨大规模星座爆发性发展为例，在美国军方以及 NASA 持续不断地支持下，美国新兴公司快速进入卫星领域，推动商业航天新模式形成和快速发展，如 OneWeb 公司

在卫星还未部署便融资超过30亿美元，SpaceX公司的星链计划目前已实现约600颗卫星在轨部署，这种发展模式解决了政府主导效率不高和资金缺乏等问题，实现航天产业规模快速扩张。据美国商务部估计，未来20年航天产业规模将从现在3 000多亿美元快速增长至万亿美元级，航天产业打开了新的发展空间。

2.2.2 国际太空治理的特点

（1）建立太空联盟，主导国际博弈方向

在大国博弈背景下，建立太空联盟成为主要航天国家维护自身利益和谋求国际主导权的重要手段。作为世界航天强国，美国以巩固全球航天领导地位和推进航天强国全球战略为基础，加快与传统盟友、伙伴构建战略联盟，与许多国家和地区开展越来越广泛的航天国际合作。开展多项重大国际合作项目，并善于运用项目主导权谋求自身利益。近期，NASA正式宣布《阿尔忒弥斯协定》（Artemis Accords）作为在月球表面开展国际合作的法律框架。美国就“阿尔忒弥斯”计划提出在月球南极建立“安全区”，进一步强化在航天领域的单边主义，意图基于意识形态构建自己的太空同盟，为自己在包括国际太空规则争夺等方面的国际博弈中构建优势。并试图将月球私有化，单方面制定外空国际规则。

欧洲一体化航天是欧洲各国航天发展的共同目标，也是欧洲作为世界一极、保持航天全球领先地位的核心。ESA共同出资、分工协作、比例返还的合作运行模式将欧洲航天资源与能力进行成功集成，在空间探索、空间科学领域开展一系列极具影响力的重大项目，确立了欧洲在全球航天的重要地位。欧洲在持续深入内部合作的同时，根据自身航天发展战略的需要，积极拓展全球合作伙伴，推进与美国、俄罗斯的深度合作，通过这些合作项目，保持欧洲航天领先地位，在提升欧洲影响力与话语权的同时，推动了欧洲航天技术与产品的全球影响力。

合作联盟的建立在俄罗斯国家战略中占据重要地位。俄罗斯GLONASS导航系统在恢复全球组网基础上，加快境外地面站部署，正在推动在中国、印度尼西亚、越南、巴西、古巴、西班牙、澳大利亚及南极洲建立监测站的工作，推动GLONASS导航系统的建设和能力提升。俄罗斯主导实施的“火星-500”计划获得极大影响力，俄欧的火星探测合作协议也取得了持续进展。这些重大项目的合作不仅实现了俄罗斯航天工程项目目标，也极大提升了航天国际影响力。

（2）推动国内法国际化，实施长臂管辖

联合国《外空条约》确定的义务大多需要国家立法专门做出规定，以便将这些国际义务转化为国内法律层面的义务。大多数国家在其航天立法中都突出履行国际义务的立法原则。如在俄罗斯宪法中，规定了国际法优先于国内法的原则；英国1986年《外层空间法》第38章就规定，“本法授予国务大臣以批准权和其他权力，以保证联合王国对于本国相关的人发射和运营空间物体及在外层空间进行其他活动承担国际责任”。随着国际航天法律体系的不断完善，遵守国际航天法的有关规范、履行相应国际义务已经成为国际责任意识的重要体现。

而美国却在太空规则方面“逆国际化”而为之。为了维护其国际领先地位，美国在国际太空规则制定方面一直试图掌握主动权和优势地位，并通过国内法国际化来实施长臂管辖，以法律为手段维护其太空霸权，自特朗普上台以后此要求进一步强化。美国正试图通过意识形态斗争和单边主义行动来强化其在太空规则方面的领导地位。2020 年 5 月，美国单方面抛出所谓的“阿尔忒弥斯协议”，公开挑战《外空条约》已确定的原则，并计划在认可该协议的基础上通过双边协议的形式与其他国家开展月球探测领域的合作，单边主义倾向明显。

（3）强化太空治理技术优势，掌握国际博弈话语权

频率及轨位作为外空活动的基本保障条件，已成为各国尤其是航天国家激烈争夺的资源。出于政治、经济和军事等多方面的考虑，各国都加强了对卫星频率与轨位资源的抢占力度，使得本已趋于应用饱和的频率、轨位资源呈现更加稀缺的态势。同时，由于人类探索外空和利用外空的活动增加，废弃的航天器和运载火箭箭体、固体火箭燃烧物、航天器在轨操作及碰撞解体产生的碎片数量日益增多，毫米级以上的空间碎片数以亿计，总质量达到几千吨，碰撞风险不容小觑。特别是近年低轨大规模星座快速发展，数以万计的卫星将发射进入低地轨道。此外，由小行星和彗星演变而来的流星体也同样对航天器特别是高轨航天器构成碰撞威胁。

为应对这些风险与挑战，掌握国际博弈话语权，主要航天国家均采取有效措施加强核心技术创新，着力提升能力水平。一是快速提升太空治理能力，大力发展空间态势感知、在轨服务与维护、空间物体主动移除等关键技术，强化太空治理技术优势，具备全球水平最高的空间目标监视编目能力，可观测 LEO 上直径大于 5 cm 和 GEO 上直径大于 10 cm 的空间碎片，编目能力超过 23 000 个，具备近地小行星监视能力。二是高度重视前沿创新及颠覆性创新，美国在第 3 次抵消战略指导下，加快推进新概念装备、人工智能、新型能源与动力等方面颠覆性技术研究，以确保其长期处于领先地位。三是注重强健航天工业基础，美国把包括航天工业在内的国防工业基础作为“新三位一体”战略的重要一极，持续加大对研制、生产、试验和测试等基础设施建设的投入，着力构建自主可控、灵活健康和竞争力强的工业基础。

第 3 章　太空活动治理中的组织管理体系

3.1　太空活动现代化治理体系对组织管理的要求

太空活动组织管理作为太空活动治理行为的承载主体和驱动力量，发挥着枢纽和核心作用，涉及国际和国内两个方面。中国太空活动组织管理在系统科学思想和系统工程方法的指导下，是中国航天导弹、火箭、卫星及飞船研制成功的重要保证。中国太空活动组织管理必须适应新时代、新形势和新任务，以组织管理现代化融入全球治理体系。太空活动现代化治理体系对组织管理提出了以下要求。

3.1.1　推动落实新时期发展战略

党的十九大报告指出“加快建设创新型国家”。创新是引领发展的第一动力，是建设现代化经济体系的战略支撑。要瞄准世界科技前沿，强化基础研究，实现前瞻性基础研究、引领性原创成果重大突破。加强应用基础研究，拓展实施国家重大科技项目，突出关键共性技术、前沿引领技术、现代工程技术、颠覆性技术创新，为建设科技强国、质量强国、航天强国、网络强国、交通强国、数字中国和智慧社会提供有力支撑。加强国家创新体系建设，强化战略科技力量。深化科技体制改革，建立以企业为主体、市场为导向、产学研深度融合的技术创新体系，加强对中小企业创新的支持，促进科技成果转化。……坚持富国和强军相统一，强化统一领导、顶层设计、改革创新和重大项目落实，深化国防科技工业改革。

为有效配置有限的航天资源，发挥新型举国体制优势，形成发展合力，必须加强我国航天组织管理能力。

3.1.2　支撑高质量建设航天强国

习近平总书记从国家战略的高度，在 2016 年提出了“发展航天事业，建设航天强国”的战略目标，以后又多次阐述了对航天强国建设的要求，航天强国建设将为实现科技强国与中国梦提供强大支撑。

当前我国的航天事业发展进入新时代，要实现建设航天强国的伟大梦想，必须坚持以习近平新时代中国特色社会主义思想为指导，继续坚定不移实施创新驱动发展战略，落实新发展理念，发扬自力更生优良传统，大力开展技术创新、商业模式创新、管理创新和产业创新等，以坚定的政治担当和使命责任，努力走出一条具有中国特色的航天强国之路。

在时代背景和现实挑战下，和平发展的时代主题没有变，合作共赢发展是时代的主潮流，我国处于现代化建设由高速增长到高质量发展的战略机遇期。国家航天局不仅应该在中国航天对外交往中发挥桥梁和纽带作用，而且必须是国务院授权的站在国家利益全局的角度，有效、有责地科学组织、管理、协调好国家确定的航天重大工程项目的权力机构。运用合同管理的方式，组织全国的航天科研机构和工业企业进行航天基础技术和重大应用技术的研发以及航天产品的研制、生产。

在中国特色社会主义进入新时代的关键时期，习近平总书记和党的十九大明确提出“2030年跻身航天强国前列，到21世纪中叶全面建成航天强国”的战略目标（图3-1），航天各界要继续大力弘扬“自力更生、自主创新”鲜明红色基因的航天精神，有效支撑国民经济发展和应对激烈的国际竞争①。

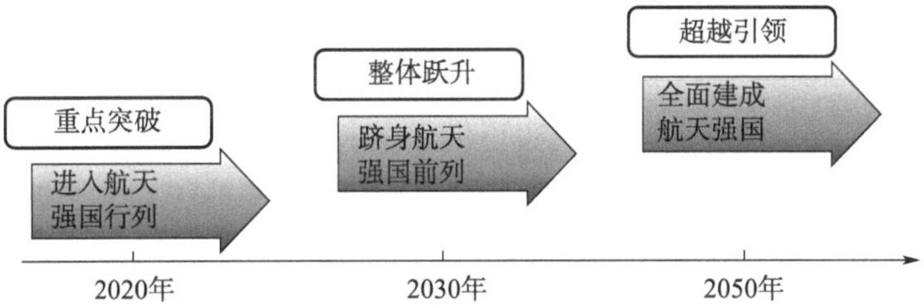

图3-1　航天强国路线图

3.1.3　促进国内商业化航天有序竞争

“新型举国体制”下资源条件发生转变，需要更有效地组织、管理、规范，促进航天领域有序竞争，实现健康可持续发展。需要创新商业航天管理模式，提升航天管理水平和效果。

发挥市场配置资源决定性的作用是党和国家做出的重大决策，太空活动事关国家安全，具有特殊性，如何把握市场化、商业化的“度”，是太空活动治理必须解决的重大问题。

不同国家/地区对商业航天概念定义略有不同，但总体来看，是指采用市场化机制以获取商业利润为首要目标而开展的航天活动。商业航天除了具有传统航天高风险、高投入和高技术的特点外，还具有经济性、市场驱动性及约束性的特点。商业航天概念下市场规

① 胡朝斌，侯宇葵，申志强．弘扬新时代航天精神 走航天强国新长征路．中国航天，2020（5）．

则是商业航天企业在经营发展过程中需要承担一定比例的投资风险和责任，按照典型市场的激励机制来控制成本并获得最大的投资回报，并具有为现有客户或潜在客户提供航天产品和服务的合法资质和能力①。

商业航天可以创新资源配置模式，提升资源配置效益。"新型举国体制"下资源条件发生转变，为我国航天事业资源配置提供了更好支撑。自改革开放以来，我国充分利用国内国外两个市场、两种资源，发挥自身比较优势，公有制经济和非公有制经济相辅相成、相得益彰、充分发展，建成了体系完整、产能巨大的工业体系，成为世界制造业第一大国和全球第二大经济体。日益健全强大的国家工业体系和创新活跃的社会资源力量，不断丰富了我国航天事业的发展主体、资源选择，使航天领域"市场在资源配置中起决定性作用和更好地发挥政府作用"具备了现实基础。同时，社会资源有意愿、有实力进入航天领域，使我国航天领域创新资源配置模式、提升资源配置效益具备了主观条件②。

商业航天可以加快科技创新和成果转化。创新环境发生转变，为我国航天事业跨越发展提供了更多机遇。当前，重大科学问题的原创性突破和重大颠覆性技术创新交织互动，云计算、区块链等新一代信息技术同智能制造技术相互融合的步伐加快，科技创新链条更加灵巧，技术更新和成果转化更加快捷，产业更新换代不断加快。

为了促进商业航天领域有序竞争，实现健康可持续发展，需要创新商业航天管理模式。在组织管理方面，首先要建立航天准入管理机制，提升航天准入管理水平和效果；其次要完善商业航天政策法规体系，细化商业航天数据政策等。

3.1.4 提升航天国际影响力和话语权

太空活动能够促进国际合作，提升国际影响力和话语权。新时代太空活动的使命任务发生转变，对我国航天事业做大做强赋予了更广内涵。作为融政治、经济、军事和科技于一体的太空高边疆，实践活动不再只是人类探索未知的手段，更是提升国家实力、推动经济发展、增进国际合作和驱动科技创新的重要抓手。党和国家赋予航天的使命任务内涵也发生转变，从以满足国家战略需求为主，转变为满足国防安全建设需求和国民经济发展需求并重。

在十九届四中全会公报中，明确指出"积极参与全球治理体系改革和建设。高举构建人类命运共同体旗帜，秉持共商共建共享的全球治理观，倡导多边主义和国际关系民主化，推动全球经济治理机制变革"。

在构建人类命运共同体的指导下开展太空活动，为解决全球问题提供中国方案，太

---

① 汪夏，汪明哲，任迪. 2019年中国商业航天发展研究. 钱学森空间技术实验室研究通讯，2019（12）.

② 张洪太. 新型举国体制下建设航天强国的思考. 国资报告，2020（6）.

空活动的开展对构建良好的国际政治经济新秩序、推动全球治理深入发展具有重要意义①。

政府与非政府组织共同作为太空活动治理的核心主体，两者之间的良性互动、合作将是现代化的一个基本特征。世界范围内非政府组织在太空活动治理中发挥着重要的、独特的、其他行为体所不能替代的作用。非政府组织活动于国家、企业所不及的领域，发现问题，传播信息，参与政策制定，革新制度安排，促进交流与合作等。因此，针对太空活动现代化治理，需要培育几个典型的非政府组织，使得太空活动治理具有更高的灵活性和效率，提升我国太空活动治理方面的国际影响力和话语权。

3.1.5　推进太空活动组织管理现代化升级

大数据、人工智能、移动物联网等技术突飞猛进，将这些技术应用于航天组织管理，不仅是现代化的重要标志，也是组织管理能力提升的基础支撑手段。

近年来，我国政府信息化建设发展迅速，已经进入数字化和智慧化建设的新时代。大数据的应用一直起着关键性的作用，从促进大数据发展到深入推进国家大数据发展战略，表明了我国政府对大数据应用的重视。但是，我国政府大数据应用水平还处于初级发展阶段，还存在着社会公众等日益增长的对政府大数据服务的需要同政府大数据应用不充分、不平衡发展之间的矛盾。提升政府对大数据的掌控能力，大数据与国家治理体系和治理能力现代化进行深度融合的研究和实践成为国家、行业和科研机构关注的焦点。

2016 年 10 月，国务院办公厅印发《国家信息化发展战略纲要》，指出：“以数字化、网络化、智能化为特征的信息化浪潮蓬勃兴起”，应当适应国家现代化发展的需要，持续深化大数据应用，解决数据孤岛、数据垄断等问题，以大数据推进国家治理体系和治理能力现代化。大数据已经上升为国家的一种重要发展战略，不仅是重要的资产和基础设施，更是一种服务方式。

我国航天事业发展了 60 多年，积累了海量数据，计算机算力、存储器存储能力还在不断提升，大数据技术突飞猛进，建立航天大数据中心恰逢其时，其不仅是太空活动治理能力现代化的重要标志，也是太空活动现代化组织管理能力提升的基础支撑手段。

从组织管理角度来讲，未来的航天大数据中心可以实现集中统一的高效管理：在轨太空资产运行维护、空间碎片监测与碰撞预警、对地观测遥感数据接收与共享、深空探索与资源开发数据和体系论证与效能仿真等。

---

① 秦伟. 人类命运共同体的经济基础与中国实践. 上海：上海社会科学院，2019.

3.2 世界航天强国太空活动的组织管理

3.2.1 主要航天强国组织管理特点

3.2.1.1 美国：总统和国会决策下的军、民、商分制管理体制

美国是航天管理体制最完善、空间立法最发达的国家，通过联邦、政府部门和地方等一系列的法规和文件，形成了军、民、商分制管理、相互协调、共为一体的太空活动组织管理体制，其管理体系主要分为三层：总统和国会为决策层，国防部和 NASA 等为管理层，工业界（国防承包商）、科研机构和大学为执行层。

（1）总统最高决策、国会审查，重设航天委员会加强集权管理

美国把航天发展政策视为国策，总统是太空活动的最高决策人和协调者，决策结果提交国会进行审查、立法和拨款。在太空活动中，美国总统的职责主要包括：宣布国家航天重大决策、战略、计划和倡议；以行政令的形式颁布国家航天法律和政策指令；在国情咨文中阐明航天有关政策和指导原则；在预算咨文中向国会提出航天预算申请；决定航天裁军，国际合作重大契约、条约、协议的原则并予批准和签署；批准使用太空武器的对外战争。

美国国会是最高立法机构，也就是太空活动的最高立法者。这种地位在太空活动管理体制中具体体现为：国会决定导弹、航天法律能否生效；总统的国情咨文和预算咨文必须经过国会的批准才能拨款；对外的相关条约、协议必须经过国会的批准才能执行；国会可以对航天的任何重大事项举行听证会，国会也可以否决总统的咨文和提议；总统对航天相关部门首脑的任命也必须经过国会认可才能生效。

美国在不同时期设立的国家航天委员会和国家安全委员会等机构，也体现了其在航天政策和战略规划上的高层次和集权化。

国家安全委员会依据 1947 年《国家安全法》成立，是美国国家安全方面的最高决策和咨询机构，主席为总统，其他法定成员包括副总统、国务卿、国防部部长、航空航天局局长等。其主要职责是协助总统制定、审查、协调国家安全政策以及与国家安全有关的内政、外交和军事政策。

国家航天委员会的前身最早可追溯到 1958 年，此后经历了两起两落，期间曾有其他咨询机构替代其职能，但最终证明不利于航天政策制定和实施。2017 年 6 月，时任美国总统特朗普签署行政令，重启国家航天委员会（National Space Council，NSpC），直接隶属于总统行政办公室，由时任副总统迈克·彭斯担任委员会主席，时任总统副助理斯科特·佩斯任委员会执行秘书，预示着将进一步加强对太空活动（民、商、军、国际）的集权管理。

国家航天委员会的主要职责是就国家航天政策和战略向总统提供咨询和协助，具体包括：

1）审议国家航天政策，包括长期目标，并制定国家航天战略。

2）就航天政策和与航天相关问题向总统提供建议。

3）监控并协调总统所提出的国家航天政策和战略目标的执行。

4）促进军民商航天部门之间的合作以及技术和信息交流。

5）就参与航天国际合作提供建议。

6）促进解决重大航天政策分歧。

（2）国防部和 NASA 等部门具体分管

管理层涉及美国太空活动的具体组织领导机构：美国国防部负责军用航天战略的组织实施和军用太空活动的进行；NASA 负责民用航天战略的组织实施和民用太空活动的进行；其他一些行政部门和航天工业公司负责商业航天规划的实施，开展商业太空活动。

①美国军用太空活动管理

美国国防部是美国军事航天的主管部门，负责制定航天政策、科研计划、预算及其计划的管理与实施等，其组织结构如图 3－2 所示。

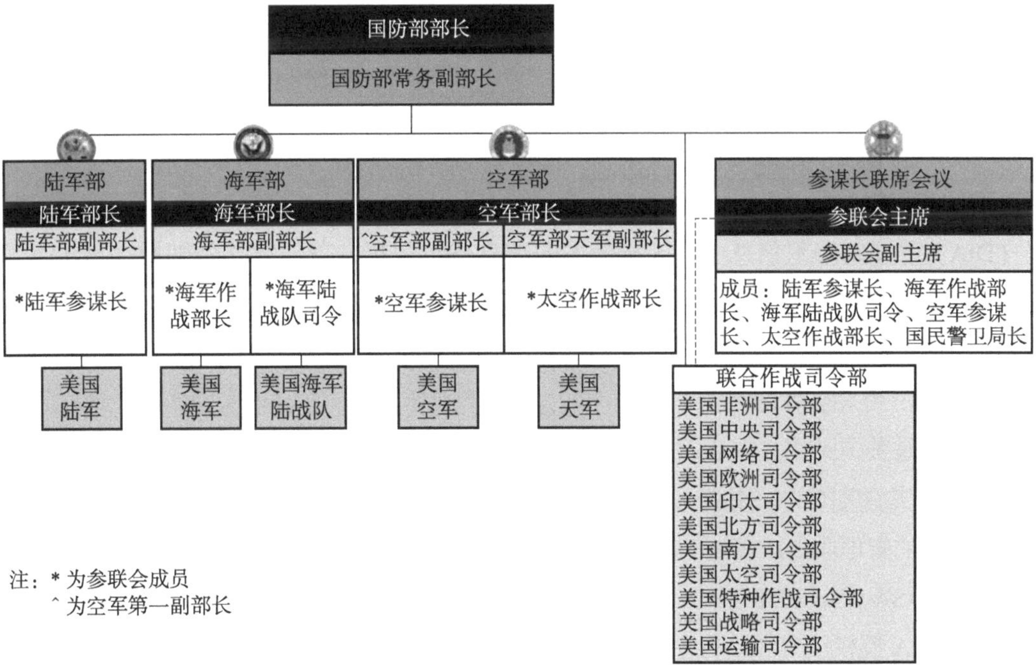

图 3－2　美国国防部组织结构图

从历史发展上看，1958 年成立的国防研究与工程署统一管理全军的研究、发展、试验与鉴定工作；1977 年设立负责研究与工程的副部长办公室，既领导国防研究与工程署的国防科研工作，又负责全军重要武器系统的采购与装备工作，成为美国武器装备采办的统管机构；1998 年成立航天司令部，负责军事航天管理。进入 21 世纪，为简化机构，合并航天司令部与战略司令部，成立了美国战略司令部，旨在将空间、信息对抗和进攻打击能力有机结合在一起，执行空间和全球打击等任务。

针对美军太空力量建设和监管长期分散化的问题，2019 年 2 月，时任美国总统特朗普签发“4 号航天政策令”，明确首先在空军内部建立天军，未来根据需要在国防部成立独立的天军部。2019 年 12 月，正式设立天军作为美国第 6 个军种，赋予空军部长拥有调动空军人员到新成立的天军就职的职权。为尽可能减少成本和简化机构，要求天军不得增加人员名额，并将成本维持在总统预算申请的经费规模。天军设立一名太空作战参谋长（CSO），直接向空军部长报告，是参谋长联席会议（JCS）成员。

2020 年 6 月，美国天军副司令戴维・汤普森宣布天军未来组织架构。与空军各司令部不同，天军新设的三个一级司令部机构相对扁平化，管理层级较少。天军隶属于空军部，规模将远小于其他军种。天军下设的三个一级司令部分别是太空作战司令部、太空系统司令部（SSC）、太空训练与战备司令部（STARCOM）。

2019 年 8 月，美国太空司令部成立，作为美国第 11 个联合作战司令部，负责运用各军种提供的兵力在太空域直接遂行任务。美国太空司令部专注于捍卫美国的太空利益，缩短太空作战的决策时间，增强整个联合部队投射军力和影响力。建立美国太空司令部是加速提升联合部队捍卫国家利益和威慑对手能力的关键一步。

国防部的其他一些机构也兼具太空活动治理职责。例如，美国国家安全局（NSA）运用空间系统收集信号情报，美国国家侦察办公室（NRO）运营侦察卫星，美国国防情报局（DIA）负责对卫星信息中与国防相关的信息进行分析，美国导弹防御局（MDA）利用外空监测导弹的发射，美国国防预先研究计划局（DARPA）负责管理外空相关的研究和发展。

②美国民用太空活动管理

NASA 是美国民用太空活动的组织、领导和实施主体，属于“独立政府机构”，主要负责制定和实施美国的民用航天计划，并开展领域科学研究。

NASA 的管理职能或者说美国的民用航天管理体制一直处在不断完善和发展中。从历史上看，NASA 依据 1958 年的《美国国家航空航天法案》建立，之后 50 年间，又颁布了一系列 NASA 授权法案和单行立法。此外，《美国法典》第 42 编（公共健康和福利）第 26 章（国家航天计划）中也较为详细地规定了 NASA 的职能。随着美国的空间立法完成了从“散见式”立法向“专篇式”立法的进化，关于 NASA 管理职能和体制的大部分规定也被编纂在了《美国法典》第 51 编。

NASA 在行政上直属总统管理，由 NASA 局长总体负责。其组织管理分为两个层次：

一是总部事务管理，二是业务事务管理。总部事务管理由各职能办公室完成，业务事务管理由 3 个任务部负责。NASA 所有的任务都通过这 3 个任务部来实现，每个任务部承担的任务依靠 NASA 下属的研究中心来完成。

NASA 通过战略管理委员会（SMC）、运行管理委员会（OMC）和项目群管理委员会（PMC）3 个管理委员会进行战略管理，旨在做出有效的决策，促进 NASA 各个部门之间的有效交流。管理委员会主要负责 NASA 高级别的决策，例如由战略管理委员会批准战略规划，由运行管理委员会批准新的业务系统，由项目群管理委员会批准某个主要项目从规划到执行的过渡。战略管理委员会主席由 NASA 局长担任，并由 NASA 局长任命运行管理委员会和项目群管理委员会的主席，由委员会主席行使决策权，由 NASA 局长或委员会主席指定委员会的常务成员，由委员会主席指定其他或临时、特殊的委员会成员。

NASA 各职能办公室对整个 NASA 负有领导责任；NASA 任务部分管 NASA 的主要业务领域，以实现 NASA 的任务和更好服务于客户。每个任务部都由一位副局长担任领导，在其带领下制定自己的战略目标以及为满足主要客户的需求而采取的措施；NASA 总部下辖 10 个研究中心，是 NASA 主要的研究实体。

美国商业航天完全按照市场机制开展自主经营活动，研究机构、服务机构、商业公司与 NASA、国防部不存在隶属关系，但美国的太空活动十分强调一体化规划协调，鼓励军用、民用、商业航天间的横向联合。NASA 几乎所有的项目都会面向美国各大航天公司公开招标，这种基于市场竞争、市场调节的商业企业参与模式节省了政府部门的预算。

（3）案例——NASA 对“猎户座”计划的管理

“猎户座”计划由 NASA 内部组织结构和外部实体组成。NASA 的内部组织结构包括载人探索与运行任务部、探索系统开发司、“猎户座”计划办公室以及 NASA 中心和设施。外部实体包括主承包商、分包商、供应网络和欧洲空间局（ESA），如图 3－3 所示。

探索系统开发司负责监督和指导该计划，NASA 主管载人探索与运行任务部的副局长将相关权力授予该司副司长，但根据 NASA 政策，NASA 的主管副局长拥有授权推进计划通过里程碑评审的决策权。“猎户座”计划办公室负责控制计划的技术目标、进度和成本。办公室按功能组织，包括项目规划和控制、发射中止系统、乘员舱和服务舱、航电和电源系统、飞行运行、ESA 集成、飞行试验和飞行集成等独立办公室。该计划还有 3 个技术主管部门：安全与任务保证部门、健康和医疗部门以及工程部门。相关责任被委派给各独立办公室的管理人员。除了 NASA 总部的行政官员，还有来自 9 个 NASA 中心场所的 600 多名雇员为该计划提供产品和服务，工作任务包括要求、试验和合同监督。

洛克希德 · 马丁公司是主承包商，主要分包商是喷气发动机-洛克达因公司、霍尼韦尔宇航公司和联合技术航空宇航系统公司。承包商工作人员与 NASA 工作人员合作，组成

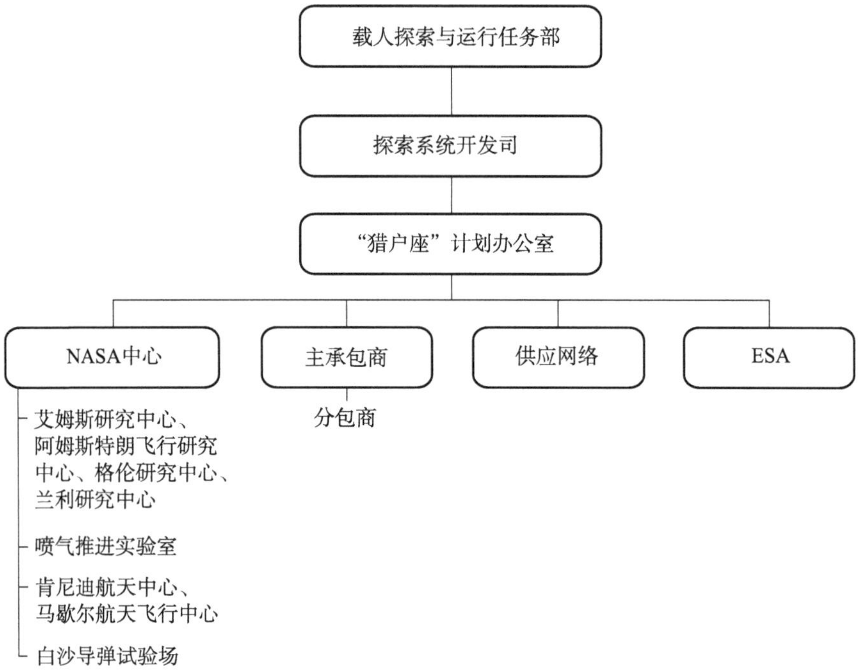

图 3－3 “猎户座”计划组织管理结构

综合项目团队。“猎户座”由约 20 万个零部件组成，由 50 个州的 2 200 多家供应商提供，参与者的规模从小型企业到大公司不等。供应链从分析开始，经过组件工程、采购、供应商制造、运输到验收。该计划建立了 NASA 和洛克希德·马丁公司联合的需求管理团队，以监督和管理“猎户座”的供应链流程。此外，ESA 也按照合作协议规定的要求为 NASA 提供产品和服务。

该计划由评审范围和权力各不相同的委员会以及若干专家组、工作组协助。该计划的官员利用这些委员会来帮助控制需求、评估性能并做出必要的决策，保障计划执行。例如，常设评审委员会对整个计划进行关键里程碑评审，并在评审中提出技术、进度和方案方面的建议；多用途载人飞行器控制委员会建立计划基准，为计划制定经批准的变更计划，并解决基准问题；服务舱控制委员会批准对欧洲服务舱文件的更改，该文件定义了服务舱的基准、产品变更、时间表和进度。委员会和专家组通常由 NASA 和承包商人员共同组成，可能由 NASA 或承包商领导。

（4）组织管理特点

①民主决策机制基于法定程序运行

美国的航天政策、战略规划和重大航天项目决策都是经过严格的法定程序确定的，必须通过议会的广泛讨论，按照投票结果决定审议结果，议会最后通过的议案才能交给总统做出最终决策。因此，美国的重大航天项目决策既具有高层次和集权化的特征，又有遵循民主和法制流程的特征，避免了由于决策专断产生不良决策的严重后果。美国国会参议院和众议院都设有军事委员会、预算委员会、科学技术与航天委员会、拨款委员会，由它们审查、批准重大的航天决策、规划、计划和预算。为协助两院分头或联合做出立法性决策，国会设有预算局和技术评价局。

②组织机构实体化、管理专门化

美国太空活动有专门的实体部门进行计划层面的管理，即国防部和 NASA 等。它们既是项目承担者，具体承担概念研究和关键项目研制；又是采购者，采购工业界生产的导弹、航天产品用于自身任务；同时也是委托者，将 80%以上的各种研究、研制项目委托给工业界、政府其他部门、高校、学术界和民间机构进行研究、设计、试制、试验与生产；此外还是出售者，出售其导弹、航天产品、技术，服务于国内外，谋取经济利益和军事、外交利益。管理专门化则体现在军用、民用和商业航天分立的模式。

③从顶层明确管理体系内的协同机制

美国通过颁布法律和制定相应发展战略，形成了跨部门的联合协同机制，明确界定太空活动主管机构的管理分工及相互协调机制。总统在军、民、商太空活动中的促进和协调作用也由法律明确规定。NASA 和国防部在其各自管辖的航空航天活动范围内，通过总统互相提出建议咨询，互相通知相关活动。国防部在民、商太空活动管理中发挥着重要的作用，NASA 也有向其他主管机构给予咨询和协作的责任。

3.2.1.2　俄罗斯：总统主导下的政企合一、军民分管体制

俄罗斯太空活动管理体制由军民统一转变为军民分制，再转变为军民统一，最后转变成现行的政企合一、军民分管模式，其改革经历了否定之否定的螺旋式变化过程。在各个历史阶段，一般都由俄罗斯总统直接统领国家太空活动，然后由航天局（现俄罗斯航天国家集团）和国防部等政府部门执行决策，进行宏观管理；最后由有关企业和科研机构等具体实施。

（1）总统决策制为核心的集中管理

俄罗斯现行的太空活动管理体系自顶向下表现为“一条线”，即以总统决策制为核心，总统→安全会议→国防部（军）/俄罗斯航天国家集团（民、商）→工业企业。其中，俄罗斯总统在航天决策方面具有绝对领导地位，负责审批航天领域的国家政策、重大的航天发展规划，解决航天领域的国家重大政策问题；安全会议是辅助总统进行安全和国防领域决策的机关，由总统担任主席，设有一名专职秘书，常委由总理、安全会议秘书、外交部部长、国防部部长和安全总局局长担任。

苏联时期优先发展军事航天工业，其国防会议是导弹航天政策和计划的最高决策机构，采取军民之间严格保密的政策，民用航天归军品系统领导。苏联解体后，俄罗斯继承了苏联约 90%的航天工业基础，俄罗斯航天政府管理机构虽经历几次重大调整，但始终以

国家行政管理机构的形式对太空活动实施管理。1992 年 2 月，俄罗斯总统叶利钦下令建立俄罗斯航天局，从此，俄罗斯民用航天有了正式的部级政府独立管理机构，而国家防务和安全的太空活动仍由国防部领导。1998 年，将研制、生产导弹和军用航天设备的军用航天工业移交给俄罗斯航天局（文职）管理，航天局成为军、民、商太空活动的统管机构。1999 年 5 月，俄罗斯又将航空工业的管辖权从经济部移交给航天局，同时将航天局改为航空航天局。2004 年 3 月，根据俄罗斯总统普京的指示，俄罗斯航空航天局又改名为俄罗斯联邦航天局。联邦航天局既是政府机构，又负责发展整个俄罗斯的航天技术，从而实现太空活动的集权管理。

2015 年 7 月，俄罗斯总统普京签署法令，批准成立俄罗斯航天国家集团公司（ROSCOSMOS），将联邦航天局改制为采取企业化结构和运作方式的政府管理机构，颠覆了俄罗斯航天领域正在进行的政企分离改革进程，使太空活动管理更为集中。

（2）管理层基本实行军民分管

在管理层上，大体可分成军用和民商用两部分：

1）国防部对军用航天发挥主导作用，空天军下属的航天司令部和航天防御司令部负责军用航天器发射、测控、情报及航天发射场的管理。

2）联邦政府及俄罗斯航天国家集团、经济发展部、科技与教育部等部门，在总理的领导下对民、商太空活动进行计划管理。

俄军据其综合国力和航天力量建设的现实情况，曾在相当长时期内采取组建航天兵和空天防御兵等独立兵种。2015 年 8 月组建空天军，兼顾空军和空天防御兵两部分职能。其中，负责航天力量的是航天防御部队司令部和航天司令部。按照职能划分，分为防御和进攻两部分。防御力量包括空间防御和反卫星部队、防空部队、反导部队、电子战部队；进攻力量包括突击航空兵和特种飞机部队。这种垂直与平行相结合的指挥体制既确保了指挥权的集中统一，又保持了一定的指挥灵活性。其组织机构如图 3-4 所示。

俄罗斯航天国家集团公司以俄罗斯联邦名义依法对太空活动进行国家管理和领导，肩负航天行业政府管理和产业发展的双重使命，既是联邦预算资金的主要分配者，又是预算资金的获得者和国家订货方。全面继承俄罗斯联邦航天局的各项职能，主要负责制定和实施俄罗斯的民用航天规划，负责起草经费预算草案、议案及航天政策，并开展航天领域的科学研究。同时，有权从事营利性活动，是民用航天的国家订货方（军事航天订货方仍为国防部），负责预算资金的接收、分配和管理。公司管理航天领域的 80 余家企业机构，并从国有资产管理局手中接管这些企业机构的国有资产管理权。俄罗斯航天国家集团公司组织机构如图 3-5 所示。

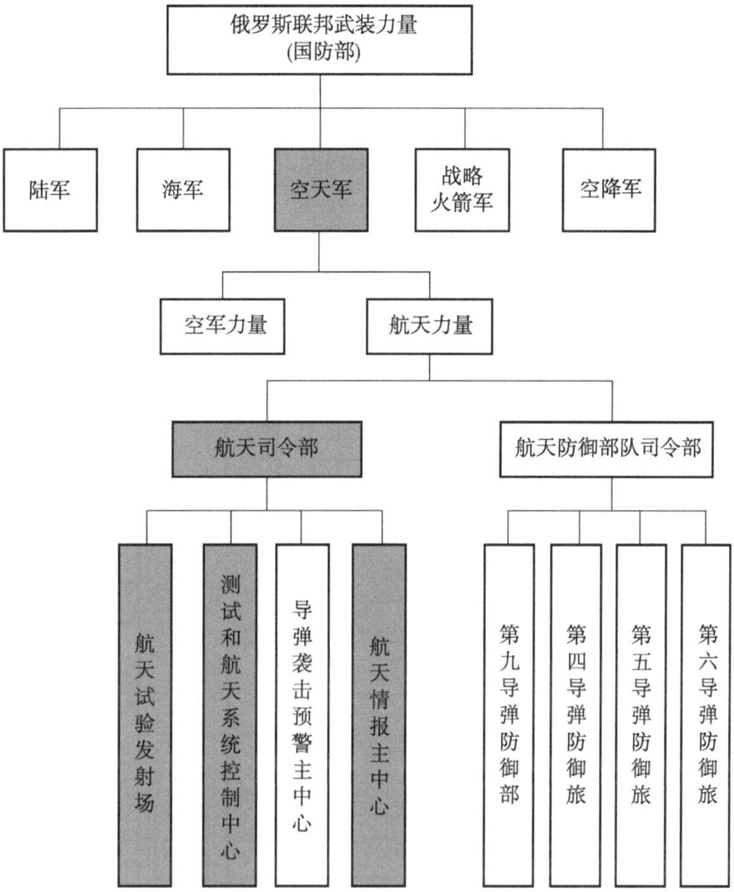

图 3－4　俄罗斯国防部空天军组织机构（来源：俄罗斯国防部官网）

（3）组织管理特点

①始终施行相对集权的管理体制

苏联时期的国防管理体制属于高度集中的计划经济体制。俄罗斯航天管理体制虽然几经变革，但重大航天项目的主要决定权仍集中在总统和议会手中，不论是俄罗斯联邦航天局还是俄罗斯航天国家集团公司（以及国防部），都只是太空活动的具体管理者。俄罗斯注重用法律、政策、规划引导航天企业行为，航天企业不再以下级单位身份，而是以生产商的角色承担航天任务。

②现代管理模式下决策机制日趋开放

在现代管理模式下，俄罗斯航天重大决策的专断性减弱，灵活性增强。俄罗斯积极承担国际商业发射任务，增强了航天产业的活力；为减少费用开支，在“国际空间站”上积极与美国和欧洲开展合作。这说明，俄罗斯政府在太空活动中的决策趋于理性化，在考虑太空活动政治价值的同时，还要合理考虑经济因素和社会因素。

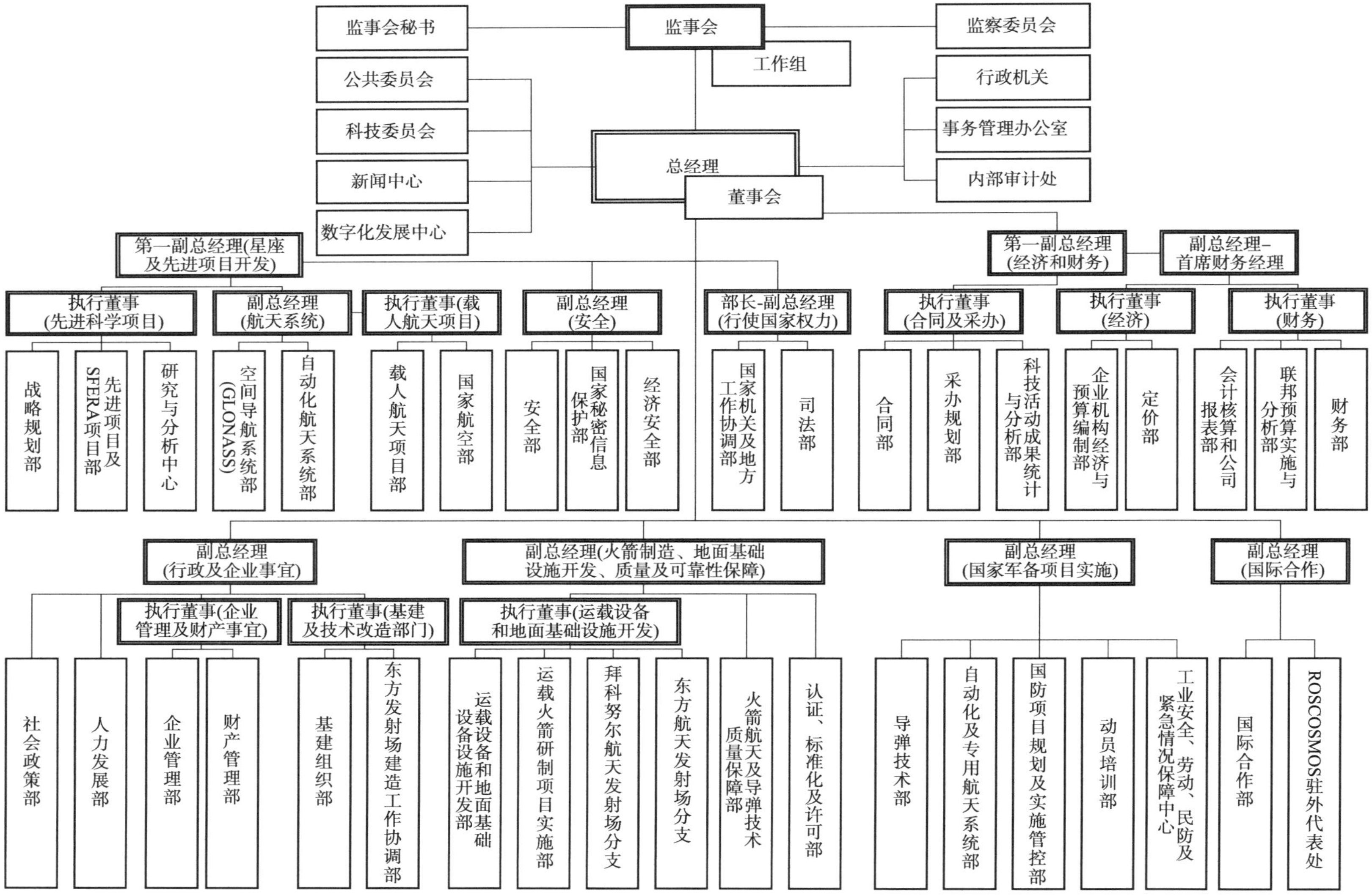

图 3－5 俄罗斯航天国家集团公司组织机构（图源：ROSCOSMOS，2019 年 8 月）

3.2.1.3　欧洲：成员国联合形式下的ESA主管体制

欧洲航天坚持泛欧一体化与各国多元化并行的发展模式，其涉及的管理主体、体制和机制复杂。首先，ESA自成立以来就作为政府间组织将欧洲国家聚集在特定环境中，负责在其成员国之间引导（和平的）科学和工业合作，包括制定连贯的欧洲航天政策，并作为欧盟航天领域的执行机构负责管理欧洲层面的航天项目。其次，欧洲各国自行制定和形成本国航天战略，法国、德国、意大利、英国、西班牙等欧洲主要航天国家积极开展独立的太空活动。再次，欧盟（EU）作为超国家组织也构建了独立的航天战略和计划，包括欧洲国家之间及与其他组织（如ESA）之间的合作，近年来对航天政策的规划和对航天活动的管理逐渐加强。此外，欧洲气象卫星组织（EUMETSAT）也负责部分气象卫星的运行和管理。以上这些行为体共同影响欧洲太空活动治理。

（1）欧盟与ESA各有职权、紧密合作，共同推进欧洲航天一体化

欧盟与ESA的职权范围不同，成员国也不同，并受不同的规则和程序管辖。

欧盟是由28个成员国组成的超国家组织（由于英国脱欧，目前有27个成员国）。《欧洲联盟运行条约》第189条是欧盟处理太空事务的法律基础。欧盟对于外空活动的承诺和关注在不断增加，管辖权也在增强。尤其是《里斯本条约》的通过和生效，明确了欧盟作为欧洲航天政策发布方的地位。

ESA是由22个成员国组成的政府间组织，其作为泛欧洲民用航天管理机构的职能载于1975年《欧洲空间局公约》。2017年6月发布的《ESA太空与安全政策要素》文件为ESA未来参与太空安全领域活动提供了指导原则（以上成员国数目截至2020年6月）。

欧盟和ESA在航天领域的合作日益紧密，2004年5月生效的一项框架协定为欧盟、ESA合作提供了法律基础。2016年12月，《欧盟/ESA关于欧洲航天共同愿景和目标的联合声明》签署，强调了未来加强合作的意愿。随后，ESA理事会召开部长级会议，通过了题为“实现欧洲航天一体化的航天4.0”的决议。在这项决议中，ESA成员国表示，他们优先考虑让ESA真正成为“欧洲的航天局”，能够满足区域、国家和欧洲对航天的需求。欧盟内设立的欧洲防务局（EDA），针对欧洲各国国防工业的现状，以“统一化、标准化、简约化、协调化”为原则，推动欧盟境内的防务一体化。

尽管英国脱欧事件曾一度引起业界对欧洲航天一体化的担忧，但截至2019年年底，英国仍在ESA的框架下开展航天活动，并在ESA 2020年度预算中正常出资，这表明欧洲航天一体化发展的整体框架仍在推进。

（2）泛欧层面ESA和欧盟主管军民商太空活动

①欧洲民商太空活动管理

ESA在各国航天预算开支中占比很大，可以视为首要的管理主体，成员国数目不断增加也说明了其在欧洲航天发展方面的主导作用。ESA的任务是在欧洲长期航天政策及工业

政策的指导下，通过协调欧洲及各国的航天计划，使成员国通过资金投入的方式共同开展较大型的航天项目。ESA 的研究活动包括对地观测、载人航天、运载火箭、导航、空间科学、航天工程和技术等。

ESA 有两个层面的领导机构，第一层领导机构是理事会，由各成员国代表组成。理事会根据需要每 2~3 年举行一次 ESA 部长级会议，会议期间进行基础性决策和发展方向决策，这是 ESA 内部最重要的决策形式。ESA 第二层领导机构由每个工业研究部门的主管组成，他们直接向局长汇报工作。

ESA 对重大问题的决策程序一般不是采取简单的少数服从多数的表决形式，而是要获得 2/3 多数通过。每个成员国不论大小都有 1 票表决权。当各成员国出现分歧或利益冲突时，即使是少数国家的意见也不能压制，而是采取平等协商或相互妥协的办法，力求达成共识并一致通过。不过由于法国、德国、意大利和英国对 ESA 的贡献最大，航天科技实力最强，在重大决策中如果这 4 个国家发生冲突，重大决策就很难通过。

ESA 的太空活动分为两大类，一类是强制性计划，另一类是选择性计划。强制性计划是指列入一般预算和科学计划预算的航天发展项目。其中，包括 ESA 的科学卫星、探测器、未来探索计划的研究、先进技术研究、共享技术投资、信息系统和培训等。这类活动经费均以各国国内生产总值（GDP）为基础按比例做出各自的贡献。一般强制性计划开支占 20%~30%，其余 70%~80%均为选择性计划开支。

选择性计划是指某些成员国共同感兴趣的计划，各成员国可以根据本国的需求或实力，自由选择参加。这类计划主要包括地球观测卫星、通信卫星、导航卫星和航天运输系统，以及“国际空间站”、微重力研究等国际合作项目。这类自由组合式的选择性计划，由于涉及的投资规模大、周期长，因此投资比例既可以按各国国内生产总值比例分摊，也可以根据不同情况选择不同的投资比例。例如“伽利略”卫星导航系统计划在分配投资时，德国和意大利都希望多投资取得主导权，最后协商妥协的结果是法国、意大利、德国、英国 4 国各占权重 17.5%，占总投入的 70%，其余 30%中，西班牙约占 12%，其他感兴趣的国家自由选择，按不同的投资比例参与。又如“阿里安”火箭以法国为主，其他国家参与。

欧盟一直在加大对欧洲航天计划的投资。欧盟理事会（Council of EU）、欧洲议会（European Parliament）和欧洲委员会（European Commission）在欧盟航天计划中发挥着重要作用。在欧洲委员会内，欧盟内部市场行业创业和中小企业总局（DG GROW）主要负责管理欧盟的太空活动。2019 年年底，新设国防工业和航天总局（DEFIS）。

欧盟通过与 ESA 签订的协议，实施其两个旗舰项目“哥白尼”和“欧洲地球同步导航覆盖服务”（EGNOS）/“伽利略”。但对这两个项目的管理，欧盟采取的方式不同。在“哥白尼”项目中，欧盟强烈依赖 ESA、欧洲气象卫星组织和各国的运行能力；但已经通过其执行机构欧洲委员会全面接管了 EGNOS 和“伽利略”的项目管理和开发工作，并为此设立专门的实体——欧洲全球导航卫星系统管理局（GSA）。根据欧盟关于制定欧盟航天计划条例的提议，GSA 将更名为“欧盟航天计划管理局”（EUSPA）。除了发展“伽利略”业务，EUSPA 还将管理“哥白尼”对地观测卫星系统的使用，筹备军民两用的“政府卫星通信”（GovSatCom）计划，并集中欧盟能力来监测地球的临近环境。2019 年 4 月，欧洲委员会通信网络内容和技术总局与 ESA 签署技术协议，合作设计欧洲的量子通信基础设施。

欧洲气象卫星组织也通过 ESA 实施航天活动，将卫星的采购和研发委托给 ESA，而不是自己管理这些活动。一旦发射后，再由欧洲气象卫星组织对卫星进行运行管理。虽然欧洲气象卫星组织的预算中包含了卫星的研发费用，但这部分经费要转给 ESA。

②欧洲军用太空活动管理

从欧洲现状来看，虽然外界一般将其看作一个整体，但其内部国家众多，政治、经济、军事联系错综复杂。在此背景下，欧洲整个军用航天力量的发展都比较分散。虽然拥有多个联合组织，但也难以统一、成体系地规划和管理军用太空活动。

欧洲层面的军用太空和太空安全活动由欧盟和 ESA 共同主导，北大西洋公约组织（北约，NATO）也发挥了一定作用。北约是由 30 个北美和欧洲国家（截至 2020 年 6 月）组成的政府间军事联盟，其在 2019 年 11 月将太空确认为作战域。

20 世纪 80 年代中后期，欧盟成员国开始重新讨论欧洲防务合作。1991 年 12 月，欧盟成员国签订《马斯特里赫特条约》，在法律层面将西欧联盟正式确立为欧盟的防务机构，但也在附属声明中确立了西欧联盟附属于北约的次级地位。2004 年 7 月，作为欧洲防务事务专职机构的欧洲防务局在西欧联盟原有机构与组织框架的基础上开始运作，隶属于欧盟理事会，在欧盟“共同安全和防务政策”（CSDP）内促进成员国之间的防务一体化。自 2017 年以来，欧盟成员国中的 25 个国家武装力量一直在进行结构性整合。

欧洲防务局是欧洲委员会和欧盟机构防务共同体的促进者，在成员国的要求下充当接口，利用更广泛的欧盟政策来促进防务，并在欧盟资助的防务相关活动方面扮演中央控制台的角色，协调所有欧洲太空活动的军事用户要求。欧洲防务局负责人由欧盟高级代表担任，负责整个机构的组织和运作，并主持指导委员会的部长级会议。指导委员会是欧洲防务局的决策主体，由参与成员国的国防部部长和欧洲委员会一名代表组成。2019 年 1 月，该机构重组为 3 个理事会，分别为行业协同与推动者理事会、科研技术和创新理事会及能力装备和规划理事会。

近年来，在 ESA 与欧盟和欧洲防务局的协同努力下，泛欧共享式军民两用通信卫星计划“政府通信卫星”获得了新的发展契机；在“多国天基成像系统”（MUSIS）框架下，欧洲防务局也在积极推动欧洲国家合作发展军用对地观测卫星；欧洲防务局与欧盟卫星中心（EUSC）建立了更加结构化的合作关系，确定了未来天基对地观测系统、太空安全领域大数据开发、空间态势感知、海上监视等具体合作领域。

（3）成员国层面的治理结构与国情有关

每个 ESA 成员国在太空活动中都有其独特的治理结构，这都是根据本国国情和特点建立的，且需要在负责太空活动的主管部委和国家航天政策执行主体之间协调关系。ESA 成员国在一定程度上参与若干从事太空活动的组织，包括 ESA、欧洲气象卫星组织（EUMETSAT）、欧盟卫星中心（EUSC）、欧洲全球导航卫星系统管理局（GSA）、欧洲防务局（EDA）、国际电联（ITU）等。图 3－6 展示了 ESA 成员国参与各类太空活动的主管部委。实际上，通常由一个部委主抓 ESA 的太空活动，由另外一个或多个部委负责次要太空活动。图 3－7 展示了 ESA 成员国层面的太空治理典型组织结构。

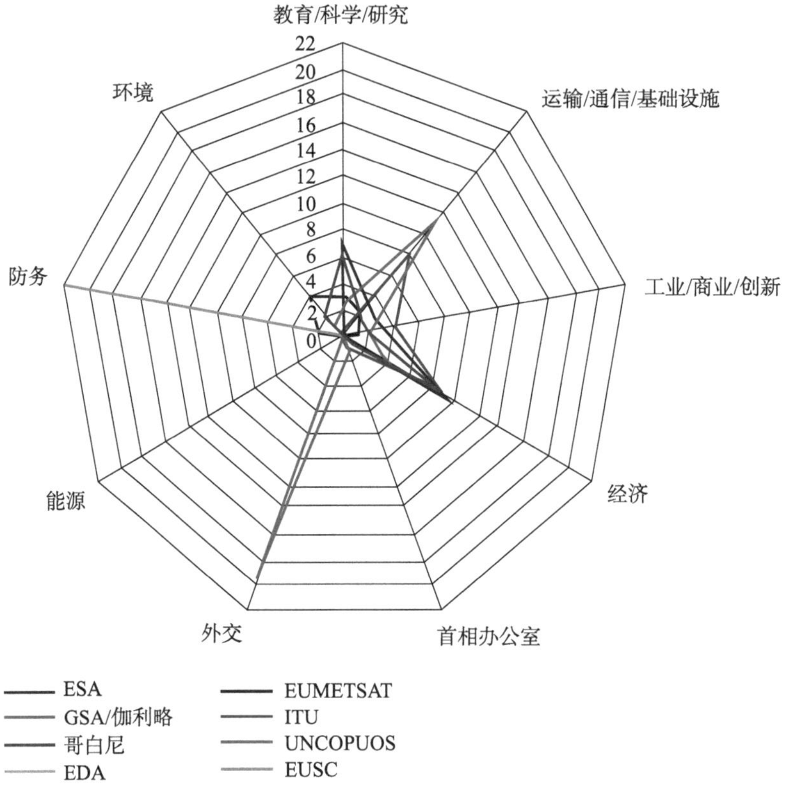

图 3－6　ESA 成员国参与各类太空活动的主管部委（见彩插）

在成员国层面，太空活动的决策执行实体归为 3 类：航天局、太空办公室、处理若干公共政策问题的部级单位。第一类实体是航天局。保留本国航天局的成员国通常是开展和管理国家层面和国际层面航天科学研究资源较多的大成员国，包括法国（CNES）、德国（DLR）、意大利（ASI）和英国（UKSA）等主要欧洲国家，但罗马尼亚（ROSA）、奥地利（ALR）和波兰（POLSA）等一些小成员国也设有航天局。第二类实体是太空办公室。

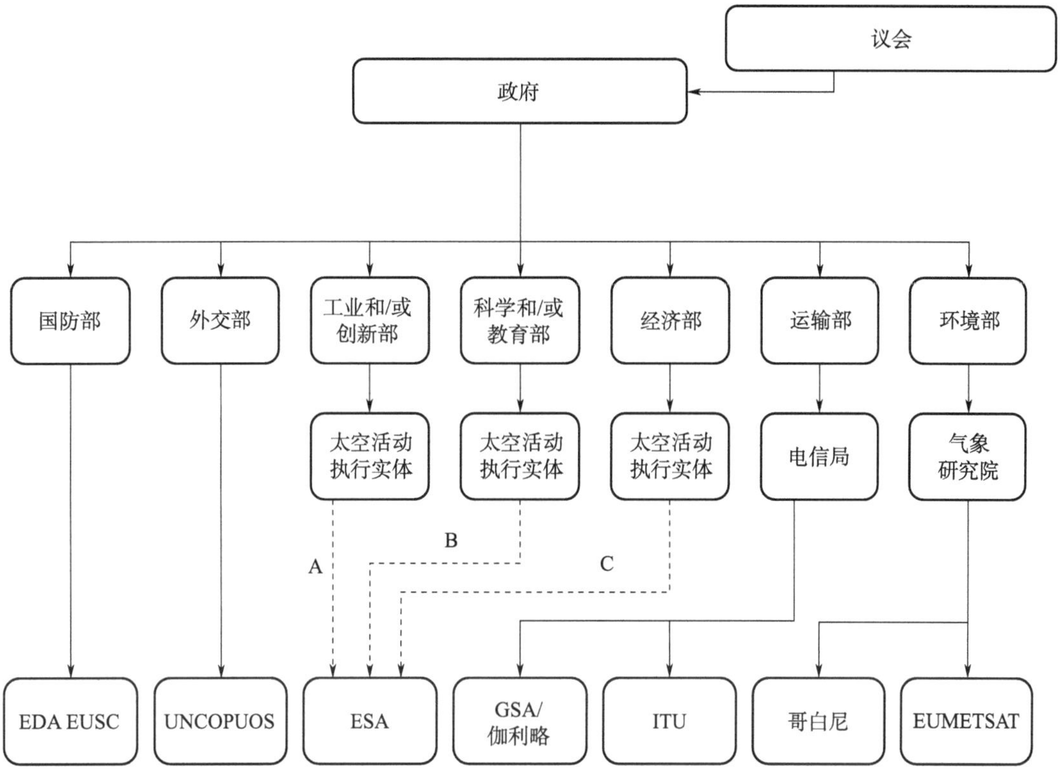

图 3－7　ESA 成员国层面的太空治理典型组织结构

办公室与航天局有根本不同，主要限于政策和战略制定者的角色，仅由内部或通过 ESA 管理太空活动预算，通常设立于 ESA 中小型成员国内，包括瑞士（SSO）、比利时（BELSPO）和匈牙利（HSO）。第三类实体是在具有较大权限的机构内设立的部级单位，通常存在于航天方面相对较新的国家和/或较小的 ESA 成员国，包括爱尔兰、芬兰和捷克等。

（4）组织管理特点

欧洲太空活动治理的组织管理模式和政策制定过程与美国和俄罗斯完全不同。

① ESA 成员国之间的合作和与欧洲以外国家的国际合作相结合

ESA 的太空活动中除了欧洲内部国家的合作外，还有很多涉及美国、俄罗斯和其他国家的多种形式的国际合作项目，如“国际空间站”和月球、火星等太空探索项目。这些项目中 ESA 承担部分的投资分配比例通常也按选择性计划模式来处理。近年来，ESA 通过逐步吸收非 ESA 成员国的欧盟国家加入 ESA，使 ESA 逐步整合成为泛欧洲的航天执行机构。所有这些不同形式、灵活多样的合作模式既能节省航天开支、减少重复浪费，又可以通过欧洲航天计划、管理和政策的一体化，逐步实现欧盟的航天政策和战略目标。

②“公平回报”的原则，激励各国投资航天的积极性

自 ESA 成立以来，其在太空活动中一直采取“谁投资谁受益”的“公平回报”原则来管理航天计划。这既是一项基本原则，也是一项有效激励各国投资航天的政策。无论是强制性计划还是选择性计划，一旦各成员国明确本国投入 ESA 航天项目的比例，它所投入的每一欧元在扣除管理等开支后，约 85%的经费都会按合同公平地返还本国科研机构或产业界去完成。如果哪个国家投入的经费多，那么这个国家或它的航天产业界就可能主导这个航天项目，或成为主承包商。但欧盟在太空活动中坚持采取“公平竞争”的原则(或政策) 来选择合同承包商。这两种政策和分配原则是当前欧洲两大机构在航天政策上的重大分歧。

3.2.2 组织管理经验教训

3.2.2.1 国外太空组织管理经验教训

(1) 采用“三层”组织管理结构是通用做法

太空活动受国家发展战略的影响极大，航天工业与国情密切相关，因此在航天管理机构的设置和权限分工上，为了适应国情需要，各国呈现出多样化的特点。但调研各国太空活动组织管理结构可以发现，尽管各有特点，但大体上普遍采用 3 层结构，即决策层、管理层和执行层。有的国家设立了航天委员会，以便航天政策制定和实施，有利于集中国家优势资源，实现国家战略目标。

(2) 管理主体过多不利于统筹协调

欧洲太空活动治理涉及的实体众多，管理体制和机制十分复杂，影响了太空活动效率。单一实体全面监督美国各类太空活动的做法曾是孕育了美国航天能力基础的一部分。美国在 2017 年重新启用国家航天委员会是为了更好地协调美国太空活动在国家安全、商业、国际关系和科研方面的协调一致和持续发展。委员会重建后产生了显著成效，政府内部人士认为，与过去制定航天政策的跨部门结构相比，现在官僚作风大大减少，迭代工作组的层级也大大减少，由于机构的简化，委员会能够更快地制定政策。到目前为止，委员会已经制定了四项航天政策令、一项国家航天战略以及一项由总统签署的关于外空资源采收的行政令，极大推动了航天领域的总统决策。图 3－8 简要列举了历史上存在国家航天委员会的时期，由总统宣布实施的重大航天工程或计划。

欧洲层面的太空活动治理涉及的国家实体和其他行为体众多，管理体制和机制十分复杂，虽然在航天发展中综合了各国实力，但在管理上也牵制了其一体化进程。欧盟一直希望整合全欧洲的人力资源、物力资源和财力资源，通过统一的航天政策、统一的决策机构和执行机构去执行欧洲航天一体化战略。但首先，欧盟内部尚未形成强有力的决策机制；其次，ESA 拥有比欧盟丰富得多的航天管理经验与完善的机构和机制；再次，这两个实体

航天委员会存续时间段	重大航天工程或计划		
国家航空航天委员会（1958—1973年）	1961年	肯尼迪总统	宣布启动“阿波罗”载人登月计划
	1972年	尼克松总统	宣布实施航天飞机计划
1973—1989年	裁撤 期间曾由科学顾问办公室、国家安全委员会下设的高级跨部门工作组行使航天咨询职能		
国家航天委员会（1989—1993年）	1989年	老布什总统	宣布“太空探索倡议计划”，首提重返月球
	1993年	克林顿总统	宣布与俄罗斯等合作建造空间站
1993—2017年	停止运行 期间曾由政策协调委员会行使航天咨询职能		
国家航天委员会（2017年重建）	2017年	特朗普总统	宣布实施载人重返月球，即“阿尔忒弥斯”计划

图 3－8　历史上由美国总统宣布实施的重大航天工程或计划

在管理方式和原则方面存在较大差别。因此，短期内 ESA 与欧盟仍将各自为政。除此以外，法国、德国、英国、意大利等欧洲轴心国都有各自的航天计划（尤其是军事航天计划），各国的利益也不可能全部交由欧盟或 ESA 处理。欧洲民商太空活动活跃度和一体化程度远高于军用活动，出于政治、经济和国家安全考虑，暂未形成权责明确的军用太空活动管理体制。

（3）多数国家对航天进行军、民、商分制管理

太空活动具有军用、民用和商业三重属性，在这 3 个方向上，不同国家的管理模式不相同，甚至同一个国家在不同阶段也有所区别。美国太空活动军民分立，由不同的部门分别管理；俄罗斯则经历了军民统一到军民分制，再到军民统一的复杂变革，通过改革凸显航天在俄罗斯工业领域的地位，并以发展航天事业推动经济发展、巩固国家安全。现在，越来越多的国家重视太空活动的协调发展。美国国防部、NASA 和其他联邦机构分别对军、民、商太空活动实施分制管理，而顶层规划的协同机制又保障了 3 类活动的互相融合和统筹管理。美国非常重视航天工业的经济性，积极扶持私人企业进军商业航天，同时积极促进军用、民用及商业航天技术的转换，以军用、民用和商业市场的共同发展来抵消彼此的周期影响。多数国家对航天进行军、民、商分制管理，提升了社会和企业参与航天的积极性，激发了科研机构、高校、企业开展太空探索、开发利用的创新活力。

3.2.2.2 对我国太空活动组织管理的启示

我国太空活动管理体制经历了60年来的多次变革，完成了由完全计划体制向部分市场经济体制的过渡，但与国外相比，尤其是在太空活动商业化的大趋势下，仍存在一些问题，主要是航天管理机构分散，军民太空活动分割，存在重复建设，造成效率不高，发展路线不统一；航天科研与开发活动过于封闭，市场化不足，民营企业参与较少。总结上文中论述的几个航天强国的太空活动管理体制，可以归纳出我国航天未来发展过程中的几个关键因素：

（1）加强顶层体制统筹管理，促进太空活动协调发展

需要从顶层体制上加强对太空活动强有力的统筹管理。充分发挥党中央统揽全局、协调各方的集中统一领导作用，构建党中央统一领导和决策，职权分明、高效协同的领导管理体制。建立国家航天委员会，使其成为制定包括军用、民用和商业航天政策在内的统一的国家航天政策和对太空活动进行协调管理的最高国家机构，可望解决我国目前太空活动管理存在的条块分割、多头管理、重复建设和信息不畅等问题，从而实现高效率的集中统一管理。随着我国市场经济的不断完善，我国应注重鼓励商业航天发展，逐步走向军、民、商协同发展的道路，并建立市场经济下新的商业航天运行机制。

（2）依托专业实体管理机构，推进科研生产体制变革

与美国相比，我国的基础工业整体还比较落后。美俄两国的航天主管部门同时从事航天管理和研发等工作，职能相对集中，牵引技术进步。我国的航天工业要发展，需要依托专门化、专业化和实体化的管理机构，开展航天基础和前沿技术的研发，推动航天相关基础工业的进步。在新时期，面临新的战略使命和发展要求，尤其是在国家事业单位体制改革深化、战略性新兴产业快速发展、市场竞争日趋激烈的大背景下，航天科研生产企业应解放思想，变革组织形式，根据单位的具体情况进行分类整合与培育，提升面向多元化市场的核心竞争能力。

（3）建立多层信息沟通机制，鼓励领域机构横向交流

从美俄及中国航天管理体制可以看出，航天大国的航天机构普遍具有一个特点，那就是机构庞大。如果能够更好地共享各个机构的资源，促进航天行业内部合作，将大大提高航天科研水平，推动中国由航天大国向航天强国转变。因此，需要加强横向交流，减少沟通障碍，建立各有关主管部门的多层次沟通机制。国家层面要完善现有政策体系，通过顶层总体规划的构建来拓展融合渠道，开辟不同单位之间的联络途径，有效促进各领域、各部门之间的联络与合作，通过信息共享和集体决策等工作制度协调航天政策的制定及其实施的管理，促进技术的互补与创新，推动整个产业体系的优化。

3.3　我国太空活动组织管理现状

我国太空活动组织管理框架如图 3－9 所示。

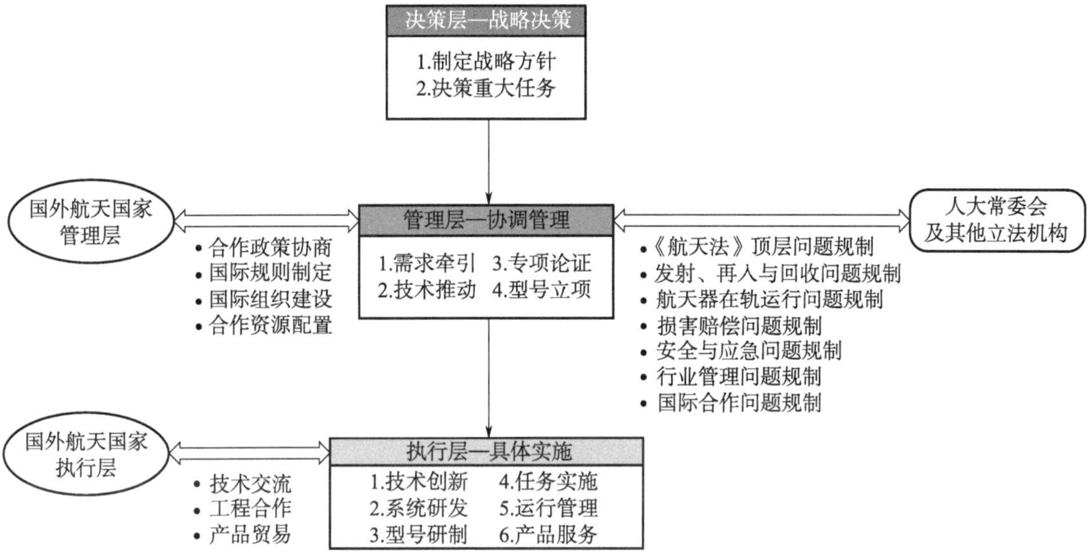

图 3－9　我国太空活动组织管理框架

3.3.1　太空活动组织管理演变

我国太空活动管理体制经历了 4 个阶段的演变。

3.3.1.1　航天创建时期（1956—1982 年）

1954 年 9 月，中共中央政治局通过《关于成立党的军事委员会的决议》，决定成立中共中央军事委员会，由毛泽东任中央军委主席。中央军委是党中央的军事工作部门，是统一领导全军的统帅机关。第一届全国人民代表大会第一次会议决定设立国防部，隶属于国务院，受国务院和中央军委双重领导，是国务院领导的军事部门，第一任国防部部长为彭德怀。

与苏联不同，中央军委是我国最高军事统帅机构，统一领导全国武装力量。而国防部不负责军队的统帅、指挥与军事决策，其主要担负代表政府和军队的外交职能，以及国防教育和征兵等行政工作职能。新中国成立初期，很多国防科研和工业管理机构在编制上隶属于国防部，但真正的领导机构是中央军委。

1956—1982 年是我国航天发展的起步阶段和初创阶段，太空活动管理架构有过多次变化。1956 年 10 月 8 日，国防部第五研究院成立，标志着我国航天事业正式诞生，我国从此开始着手建立自己的航天科技工业体系。

在这一阶段，我国尚处于新中国成立初期，迫于美国和苏联等外部压力，集中全国力量大力发展国防事业，坚持独立自主和自力更生，坚持以“两弹一星”尖端国防装备为核心、常规武器为支撑的战略思路。因此，在该阶段的组织管理体系中，决策层中央设有专门机构主抓、管理层多个部门协调管理，共同推动我国航天事业建设。

在决策层，由于发展“两弹一星”需要集中大量人力、物力和财力，中央成立了专门的决策管理机构。1962 年 11 月 17 日，中央专委正式成立，周恩来为主任，成员包括 7 位副总理和 7 位部长级干部。中央专委是我国尖端事业的最高领导决策机构，直接指挥和决策我国“两弹一星”事业。

当时，专委中周恩来任总理，贺龙任副总理兼国防工委主任，李富春任副总理兼国家计委主任，李先念任副总理兼财政部部长，薄一波任副总理兼国家经委主任，陆定一任副总理兼中共中央宣传部部长，聂荣臻任副总理兼国家科委主任、国防科委主任，罗瑞卿任副总理兼军委秘书长、总参谋长、国防工办主任，赵尔陆任国防工办常务副主任、国防工委副主任兼国家经委副主任，张爱萍任副总参谋长兼国防科委副主任，王鹤寿任冶金工业部部长，刘杰任核工业部部长，孙志远任航空工业部部长，段君毅任机械工业部部长，高扬任化学工业部部长。

当时，中央专委主要是权力机构，是政策领导、组织领导机构，负责行政组织、检查工作，日常办事机构设在国防工办（时任主任罗瑞卿）。核、导弹、卫星等具体工作由第二机械工业部和第七机械工业部实施。周恩来总理共主持召开了 40 多次专委会议和若干次专委小会，讨论解决了几百个重大问题。我国核武器研制发展速度之快、资金投入之少、试验成功率之高，在全世界尤其是发达国家引起了巨大的反响，他们惊呼“中国创造了世界的奇迹!”而这些“奇迹”的创造都是和中央专委的作用分不开的。

在管理层，先后成立了航空工业委员会、国防工业委员会、国防科学技术委员会、国防工业办公室等机构，负责我国国防工业组织管理工作。

1956 年 2 月 17 日，钱学森向中央提出了《建立我国国防航空工业的意见书》（简称《意见书》），提出了我国“国防航空工业”的组织草案、发展计划和具体实施步骤等，力争在最短期间内具备独立设计和研制能力①，这标志着我国航天事业迈出了重要的一步。意见书的大部分内容后来被列入了《1956—1967 年科学技术发展远景规划纲要（草案）》的第 37 项《喷气和火箭技术的建立》。此外，《意见书》还建议立即在国防部成立航空局，实施全面的规划和领导。

---

① 鉴于保密的需要，当时用“国防航空工业”代指火箭、导弹工业等航天工业.

1956 年 2 月底，周总理亲自领导、组织数百名科学技术专家制定了我国第一个科学技术规划——《1956—1967 年科学技术发展远景规划纲要》（简称《规划纲要》），钱学森任综合组组长。《规划纲要》确定了 57 项重点任务，制定了 6 项紧急措施：原子能、导弹、电子计算机、半导体、无线电电子学和自动化技术。《规划纲要》第 37 项《喷气和火箭技术的建立》中明确了“重点发展，迎头赶上”的方针，提出要在 12 年内使中国火箭和喷气技术走上独立发展的道路。

1956 年 3 月 14 日，为了从组织领导体制上保证我国导弹和火箭技术发展规划的实现，周恩来总理主持召开中央军委会议，会议决定由周恩来、聂荣臻、钱学森等筹备组建导弹航天科学研究的领导机构——航空工业委员会（简称“航委”）。1956 年 4 月，航委正式成立，中央军委副主席、国务院副总理聂荣臻任主任，钱学森任委员。

1958 年，在航空工业委员会基础上改组为国防部国防科学技术委员会（简称“国防科委”），由中央军委领导。

1959 年，中央军委成立了国防工业委员会（简称“国防工委”，1963 年合并到国防工办）。

1961 年，国务院成立国防工业办公室（简称“国防工办”），归口管理第二、第三机械工业部的工作。在“文化大革命”期间，为了更好地确保航天工业管理工作开展，1969—1973 年间撤销国务院国防工办，成立中央军委国防工办。

在执行层，主要经历了国防部第五研究院和第七机械工业部两个阶段。

1956 年 5 月 10 日，航委提出了《建立我国导弹研究工作的初步意见》（简称《初步意见》），建议在航委下设导弹管理局，由钱学森任第一副局长兼总工程师，建议成立导弹研究院（后称国防部第五研究院），由钱学森任院长。1956 年 5 月 26 日，中央军委召开专题会议讨论通过了航委提出的《初步意见》，同意航委组建导弹管理机构和研究机构。1956 年 8 月，导弹管理局（国防部第五局）正式成立，作为我国导弹管理机构。1956 年 10 月 8 日，我国第一个导弹研究机构——国防部第五研究院（简称国防部五院）正式成立。1957 年 2 月，周恩来总理签署国务院命令，任命钱学森为国防部五院院长。1957 年 3 月，国防部第五局合并到国防部五院。

1964 年 12 月，在国防部五院基础上，成立了第七机械工业部（简称七机部），统一管理火箭、导弹、卫星的研究、设计、生产和基本建设。七机部成立后，航天事业由军队转为地方（工作人员脱掉了军装），由北京基地建设转入三线基地建设，而且制定了我国空间技术发展规划和火箭技术发展规划，我国人造卫星事业从多年的研究和技术准备开始转入工程研制阶段。

在当时有限的物质资源条件下，这种体制机制充分发挥了社会主义制度集中力量办大事的优越性，为我国太空活动在较短的时间内实现突破和发展提供了强有力的保障。

这一阶段我国航天工业发展的最大特点是：以政治性任务为主，全国不惜成本、不惜代价，倾力协作，航天工业比较容易得到人力、物力和财力上的保障。在这种政治性任务条件约束下，我国从事航天工业的人员工作热情饱满，无私奉献，加之全国上下倾力协作，航天工业快速发展。“两弹一星”工程在管理体制上最大的创新之处在于使政治、行政和技术有机结合，形成了灵活而高效的“三位一体”管理体制，独具中国特色，也与新中国成立初期国际、社会、经济、工业等时代条件相适应，取得了很大成功。“两弹一星”为我国奠定了尖端科技基础，极大地增强了我国的国防实力，保证了我国的国家安全，使我国真正获得了世界大国的地位。

我国航天工业在对自行研制失败教训总结的基础上，经过对航天工业特点的深入分析及我国航天工业发展的实际情况和多年来的实践经验总结，在 20 世纪 60 年代，我国确定了对航天工业系统的科研生产进行“三步棋”安排，即在一定的计划期内，要有 3 种处于不同阶段的型号并行，第一种是正在研制和试验的型号，第二种是正在设计的新型号，第三种是正在探索研究的更新的型号（试验-设计-探索）。这样 3 个型号的并行安排可以提升工作的计划性和预见性，同时，对于任何一个型号都要分三步走：预先研究阶段、型号研制阶段及小批量生产阶段。正是这种“三步棋”思想的提出，使人们认识到加强预先研究、坚持预研先行的重要性，也认识到在航天工业的型号研制过程中专业技术的基础储备是型号研制的基石，是型号总体性能的保证。实践结果证明，我国当时按照“三步棋”来安排科研生产，坚持预先研究先行，型号研制按程序、分阶段管理，符合航天工业的客观规律，促进了我国航天工业的发展。

3.3.1.2 航天成长时期（1982—1998 年）

20 世纪 80 年代，我国太空活动的组织管理体系发生了重大变动。20 世纪 70 年代末，我国国防工业建设取得初步成效，但受到“文化大革命”影响，人民生活贫苦、技术落后，1978 年起我国实施改革开放政策，国家开始以经济建设为核心。为了配合国家政策，20 世纪 80 年代初期我国的国防工业体制发生变革，尖端国防装备、常规武器的组织管理机构合并，航天管理部门集中化。

在此发展阶段，由于“两弹一星”工程的顺利实施，决策层中的中央专委逐渐退出。管理层主要由国防科工委统筹管理军用航天和民用航天，执行层经历了多次机构改革。

在管理层，1982 年 5 月，原国防科委、国防工办、军委科装办等机构合并组成中国人民解放军国防科学技术工业委员会，同时称中华人民共和国国防科学技术工业委员会（简称“国防科工委”），国防科工委实际是一个机构两块牌子，受中央军委和国务院的双重领导，负责所有卫星工程的论证和立项研制。

在执行层，1982 年，五届全国人大常委会第二十二次会议通过了关于国务院机构改革问题的决议，将七机部改称为航天工业部。

1988 年，为了精简政府机构、加快政府职能的转变，七届全国人大一次会议通过国务院机构改革方案，决定将航天工业部和航空工业部合并，组建航空航天工业部。

1992 年 1 月 8 日，中央召开第五次会议，专门研究我国发展载人航天技术问题。中央专委会议同意实施载人航天工程，会议纪要中做了记述，“载人航天工程是一项跨世纪的大型工程，其意义十分重大，影响十分深远。为了表示对党、对国家、对人民的高度负责，请每位专委委员和航天领导小组成员，都要对本次会议纪要表示意见并郑重签字”。1992 年 9 月 21 日，中共中央十三届政治局常委会第 195 次会议讨论并批复《关于开展我国载人飞船工程研制的请示》，正式启动载人航天工程。

1993 年，八届全国人大一次会议批准撤销航空航天工业部，成立中国航天工业总公司（刘纪原任总经理，对外称国家航天局），由国务院直接管理，业务上受国防科工委指导。1993 年 6 月 6 日，经党中央和国务院批准，正式成立中国国家航天局，刘纪原兼任国家航天局局长。中国国家航天局的成立表明中国航天走向世界、与世界接轨的决心，更重要的是，它开辟了更加广阔的空间合作前景。1982—1998 年我国太空活动管理架构如图 3－10 所示。

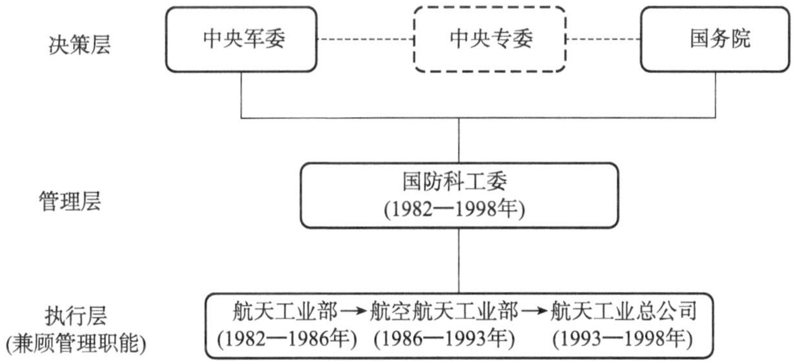

图 3－10　1982—1998 年我国太空活动管理架构

在这一阶段，国防科工委既是中央军委统一管理全军国防科学技术工作的领导机关，也是国务院管理相关工业部门国防科研、军品生产和军品外贸等工作的综合部门，负责卫星论证和立项。航天工业部是国务院下属负责管理火箭、导弹、航天器研究、设计、生产的部门，后续国家航天局设在航天工业总公司，管理与执行未严格分开。当时卫星技术和应用技术都处于起步阶段，该阶段面临的主要挑战是需求与有效载荷脱节、卫星与地面应用脱节、科研星与业务星脱节等。

20 世纪 90 年代，根据资源和技术统筹考虑的需要，中国航天建立了行政和技术两条指挥线。明确了项目总指挥是项目任务的总负责人，是资源保障方面的组织者、指挥者。项目指挥系统是航天项目任务的指挥体系，可以跨建制、跨部门对本项目的研制生产实施组织、协调和指挥。项目总设计师是项目任务的技术总负责人，在项目总指挥的领导下对项目的技术工作负全责。项目设计师系统是技术指挥线，对所负责的航天任务进行跨建制、跨部门的技术指挥、协调和决策。

重大成就：1984 年 4 月 8 日，我国用长征三号运载火箭成功发射了第一颗地球静止轨道通信卫星——东方红二号，1988 年中国第一颗气象卫星——风云一号发射入轨等。同期，国家根据当时现状，适时提出了研制长征三号甲运载火箭、东方红三号大容量通信卫星等型号，以及论证载人航天器的“一箭三星一论证”等任务。当时航天工业总公司为了落实这些任务，做出了“两抓一突破”的部署，即应用卫星和卫星应用，抓技术改造，突破载人航天技术。在多级扎实积累的基础上，经过 10 多年的努力，“两抓一突破”实现了既定目标，航天事业取得了长足进步。同期，中国航天进入了卫星应用新时代，中国航天技术进入世界先进行列，中国航天也走出国门，迈向国际市场。

3. 3. 1. 3 航天发展时期（1998—2012 年）

20 世纪 90 年代，我国国营企业发展困难，开始实施市场经济体制改革。20 世纪 90 年代末期，我国的市场经济运行机制已经为社会经济发展所接受，市场机制逐步占据企业经济发展的主导地位，国防工业，包括航天工业也逐步引入了市场机制。

在管理层，最主要的变化是，撤销原国防科工委。1998 年，为了贯彻落实邓小平同志新时期军队建设思想和江泽民同志关于军队建设的重要指示、贯彻落实军委新时期军事战略方针、坚持质量建军、科技强军、适应社会主义市场经济发展、更好地领导我国国防科技工业建设，在原国防科工委军事部门、总参、总后相关部门的基础上组建总装备部，全面负责全军武器装备建设，如图 3－11 所示。受行业市场化影响，特别是在江泽民同志提出“竞争、激励、评价、监督”4 个机制影响下，作为主要航天型号的用户方领导机构，总装备部在对航天产品研制单位的管理上，进一步加大了在市场经济下的合同制管理，加大了项目的竞争机制、监督机制，为航天型号研制生产工作提出了更加规范的管理要求。

同期，在国务院下设立新国防科工委，负责组织管理国防科技工业计划、政策、标准、法规的制定与执行监督，支持军队及军用装备研发，以及民用航天行业管理，作为行业管理部门运行。

这一阶段从原国防科工委统一管理航天科研生产，演变为总装备部和国防科工委分管军用、民用航天。随着航天产业的迅速发展，航天管理部门出现职能交叉。2008 年 3 月，国务院组建国家国防科技工业局（简称国防科工局），由新组建的工业和信息化部（简称工信部）管理，不再保留国防科学技术工业委员会。

在执行层，1999 年 7 月，为了加强市场竞争，中国航天工业总公司改组为中国航天科技集团公司和中国航天机电集团公司（2001 年 7 月更名为中国航天科工集团公司）。理论上，完全剥离政府职能，成为市场竞争的创新主体。

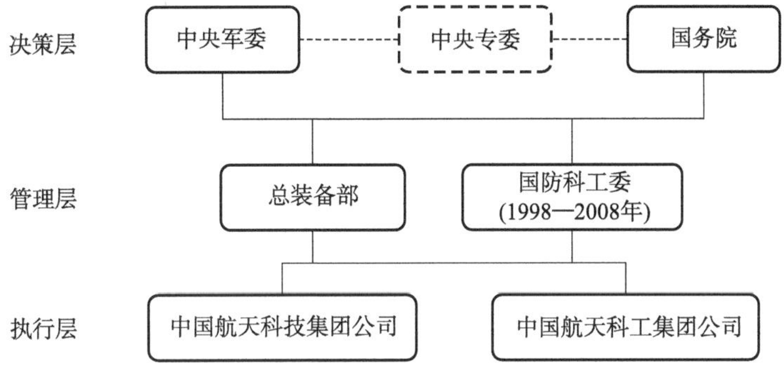

图3-11　1998—2012年我国太空活动管理架构

重大成就：2003年9月，国防科工委向中央专委汇报了《我国月球探测工程具体思路》，几个月后，温家宝总理正式批准我国绕月探测工程立项，将我国第一个月球探测器命名为“嫦娥一号”。2003年10月15日，第一艘载人飞船神舟五号载着中国航天员杨利伟进入太空，环绕地球14圈后安全返回地面，中国首次载人航天飞行获得圆满成功，竖起了我国航天事业第二座里程碑。2007年10月，我国探月工程首次发射嫦娥一号卫星，经过1年5个月的科学探测和在轨试验，嫦娥一号卫星受控撞月，我国首次月球探测工程取得圆满成功，竖起了我国航天事业第三座里程碑。

3.3.1.4　航天壮大时期（2012—现今）

自2012年以来，我国太空活动组织管理格局进一步发生变化。

在管理层，2016年成立军委装备发展部，将原总装备部部分职能划入其管辖范围。

在执行层，中国航天科技集团公司和中国航天科工集团公司仍是市场竞争的主体。商业航天力量不断壮大，出现了众多遥感卫星、通信卫星和火箭制造等产品与服务商。

重大成就：在此阶段，我国高分辨率对地观测系统、北斗导航系统等国家重大科技专项逐步实施，并取得重要成果。空间基础设施开始部署，各类应用卫星和卫星应用获得长足发展；长征系列运载火箭发射成功纪录不断刷新，新一代运载火箭踏上征程。月球探测工程、载人航天工程交相辉映，谱写了中国向航天强国迈进的壮丽凯歌。

3.3.2　现阶段太空活动组织管理架构及特点

3.3.2.1　组织管理架构

现阶段，我国航天活动的组织管理架构基本由决策层、管理层和执行层3个层次构成，定位相对清晰，分管业务相对明确。尤其是2019年之后，对军、民航天交叉领域的事务开始进行统筹处理，未来有望推动我国军、民、商航天获得更加有序的发展。

在决策层，我国航天活动的组织管理架构主要由国务院、中央军委构成，对我国重大航天活动、重大专项立项、对外合作重大事务进行最终决策。其中，中央专委近几年对航天事务的管理有所减弱，日常决策一般由国务院和中央军委来定。

在管理层，近年来军队改革影响了军事领域太空活动的管理架构。2016 年 1 月，中国人民解放军总装备部改为中央军委装备发展部，行使全军装备发展规划计划、采供管理等职能，对全军太空活动所需的装备进行统筹规划管理。

在民商领域，工信部及国防科工局主要负责民用航天、商业航天事务管理。此外，其他部委（如发改委）也有部分职能涉及航天。

发改委 2015 年联合财政部、国防科工局共同编制《国家民用空间基础设施中长期发展规划（2015—2025）》，推动了我国民用空间基础设施的建设和发展。

在执行层，我国航天活动的组织管理架构主要由运载器、卫星系统、应用系统、有效载荷、测控设备软件系统等研制、生产、开发实体单位构成。主要包括航天科技和航天科工两大集团公司，以及中科院、中电科下属研究所、高等院校、商业卫星公司等。执行层负责具体航天任务的实施、产品制造和服务提供等。

3. 3. 2. 2 组织管理特点

自长征一号运载火箭将东方红一号卫星发射入轨以来，我国在太空活动领域取得了辉煌的成就。对地观测卫星体系、通信卫星体系逐渐完善，达到了国际先进水平；北斗三号导航系统即将达到世界领先水平；嫦娥四号探测器实现人类首次月球背面软着陆探测活动；天宫空间站即将建成，届时或成为世界上唯一在轨运行的空间站。这一系列成就离不开我国对太空活动有效的组织管理。现阶段我国的组织管理有以下 3 方面特点：

一是坚持党的集中统一领导与决策。

太空活动是一个长周期、高投入、高风险和宏观效益大的战略性高技术领域，是国家综合国力的重要象征，同时航天工程又是多学科、跨部门的大系统工程，需要从国家层面统筹发展。我国自国防部五院和七机部时期起，虽然在管理层和执行层发生了较大的变化，但决策层在制度维度上始终坚持中国共产党的集中统一领导，保持战略定力，由国家最高层统一领导我国各类太空活动，牢牢把握太空活动的方向，始终服从服务于国家战略和发展大局。

二是坚持长远规划与重大计划相统一。

我国始终从提升综合国力和长远战略竞争优势出发，不断出台中长期太空活动发展战略与规划，以重大工程或重大计划为抓手，带动相关技术快速、可持续发展。20 世纪 60 年代“八年四弹”、20 世纪 70 年代“三抓”、20 世纪 80 年代“一箭三星”、20 世纪 90 年代载人航天、21 世纪的卫星导航、高分专项、探月工程，见证了我国航天事业在重大专项、重大工程引领下的逐步壮大。中国航天的这一系列重大工程，基本是每 10 年 1~2 个，与经济发展相适应、与技术发展趋势相契合，逐步铸就了中国航天举世瞩目的辉煌成就。

三是坚持独立自主、自力更生的发展道路。

从“两弹一星”时期起，到现在跻身世界前列，在价值维度上，我国太空活动管理始终坚持践行社会主义核心价值体系，走独立自主、自力更生的道路，引导我国航天人攻克了一道道技术难关，掌握了一批批拥有完全自主知识产权的核心关键技术。航天四大精神的核心内核是：自力更生、协同攻关，艰苦奋斗、无私奉献。这些特质反映了革命年代创业传承与新时代高速发展的内在统一。新时代为航天事业的发展提出了新要求、新使命和新任务。航天管理部门、科研院所以及相关商业力量、高等院校应该主动对接国家战略，坚持需求导向、问题导向和目标导向，敢于面对和战胜困难，将航天事业推向国际一流。

3.3.3 太空活动组织管理的问题及差距

3.3.3.1 *存在的差距*

（1）顶层统筹协调不足，军、民、商发展不均衡

目前我国民用航天和军用航天分别由国防科工局和军委装备发展部主管，也有发改委、中科院、军委科技委和战略支援部队等参与。在航天技术基础科研、遥感与通信卫星规划、火箭型谱设计等方面存在交叉重复的地方，使得国家经费未能发挥最大效益。也有地物目标波谱数据库、空间环境辐射模型等基础性强、周期较长、难有亮点的工作都不愿管。

在航天事业发展上的话语权军强民弱，发展不平衡，部分领域重复建设等现象尚未根除。未能做到军民卫星资源充分共享共用，急需加强国家层面的集中统一领导。长期以来，军民航天分工界面不清晰，军用卫星数据开放、共享程度不够，造成一定的资源浪费和重复建设，也间接影响航天在国家整体层面的协调发展。

军民缺乏顶层统筹协调机制，军、民发展规划各自研究和编制，缺乏国家层面的总体规划、资源管理分散，未能做到军民技术发展充分衔接。存在着统筹管理协调不足、认识不一致、管理层面政策不统一等现象，尚没有明确的部门对卫星应用效果、效益负责，卫星需求提出、立项研制、发射入轨、地面应用各管一块，行政管理边界不清，在一定程度上影响了航天产业的扩张。

在发展上资源共享不充分，既存在烟囱，又存在局部“三不管”现象。缺乏国家层面的总体规划、资源管理分散。初步建立了军民航天顶层协调机制，但仍缺乏具体管理措施。

（2）行业管理政出多门，不适应新形势新需求

未来一段时间是我国从航天大国向航天强国转变的关键时期，全面深化改革、依法行政对加强政府科学管理提出了新的要求，与之相比，我们仍存在着管理政出多门、能力不足、缺乏实体机构支撑等问题，例如，在人力、业务能力、职能层级、组织机构建设上与我国航天日益增长的管理需求不相适应，国防科工局是挂靠在工信部下的国家局，这与国防科技工业、航天事业在国家安全中的脊梁作用不相适应。

民用航天管理较为弱小且分散，空间科学、空间技术和空间应用的发展分别由中科院、国防科工局、发改委管理组织。民用航天没有一个机构统筹协调各部门对于民用航天的发展需求，缺少一个强有力的主管部门不利于航天在国家整体层面的协调行动，不利于整个国家航天能力的有序提升。

航天活动多头对外，国际合作中话语权分散。我国航天国际合作多头对外，如总装备部、科技部、中科院、航天军工集团公司均各自开展对外交流，各部门间缺乏统筹协调。月球开发、小行星探测与预警等活动天然具有国际合作、争先抢占资源等特点，不是“一个声音、一个步调”，不利于提升我国航天国际影响力和话语权，不利于更好地维护我国外空权益和发展利益。

(3) 航天投入比较单一，社会化资本利用率低

长期以来，我国航天事业的发展主要依赖国家投入，如载人航天、北斗导航、高分专项、探月工程等多由国家投入。在高分专项中试点的 PPP 模式尚未大规模推广。整个航天科技工业供应链体系相对封闭，社会资本和民营企业参与航天产业建设还受到诸多条条框框的限制，目前多限于产业链的上游和末端。由于航天产品小批量的特点，特种芯片和材料等难以上规模，也抑制了部分企业参与航天事业的积极性。

随着我国航天事业规模的快速扩大，仅仅依靠国家投入已不能满足航天产业自身发展的需求，而且也不符合市场经济规律和价值规律。一个国家的财政预算是有限的，尤其是我国还处于发展中国家的阶段，航天投入必须随着经济增长而逐步增加，必须是理性的，不可能快速或无限制地增加。但是，航天产业的竞争是全球范围的，不进则退，而且必须依靠持续的高强度的投入。因此，如果国家不根据自己的财政负担能力盲目投入，会极大加重国家的财政负担，这也正是苏联航天发展的教训。从世界范围来看也是如此，在世界航天产业约 3 140 亿美元的总产值中，来自政府的预算投入约占 25%，来自商业活动的收入约占 75%，商业化投入与应用已成为未来世界航天产业发展的主要趋势之一。

我国商业航天产业起步较晚，仍处于市场化发展的初级阶段，行业自律不足，行业特征及市场环境尚未形成，新兴航天企业及社会资本对于市场的认识与判断仍不清晰，在部分领域，存在一拥而入、无序发展的情况，例如遥感小卫星，各地纷纷建设本省、本市的遥感卫星，其必要性究竟如何，值得商榷。因此既要鼓励社会资本大胆进入航天，也要避免无效、无序投入，造成不必要的资源浪费。

现有管理体制不支持型号队伍市场责任、经济责任、发展责任联动，以市场为龙头的运营管理机制尚未完全建立，尚未形成任务成功、技术成功、市场成功、效益成功联动，投入产出比有待提升。产品与价格机制不顺畅，产品设计理念过于强调高可靠、高性能、高裕度，成本设计及可制造性设计尚未贯彻到设计过程中，部分航天器研制成本居高不下，价格传导机制滞后。

当前，我国航天行业管理手段仍以行政审批为主，整体上较为单一。在国家简政放权的大背景下，行业管理的方式应逐步由监管为主向放管结合转变，注重航天产业发展的内在规律及外在需求，把握最小化行政管理的基本原则，在现有行政审批的基础上，运用登记备案、企业评价清单、政策鼓励等多元化管理手段，弱化行政监管色彩，切实加强航天行业管理的引导作用。

（4）执行层企业计划色彩较重，缺乏主动竞争意识

传统航天企业习惯于承担体制内计划任务，市场竞争意识不强。受“型号保成功”的巨大压力影响，不想用、不敢用新技术的现象比较普遍。

目前，我国航天科技工业仍然以计划管理体制为主，市场化程度低，而且存在多头管理，管理职责相对分散。虽然设置有国家航天局，但其只是作为对外交流合作的机构，对内管理职责主要在国防科工局等部门。在航天任务实施过程中，行业主管部门和政府用户部门干预工业企业过多、过深；与航天企业的关系更多的是传统的上下级关系，忽略了工业企业作为市场主体的特性；主要关心国家任务的完成，忽视了航天企业作为市场主体对自身发展壮大以及参与国际市场竞争的需要。

在协调维度上，尚未充分落实市场配置资源的高效发展模式。在大部分航天企业内部，仍然沿袭计划式的行政管理模式，尚未建立规范的公司治理结构和市场化运作机制，其中还有很大一部分单位的性质是事业单位，即使是企业性质的单位，也未真正成为市场主体。传统航天企业习惯于承担体制内的计划任务，市场竞争意识不强。受行政关系的影响，多数情况下需要优先采购系统内产品，如部分通信卫星，与国际相比技术体制并不先进，系统一体化设计能力不足，集成度不高，产品采购费用占比较大。市场快速反应能力不足，应对“互联网+”浪潮措施不充分，客户服务的理念尚未深入人心。

传统企业创新驱动力不足，受“型号保成功”的巨大压力影响，不想用、不敢用新技术的现象比较普遍。新概念和新技术研究长期处于引进、跟随模式，缺少“产、学、研、用”一体化解决方案，难以吸引用户关注，进度多有拖期、设备庞大、保障复杂。人才与激励机制落后，大锅饭、平均饭、裙带关系难以避免。人才激励机制与市场不接轨，不如新兴企业对人才的吸引力。现有激励措施与责、权、利不匹配，存在人浮于事现象，工作积极性和主动性有待进一步提高。

（5）支持科学决策能力弱，大数据等应用滞后

我国航天发展的重大规划、专项、工程项目论证决策，多采取“专家建言+专家组论证+领导拍板”“自下而上+自上而下”相结合等模式。在研究论证过程中，通过调研分析、会议研讨和仿真计算等方法，汇集了用户、工业企业、行业管理部门等多种意见和建议，规划、决策过程也体现了民主、科学的作用，但限于发展阶段、工具手段等因素，计算、分析、仿真等支撑能力还相对较弱，造成有些规划、项目不尽合理，在科技创新维度

缺乏高新支撑技术。例如，我国在“十二五”开展的《陆海观测业务卫星体系规划》《国家民用空间基础设施中长期发展规划（2015—2025 年）》，因在体系顶层缺少充足的仿真计算支撑，造成规划的各星座之间配合、协调能力不理想，卫星过顶时间比较集中等，为后续发展带来了一定影响。

我国航天发展到现在，已积累了有效载荷、卫星平台、航天器系统等多种研制设计数据包、在轨运行数据库、产业应用数据集、卫星遥感数据库、质量可靠性数据库等，但因为管理体制和保密等原因，分散于研制企业、大学、科研机构等不同单位，难以发挥大数据综合分析的优势，尚没有从“产、学、研、用”全链条、投入产出关联性等角度进行充分挖掘和分析，大数据潜力尚未充分发挥，大数据管理、分析和应用等尚未形成规范化、标准化方法与流程，支持航天重大规划、重大专项和重大项目的科学决策作用有待进一步加强。

未来必须发挥大数据作用，不断强化策源、策据和策库，一是靠调查研究，掌握国内外相关问题的现状、动态和趋势，调查研究要充分，使有关问题的矛盾得以全面暴露，要做到不唯书、不唯上、不唯洋、只唯实；二是要深入地进行技术经济可行性分析、论证，定性与定量分析相结合，宏观、中观、微观分析相结合。在科学技术高度发展的今天，如果仍是只采用你一言、我一语，靠会议上听听汇报，临时东拼西凑，按照“三个臭皮匠胜过一个诸葛亮”和简单的少数服从多数的模式进行拍板定案，已经远远不能适应需要了；三是要开展有关专题的研究论证工作，按照预则立、不预则废的原则，及早开展与有关发展战略、规划、决策相关专题的分析论证工作，辅以必要的计算、试验、演示和仿真等。只有这样，我们制定发展战略、规划和实行决策时才能胸有成竹，才能有充分的科学论据，才能保证其正确或趋于正确。

分析、研究、论证工作一定要从实际、从客观出发，实事求是地分析、研究、计算、论证，切不可草率、粗糙，更忌先定论点、先入为主，再为其找论据的做法，即带框框的论证，这样的论证比不论证更糟。分析论证工作一是要加强定量分析工作，力求以数据说明问题；二是要进行多方案的比较，从中找出更合理、更科学的方案；三是要提倡滚动的、动态的分析论证，使之符合变化了的形势与情况，包括通过动态的分析论证修改、完善既定的规划与决策，也包括对规划与决策的后评估，用可贵的反馈信息指导发展战略、规划与决策工作，并应逐步建立规划与决策的问责制。

3.3.3.2 主要原因分析

（1）对太空活动重要性和发展规律认识不足，在协调纬度上，我国目前尚未形成军民统筹、互补协调的高效组织管理架构

航天是一个长周期、高投入、高风险和宏观效益大的战略性高技术产业，是国家综合国力的重要象征。太空活动大多需要多学科、跨部门协同，需要从国家层面统筹发展。世

界主要航天国家均把航天作为国家战略资源，纳入国家总体发展战略予以高度重视和优先发展。如前面所述，各国大都建立有国家顶层的统筹协调机构，通常由总统或总理直接领导，统一领导国家军用、民用和商业航天活动，包括太空重大活动、航天技术发展、工业基础建设以及航天预算管理等，体现出太空活动与航天决策的高层次和集权化。

中共十八大明确提出倡导“人类命运共同体”意识，需要发展同各国的外交关系和经济、文化交流，推动构建人类命运共同体。而在太空活动领域，当前国际竞争日益激烈，造成空间环境进一步恶化，且我国内部军、民、商领域力量存在分头管理、盲目与重复建设等问题，更难以形成国内外同心协力的格局。因此，急需我国秉承“打造太空领域人类命运共同体”的理念，在“内聚外联”上下功夫，统一组织力量建设与力量运用，形成天与地、军民商、国内外航天资源协同高效运用的体系能力。

（2）缺乏《航天法》等上位法律指导与保障，在协调纬度上，缺乏太空活动制度体系建设的核心和基石

世界主要航天国家均十分重视航天法律法规和政策制度建设，通常都会在航天发展到一定阶段后适时制定相应的法律法规和政策，对相关航天活动进行规范和指导。譬如，美国制定有世界上最为完备的航天法律法规，仅在商业航天发展方面，就制定了《1984 年商业航天发射法》《1992 年商业航天竞争法》《1998 年商业航天法》《2000 年商业航天运输竞争法》等多部法律，另外，还制定了《国家航天政策》《商业航天遥感政策》《天基导航、定位和授时政策》和《国家航天运输政策》等一系列政策文件。这些法律和政策对促进美国航天发展，特别是商业航天的快速发展起到了积极作用。

习近平总书记在 2013 年提出“发展航天事业，建设航天强国”的战略目标。世界航天已进入创新发展的快车道，发展模式不断创新，空间技术快速发展，跨界融合已成趋势，人类探索宇宙的步伐正迈向更远的深空。而我国目前尚未制定、颁布国家《航天法》，未明确界定相关组织管理建设内容，尚未完全理顺职责与分工。关于太空活动准入管理、数据政策、发射管理等太空活动的组织管理、资源共享多为部门级规章以及规范性文件，相较于法律及行政法规，位阶较低。以太空活动准入管理为例，现有管理制度主要侧重于航天发射、航天固定资产投资建设、航天型号科研生产等方面，规范对象多为国有科研生产院所及传统航天企业，对于新兴航天企业及社会资本广泛参与的民用航天器研发制造、业务测控以及卫星运营服务等，则缺乏成熟可行的准入管理规定。

我国航天管理法律法规位阶低，一方面，不能充分发挥法律法规应有的指导与规范作用，难以为政府行业监管提供有力抓手，不利于形成有序公平的市场环境。另一方面，低位阶也限制法律法规的规范范围，导致各项法律法规之间无法形成有效衔接配合，无法避免军民商多头管理的格局，同时存在管理上的空白地带，也影响了协同配合、原始创新等能力提升，国际上难以一致对外，难以形成合力，不利于航天强国建设事业深入、持续开展。

（3）太空活动组织管理的建设途径尚不明确

在太空活动的现代化治理体系中，组织管理体系起着承上启下的作用，它根据法律赋予的责任和职能进行太空活动管理，同时又体现了社会主义核心价值观、中国航天传统精神，国内事务与国际事务不仅复杂而且关联性强。从产业链条看，组织火箭发射、卫星研制、航天器运行、空间应用等多个环节。从机构性质看，要协调传统航天企业、商业公司、NGO团体、政府机构等不同定位、不同特点的对象。

从航天大国向航天强国迈进，就是组织管理理念、架构、政策、措施全面提升的过程，如何把握历史与未来、传承与创新、国内与国外，既需要不断探索新的组织形式和管理模式，又要不断地根据世界形势和技术趋势做出灵活调整，不断适应新情况、新挑战。这是一个不断进化、改进的过程，不会一蹴而就。现代化的要求逐步明确，想要以较快速度实现向现代化组织管理体系迈进，需要不断的研究和总结，通过实践和挫折，摸索出一条具备中国特色、现代化特点和国际特征的组织管理体系。

3.4 太空活动组织管理体系构建

3.4.1 总体框架

3.4.1.1 组织管理服务对象及特点

太空是未来国家战略的制高点、军事威慑的引爆点、舆论较量的聚焦点，随着太空活动日益增多，维护太空利益、确保太空安全、寻求太空主动，成为我国太空活动组织管理体系的重大使命。太空活动组织管理体系的主要服务对象如下：

（1）机构、企业、公司等实体发展

在我国，经过60多年的发展，参与航天建设和发展的机构、企业、实体众多。航天科技集团、航天科工集团见证了我国航天事业从无到有，从小到大，两个集团公司具备运载火箭、卫星系统、飞船系统、深空探测器、物联网设施等研制生产能力。还有中电科集团，在航天地面设施和雷达系统等方面颇有建树。中科院电子所、遥感所、几个光机所为航天研制了众多有效载荷设备。以哈尔滨工业大学、北京航空航天大学、南京航空航天大学、西北工业大学为代表的高校不仅培养了众多航天人才，更是在小卫星系统研制、单套设备研制方面具备雄厚实力。近年来，商业航天发展迅猛，出现了诸如星际荣耀、长光卫星、高景、银河航天等新兴企业，为航天发展注入了新生活力。此外，还有一些行业协会、基金组织和国际合作机构等实体，也为航天发展做出了很多贡献。

（2）航天重大专项重大工程建设

航天重大工程项目是指为实现国家战略目标，紧密结合经济社会发展、航天强国建设的重大需求，聚焦对产业竞争力整体提升具有全局性影响、带动性强的关键共性技术，通过核心技术突破和资源集成，在一定时限内完成的航天领域国家重大科技专项工程、重大工程或重大项目。

回望我国航天发展历程，发挥集中力量办大事、新型举国体制优势，探索了以重大专项、重大工程为引领的建设模式，取得了“两弹一星”、载人航天、月球探测、高分辨率对地观测、北斗导航等辉煌成就，走出了一条独具中国特色的航天事业、太空活动发展路径。

以高分专项为例，2007 年专项论证时，国产陆地卫星数据自给率不到 20%，到 2019 年已达到 80%的自给率。通过高分专项建设，将中国遥感事业带入了全球尺度、光学微波综合、数据开放共享的业务化应用新时代。卫星遥感数据应用已成为支撑治国理政、提高治理质量和效率、降低治理成本的有效手段，成为政府治理体系和治理能力现代化必备能力。

（3）航天工业体系建设与升级

强大、完善的航天工业体系是我国航天事业保持高速发展的基础，也是我国国民经济发展和科学技术进步的重要推动力量。到现在，以研制生产先进的弹、箭、星、船、器为核心的航天科技工业体系初具规模，进入平稳快速发展通道。装备研发、试验验证、集成制造、材料工艺等能力和技术水平不断提升，逐步形成了布局合理、功能完备、效率突出和军民互动的科研基础条件。

这是我国未来进行太空活动现代化治理的坚强依托。但面向未来，整体发展势头与国家治理能力现代化对航天科技工业的发展要求还不相适应，还存在局部能力不足、基础研究薄弱、结构不太合理、经济效益不高、体制机制改革滞后等问题，特别是，整体发展战略欠缺，集中统一领导和管理仍需加强；业务布局分散，整体优势难以发挥；资源配置与建设重复，基础技术、关键技术、前沿技术和工程技术衔接配套还不太协调，有待进一步形成社会化大协作的格局。

（4）运行于空间轨道上的太空资产

截止到 2020 年 6 月，我国在轨运行的航天器数量约为 300 个，全球在轨运行的航天器约为 2 100 个，还有约 6 000 个废弃卫星漂浮在太空，1 厘米以上高速运行的空间碎片多达百万个。随着航天器制造门槛降低，发射与制造成本下降，很多国家航天活动数量快速攀升，参与主体日益增多，未来十年全球卫星发射数量预计将超过数万颗，远超过去 60 年世界卫星数量总和。

因此，必须有国家力量的参与，一是管理好我们国家自己的航天器正常运转，为国家各行业、地区、大众提供遥感、通信、导航服务。二是掌握太空态势，减少与他国卫星碰撞的风险。若发生了碰撞事故，需要有管理机构进行事务协调和处理。

（5）太空资源的探索、开发及利用

太空蕴藏着宝贵而丰富的资源，吸引很多国家参与航天技术竞争与角逐。在地球引力作用范围这一很小的外太空领域（也称为近地空间），现已探明并在未来可供利用和开发的空间资源大致有：航天器相对地球表面的高远几何位置资源，能够推动宇宙飞船的太空电磁波资源、太空冰核聚变资源、太空反物质资源，高真空和微重力环境资源，太空太阳能资源，强宇宙粒子射线资源，月球及其他行星高价值矿藏资源，以及宇宙自由夸克资源、宇宙线资源、宇宙时空隧道资源等。这些资源都相当丰富并具有利用价值，其中任何一项的开发都会给人类带来前所未有巨大的利益。

各航天大国对太空资源的争夺日趋激烈。特别是近地球的空间轨道、位置、无线电频率等早已上升为各国争夺的战略性资源，谁占有多、开发多，就直接给国家发展带来了巨大利益；同时，世界范围的空间资源争夺还在向更远的深空延伸。一些国家大力鼓励私营企业或个人对地球空间、月球和小行星等进行商业开发，实施“跑马圈地”，需要我国提前应对，落实责任主体。

我们已经占有的、拿回来的空间资源是国家的宝贵财富，只有共建共享共用才能实现效益最大化。但是目前各类空间数据存在“谁建设，谁使用”的现象，数据共享不够，卫星资源共享存在壁垒，军用卫星平战结合不够；空间基础设施没有完全开放共享；空间经济的巨大潜力还需进一步释放。

（6）航天国际事务合作与交流

自空间技术蓬勃发展以来，各国都在积极运用自身的空间力量获取空间利益。“空间能力为美国及其盟国提供了国家决策、军事行动和国土安全上史无前例的优势。空间系统为国家安全决策者们提供了不受约束的全球进入能力，从而具备了对全球挑战快速做出适当反应的决定性优势。不仅如此，空间系统对监控国外战略和军事发展、条约验证和军备控制至关重要；对自然、人为灾难响应和长期环境监测不可或缺”。可见，外空行为能力，与某行为体在外空中所能获取的空间利益息息相关。随着越来越多的国家和非国家行为体进入外空，为了在有限空间中继续寻利，各类行为体都在积极发展和深化各自的空间行为能力。这也使得外空活动正因缺乏管控而暴露出各种各样的问题。

但是，外空毕竟不同于那些能够划定领属范围的地面、海洋和天空环境。外层空间有其特殊的物理特性。再者，空间安全利益正日渐成为国家核心利益的重要组成部分，因此，整个外空领域至今难以制定出一个能真正得到国际社会承认的空间活动行为准则。而“空间碎片碰撞问题”“空间飞行器碰撞问题”“空间资源开发冲突问题”“空间武器化和军备竞赛问题”等问题的危害也在日益加剧。因此，世界大国越来越重视对外空国际社会施以治理。但这种治理实质，却是对外空规则主导权的激烈争夺。

3.4.1.2　近期：维持现有基本框架

组织框架要与我国政治体制、现实国情、发展形势相适应。我国航天活动的组织管理框架在 2019 年调整了一轮，主要成立了领导小组及相应的办公室，承担起航天领域重大事务协调、统筹等职责。

3.4.1.3　远期：国家航天局实体化

面向更远的未来，基于上述太空活动现代化组织管理能力要求分析，结合国家现代化治理体系发展演化，建议在决策层设立国家航天委员会、在管理层构建以国家航天局实体化为核心的太空活动组织管理体系框架。主要思路是：在国家顶层有力的协调和牵引下，将军、民商航天两大板块的职责与业务划分更明确，将原国防科工局、发改委、科技部、中科院的民、商航天管理业务适度整合，将载人航天业务融入进来，同时增强其工程、技术创新能力，赋予其国家航天管理、规划设计与发展的定位。

将国家航天局的职责做实后，作为政府部门统一归口管理整个国家的基础性、民用航天及其应用的相关产业，改变目前多头管理的局面，提高管理效率，推动我国更好地参与国际性或区域性航天合作。与此同时，还有必要加强国家航天局对基础性航天技术、航天发展战略、太空安全、空间科学、重大科技任务的规划论证、牵引和管理能力。

3.4.2　建设目标

2025 年，在现有框架下，理顺各方面关系，与我国改革、发展、稳定大局相适应。保持军、民、商航天业务持续推进，在管理层，重点清理交叉、重复的事务，突出界面清晰、权限合理，减少国家资源浪费。能有效管理航天重大专项、重点工程顺利实施。

2035 年，在国家航天法律法规指导下，实现国家航天局实体化，管理能力现代化，决策层、管理层、执行层运行更加高效顺畅，军、民、商航天活动有序，充满活力和创造力。民用航天建成“机关+多业务中心”组成架构，加强顶层设计、重大项目创新能力，支持我国跻身航天强国前列。

到 2045 年，具备全面现代化太空活动现代化治理能力，与航天强国相适应，建成运行高效、职责清晰、结构扁平、能力全面的现代化组织管理体系，决策层、管理层、执行层定位明确，不仅能科学、高效地管理国内太空活动，也能全面参与国际太空活动。

3.5　现代化组织管理体系建设重点任务

当前我国在轨航天器数量有 300 余个（2020 年 9 月），已居世界第二，空间活动范围正在由近地空间向月球、火星和小行星等更深远的空间延伸，火星探测器正奔向火星，到今天已走过 2.338 7 亿千米路程（图 3－12），尚距离火星 3 105 万千米，我国正在由航天大国向航天强国迈进。

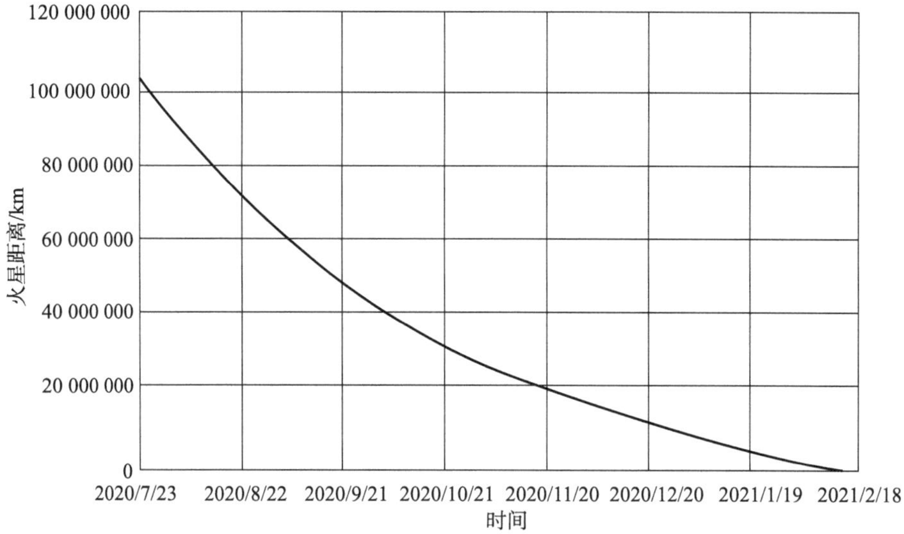

图 3-12 火星探测器距离火星示意图

我国太空活动组织管理体系主要服务对象包括机构实体、工业体系、太空资产、重大工程和国际合作等，其在组织管理体系中决策层、管理层、执行层及国际协调中的主要关系如图 3-13 所示。

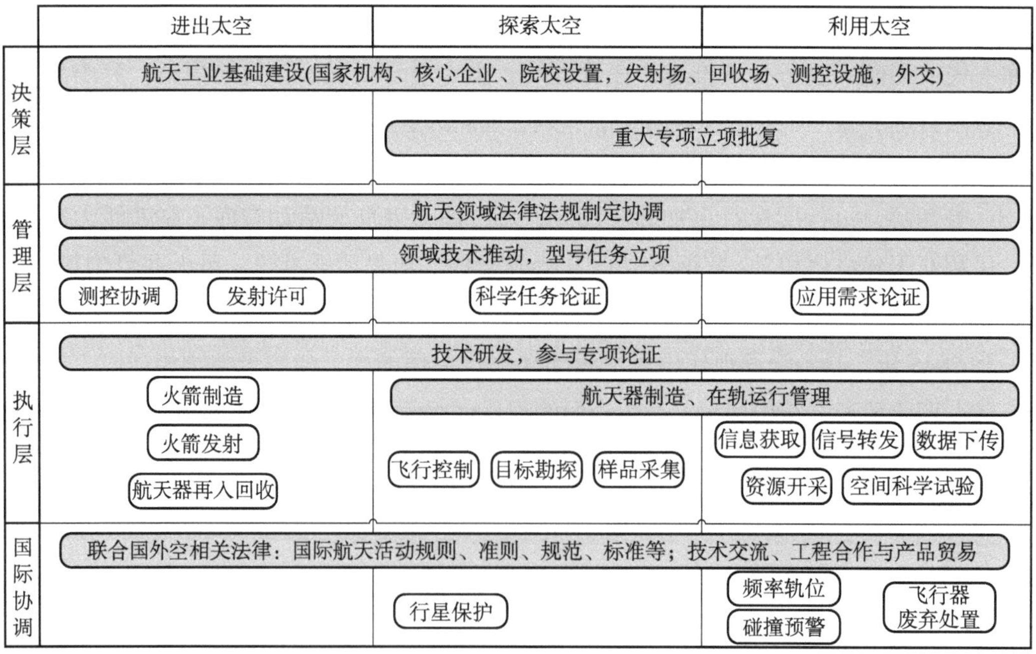

图 3-13 太空活动组织管理体系职能示意图

针对前面一系列问题，在组织管理方面提出以下六点建议：

3.5.1　坚持集中统一领导，统筹太空活动组织管理

在新时代，建设航天强国新形势下，我们必须更加自觉地维护中国共产党在决策层、管理层和执行层中的领导地位，才能确保中国航天事业始终沿着正确的方向健康发展。

各航天大国围绕“制天权”和外空资源的争夺日趋激烈，我国在外层空间的国家安全权益保护更加迫切，为此必须在党的集中统一领导下，在“总体国家安全观”指导下，充分考虑外层空间作为“全球公域”的战略特质，统筹国内、国际两个大局，开展太空活动组织管理。

党的十八大提出实施创新驱动发展战略，强调科技创新是提高社会生产力和综合国力的战略支撑，必须摆在国家发展全局的核心位置。2013 年，习近平总书记提出“探索浩瀚宇宙，发展航天产业，建设航天强国，是我们不懈追求的航天梦”，2016 年 12 月，习近平总书记强调要“在航天事业发展征程上勇攀高峰，努力建设航天强国和世界科技强国”，创新驱动发展与航天强国建设成为互为支撑、密不可分的重大战略目标。

我国距离航天强国的创新能力的差距主要表现在以下 4 个方面：在技术能力方面，我国航天产品及系统性能，以及关键技术水平与世界航天强国还存在差距；在产业带动方面，我国航天产业对国民经济的牵引带动作用有待加强；在国际影响方面，我国在国际航天领域的话语权、规则的制定以及产业发展方向的引领等方面表现较弱；在创新机制方面，我国航天在凝集创新资源、形成战略市场影响、创造超越遏制优势等方面存在较大差距。

3.5.1.1　充分发挥航天领导小组的作用

新时代航天产业创新发展更加强调核心技术能力，即“交钥匙技术能力”的突破。设立航天领导小组，就是要领导我国航天领域突破快速发展的技术瓶颈、关键装备和核心技术等。2018 年 7 月，习近平总书记在中央财经委员会第二次会议上强调，“关键核心技术是国之重器，对推动我国经济高质量发展、保障国家安全都具有十分重要的意义”。2016 年，习近平总书记出席十二届全国人大四次会议解放军代表团全体会议时强调，“创新是引领发展的第一动力，实施创新驱动发展战略是我国发展的迫切要求，必须摆在突出位置，同时创新能力也是一支军队的核心竞争力”。“十三五”规划中提出，要“瞄准技术前沿，把握产业变革方向，围绕重点领域，优化政策组合，拓展新兴产业增长空间，抢占未来竞争制高点”。为加快关键领域的技术创新以及尽快落实影响国家大局和长远发展的重要技术项目在我国落地生根，“十四五”规划将借鉴国际先进经验，将创建新的“太空国家实验室”倡议列为重点项目，旨在建立多学科、大维度的综合集成国家实验室，使之成为具有太空领域国际技术制高点的重要战略创新力量。

3.5.1.2 探索-研制-应用有机衔接

由于航天技术的复杂性和长期性，一个5年计划往往不能解决一个工程或型号的全部技术问题，需要久久为功、坚持不懈。我国几十年的航天事业发展历程，基本坚持了“探索一代、研制一代、应用一代”的发展模式，将技术预研、型号研制和在轨应用串接了起来，如图3-14所示。但实际发展过程中存在着多头管理、转化不顺畅、未严格闭环等问题，降低了型号研制效率，使应用效能不高，造成一定的资源浪费。

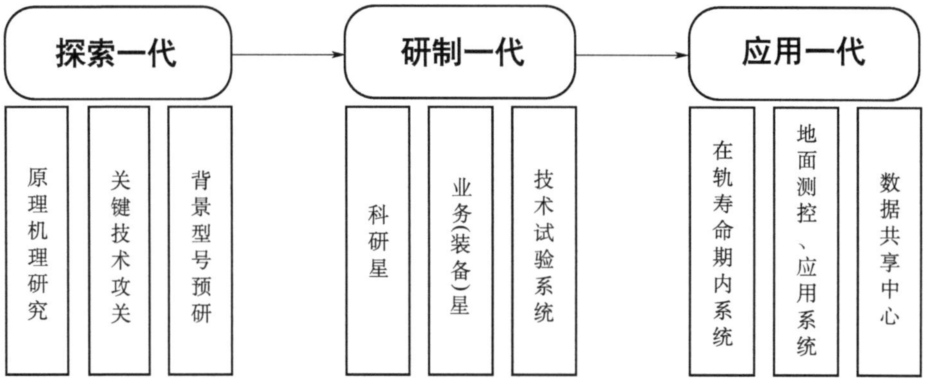

图3-14 探索-研制-应用有机衔接

改变现有的分头管理和多头管理模式，将三代技术、系统主要职责统一到航天行业管理部门。形成从原理到卫星系统到应用全链路闭环，在两头可以适度联合其他部门一起推进。

将载人航天、卫星导航、卫星遥感、卫星通信、深空探测、空间科学几个大领域统一纳入航天行业管理，但资源分级敞开，数据充分共享。部分系统可独立建设管理。这样可以最大限度推进技术资源共用，避免空间资源重复建设。有利于形成有机体系，不仅在规模上，而且在性能上向世界先进水平迈进。

3.5.1.3 技术创新预研与后补偿机制

受历史发展局限，在由“跟跑”向“并跑”转化过程中，很多技术领域亟待填补空白，突出了卫星系统学习和跟仿，抓住了当时的主要矛盾，但导致了“重型号、轻预研、轻应用”的现象。要向现代化治理能力迈进，必须加大前端创新力度和后端应用拓展，这样才能形成正循环。国家未来必须加大对航天技术预研的投入，切实突破关键技术，产出原创性系统概念和专业产品等。

国家的资源投入，一方面可以在前端做适度引导，以每个5年计划中的规划和指南等形式出现。探索建立“用户委员会”制度，吸收行业、区域、大众用户专家，提供常态经费支持，定期收集、总结应用中的问题、短板和瓶颈，每2~3年发布一次用户需求指南。由情报研究部门、智库机构跟踪前沿、颠覆性技术发展动向，每2~3年发布一次技术发展重点方向等。

另一方面可以加大后端补偿、奖励力度，对真正好的成果，予以大幅度支持。后补助项目管理遵循有限范围、公开透明、注重引导、分类实施、简化管理、考核严密、突出实效的原则。向下列方向倾斜：原始创新技术；受制于人的瓶颈技术；前沿性、战略性、颠覆性技术在航天领域的应用；国家航天重大工程先期关键技术攻关；有良好的转化前景，对国家经济社会发展有重要意义的项目。

3.5.1.4　加强创新思想与知识产权保护

我国航天在“型号为王”“保成功大于一切”的氛围下，一定程度抑制了创新、探索和试验等积极性。航天系统从概念原理到技术验证到背景型号到工程型号到实践应用是一个非常复杂而漫长的过程。“型号成功”的评价容易落实，主要归功于型号两总系统。但“创新概念”则很难评价，因链条长、涉及面广，很难界定是某个人还是某个团队的创新成果。不利于原始创新和创新思维的持续涌现。建议建立“创新概念库”，滚动征集并标注产权单位、提出人等信息，为后续发展做好档案溯源。

知识产权内容不仅包括专利，也包括商标、版权和技术秘密等。像单纯地为某项目技术申请几件专利的工作形式已经无法满足新形势要求，航天企事业单位缺乏知识产权研究，不清楚竞争对手的知识产权情况，也不清楚自身是否存在知识产权侵权风险，更不清楚如何规避知识产权风险，例如当前大多数企事业单位没有系统地梳理过自身所属技术领域内的知识产权情况，没有建立系统的知识产权跟踪预警机制，对于相关技术领域内的知识产权风险更没有任何的预警解决措施，这明显会出现难以解决突发的知识产权风险情况。

在知识产权、软件著作权上合理界定单位、团队和个人的权利范围。制定对发明创造人、权利人、转让人有利的优惠政策，为发明人提供有利的条件。以专利为例，对于专利申请的个人来说，要在肯定智力劳动成果、激励专利发明人的创新精神方面加大奖励力度。采取有效措施，维护他们的合法权益，真正做到多劳、多贡献多得，从而提高创造者的积极性，使他们自觉保护本单位的知识产权，维护单位的合法权益。对国家经费支持的项目产生的知识产权，在鼓励主要创新人员的前提下，正确处理国家权利，如保留对知识产权转移和让渡等审核权，并对转移对象和范围做出合理规范等。

完善航天科技创新评价机制，全面实施技术成熟度评价方法，量化评估单项技术对火箭和卫星系统的贡献度，共同完善科技创新评价准则与评价机制，形成闭环，推进创新技术、措施落地。合理评估技术人员贡献度，保障创新人员利益，促进创新活动可持续发展。

完善航天科技成果转化应用机制，将技术成果与型号应用、产业应用及时对接，以应用效能、效益为导向，优化航天科技创新投入结构，在立项、开发和转化等多个环节探索对创新活动的支持方式，进一步开放共享，提升航天科技创新效率。

3.5.1.5 健全航天科技技术创新体系

航天行业管理部门统筹，选择国内优势力量，围绕太空安全、天地一体化、体系设计与仿真、可重复使用运载器等重点领域，建成一批重点（国家、国防）实验室、厂所研发中心、国内联合实验室、海外联合实验室、发展战略智库、基础前沿技术研究中心、核心关键技术协同创新中心、空间科学与深空探测国际合作中心、技术成果转移转化平台等，形成比较完善的航天科技技术创新体系，加强国际化聚智网络基础设施建设，探索新原理、新概念、新方法和新系统，突破一批以“网络化、综合化、智能化、弹性化、栅格化”为特征的核心技术，实现空间技术、空间应用、空间科学全面协调发展，彻底扭转以“跟踪”为主的发展局面。

持续开展航天强国建设重大问题和顶层方案研究，制定空间技术国家战略规划和路线图，促进空间技术可持续发展。在战略的指引下，加强新系统、新概念的探索研究，成为国际性的概念创新源头。完善考核评价与激励机制、成果转化与应用机制，在政策上体现个人与组织的创新价值，提高创新资源利用效率，为创新环节有效衔接和均衡发展提供保障。

按照开放、流动、联合和竞争的要求，以产学研联合的方式超前部署，延伸研发链条，多渠道加强量子信息、激光、太赫兹、人工智能等方向的前沿技术研究，快速形成基于前沿突破的技术能力。在目前专业布局基础上，重点加快网络化系统总体技术等专业技术开发，持续巩固已有的核心能力，切实掌握核心技术，有力支撑空间系统/体系论证、立项和建设，实现与国外先进水平比肩甚至部分超越发展态势。

3.5.1.6 建议在国家安全委员会下设小行星管理委员会

外空是大国战略博弈的高地，国家权力在外空的延伸使外空安全成为国家安全的重要组成部分。外空安全可以定义为“外空人造设施和人员不受有意、无意的攻击和威胁”，可以划分为军事安全和自然安全两类。近年来，各国针对近地小行星的威胁及相应防御策略的研究越来越多，发布了多种近地小行星撞击地球的防御策略，应尽快研究对我国有潜在威胁的小行星并采取相关有效方案，为航天器的研制和防御策略的实施争取更多的时间。

建议在国家安全委员会框架下，设立小行星管理委员会，将小行星太空安全管理纳入国家治理体系，在近地小行星防御方面尽早建立观测、监控综合应用平台，利用多种平台（地基、天基等）主动展开对小行星的持续观测识别其潜在威胁，在适当的时间阶段及时提出相应的防御对策；在航天技术攻坚方面加大科研投入和资金支持，如核能推动装置、自主采矿装置、大功率轨道弹射装置，稳固的锚定系统，开发准确的导航和轨道定位技术等；积极参与国际间小行星防御的项目，加强各国之间的交流与合作，在全球范围内建立小行星监测网，以应对各种突发状况。

3.5.2　坚持新型举国体制，加快推进航天强国建设

新型举国体制，就是要在一定时期“集中资源办大事”，动员和调配全国精锐力量，攻克尖端技术或建设国家级重大项目的工作体系和运行机制。在新的历史条件下，要靠“新型举国体制”，妥善应对中美贸易战，尽快掌握基础芯片、核心软件、关键元器件技术，集中国防科技工业优势力量，协同推进航天强国建设。

突出政府管理和航天局职能，调整工作重心，政府主抓深空探索与空间科学。通信、导航、遥感全部放开，让商业航天发挥更大作用。

航天工程是指航天系统的研究、设计、试验和生产活动。航天工程管理包括：技术管理、型号管理和组织机构管理3个基本层次。航天工程技术管理是对分析、设计和试验等技术活动的管理，目标是从需求出发，技术上实现一个航天系统。航天型号管理是对航天型号任务的项目管理，目标是在计划进度约束和经费预算的范围内，按照性能指标要求完成研制任务。组织机构管理是对航天科技工业各级组织的管理，目标是在圆满完成各项任务的同时，保持组织机构的持续发展。

3.5.2.1　以系统思维、系统工程理念进行航天工程管理

所谓工程管理，就是要确保在时间（进度）、成本（经费）和质量（性能）三项限制条件下，实现工程目标。工程管理是一种特别适用于那些重大、关系复杂、时间紧迫、资源有限的一次性任务的管理方法。工程管理水平的高低同样影响航天发展的速度和质量。

航天系统级产品是指火箭、卫星、载人飞船、深空探测器和导弹等，也称为航天型号。航天系统产品是由系统工程从需求出发，综合多种专业技术，通过分析、综合、试验和评价等反复改进而获得。一个航天型号的研究、设计、试验、生产是一个复杂的组织管理过程，需要国家航天管理层和执行层来紧密配合，共同推进。

技术上，必须考虑到从概念研究到部署使用全寿命周期活动的目标和要求；必须综合利用多种学科和专业技术，包括已有和必须事先攻关的前沿技术；必须按计划组织成千上万名科研人员和管理人员在几年甚至十几年的研制过程中协同工作；必须保持在整个研制过程中技术、经费和进度等的协调进展。通过反复实践和摸索，中国航天工程得出一个结论，系统工程方法是组织管理这些航天型号系统研制工作的唯一选择。

3.5.2.2　完善以总指挥和总设计师为特点的两总管理模式

建立总设计师制度和总体设计机构对航天系统进行系统设计和管理，是我们国家一个独创，并具有鲜明的中国特色，并在不断实践中注入新的活力。航天系统和组成它的各大系统通常都设有总设计师和总体设计机构——总体设计部。总体设计部是按航天系统总体

要求组织起来的科学家、工程师的常设集体，是工程系统的总体论证和设计机构，其基本任务是从用户任务的需求和上层的系统要求出发，在预算、进度和其他限制条件下，设计一个整体性能优化的系统。

总体的系统工程工作，面对高水平的使用或技术要求，各种限制条件甚至苛刻的使用环境，参差不齐的技术基础，复杂的界面关系，利用原有的经验，发挥聪明才智，最终产生满足要求、整体性能优化的系统，实现的是整体功能优于各分系统功能之和，即“1+1>2”。它既是航天系统研制的参与者，又是研制活动的组织管理者，是其他单位或机构所不能代替的。

3.5.2.3 引入先进的信息系统支撑航天系统管理现代化

利用性能不断提升的管理信息系统（ERP、AVDM 等）对航天系统进行科学的系统管理。航天管理信息系统是在已有信息系统的基础上发展起来的，伴随计算机、办公软件系统等发展起来的高度自动化的管理信息系统，并紧跟算力、存储等技术进步，还要持续进行迭代完善。它指挥着涉及一个或多个型号的成千上万人的活动，进行计划、组织、协调和技术匹配等活动。

采用系统仿真技术对航天系统进行顶层设计、系统设计、专业产品设计、分析和评价。引入与自主开发并重，从初始概念设计、关键技术攻关，到系统研制和使用，加大不同形式的仿真工具支持力度，以实现工程分析、可靠性分析和技术经济综合评价等。

不断健全航天系统工程的质量体系和追踪溯源制度。始终将可靠性和安全性放在重要位置，始终坚持质量第一的方针。系统质量观念不仅局限于型号产品的质量，它是把满足国家要求和用户需求作为质量目标，将研制质量、产品质量和服务质量融为一体。经过多年的发展，在总结经验和教训的基础上，中国航天工程的系统质量观念和制度得到了不断的加强和完善，坚持中国航天特色的质量管理制度和方法。随着时代进步，对不完善之处进行针对性修改和增补，保障航天事业的顺利发展。

3.5.2.4 系统级项目适度竞争择优，保障航天可持续发展

随着航天技术的成熟和进步，进出空间、利用空间的技术门槛有所降低。在全球范围内，航天技术发展的巨额资金需求与各国财政经费有限之间存在矛盾，社会资本和大众对航天关注度不断提高，促使航天事业由国家任务牵引向市场需求牵引转变。

在火箭制造与发射服务领域目前形成了由航天科技集团占主导地位，具备大、中、小型运载火箭研制能力。航天科工集团、多家民营企业积极布局，抢占小型火箭发射市场的局面。近些年，受国际、国内小型卫星的爆发性增长影响，小型低成本火箭发展迅速。除了航天科技集团研制的“长征六号”和“长征十一号”小型低成本运载火箭之外，航天科工集团推出的“快舟”系列火箭影响也比较大。

航天科技集团是国内唯一一家具备大、中、小、微全系列航天器研制能力的制造商，

集团所属的中国空间技术研究院、上海航天技术研究院、东方红卫星公司基本主导了国内大中型通信卫星、导航卫星和遥感卫星的制造。中科院具备小、微型卫星及中型导航卫星研制能力。以哈尔滨工业大学、国防科技大学、清华大学为代表的高校也具备了小、微型卫星研制能力。以深圳和长春为代表的地方政府支持航天企业落户当地创新产业园，涌现出一批新生市场力量。

鉴于我国火箭和卫星系统已有多家企业具备系统级任务研制能力，可以考虑在保证质量和可靠性的前提下，适度引入竞争，让传统航天企业、商业航天公司都有机会获得更大发展。国家行业管理机构制定统一的技术要求和标准，允许多家具备相应资格、实力的企业参与竞争。

建立企业准入名单、负向清单等制度，对企业的资质、长期运行、信用、在轨维护能力等进行长期观察、评估。及时鼓励守信用、有能力的企业成长，淘汰不合格、弄虚作假的企业，形成“良币驱逐劣币”的市场环境，用优良的质量、合理的成本提升我国航天整体实力和竞争力。

3.5.3 协同推进航天国际合作

航天国际合作逐步成为各国加快本国航天发展的重要途径，同时也成为各国共同推动全球航天发展，使之更好地服务人类社会进步的重要方式。

适应国际合作多元化发展趋势，鼓励私营企业、高等院校、科研院所参与到国际合作中，为世界航天发展注入新的活力。

建立多部门协同与协调机制，建立航天国际合作多部门高效管理平台，形成合力统一对外，支持联合国、政府间和非政府间各项活动。

航天国际合作从广义角度讲，是指航天领域的资本、技术、产品、服务、人才和信息等要素的跨境流动过程。从狭义角度讲，航天国际合作是各国（包括其政府、自然人、法人和其他组织）以航天科技和信息为核心，通过科学研究合作、技术和产品开发合作、技术转让、技术服务（如航天发射和整星出口）、技术咨询、航天外交、学术交流、培训等多种方式开展的空间科学、空间技术和空间应用领域的交流与合作活动。

随着航天国际合作广度及深度的不断增加，国际合作已经成为各国推动航天技术进步与产业发展的重要手段，主要航天国家及地区纷纷将国际合作写入国家航天相关发展战略及政策，鼓励与支持工业企业、学术团体和商业贸易等各界开展航天国际合作，并在航天相关立法中对于航天国际合作的开展予以规范与引导，国际合作在各国航天发展中的地位日益突出。航天国际合作逐步成为各国加快本国航天发展的重要途径，同时也成为各国共同推动全球航天发展，使之更好地服务人类社会进步的重要方式。

在航天国际合作领域，虽然国家航天局“代表中国政府组织或领导开展航天领域对外交流与合作等活动”，但其并非一般意义上的政府部门，其权限受到载人航天工程办公室（载人航天国际交流合作）、中国卫星导航系统管理办公室（北斗系统国际交流合作）、科技部（科技领域的国际交流合作，尤其是知识产权保护方面）、外交部（国家对外缔结外空国际合作条约事宜）、商务部等多个部门的制约。这种分散的航天国际合作管理体制容易导致部门间界限不清、权限交叉、难以协调、不易形成合力等问题，很难适应进一步扩大开放、加强航天国际合作的需要。

3.5.3.1 统一步调，打造多层次对外合作组织

统筹多方资源和诉求，国家航天局牵头保持对外声音一致、步调和谐。打造政府、科研机构、非政府组织、区域组织、工业企业、高等院校、社会团体、行业协会、中外联合实验室、学术联盟/论坛等多层次、多样式对外合作组织，各自发挥所长，推进落实“一带一路”倡议，注重实效，围绕各自业务开展多样合作与交流。

与政府间国际合作相比，非政府实体之间开展的国际合作具备更加灵活、多样的交流机制与合作方式，更加易于牵引外部的人才、技术和资本，是政府间合作的有效补充。搭建多类型非政府间航天合作平台，促进民间合作活动的开展，实现与政府间合作的相辅相成，成为中国未来拓展航天合作领域、加快合作模式创新的重要方式。

3.5.3.2 依托重大项目，深化航天重点领域合作

从长远来看，全球航天国际合作的重点仍集中在空间探索、载人航天以及空间应用等领域。中国在这些领域都具有一定的技术储备，借助载人航天工程、月球探测工程、高分辨率对地观测系统、空间基础设施等重大项目的实施，在加强国内行业技术进步的基础上，进一步深化在这些重点领域的国际合作，加快融入国际航天合作体系，促进世界航天技术的共同进步。

3.5.3.3 维护空间环境，促进外空活动长期可持续

随着各国外空活动的日渐频繁，外空环境治理已经成为世界航天国际合作的重要方面，主要航天国家纷纷围绕空间天气、空间碎片等空间环境问题开展交流与合作。中国作为国际航天活动的重要参与者，开展空间天气监测、预警，空间碎片减缓，外空污染防治等方面的国际合作，加强与空间碎片协调委员会等国际组织的沟通协作，促进外空活动的长期、可持续发展。

3.5.4 创新商业航天管理模式

2014 年国务院出台了《关于创新重点领域投融资机制鼓励社会投资的指导意见》，首次提出鼓励民间资本参与国家民用空间基础设施建设。自此，开启商业航天全产业链发展新局面。

3.5.4.1 国内商业航天发展形势及面临的挑战

航天商业化，是指原本只为政府、军队、国家安全需求服务的航天基础设施向商业市场开放，原本只为政府服务的航天制造企业、航天系统运营企业也向商业市场寻求合同，而政府和军队作为大客户进入市场，按商业规律进行招标和采购的过程，是一种对于航天产业发展途径和趋势的界定。

商业航天，核心在于“商业”，有别于军事航天和民用航天，即由企业投资并承担风险，通过市场为政府及商业用户等提供航天资产、产品和服务。

2014年国务院出台了《关于创新重点领域投融资机制鼓励社会投资的指导意见》，首次提出鼓励民间资本参与国家民用空间基础设施建设。鼓励民间资本研制、发射和运营商业遥感卫星，提供市场化和专业化服务。引导民间资本参与卫星导航地面应用系统建设。自此，商业航天政策门槛逐渐被打破，商业航天全产业链逐渐发展。

（1）商业卫星制造多集中于入门级遥感卫星和通信卫星

2019年，我国商业航天总计发射自主研制卫星75颗，其中，商用卫星48颗（占比64%），分别由航天科技（17颗）、天仪研究院（6颗）、长光卫星（5颗）、珠海欧比特（5颗）、国电高科（4颗）、微纳星空（4颗）、零重空间（2颗）、电科集团（2颗）、航天科工（1颗）、国星宇航（1颗）和千乘探索（1颗）研制。

国内商业卫星制造商都在从事微小卫星的研发与制造，从纳米卫星、立方体卫星，一直到小型卫星。毕竟，微小卫星研制周期短、技术含量低、发射成本低、市场需求大。其中，商业卫星研制的头部企业主要有天仪研究院、零重空间和微纳星空。在这一部分，卫星平台/载荷仅自用的企业未归于卫星制造业中，而是归类于相应的卫星应用领域。

从商业模式上来看，卫星制造的商业模式较为明确，即卫星制造企业利用客户采购预付款进行卫星研制。这条发展路径相对来说风险较小。一方面通过客户项目锤炼卫星制造能力，加快企业研发迭代效率；另一方面，可以有效降低财务风险。商业卫星制造商的主要用户包括政府、高校及科研院所等，以及企业单位。不同类型客户对卫星的需求存在差异性。气象局等事业单位以及从事卫星运营的国有企业购买能力极强，对高性能卫星有持续需求且对价格不敏感，是卫星制造企业最优质的客户，但其对卫星性能和可靠性要求都极高，目前国内民营卫星制造企业无法在这两方面满足其需求。部分地方政府出于政绩考量，采购卫星，发射“××一号”，但这类客户往往是一次性购买，另外卫星运营商出售卫星冠名权的行为也能满足这类客户需求。高校及科研院所出于科学试验目的采购卫星，服务这类客户时往往采取联合研制的方式，可以提高企业技术实力，但这类客户购买能力差，很难为企业带来实质性利润。从事卫星运营的民营企业，对高性价比卫星需求强烈，由于国内卫星制造厂商能力无法满足其需求，这类客户大多走上了自研卫星的道路。

（2）商业卫星应用模式多样，但总体规模偏小

商业卫星应用主要包括卫星通信应用、卫星导航应用以及卫星遥感应用。卫星通信应用在我国还处于商用化和产业化的初级阶段，我国卫星通信产业在卫星应用产业中占比不足10%，有较大提升空间，正从以军方应用和行业应用为主，向行业服务和大众消费拓展的阶段。我国卫星通信业务的主要类型是固定通信业务、卫星广播业务和地面设备制造。固定通信卫星业务主要包括卫星转发器租赁、VSAT卫星通信网以及卫星专线应用等；卫星广播业务主要包括卫星音频广播、卫星电视转发及卫星直播电视服务，卫星直播电视服务主要以“村村通”“户户通”等公益类为主；地面设备制造的主要产品和设备主要应用于应急保障车、地面主站、地面小站等政府应急保障系统；个人手持终端、移动卫星天线等主要应用在个人移动通信、科学考察、探险、旅游、新闻采访等特殊应用领域。

2018年，我国卫星通信市场规模据估算已达21亿元人民币。2016年8月，我国首颗移动通信卫星天通一号01星成功发射。2017年3月，天通一号卫星移动通信系统投入使用，该年中国市场规模相较往年取得了较快的增长。2018年1月，中国首颗高通量卫星投入使用，再次提高了中国通信市场增速。2022年，虹云星座、鸿雁星座、银河航天星座完成阶段性部署或完成整个星座建设，届时中国卫星通信市场将会迎来爆发增长。

2020年6月23日，第55颗北斗导航卫星在西昌卫星发射中心由长征三号乙运载火箭发射成功，标志着北斗全球卫星导航系统（北斗三号）星座部署全面完成。2020年7月31日，习近平总书记向世界宣布北斗三号全球卫星导航系统正式开通，标志着北斗“三步走”发展战略圆满完成，北斗迈进全球服务新时代。

在卫星导航应用方面，根据《中国卫星导航与位置服务产业发展白皮书（2020）》数据显示，2019年我国卫星导航与位置服务产业总体产值达3 450亿元，较2018年增长14.4%，其中与卫星导航技术研发和应用直接相关的产业核心产值为1 166亿元，在总产值中占比为33.8%，如图3－15所示。虽然受到多重客观因素影响，核心产值增速明显放缓，但随着“北斗+”和“+北斗”应用的深入推进，由卫星导航衍生带动形成的关联产值继续保持较高速度增长，达到2 284亿元，有力支撑了行业总体经济效益的进一步提升。

这主要是源于近几年来，北斗创新应用已经深入融合到许多产业的转型升级发展之中，其他行业如汽车、高铁、能源、矿产、邮政、移动通信、交通物流和互联网服务等领域的骨干企业，主动“+北斗”发展，逐步开拓形成企业新增业务，成为产业新生力量，从而极大促进了我国卫星导航与位置服务产业的整体发展，对总体产值的贡献正在显著提高。目前，我国卫星导航与位置服务领域企事业单位数量保持在14 000家左右，从业人员数量超过50万。截至2019年年底，业内相关上市公司（含新三板）总数为46家，上市公司涉及卫星导航与位置服务的相关产值约占全国总产值的9%。

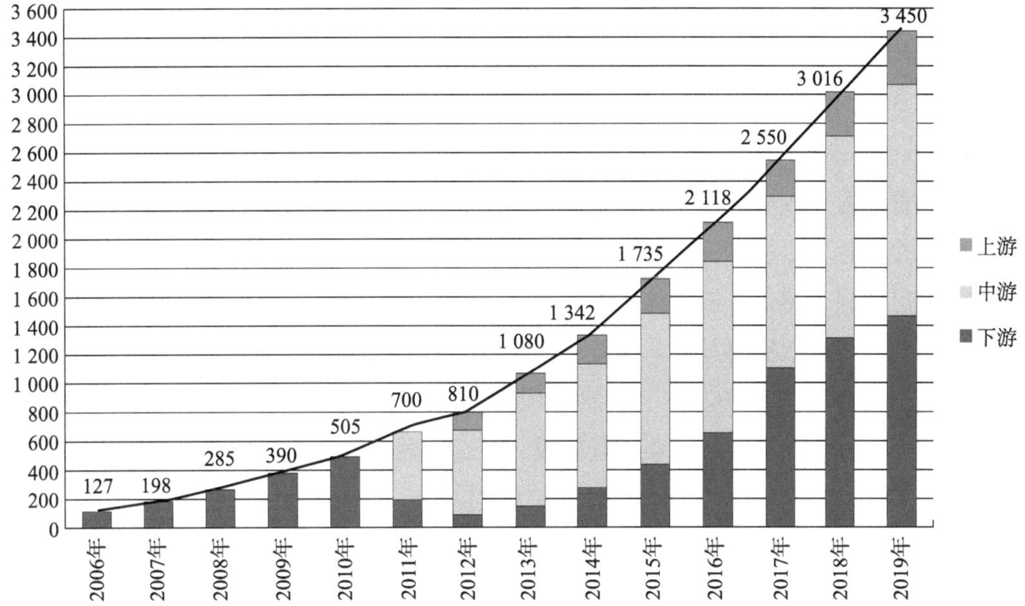

图 3-15　2006—2019 年中国卫星导航产业市场产值及增速图
（图源：《中国卫星导航与位置服务产业发展白皮书（2020）》）

在市场发展方面，2019 年国内卫星导航与位置服务市场需求总量基本保持稳定。国内以北斗为核心的导航与位置服务技术创新持续活跃，国产芯片、模块等关键技术进一步取得全面突破，性能指标与国际同类产品相当，并已形成一定价格优势。国产基础产品在工艺和性能方面也进一步向国外先进技术水平看齐。最新统计研究显示，截至 2019 年年底，国产北斗兼容型芯片及模块销量已突破 1 亿片，季度出货量突破 1 000 万片。采用北斗兼容芯片的终端产品社会总保有量超过 7 亿台/套（含智能手机），北斗应用正在诸多领域迈向“标配化”发展的新阶段。国内卫星导航定位终端产品总销量突破 4.6 亿台，其中，具有卫星导航定位功能的智能手机销售量达到 3.72 亿台。汽车导航后装市场终端销量达到 400 万台，汽车导航前装市场终端销量达到 300 万台，各类监控终端销量达到 500 万台，各类高精度接收机终端销量超过 20 万台/套。国产高精度板卡和天线销量占比分别达到国内市场总量的 30%和 90%。截至 2019 年年底，国内超过 650 万辆营运车辆、4 万辆邮政和快递车辆、36 个城市的约 8 万辆公交车、3 200 余座内河导航设施、2 900 余座海上导航设施已应用北斗系统。国内北斗农机自动驾驶系统部署超过 2 万台/套，可节约 50%的用工成本。基于北斗的农机作业监管平台实现超过 10 万台农机的远程管理与精准作业服务，可有效提高产量 5%，农机油耗节约 10%。北斗定位与短报文通信功能在渔船安全保障和通信保障上发挥了突出作用，全国 7 万余艘渔船和执法船安装北斗终端，累计救助 1 万余人。民政系统已建成部、省、市（县）3 级平台，实现 6 级业务应用，推广北斗终端超过 4.5 万台，用于灾情上报和救灾物资监控管理等方面。在大众应用领域，北斗在电子商务、智能手机和智能可穿戴设备等领域应用更加广泛，卫星导航与位置服务的发展正深刻改变着人们的生产生活方式。在海外市场方面，中国企业产品已广销海外，仅在“一带一路”沿线的30多个国家和地区，国产北斗高精度终端、板卡等产品的市场年营收已超过亿元。

在卫星遥感应用领域，近年来，卫星遥感产业在国内政策的规范和促进下，遥感相关的地理信息企业达2万多家，从业人员超过40万人，年产值近2 600亿元，建成了覆盖大陆及周边地区卫星遥感信息接收体系，卫星遥感数据销售市场已从代理销售国外卫星数据为主转向国内外卫星数据源并存共生发展，中低分辨率数据基本实现自给自足，高分辨率数据已占到国内市场的85%左右。遥感应用逐步进入业务化运行，卫星遥感与农业、交通、林业、水利和测绘等传统产业相互集成、渗透与融合后，为资源调查与监测、环境监测与保护、灾害监测与救援等工作提供了有力支撑。

从2014年开始，国家密集出台政策来支持商业航天各产业发展，遥感卫星迎来了2~3年的政策红利窗口期，商业遥感卫星产业得到了快速发展。但截至目前，我国并没有制定商业航天相关的法律法规，用于明确各从业者或机构的权责关系，明确采集、使用分发等制度。对于遥感卫星数据方面存在重复购买、数据资源浪费、数据资源利用率低等情况。

卫星遥感企业的主要产品是遥感卫星图像以及以遥感图像为基础的图像分析服务。目前来看，我国商业航天领域中的遥感卫星企业模式主要分为两类。一类以珠海欧比特宇航科技股份有限公司自身拥有自主运营的商业遥感卫星，可以获取图像之后采用出售或利用模式。另一类以北京极海纵横信息技术有限公司为例，企业并不具有自主运营的遥感卫星体系，但通过深化与遥感卫星图像的下游应用产业链的结合程度，利用行业专业知识、平台模式和数据分析模型来提供专业的遥感卫星图像数据分析服务。

（3）商业太空旅游前景广阔，但充满挑战与风险

新成立的中国长征火箭有限公司，其总裁韩庆平2016年10月31日在第八届中国国际航空航天高峰论坛的“航天事业新动力”分论坛上公布了中国太空旅游三步走时间表：

2020—2024年，利用10吨级的亚轨道飞行器，相继实现60~80千米轨道高度的商业载荷飞行和3~5座的商业载人飞行，提供太空观光、短时间失重体验和特殊机动飞行服务。

2025—2029年，利用100吨级的亚轨道飞行器，可相继实现120~140千米轨道高度的商业载荷飞行和10~20座的商业载人飞行。

2030—2035年，利用100吨级组合动力飞行器，提供10~20座、80~90千米轨道高度的长时间亚轨道商业飞行，支撑全球快速点对点洲际航班、商业长期空间飞行等业务的开展。

航天科技集团一院的副总研究师张永表示，我国计划用3~5年时间掌握组合动力飞行器相关关键技术，预计在2030年左右实现亚轨道应用和入轨应用。到那时，不只是亚轨道空间的旅游，这种飞机可能可以直接将游客送入轨道，获得的体验与在国际空间站无异。

（4）急需明确的政策，引导资本有序投入并适度盈利

从国外的商业航天发展路径看，商业航天需要大量资金和资源支持，不仅是国家资本，更多需要社会资本支持，以国内社会资本对于商业航天的认知成熟度，更多的资本还处于追逐投资热点、财务投资的层面。尽管目前商业航天已经吸引了资本市场的多数关注与进驻，但国内资本的质量与性质仍达不到大规模推动商业卫星发展的要求。一般来说，商业航天具有高技术门槛、高投入，回报周期长，资源汇聚难度大等特点，很难快速成功，需要创业者与资本方有足够的耐心。

3.5.4.2　国内商业航天管理模式建议

商业航天已成为国际上最具创新活力的新领域和全球航天发展的新动力，商业航天的健康有序发展也是航天强国的重要标志之一。需要尽快建立较为完善的商业航天政策法规体系，提出商业航天发展基本原则；规范航天运输和卫星应用等各领域有序开展各种活动，确定商业航天活动管理方法与流程，最大限度地利用商业航天服务和能力；通过放宽数据政策、改革出口管制、权衡国家利益与商业利益之间的关系等，为商业航天发展创造良好的政策环境。随着我国航天产业的快速发展，尤其是面对新兴航天企业及广泛社会资本积极参与航天各项活动的现实情况，我国现有的航天准入管理制度也出现了一定的不适应性，相关政策法规存在一定的滞后性。

（1）建立航天准入管理机制

我国航天产业快速发展，众多新兴航天企业及社会资本进入航天领域，所涉业务既有最初级的元器件生产制造，也有商业化卫星运营服务，更有部分企业开始涉足卫星及运载火箭的总装总成，范围之广，程度之深，前所未有。因此，把好航天准入管理关口，切实提升航天准入管理水平及效果，是确保航天各项活动规范有序开展，促进航天事业持续健康发展的重要前提。

准入管理是航天行业管理的重要环节，也是航天行业管理部门掌握行业发展情况的重要途径。当前我国航天行业管理手段仍以行政审批为主，整体上较为单一。在国家简政放权的大背景下，行业管理的方式应逐步由监管为主向放管结合转变，注重航天产业发展的内在规律及外在需求，把握最小化行政管理基本原则，在现有行政审批的基础上，运用登记备案、企业评价清单和政策鼓励等多元化管理手段，弱化行政监管色彩，切实加强航天行业管理的引领作用。

（2）完善商业航天数据政策

由国家航天局牵头，会同有关部门，组织与制定发展商业航天相关的政策，如陆地观

测数据政策、海洋观测数据政策、气象观测数据政策、卫星通信服务政策、地外资源利用政策和载人航天国际合作政策等。广泛听取各方意见，尤其是新兴航天企业意见，确保商业航天合规和有序发展。

军地协调并由航天局主导建设新的发射场或新增发射塔架，发射场的运营采用市场模式；军地共同制定商业航天测控规范，鼓励和引导民间资本合法、有序、顺利进入商业卫星的测控领域。

（3）高端科技人才培养

航天企业是知识、技术、人才密集型企业，企业市场竞争的核心因素是掌握知识和技术的人才。拥有核心知识和技术资源的人才便成为企业和国家相互争夺的目标。未来的竞争，说到底是人才的竞争，只有具备一流技术能力和创新活力的人才才能托举起建设航天强国的重任。

因航天事业“高技术、高可靠、高风险”等特性，决定了用好人才（重点是科研人才）是事业成功和持续的根本保证。院士、两总、科学家毕竟是少数，数量庞大的副总师、研究员、高工、工程师才是航天科研的主力军。用好科研人员，既要给他们压担子，鼓励他们不断克服困难，勇攀高峰，用事业留住人；又要做好激励设计，保证体面的生活，用到位的物质鼓励人；又要讲究团结、奉献、航天精神，用信仰充实人；还要注意减轻科研工作之外不必要的负担，减少形式主义，提高工作效率和干劲，用环境温暖人。

①建立现代化用人理念

我们老一辈确实用“自我牺牲、甘于奉献”的精神激励了一代又一代青年投入航天事业。但随着改革开放和市场经济发展，“只讲奉献，不讲回报”的用人理念已经有些不合时宜，应树立“以人为本”的人才激励理念。对承担国防科研和型号任务的人才，行业主管部门和科技创新部门等拿出具体措施，适度倾斜，给予更多关怀，拓展评奖途径和范围。让有能力、有贡献的国防军工人才在收入、奖励和晋升等方面获得应有回报。

要站在国家进步和民族复兴的高度，正确看待体制内、外人才的流动、互补。应注重采取制度化、规范化和法制化的应对处理机制，既要加强企业对核心技术信息、经营管理信息以及商业秘密的保护，也要促进人才的自由流动。只要有利于国家航天整体实力提升，在不失密、不泄密前提下，要规范、引导和鼓励人才正常流动。

②建立客观公正的激励机制

杜绝平均主义，建立客观公正的激励机制。人才激励机制关键在于工作能力与收入水平挂钩，过往平均主义理念下的“大锅饭”分配方式导致干多干少一个样，挫伤了优秀员工的积极性。因此对于国有企业员工激励，必须建立客观公正的激励标准，为不同岗位、不同绩效的员工制定不同的薪酬制度。对于高端管理人才和核心技术人才，更应当引入具有市场竞争力的薪酬机制。根据管理、型号、创新不同岗位特点设计不同的薪酬制度，规划职业发展和晋升渠道。对于高端管理人才、型号两总队伍、预研创新领军人才，应当引入具有市场竞争力的薪酬机制，例如推动共同持股，建立“基本薪+绩效薪+中长期激励”等薪酬结构，激发人才队伍积极性和主动性。

坚持“以人为本”，满足员工个人合理诉求。国有企业应改变“只讲奉献，不讲回报”的用人理念，树立“以人为本”的人才激励理念。认识到人才团队在企业发展中的战略地位，形成尊重人才、培养人才、满足人才的企业文化。把以人为本的理念落实到各项具体工作中，合理考虑到员工诉求，切实体现出对员工的尊重，保持对员工激励的有效性。

③高校设立航天法专业，建立人才培养机制

高校作为推动社会发展的引擎，承担着人才培养、智力集聚、技术创新、社会服务的功能。航天法相关法律专业的发展为高校教育，特别是法律相关教育改革带来了机遇与挑战。航天法人才培养必须跟上时代发展的脚步，为实现航天法未来发展战略的人才储备管理战略的构建和包含人才储备管理具有超前布局的重要性。

3.5.5　培育高效的新型社团组织

根据现代治理理论，政府与非政府组织的互动合作关系不再是政府自上而下发号施令式的、单一向度的管理，而是上下互动的、共同协商的、多元网络化向度的管理过程。政府与非政府组织共同参与太空活动治理，两者之间的良性互动、合作将是现代化的一个基本特征。“公共使命”需要由非政府组织承担。

具体措施如下：

1）强化 APSCO（亚太空间合作组织）共商共建共享。在互联互通基础上，充分利用已有资源扩大合作；充分发挥成员国优势，本着共建、共享、共赢的原则，推进能力建设，持续提高 APSCO 国际影响力。

2）培育国际商业航天联盟。有效带动国际力量阻止太空军事化，推进形成和平利用太空的国际环境。

3）建设“一带一路”卫星数据应用联盟。以联盟为基础，打造互信互通话语体系；以联盟为纽带，完善航天基础标准；以联盟为桥梁，推动沿线国家共同繁荣；以联盟为载体，向世界做出中国贡献。

4）完善中国宇航学会。建立技术交流平台，促进协同创新拓展宇航学会组织社会化服务职能。

非政府组织（Non－Governmental Organizations）一词，最初被 1945 年 6 月 26 日在美国旧金山签署的联合国宪章第 71 款所使用。非政府组织具有组织性、民间性、非营利性、自治性和志愿性等特点，并且拥有稳固的组织形式和成员——领导结构，独立于政府机构和私人企业外进行运作，热心于非营利性的公共服务事业，发挥积极社会功能。

非政府组织是政府之间、政府与企业之间的缓冲地带，是政府与公民、国家与国家之间的“减压阀”，能够缓解各方压力，保持必要的张力和活力，避免刚性冲撞，使各方游刃有余。如今，世界范围内非政府组织在太空活动治理中发挥着重要的、独特的、其他行为体所不可替代的作用。非政府组织活动于国家和企业所不及的领域，发现问题，传播信息，参与政策制定，革新制度安排，促进交流与合作等。

现代治理理论为政府与非政府组织的互动合作关系的构建奠定了理论基础，它打破了政府与社会、公共机构与私人机构之间的界限，将治理看成是政治国家与公民社会、政府组织与非政府组织、公共部门与私人部门之间在平等、自愿基础上的合作。太空活动管理不仅需要强制性财力和物力支持，也强调治理主体的多元化，需要包括政府和非政府组织在内的社会各方力量的共同参与，实现两者在资金来源、运行方式、组织成本和支撑技术等方面的优劣互补，从而使太空活动治理具有更大的灵活性和高效性。

非政府组织作为承接政府职能转移的一种载体，在逐渐发展的过程中承担起部分社会管理和服务职能，起到连接政府和公民的桥梁作用。基于政府与非政府组织共同的目标、互补的优势以及相互制约的权力，实现两者互动合作治理既是必要的，也是可行的：政治体制改革为其提供了契机，“市场/政府失灵”与“志愿失灵”并存为其提供了空间，非政府组织自身能力的提升为其提供了基础，技术的发展为其提供了手段，法律制度的健全为其提供了保障。

建设培育几个典型非政府组织：

（1）强化 APSCO 共商共建共享

APSCO（亚太空间合作组织）于 2008 年 12 月 16 日在北京正式揭牌成立。成立主旨，APSCO 将通过推动成员国间开展空间科学、技术及其应用领域的多边合作。在技术研发、应用和人才培训等方面对成员国予以协助。提高有关各方开展空间活动的能力，为人类和平利用外层空间做出积极贡献。目前，APSCO 有中国、泰国、蒙古、孟加拉国、伊朗、土耳其、巴基斯坦及秘鲁 8 个成员国，还发展了墨西哥为观察员国，埃及为准成员国。这些成员国都是发展中国家。航天技术不仅对这些国家经济、社会发展具有促进作用，实际上也与每个人的日常生活息息相关。

2018 年 11 月，APSCO 成立 10 周年大会在北京开幕。习近平总书记在贺信中指出，外层空间是人类共同的财富，探索、开发、和平利用外层空间是人类共同的追求。中国倡导世界各国一起推动构建人类命运共同体，坚持在平等互利、和平利用、包容发展的基础上深入开展外空领域国际交流合作。中国一贯主张合理开发、利用空间资源，保护空间环境，推动航天事业造福全人类。习近平指出，APSCO 和各成员国在空间科学探索、空间技术开发和空间技术应用等领域开展了密切合作，发挥了积极作用。中国将继续积极支持

APSCO 的工作，按照共商、共建、共享的原则，促进空间事业进步和经济社会发展，为建设更加美好的世界贡献智慧和力量。

一是在互联互通的基础上，充分利用已有资源扩大合作。基于成员国已有/后续共同研发卫星资源，构建数据共享服务云平台，满足成员国在城市规划、灾害监测与评估、农业与森林普查等方面的需求；推动兼容卫星导航终端设备应用及服务亚太地区；基于通信、遥感、气象、导航等卫星技术和信息的综合应用，构建亚太空间技术服务网，建立农作物生长、交通物流等专业应用示范网，探索构建成员国基于空间技术的灾难监控和预防网，形成服务于成员国的灾难监控和应急响应体系。

二是充分发挥成员国广泛地理布局对航天活动效益倍增的优势，本着共建、共享、共赢的原则，推进能力建设。结合我国空间基础设施建设与应用，加大机会与资源共享，重点推进建设多任务小卫星星座、大学生小卫星星座、亚太地基光学空间物体观测系统项目二期、地震电离层前兆特征监测研究项目等，结合重点项目推进成员国开展卫星的联合研制、应用和地面设施的联合建设。鼓励进一步开放本国空间资源，不断提升各成员国的航天基础能力、共享服务能力、快速响应能力、产业带动能力和互联互通能力。

三是借助国际机构持续提高 APSCO 国际影响力。APSCO 将协同推动与联合国外空司、亚太经社会、联合国外空委灾害管理与应急反应天基信息平台北京办公室等国际同行建立更广泛的合作关系，参加联合国外空委及其两个分委会；宣扬和平利用外层空间，支持发展中国家的空间能力建设，在亚太区域空间领域国际合作中奠定亚太组织的引领地位；继续以发展国际研讨会、空间法律与政策论坛，其他高层国际合作论坛等知名交流论坛为载体，不断为亚太地区的发展贡献智慧和力量。借助中国“一带一路”倡议下的国际空间合作，扩展合作伙伴关系，不断扩大开放、增进合作，实现共同发展空间合作构建人类命运共同体。

（2）培育国际商业航天联盟

商业航天是指航天的商业合作和非国家资金参与的航天活动，主要用于经济发展和社会服务，区别于政府垄断的国家航天。全球一体化进程和科学技术进步为商业航天提供了国际环境、经济条件和支撑技术。在不影响国家安全的前提下，商业航天通过市场运作、商业合作和资源共享的方式实现经济利益最大化。平等互利共享、技术发展迅速、发展空间广阔、高风险高投入高回报等是商业航天的突出特征。

建立商业航天联盟可以有效地带动国际力量阻止太空军事化，推进形成和平利用太空的国际环境。推进平等互利的商业合作和成果共享，让合作方或参与者在合作中形成共同的商业利益。由于外层空间的特殊性，只有在安全环境下彼此利益才能得到有效维护。商业航天合作所带来的经济利益越大，涉及国家越多，越有可能形成和平利用太空资源的国际共识，进而产生防止太空军事化的国际性条约。航天科技共享可以打破航天科技垄断，实现航天科技力量制衡，有效阻止依靠优势科技推进太空军事化。

(3) 建设“一带一路”卫星数据应用联盟

①以卫星数据联盟为基础，打造互信互通话语体系

中国作为“一带一路”倡议的发起者，具有更加开放的态度和联动空间水平发达国家与发展中国家的能力，中国应当继续发挥可靠的发起者作用。即将启动的中国空间站项目面向全球开放，欢迎各国一道分享和使用；当前，风云气象卫星正在为全球93个国家和地区，2 600多家用户提供卫星资料和产品；北斗全球系统已经落成，开始面向“一带一路”国家和地区开通服务。

一方面，“一带一路”倡议下的航天国际合作应坚持以贸易合作为中心，以多个空间合作项目和基础设施建设连通沿线国家，应当继续强化参与国家的大合唱。在航天国际合作中引入“第三方合作市场”机制，实现主要空间国家的利益平衡，也保证不具备航天能力和空间应用能力较弱的国家实现共同对外空的探索与开发。

另一方面，“一带一路”倡议下的航天国际合作应坚持透明政策和公平合理的合作机制。“一带一路”航天合作平台的机制不会因一国国内政策或空间立法的实施而改变，“一带一路”区域内实施的空间政策应当秉持各国协商一致的原则，“一带一路”是中国提供给世界的交流合作平台，保证各国在“一带一路”倡议下能够实现透明、公平、合理航天国际合作。

②以卫星数据联盟为纽带，完善航天基础标准

一方面，中国要提高航天标准设定的主动性，积极实现与沿线国家的航天标准战略对接，加强双边多边航天标准文件的协同和签订。航天产业作为一个新兴产业，还没有统一的市场规范和准入标准，中国通过相关航天标准合作文件的签署，能够推动中国标准成为国际标准，强化标准与政策、规则的有机衔接。2018年5月16日，航天科技集团中国航天标准化与产品保证研究院的标准化副总师周玉霞当选国际标准化组织空间数据与信息传输系统分技术委员会（ISO/TC20/SC13）主席，这是我国首次担任航天领域国际标准化机构的领导席位。自此以来，中国不断为国际航天标准做出新贡献。2019年4月，由航天科技集团主导制定的国际标准 ISO 21886 Space Systems——Configuration Management（航天系统——技术状态管理）由国际标准化组织 ISO 正式发布，这是中国标准在航天领域的新高度，未来，中国应制定、推广更多航天标准。

另一方面，努力提高标准体系兼容性，支撑空间基础设施互联互通建设，“一带一路”区域航天标准化的确立，有利于降低空间援建项目和航天合作的成本，率先设定标准进行航天国际合作能够实现最大化利益。中国可采取免费援建和短期试用等方式，让沿线国家率先接纳中国标准，再促成长足买卖，引领和促进中国标准统一国际航天基础装备制造合作，为推进“一带一路”建设提供坚实的支撑技术。

③以卫星数据联盟为桥梁，推动沿线国家共同繁荣

区域和空间能力互补性，是“一带一路”倡议下航天国际合作保持长久生机的基础。通过“第三方合作市场”模式的商业合作，实现各国航天优势和需求互补，多方共赢，既让低水平空间国家能享受必要服务，也欢迎空间能力突出国家的关键航天技术和专业人员的参与。

“一带一路”倡议为发展中国家提供了一个引人注目的愿景。中国在航天合作方面不忘初心，借助“一带一路”平台，签订一系列切实可行的航天国际合作文件，打开航天合作市场，不让航天技术成为哪一国或哪几国的特权，将世界各国凝结成紧密的空间共同体，共同应对当今航天领域的新问题，实现共同繁荣和发展，促进太空和平、科学、可持续发展。

④以卫星数据联盟为载体，向世界发展做出中国贡献

中国作为主要空间国家，同时作为联合国五大常任理事国之一的成员国，有责任也有能力为航天国际合作贡献中国智慧、提供中国方案，打造“一带一路”倡议下的“天基丝绸之路”是中国的努力方向，更是世界人民的美好期盼。

“天基丝绸之路”是一条商业航天的太空经济之路。“一带一路”下的航天国际合作强调合作的透明度。“一带一路”降低一国政治因素对航天经济的影响，在经济的框架下谈经济，在协商透明的机制下谋合作；“天基丝绸之路”是一条民心相通的空间基础设施之路。自党的十八大以来，国有集团公司加快实施“一带一路”空间信息走廊建设与应用工程，为国际合作“软联通”提供了“硬保证”；“天基丝绸之路”是一条沟通理解的对话之路。“一带一路”倡议下的航天国际合作以团结互信、平等互利、包容互鉴、合作共赢的丝路精神为指导，以构建和谐太空、促进不同空间水平国家的共同对话为目的。

（4）改革完善中国宇航学会

中国宇航学会作为一个科技社团组织，是一类特殊的非政府组织。近年来，随着国家政府机构改革与职能的转变、企业和科研体制改制的进一步深化，处于转型成长关键时期的全国学会性组织应如何促进改革与发展，发挥优势，克服劣势，充分发挥自己的社会功能已成为当务之急。

一是建立技术交流平台，促进协同创新。抓住实施创新驱动发展战略的新机遇，在促进太空领域科技创新与经济社会发展深度融合中发挥重要作用。探索建立集信息交流、技术转化、应用评估等功能为一体的技术交流平台，组织动员广大太空领域科技工作者开展科研攻关，深入调查研究，积极建言献策，为科学谋划我国太空科技发展战略布局、找准太空科技创新跨越的机遇和方向提供高端决策咨询，为中国太空领域科技由“跟跑者”转为“领跑者”贡献智慧。

二是拓展宇航学会组织社会化服务职能。要抓住深化行政体制改革、加快转变政府职能的新机遇，推进宇航学会有序承接政府职能转移工作，加强与政府部门的沟通协商，在先行试点基础上稳妥有序推进。同时，要进一步明确宇航学会自身改革发展的思路和举措，积极推动宇航学会管理体制、运行机制和监管机制的改革创新，为承接政府转移职能奠定坚实基础，为更好发挥学会作用提供体制、机制保障。适合宇航学会承接的政府转移职能主要包括太空领域科技评价、科技人才评价和科技奖励等方面。在科技评价方面，可承接项目、成果和技术标准等方面。在科技人才评价方面，可承接太空科技人才评价重点包括技术职称评定、工程教育认证、工程师资格认证、职业资格评定、执业资格国际互认等。学会是由本学科、本专业的科技人员组成的专业性组织，开展科技人才评价，是学会职责的题中之义，也是学会应该重点争取的政府职能。在科技奖励方面，学会可围绕本学科、本行业开展科技奖励。

要抓住培育和践行社会主义核心价值观的新机遇，在弘扬科学精神、梳理社会新风气中发挥重要作用。要深化科学道德和学风建设宣讲教育，广泛宣传有突出贡献的太空领域科学家和基层科技工作者践行航天三大精神的先进事迹，引导太空科技领域工作者做践行社会主义核心价值观的表率。

3.5.6 建立协同创新的国际一流太空国家实验室

2015 年 11 月，习近平总书记在《关于〈中共中央关于制定国民经济和社会发展第十三个五年规划的建议〉的说明》中明确指出：要加快建设以国家实验室为引领的创新基础平台；同时强调我国科技创新已步入以跟踪为主转向跟踪和并跑、领跑并存的新阶段，急需以国家目标和战略需求为导向，瞄准国际科技前沿，布局一批体量大、学科交叉融合程度深、综合集成的国家实验室，优化配置人财物资源，形成协同创新的新格局。

2017 年，全国科技工作会议再次强调要以国家实验室为引领，打造国家战略科技力量。国家实验室属于科研平台，聚焦于某一重点领域，能够整合高校、科研机构以及各部门的优质资源，发挥基础科技资源投入的重要作用，减少重复投入造成的资源浪费。

国家实验室作为国家科技战略力量，是抢占科学、技术及创新制高点的重要载体。目前中国的国家实验室总体发展还处于探索阶段。新时期我国的国家实验室作为一个不可替代的战略力量，也应当服务于国家重大及紧迫的战略需求，有明确的战略目标和具体科技任务，成为学科交叉、战略前瞻、综合集成的国际一流研究机构，以及攻坚克难、引领发展的战略性创新力量，并与其他机构和部门形成互动、互补的创新格局。

当前，在我国太空活动创新发展之时，建立国际一流太空国家实验室恰逢其时。太空实验室又可包含航天大数据中心、体系论证与效能仿真中心、科研合作与技术转移中心、国际合作中心、新时代太空发展高端智库等，如图 3－16 所示。

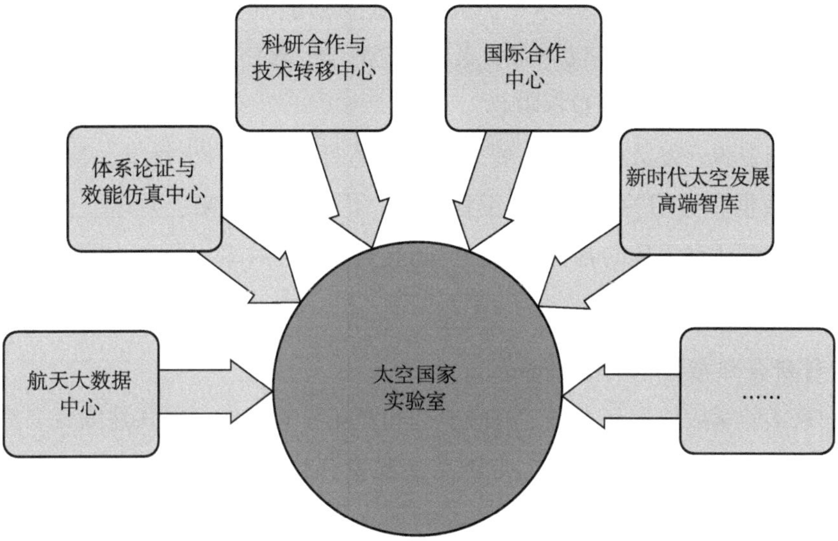

图 3-16　太空活动组织管理体系职能示意图

我国航天事业发展 60 多年，积累了海量数据，计算机算力、存储器存储能力还在不断提升，大数据技术突飞猛进，建立航天大数据中心恰逢其时，不仅是太空活动治理能力现代化的重要标志，也是太空活动现代化组织管理能力提升的基础支撑手段。

3.5.6.1　航天大数据中心

建立航天大数据中心，不仅是太空活动治理能力现代化的重要标志，也是太空活动现代化组织管理能力提升的基础支撑手段。航天大数据中心可下设在轨太空资产运行维护中心、空间碎片监测与碰撞预警中心、对地观测遥感数据接收与共享中心、深空探索与资源开发数据中心等。

（1）在轨太空资产运行维护中心

在轨太空资产运行维护中心主要采集我国在轨人造卫星、空间站、深空探测器、天文望远镜等轨道变化数据、每天健康状态数据以及寿命期外退役航天器轨道数据，监测我国在轨资源的运行状态，对可能的故障做出预判或处理。

（2）空间碎片监测与碰撞预警中心

空间碎片监测与碰撞预警中心主要采集近地轨道空间 1 cm 以上的碎片信息，维持空间碎片数据库，对空间碎片进行编目，根据空间、地面及其他监测数据源，对空间碎片编码数据进行定期更新。对我国在轨航天器可能遇到的碰撞风险进行评估，对碰撞事件进行处置等。

（3）对地观测遥感数据接收与共享中心

对地观测遥感数据接收与共享中心主要采集空间基础设施中的陆地、海洋、气象观测数据，与现有的海洋卫星数据中心、资源卫星数据中心、气象卫星数据中心形成互补格局，互为备份，提高遥感数据资源的共享水平，服务于遥感应用。也适度采购商业遥感卫星数据作为补充。建立数据分级、快速分发机制，及时响应社会、经济发展对遥感数据的需求。

(4) 深空探索与资源开发数据中心

深空探索与资源开发数据中心主要采集太阳系行星、系内小行星、彗星、系外星系、系外天体运行数据。与相关航天重大工程衔接，汇集存储太阳、月球、火星、木星、金星、小行星等探测活动采集的各种数据，提高这类数据的共享水平，为国内外空间科学研究提供数据支持。

3.5.6.2 科研合作与技术转移中心

太空国家实验室应注重与大学、科研机构和产业界的合作，可共建联合研究机构、项目合作、人员交流、协同创新等。太空国家实验室通过共建联合研究机构，与不同实验室、大学等机构开展常态化合作。同时注重科研人员的交流，每年将有一定数量不同背景的科研人员去太空国家实验室进行交流。人才交流的广泛化、国际化，不仅仅为实验室之间，实验室和科研机构、大学之间提供了大量的合作机会，更将为太空国家实验室带来了很高的国际声誉。同时，太空国家实验室也将成立技术转移部，寻求与不同组织（如经济发展组织、商业协会、企业组织)、大学和个人开展合作与交流。

3.5.6.3 体系论证与效能仿真中心

建成体系论证与效能仿真中心，形成覆盖体系分析设计、效能仿真评估各环节的统一系统，实现对需求分析、任务设计、任务规划、仿真验证与演示、体系效能与需求满足度评估等航天器体系论证全过程的自动化、信息化支撑；通过数字化仿真工具和模型，以航天器军民两方面应用任务为牵引，快速构建航天器系统方案并进行多方案比较，具备基于模型驱动的体系论证定量支撑能力和工程需求定量转化能力，实现在技术可行性和工程可实现性约束下的体系应用效能最大化，为用户和上级机关提供评估服务和决策支持，同时有效支撑应用任务后续的工程研制工作。

3.5.6.4 国际合作中心

太空、网络、海洋是未来世界发展的利益争夺焦点，太空也是人类开拓前进的第四疆域，南北极开发、月球资源利用、火星移民等重大活动根本离不开航天技术支持，上万颗卫星组成的大规模星座建设，必将引发国与国之间竞争、协调、风险预判等各种问题。我们目前的航天国际交流与合作事务分别由多家部门负责，在国际上无法形成合力，对国际整体治理能力是一种削弱。为此，必须在太空国家实验室框架下建立国际合作中心，以未来航天发展的强国目标为之议案，探索、研究、提升国家管理部门对航天工程国际合作引导性和前瞻性把控能力，更好地为本国航天事业发展以及人类命运共同体建设做出应有贡献。

3.5.6.5　新时代太空发展高端智库

2015 年，中办、国办印发《关于加强中国特色新型智库建设的意见》，吹响了智库建设的号角。习近平总书记曾多次对建设中国特色新型智库做出指示：“智库是国家软实力的重要组成部分，要高度重视、积极探索中国特色新型智库的组织形式和管理方式等。”

为了加速太空活动治理现代化进程，建设新时代太空发展高端智库迫在眉睫。太空发展高端智库以系统工程理论方法技术为核心，以跨领域、跨行业、跨部门多融合性为基本特征，以体系设计为具体表现形式，推动政策系统、工程系统、社会系统实现新时代最优的综合提升。

新时代太空发展高端智库作为国家高端智库建设引领方向，它能够整合各种资源，发挥多种职能，为中国智库建设提供科学理论方法指导，运用“人机结合、人网结合、以人为主”的智能化的决策支持系统能够为国家太空经济发展重大问题提供决策服务。基于钱学森提出的综合集成方法，构建以专家体系、知识体系和机器体系为核心的综合集成研讨平台，为科学决策提供软件支撑。

新时代太空发展高端智库作为中国智库的“国家队”，将以“开放、包容”的态度，坚持不懈地致力于为推动中国社会的现代化发展和实现中华民族伟大复兴中国梦的历史进程，促进人类命运共同体的构建提供服务。秉持“支撑航天、服务国家”的理念，建立两手抓的工作布局：一手抓高端智库建设，另一手抓体制机制改革，以体制机制改革支撑高端智库建设。新时代太空发展高端智库将充分发挥“中国智慧”，提出解决太空问题的“中国方案”！

第 4 章　太空活动治理中的法律法规体系

太空是国际公域，太空活动关乎全人类的命运，任何人、任何国家或国际组织开展太空活动都离不开既有合作又有竞争的国际环境。只有顾及其他国家和人民的利益，遵守国际规则，履行国际义务，航天国家才能在太空活动中享有国际法赋予的基本权利，最大限度地维护本国的太空活动利益。自 20 世纪 50 年代以来，国际社会在联合国框架下制定了以五大外空公约为主体的一系列外空国际规则，对各国开展太空活动发挥了重要的指导作用。任何国家制定本国的太空活动规则，无不充分考虑并吸纳体现在这些外空国际规则当中的基本原则和制度。各个航天国家，特别是以美、俄为代表的航天大国，在开展太空活动时，也都建立起了比较完备的国内太空法律法规体系。受本国国情、社会制度以及立法传统的影响，这些航天大国的太空法律法规存在着较大的差异，但对于像我国这样一个太空立法显著滞后的国家而言，他们的太空法律法规体系和立法经验都具有很高的借鉴价值。因此，在建立健全我国的太空法律法规体系过程中，既需要充分考虑到外空国际规则的基本原则和具体规范，又应当从我国的基本国情和社会制度的实际情况出发，借鉴其他航天大国的立法经验，为我所用。

基于此种考虑，在本章中，我们首先研究太空活动现代化治理对太空法律法规体系的要求，然后研究国际空间法和其他几个有代表性的航天国家的太空法律法规体系，分析我国太空法律法规建设现状，并在此基础上提出建立我国太空法律法规体系的思考和建议。根据上述研究思路，我们将本章分为六节。第一节从“良法”与“善治”的逻辑关系出发阐释太空法律法规体系在太空活动现代化治理中的重要作用，归纳新时代太空法律法规体系的定位。第二节对国际空间法体系发展进行综述，给出有关启示。第三节分析美国、俄罗斯和日本等典型国家的太空法律法规发展现状，形成有关启示。第四节从太空法治发展历程、现有太空法律法规和太空立法进展等方面总结我国太空法律法规体系现状，指出存在的主要问题。第五节提出我国太空法律法规体系建设指导思想、宗旨、总体目标、需要法律规制的问题、体系框架构想和构建路径选择等。第六节给出本章节研究得出的核心结论与建议。

4.1　新时代太空法律法规体系定位

依法治国，是坚持和发展中国特色社会主义的本质要求和重要保障，是实现国家治理体系和治理能力现代化的必然要求[①]。全面推进依法治国是关系我们党执政兴国、关系人民幸福安康、关系党和国家长治久安的重大战略问题，是完善和发展中国特色社会主义制度、推进国家治理体系和治理能力现代化的重要方面[②]。全面推进依法治国是一个系统工程，是国家治理领域一场广泛而深入的革命[③]。太空是国家战略性、基础性和先导性的高技术领域，是国家发展目标的有力支撑，是中国特色社会主义事业的有机组成部分。推进国家治理体系和治理能力的现代化，全面推进依法治国，也必然要求推进依法治理太空活动。依法治理太空活动是全面依法治国的有机组成部分，是太空活动现代化治理的重要方面。

4.1.1　在太空活动领域要实现良法善治

“良法善治”是社会主义法治所追求的目标，这是我们党在全面推进依法治国过程中逐步明确的。2014 年 10 月党的十八届四中全会通过的《中共中央关于全面推进依法治国若干重大问题的决定》提出“良法是善治之前提”[④]，首次对“良法”与“善治”的关系进行了阐释。2017 年 10 月党的十九大报告提出：“推进科学立法、民主立法、依法立法，以良法促进发展、保障善治[⑤]。”2018 年 8 月，习总书记主持召开中央全面依法治国委员会第一次会议时指出，“要推动把社会主义核心价值观贯穿立法、执法、司法、守法各环节，使社会主义法治成为良法善治[⑥]。”习总书记的这一论述将“良法善治”确定为社会主义法治的目标。2019 年 10 月党的十九届四中全会通过的《中共中央关于坚持和完善中国特色社会主义制度推进国家治理体系和治理能力现代化若干重要问题的决定》（以下简称“决定”）再次强调：“要以良法保障善治[⑦]。”全面推进依法治国，就是要实现“良法善治”。在我国，法治就是依法治理[⑧]。作为全面推进依法治国的有机组成部分，依法治理太空活动所追求的目标就是在太空活动领域实现“良法善治”。

依法治理太空活动，要实现“良法”与“善治”的有机结合，使两者相得益彰。“良法”是符合法律的内容、形式和价值的内在性质、特点和规律性的法律[⑨]。良法应

---

① 中共中央关于全面推进依法治国若干重大问题的决定（2014 年 10 月 23 日中国共产党第十八届中央委员会第四次全体会议通过）. 中国法学，2014（6）.

② 习近平 . 关于《中共中央关于全面推进依法治国若干重大问题的决定》的说明 . 理论学习，2014.

③ 中共中央宣传部 . 习近平新时代中国特色社会主义思想学习纲要 . 北京：学习出版社，人民出版社，2019.

④ 中共中央关于全面推进依法治国若干重大问题的决定（2014 年 10 月 23 日中国共产党第十八届中央委员会第四次全体会议通过）. 中国法学，2014（6）.

⑤ 习近平 . 决胜全面建成小康社会 夺取新时代中国特色社会主义伟大胜利——在中国共产党第十九次全国代表大会上的报告 . 人民日报，2017-10-28（1）.

⑥ 新华社 . 习近平主持召开中央全面依法治国委员会第一次会议 . 中华人民共和国政府网，2018 年 8 月24 日.

⑦ 中共中央关于坚持和完善中国特色社会主义制度 推进国家治理体系和治理能力现代化若干重要问题的决定（2019 年 10 月 31 日中国共产党第十九届中央委员会第四次全体会议通过）. 新华社网站，2019 年 11 月 5 日.

⑧ 王利明 . 厘清“法治”的概念//王利明 . 法治：良法与善治 . 北京：北京大学出版社，2015.

⑨ 王利明 . 法治：良法与善治//王利明 . 法治：良法与善治 . 北京：北京大学出版社，2015.

当反映最广大人民群众的意志和利益，符合公平正义要求，反映社会的发展规律。“善治”是公共利益最大化的治理过程，是治理的理想状态①。其本质特征是国家与社会处于最佳状态，依法治理是“善治”的根本要求。一方面，要以“良法”促“善治”、保“善治”。要实现“善治”，就需要坚持立法先行，发挥立法的引领和推动作用。通过立法规定有关的程序、制定行为规则、划定行为自由的界限等方式，达到合理配置社会资源、合理分配权利义务、明确权利与责任等目的②。只有制定了“良法”，治理才有充分的依据。“善治”本身是规则之治，没有良好的规则，规则缺乏或者规则相互冲突均不能实现“善治”。另一方面，“善治”以贯彻实施“良法”为核心。仅仅只有“良法”，不能实现“善治”，也不能实现法治。只有“良法”得到有效实施，才能形成“善治”。依法治理太空活动，既要建立太空活动领域的“良法”，又要贯彻实施好“良法”，以达到“善治”的目的。

在新时代背景下，我国太空活动主体多元，太空活动治理正逐步从政府单一主导向政府、企业、高校和社会组织等多类型主体共同参与的模式转变；太空技术应用广泛渗透至国民经济与社会生活的方方面面，商业化不断向前推进，太空产业规模不断壮大；太空活动门类不断完善，新技术、新需求不断涌现，创新引领作用不断凸显；太空活动国际化程度不断提升，参与国际太空规则制定、提升国际话语权的要求不断提高。在新时代，实现我国太空活动领域的“良法善治”，就是要建立与“航天强国”相适应的依法治理太空活动的制度体系和执行制度的能力，使太空活动具有和谐的发展环境，各类主体有序参与太空活动，太空创新能力与需求相匹配，太空产业实现长期可持续发展，并使我国拥有与太空实力相适应的国际话语权。

4.1.2 太空法律法规体系应具备“良法”特征

在推进太空活动现代化治理的背景下，新时代太空法律法规体系应以全面依法治国基本方略和构建人类命运共同体理念为指导，坚持中国特色社会主义制度，为“航天强国”建设提供法律制度保障，保障太空领域的“善治”。保障“善治”需“良法”。新时代的太空法律法规体系应具备“良法”特征，即合法性、完备性、科学性、权威性和可行性③。

“良法”的合法性就是正当性。法律必须最大限度地体现和反映民意，民意是法律的合法性基础。宪法是人民意志的集中体现，所有其他法律和法规都是宪法的自然延伸④。

① 俞可平．国家治理的中国特色和普遍趋势．公共管理评论，2020（1）．

② 王利明．法治：良法与善治//王利明．法治：良法与善治．北京：北京大学出版社，2015.

③ 俞可平．法治与善治．西南政法大学学报，2016，18（1）．

④ ［访谈录五］依法治国：良法善治的本土智慧和中国道路——深度解读十八届四中全会《决定》精神//俞可平．论国家治理现代化．北京：社会科学文献出版社，2015.

要体现合法性，首先太空法律法规体系必须符合宪法条文和精神。其次，太空法律法规体系应体现包括政府、企业、高校、社会组织等在内的各类利益相关方的合理诉求，反映最广大人民群众的意志。各种不同利益诉求的争执和博弈必不可少，立法单位对此应有序引导，按照一定程序真正把最广大人民群众的意志反映在太空法律法规体系中。此外，太空立法还要符合法定程序，具有程序正当性。具体来说，就是要按照《中华人民共和国立法法》所规定的立法权限和立法程序来开展太空立法工作，发扬社会主义民主，坚持立法公开，保障人民通过多种途径参与立法活动①。

完备的太空法律法规体系，必须实现外在规则体系的一致性、内在价值体系的一致性、逻辑上的自足性以及内容上的全面性②，形成在中国航天价值指导下的统一的太空法律术语、法律制度和法律规则，保证太空法律法规体系各部分内容的相互协调和相互配合，形成严谨的体系结构。只有建立了完备的太空法律法规体系，各类组织、各个群体和全体公民与太空活动相关的经济行为、政治行为和社会行为才有基本的法律可以依循。完备的太空法律法规体系是对我国现有太空法律法规体系的深化和提升。我国现有太空法律法规体系并不完备，尚存在较多的立法空白与不足，急需加快立法，弥补空白，完善不足。

新时代太空法律法规体系的科学性应通过符合太空活动发展规律来体现。法律本身是一种社会现象，应当能够起到维护社会秩序、保障社会安定有序的功能，其必须有效反映社会发展、演进的规律，并将这些规律以一定的技术整合为法律规则，并最终促进社会发展③。太空活动有其自身独特的发展规律。太空法律法规体系应按照科学的要求准确把握太空活动的规律、对未来的发展做出一定前瞻性的预见，引导太空活动秩序朝着一个正确的方向发展。在全球化的背景下，新时代太空法律法规体系的科学性还体现在与普遍认同的国际规则相一致以及吸纳世界太空法治优秀成果等方面。在太空法律法规体系建设过程中，需全面处理好共性和个性问题，处理好普遍性和特殊性问题④。在坚持中国特色的同时，新时代太空法律法规体系应注重落实我国已缔约的国际空间法所确定的义务，吸收国际空间法和主要航天国家太空法律法规的优秀成果，将共性的、普遍性的规律和原则纳入其中。

作为“良法”的新时代太空法律法规体系必须具有权威性。新时代太空法律法规体系应成为太空活动现代化治理所遵循的权威，其所确定的内容、价值应被我国太空活动利益相关者普遍接受。要保证太空法律法规体系的权威性，首先必须做到太空立法依据宪法和

---

① 中华人民共和国立法法（2015 年）. 国家法规数据库 2019 年下半年版.

② 王利明 . 完善法规体系 以良法促善治//王利明 . 法治：良法与善治 . 北京：北京大学出版社，2015.

③ 王利明 . 法治：良法与善治//王利明 . 法治：良法与善治 . 北京：北京大学出版社，2015.

④ 蒋新苗 . “法治中国”的国际法学审视//张文显 . 良法善治：民主法治与国家治理 . 北京：法律出版社，2015.

其他上位法，在太空法律法规体系中具体贯彻宪法和其他上位法的精神、原则和规范。其次，太空法律法规体系应能引领改革与发展的方向，可为政府主管部门依法行政提供完善的指引。太空法律法规体系应主动适应改革和社会发展需要，为“重大改革于法有据”提供好保障。此外，政府主管部门还应率先垂范，严格遵守太空法律法规，严格依法行政；同时，还应严格执法，对违反太空法律法规的行为要坚决依法处理，维护太空法律法规的权威。

具备“良法”的可行性特征意味着，太空法律法规体系应符合国情、社情、民情，具备现实的实现条件，具有可操作性。“法与时转则治，治与世宜则有功”①。太空法律法规体系必须要从实际出发，密切联系实际，解决现实存在的问题。这就要求我们必须根据现实问题加强太空立法，让太空法律法规可操作，具有可行性；并根据国情、社情和民情的发展变化不断修改和完善太空法律法规体系，在立法中保持一定的开放性，为未来的发展留下一定的调整空间。

4.1.3 太空法律法规体系是依法治理的基本遵循

太空法律法规体系是依法治理太空活动的前提。“法律是治国之重器，良法是善治之前提”②。法治首先要做到有法可依。中国特色社会主义法治要求在包括太空活动在内的各领域各方面推进形成完备的法律规范体系、高效的法治实施体系、严密的法治监督体系、有力的法治保障体系和完善的党内法规体系。在这五大体系中，置于首位的是完备的法律规范体系。依法治理太空活动必须以完善太空法律法规体系为前提和基础，否则就是无源之水、无本之木。

新时代太空法律法规体系是依法治理太空活动的基本遵循。推进太空活动现代化治理，需坚持中国特色社会主义制度，而太空法律法规体系是中国特色社会主义制度在太空活动领域的定型化和精细化。在太空活动现代化治理中坚持中国特色社会主义制度，就需要根据新时代太空法律法规体系治理太空活动。此外，要实现太空活动治理领域的“善治”，就必须依靠“良法”，需用“良法”促“善治”、保“善治”。“善治”的应有之义就是厉行“良法”③，严格遵循“良法”进行治理。就太空领域而言，“良法”就是新时代太空法律法规体系，依法治理太空活动需以新时代太空法律法规体系为基本遵循。

习总书记指出，“要坚持立法先行，坚持立改废释并举，加快完善法律、行政法规、

---

① 出自《韩非子》.

② 中共中央关于全面推进依法治国若干重大问题的决定（2014 年 10 月 23 日中国共产党第十八届中央委员会第四次全体会议通过）. 中国法学，2014（6）.

③ 王利明 . 法治：良法与善治//王利明 . 法治：良法与善治 . 北京：北京大学出版社，2015.

地方性法规体系，完善包括市民公约、乡规民约、行业规章、团体章程在内的社会规范体系，为全面推进依法治国提供基本遵循”①。在我国太空法律规范体系尚不健全的情况下，要实现依法治理太空活动，首先要建立涵盖法律、行政法规和部门规章等的太空法律法规体系，为太空活动现代化治理提供基本的规则基础和基本的制度依循，保障太空活动领域的“善治”。

全面推进依法治理太空活动，在太空活动领域实现“良法善治”，需要具备完备的太空法律法规体系、高效的太空活动法治实施体系、严密的太空活动法治监督体系和有力的太空活动法治保障体系等。本章聚焦于研究置于首位的太空法律法规体系，为后续开展其他相关体系的研究奠定基础。

4.2　国际空间法体系发展现状

4.2.1　体系简述

外层空间法与人类外空活动和航天科技的发展相生相伴。1957 年 10 月苏联发射第一颗人造卫星后，国际社会高度重视，联合国大会认为，为了保障外层空间物体的发射完全用于科学及和平的目的，应共同研究一套监督制度。此后，联合国开始组织建立国际空间法体系，经过 60 多年的发展，现行国际空间法体系已基本形成。国际空间法体系框架以联合国五大外空公约为核心，以联合国大会决议、区域性或双多边条约以及国际习惯法为补充，并辅之以有关国家和政府间国际组织的航天立法和实践。

4.2.1.1　“硬法”和“软法”视角下的国际空间法体系

总体上，国际空间法体系由“硬法”和“软法”两大部分组成，如图 4 - 1 所示。

(1) 外空“硬法”

“硬法”就是通常意义上的国际法。由于国际法可以划分为国际条约和国际习惯法两大渊源，因此，规范各国航天活动的国际法也包含条约和习惯法两部分。由于国际习惯法要求具备“物质因素”（广泛的国际实践）和“心理因素”（各国公认其对国家具有法律约束力），其形成需要足够长的时间。国际外层空间法作为国际法的一个新分支，其历史还不够久远，很难明确肯定这一领域存在着公认的国际习惯。有鉴于此，国际条约是规范各国航天活动的国际法的主要渊源，即表现形式。

从国际条约角度看，目前规范各国航天活动的国际条约主要包括：联合国制定的五项外空条约，国际电信联盟（ITU）有关卫星轨道位置分配和无线电频率协调的规则，与外

① 中共中央宣传部．习近平新时代中国特色社会主义思想学习纲要．北京：学习出版社，人民出版社，2019.

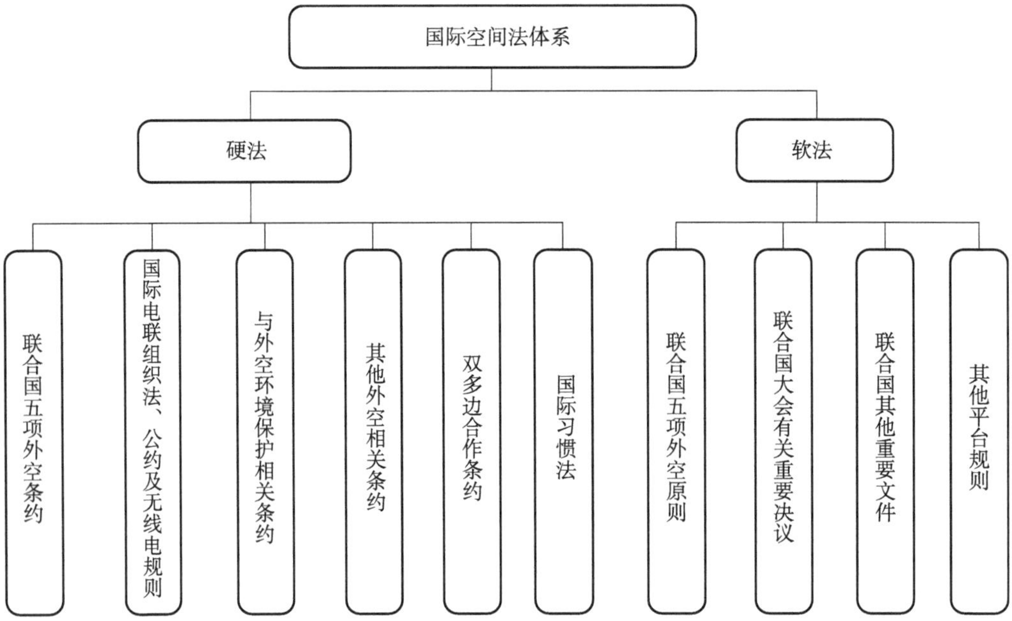

图 4－1　按照软硬法分类的国际空间法体系

空环境保护有关的多边条约，有关航天合作的双多边条约。

①联合国五项外空公约

在联合国外空委及其下属法律小组委员会的努力下，联合国大会先后通过了 1967 年《关于各国探索和利用外层空间包括月球与其他天体活动所应遵守原则的条约》（以下简称《外空条约》）、1968 年《营救宇宙航行员、送回宇宙航行员和归还发射到外层空间的物体的协定》（以下简称《营救协定》）、1972 年《空间物体所造成损害的国际责任公约》（以下简称《责任公约》）、1976 年《关于登记射入外层空间物体的公约》（以下简称《登记公约》）、1979 年《关于各国在月球和其他天体上活动的协定》（以下简称《月球协定》）。上述五项联合国外空条约构成了国际外层空间法的基本框架体系，其中，尤以 1967 年《外空条约》为核心。

1967 年《外空条约》包括序言和正文 17 条，规定了各国从事外层空间活动的基本法律原则。基本法律原则包括：共同利益原则、依照国际法自由探索和利用原则、不得据为己有原则、非军事化原则、援助航天员原则、外空物体登记原则、国家责任和赔偿原则、国际合作原则。《外空条约》是框架性条约，虽然规定了缔约国的法律义务，但缺乏具体的制度，缺乏相应的监督机构和实施细则；受到当时历史条件的限制及政治、技术、经济等各种因素的制约，它很难预知外空军事活动的发展，与规范当前外空军事化不相适应；对于争端解决问题也没有规定明确的程序和机构，缺乏详尽的规则。

1968 年《营救协定》包括序言和正文 10 条，规定了在营救航天员、送回航天员和归还发射到外层空间的物体的原则。根据该协定的规定，各国对援救航天员和送还空间物体应承担 3 项义务：宇宙飞船人员遇有紧急情况的通知；协助、援助航天员和送回航天员，其中，根据航天员的降落地区又分为“缔约国管辖区域”和“不属于任何国家管辖的区域”两种情况，做出不同规定；通知及归还空间物体。协定还对履行保护和归还空间物体或其组成部分义务所花费的费用（费用问题）和消除被保护着的空间物体可能造成的危害（消除危害问题）进行了规定。

1972 年《责任公约》包括序言和正文 28 条，规定了发射国家对其外空物体造成的损害所负责任的有关原则。该公约规定了：

1）责任主体。空间物体所造成损害的责任承担者是发射国。“发射国”包括：发射或促使发射空间物体的国家，从其领土或设施发射空间物体的国家。

2）共同发射国的责任。

3）损害赔偿责任及其归责原则。

4）求偿的方式和程序。

5）提出赔偿要求的途径、期限和手段。

6）求偿委员会。

1976 年《登记公约》包括序言和正文 12 条，规定了由发射国登记其射入外层空间物体的有关原则。在该公约中对“发射国”“登记国”“外空物体”等基本概念进行了定义。公约规定了建立一个由联合国秘书长保存的总登记册，记载并公开发射国所提供的空间物体的情报。公约对登记国的义务做出了规定，规定了空间物体登记需提供的外空物体的信息，以及对信息更新等的要求。

1979 年《月球协定》包括序言和正文 21 条，规定了在月球和其他天体上活动应遵循的原则。其基本内容包括：规定了月球及其自然资源是全人类的共同财产，月球及其他天体的和平利用和非军事化，月球的情报，自由探索和研究，月球环境的保护，开发月球资源的国际制度，对月球上人和物的管辖和控制权。上述五项条约中的前四项条约得到了包括美国、苏联（俄罗斯）在内的绝大多数航天国家和非航天国家的批准和加入。但是，《月球协定》由于主要的空间国家都没有批准，这在一定程度上降低了协定的实际价值。

②国际电联组织法、公约及无线电规则

国际电信联盟是联合国的一个专门机构，也是联合国机构中历史最长的一个国际组织，简称“国际电联”。国际电联是主管信息通信技术事务的联合国机构。国际电联总部设于瑞士日内瓦，其包括 191 个成员国和 700 多个部门成员及部门准成员。

国际电联的职权非常广泛，依照《国际电信联盟组织法》第 1 条 11a）项的规定，国际电联有权实施无线电频谱的频带划分，无线电频率的分配，以及无线电频率指配和对地静止卫星轨道的相关轨道位置的登记，以避免不同国家无线电电台之间的有害干扰，这也是国际电联无线电通信部门（ITU－R）的核心工作。这一工作与航天活动存在着密切联系，尤其是在卫星无线电频率分配和地球静止轨道位置的分配方面。

中国早在1920年就加入了国际电联，新中国成立后，一度被非法剥夺了电联的席位。1972年中国恢复了在电联的合法席位。国际电联的成员国必须遵守电联的法规，包括《国际电信联盟组织法》《国际电信联盟公约》以及国际电联的行政规则（如《无线电规则》）等。无论是《国际电信联盟组织法》还是《国际电信联盟公约》，都多次在全权代表大会上进行过修订，中国也多次批准加入经修订的《国际电信联盟组织法》和《国际电信联盟公约》，每4年召开的全权大会都会做一些细微的调整，中国代表团均在最后文件上签字。国际电联的行政规则的生效有多种方式，《无线电规则》采取的是自动生效的方式。

《国际电信联盟组织法》第7章第44条确定了地球静止轨道利用的基本原则，该条指出：各会员应努力将所使用的频率数目和频谱宽度限制到为足以满意地开放必要业务所需的最低限度；为此，须尽早采用最新的技术发展成果。在使用无线电业务的频带时，各会员应牢记，无线电频率和对地静止卫星轨道是有限的自然资源，必须依照无线电规则的规定合理而有效率地节省使用，以使各国或国家集团可以在照顾发展中国家和某些国家的地理位置的特殊需要的同时，公平地使用无线电频率和对地静止卫星轨道。

国际电联的《无线电规则》（Radio Regulations）对我国具有约束力，目前的《中华人民共和国无线电频率划分规定》在这方面与国际电联的规定是完全一致的。

③与外空环境保护有关的多边条约

与外空环境保护有关的多边条约主要包括《禁止为军事或任何其他敌对目的的使用环境致变技术公约》《部分禁止核试验条约》和《全面禁止核试验条约》（未生效）。

《禁止为军事或任何其他敌对目的的使用环境致变技术公约》是关于防止因军事竞赛而破坏和损害人类环境的全球性国际条约。1976年12月10日订立于纽约，1978年10月5日生效。目前有75个缔约国，包括中国在内的安理会5大常任理事国均是其缔约国。公约的宗旨是，禁止在军事上或任何其他敌对行动中使用环境致变技术，以使人类免遭此种使用之危害，巩固世界和平和各国之间的相互信任。《禁止为军事或任何其他敌对目的的使用环境致变技术公约》规定：缔约国保证不在军事上或任何其他敌对行动中，将具有广泛、长期、严重后果的环境致变技术，作为破坏、危害和损害任何其他缔约国的手段；也不得协助、鼓励或诱使任何其他国家、国家集团或国际组织从事同类行动。“环境致变技术”是指通过对自然过程的蓄意操纵，改变地球（包括其生物圈、岩石圈、水圈、大气圈或外层空间）的动态、成分和结构的技术。不限制为和平目的使用这类技术，各缔约国应交换这方面科技资料。对违反本公约的行为，可向联合国安理会提出控诉，安理会必须进行调查，并将调查结果通知缔约国。

《部分禁止核试验条约》，全称《禁止在大气层、外层空间和水下进行核武器试验条约》，是一个限制核武器试验的国际条约，英文简称 PTBT。该条约禁止了除在地下外的一切核武器试验。该条约于 1963 年由苏美英三国签署生效，并向各国开放，我国未加入该条约。

《全面禁止核试验条约》是一项由全面禁止核试验条约组织（CTBTO）领导的、旨在促进全面防止核武器扩散与促进核裁军进程，从而增进国际和平与安全的条约。该条约中的全面禁止核试验，也包括禁止在外层空间进行核试验。《全面禁止核试验条约》现尚未生效。由于《全面禁止核试验条约》附件二中所列 44 国中有多个国家尚未批准该条约，不满足《全面禁止核试验条约》第 14 条中的《全面禁止核试验条约》生效条件，《全面禁止核试验条约》尚未生效。

④有关航天合作的双多边条约

有关航天合作的双多边条约很多，尤其是双边条约数量最多。根据条约仅约束缔约国的原则，只有中国参加或缔结的双多边条约才对中国具有约束力。目前，中国已与巴西、巴基斯坦和欧空局等有关国家或国际组织签署了多项有关航天合作的双边条约。

此外，美国、俄罗斯、加拿大、日本和欧盟各国在 1998 年签署的关于民用国际空间站的政府间协定，提供了一种航天重大工程项目多边合作的新模式。其中的交叉豁免、管辖权、乘员守则和知识产权保护等对我国未来运营空间站具有很大的借鉴意义。

（2）外空“软法”

“软法”是指其理念为大多数国家所接受的具有政治约束力和法律效果的软规则的总称，其表现形式多样，可以体现为联大决议，也可体现为公约草案，也可体现为某些指南、准则或报告。这些外空软法有可能随着时间的推移逐渐演变为国际习惯。外空领域的国际软法最早来源于联合国大会有关外空活动的决议。联合国大会每年几乎都会通过有关加强外空合作和防止外空军备竞赛的决议，除此之外，某些与外空有关的规则导向型的联大原则、宣言和决议也构成“软法”的一部分。一般认为，联合国主导下的某些外空宣言、原则、决议和相关工作文件构成了国际规则层面外空软法的核心。从严格的意义上讲，联大决议并不具有法律约束力，但它反映了绝大多数会员国的观点（尤其是一致通过的），具有一定的规则指向性，因此，仍具有一定的法律效果。一旦上述文件转化为条约，就出现了“软法硬化”的过程；我国如果参加或缔结了此类条约，则有义务履行条约项下的义务。近十几年来，太空领域的软法主要集中在以下几个领域：防止外空军备竞赛、外空透明度与建立信任措施、外空环境保护、外空活动长期可持续性。

①联合国五项外空原则

1963 年《各国探索和利用外层空间活动的法律原则宣言》郑重宣告了以下 9 项原则：

1）外空的探索与利用必须为全人类谋福利和利益。

2）外空及天体可由各国在平等的基础上根据国际法自由探索及利用。

3）任何国家不得对外空及天体提出主权要求，也不得以任何方式据为己有。

4）各国在探索和利用外空时应遵守国际法规定。

5）各国对本国的外空活动，不论由政府或非政府团体进行，均负有国际责任。

6）各国探索和利用外空需遵守合作与互助的原则。

7）发射国对射入空间的物体及物体内的人员保持管理、控制和所有权。

8）凡发射和促使发射物体进入外空的国家及被利用其国土或设施向外空发射物体的国家，对射入空间的物体所造成的损害负有国际责任。

9）各国应视航天员为人类派往外层空间的使节，遇其发生意外或在外国领土紧急降落时，应给予一切可能之救助。

1982 年《各国利用人造地球卫星进行国际直接电视广播所应遵守的原则》包括 10 条 15 款，主要内容包括：

1）利用卫星进行国际直接电视广播不得侵犯各国主权。

2）这类活动应促进文化和科学领域情报和知识的自由传播和相互交流，应促进所有国家和人民之间的相互了解，加强友好关系和合作，以维护国际和平与安全。

3）卫星广播活动应遵照国际法，其中包括《联合国宪章》和《外空条约》及其他有关公约和国际文书。

4）各国在利用卫星进行国际直播电视广播活动以及授权其管辖范围内的个人和实体从事这种活动方面，权利一律平等。

5）卫星广播应以国际合作为基础，并特别考虑发展中国家利用卫星进行国际直播电视广播，以加速本国发展的需要等。

6）任何可能因这些原则所包括的活动而引起的国际争端，应根据《联合国宪章》的规定，通过各方当事人所同意的、公认的和平解决争端程序来解决。

7）各国对其本身或其管辖范围内所从事的关于利用卫星进行国际直播电视广播的活动，以及对这种活动是否符合本文件所载原则，都应承担国际责任。

8）为了促进和平探索和利用外层空间方面的国际合作，凡利用或授权利用卫星进行国际直播电视广播活动的国家，应当尽量将这些活动的性质通知联合国秘书长。联合国秘书长在接到通知后，应当立即有效地转告联合国有关专门机构以及公众和国际科学界。

9）拟议设立或授权建立国际直播电视广播卫星服务的国家应将此意图通知收视国，如有任一收视国提出协商要求，应迅速与之协商。

1986 年《关于从外层空间遥感地球的原则》由 15 条原则组成，主要原则是：

1）遥感活动应为所有国家谋福利和利益，应特别考虑发展中国家的需要。

2）进行遥感活动应遵守国际法，应尊重所有国家和人民对其财富和自然资源享有完全和永久主权的原则，不得损及被遥感国的合法权利和利益。

3）应促进遥感活动方面的国际合作。

4）遥感国按照彼此同意的条件向其他有兴趣的国家提供技术援助。

5）遥感应促进保护地球自然环境及人类免受自然灾害的侵袭。

6）有关被遥感国管辖下领土的原始数据和处理过的数据一经制就，该国即得在不受歧视的基础上依照合理费用条件取得这些数据。被遥感国也得按同样基础和条件取得任何参与遥感活动的国家所拥有的关于其管辖下的领土的分析过的资料，在这方面，应特别考虑到发展中国家的需要和利益。

7）为促进和加强国际合作，尤其是照顾到发展中国家的需要，从外层空间遥感地球的国家经请求应同领土被感测的国家进行协商，以提供参与机会和促进双方由此得到的惠益。

1992 年《关于在外层空间使用核动力源的原则》包括序言和 11 项原则，主要内容如下：

1）为了减少空间放射性物质的数量和所涉及的危险，核动力源在外层空间的使用应限于用非核动力源无法合理执行的航天任务。

2）对核动力卫星拥有管辖和控制权的国家在发射前应做彻底和全面的安全评价，并公布评价结果。

3）发射载有核动力源的空间物体的任何国家在该空间物体发生故障而产生放射性物质重返地球危险时，应及时通知有关国家和联合国秘书长。

4）在接到关于载有核动力源的空间物体及其组件预计将重返地球大气层的通知以后，拥有监测和跟踪设施的国家互相合作，向联合国秘书长及有关国家提供情报，并采取必要的预防措施。

5）各国为本国在外层空间涉及使用核动力源的活动承担国际责任。

6）发射国赔偿损失的责任应包括偿还有适足依据的搜索、回收和清理工作的费用，其中包括第三方提供援助的费用。

7）由此产生的任何争端，按《联合国宪章》的规定，通过谈判或其他方式予以解决。

1996 年《关于开展探索和利用外层空间的国际合作，促进所有国家的福利和利益，并特别要考虑到发展中国家的需要的宣言》包括序言和正文 8 条，主要内容是：

1）应根据包括《联合国宪章》和《外空条约》在内的国际法的各项规定开展为和平

目的探索和利用外层空间的国际合作。

2）所有国家，特别是具有有关空间能力和正在进行探索和利用外层空间方案的国家，应当在公平和可以相互接受的基础上帮助促进和推动国际合作。

3）开展国际合作时应采取有关国家认为最有效和适当的方式，除其他外，包括政府与非政府的方式；商业与非商业的方式；全球、多边、区域或双边的方式，以及各种发展水平的国家之间的国际合作。

4）国际合作在特别顾及发展中国家需要的同时，应考虑到它们对技术援助的需要和合理有效地分配财政和技术资源。

②联合国大会有关重要决议

联合国大会有关重要决议主要包括：

1961 年《外空和平使用之国际合作》的决议包括 4 条，强调外空委在外空和平利用国际合作中的作用，特别是在空间物体登记中的作用。

2000 年《关于使用地球静止轨道的一些问题》的决议倡导在地球静止轨道的使用方面要遵照国际电联的《无线电条例》的规定，合理、有效和经济地使用轨位和频率资源，统筹兼顾发达国家和发展中国家的利益。

2004 年《适用“发射国”概念》的决议建议从事空间活动的国家在根据联合国外空条约以及其他有关的国际协定履行其国际义务时，应考虑颁布和实施国家法律，以批准和持续监督受本国管辖的非政府实体的外层空间活动；建议各国考虑根据《责任公约》就联合发射或合作方案订立协定；建议外空委会员国自愿提交资料，说明在轨道上转让航天器所有权的现行做法。

2007 年《关于加强国家和国际政府间组织登记空间物体的做法的建议》的决议强调要进一步规范空间物体登记制度。

2013 年《就有关和平探索和利用外层空间的国家立法提出的建议》的决议提出各国在颁布本国空间活动监管框架时要根据本国法，同时考虑到本国的具体需要和要求，酌情考虑的 8 个方面的要素，对各国航天立法具有示范指导的作用。

③联合国其他重要文件/进程

联合国其他重要文件/进程主要包括：

2007 年联合国大会核可的《和平利用外层空间委员会空间碎片减缓指南》。该指南明确了空间碎片的定义，即空间碎片是指地球轨道上的或重返大气层的所有不起作用的人造物体，包括其残块和组合单元。《和平利用外层空间委员会空间碎片减缓指南》将空间碎片减缓措施分为两大类：一类是近期内减少生成具有潜在危害性的空间碎片；另一类是从长远上限制此类碎片的生成。《和平利用外层空间委员会空间碎片减缓指南》第 3 节规定，会员国和国际组织应自愿采取措施确保通过空间碎片减缓做法和程序，但也明确了指南不具有国际法的法律约束力，甚至在例外情况下可以不执行个别准则或其中的某些部分。其第 4 节具体规定了空间碎片减缓的 7 个准则：限制在正常运作期间分离碎片，最大限度减少操作阶段可能发生的分裂解体，限制轨道中意外碰撞的可能性，避免故意自毁和其他有害活动，最大限度降低剩存能源导致的任务后分裂解体的可能性，限制航天器和运载火箭轨道级在任务结束后长期存在于低地球轨道区域，限制航天器和运载火箭轨道级在任务结束后对地区同步区域的长期干扰。

2009 年《外层空间核动力源应用安全框架》已获联合国外空委核可，从政府、管理和技术角度为各国开展空间核动力源安全工作提供了指南，并建议各国制定各自国内的安全框架以及相应的法规和标准，以落实本安全框架。

2019 年“外空活动长期可持续性指南”（LTS）是在空间碎片激增、空间活动日益复杂以及大型星座的出现，致使空间物体的运行受到干扰、空间物体的相互碰撞的风险不断增加，可能影响外空活动的长期可持续性的背景下，由联合国外空委主导并经过多年的磋商，于 2019 年在第 62 届外空委大会通过的一个法律文件。该文件声明，指南是自愿的，本身不具有国际法下的法律约束力，但为了加以落实而采取的任何行动都应符合国际法的适用原则和规范。

该指南目前包括 4 个部分共 21 条。第一部分，关于空间活动的政策和监管框架，包括视必要情况通过、修正并修改外层空间活动国家监管框架及其所应考虑的若干要素；确保公平、合理、有效利用卫星所用无线电频率频谱及各个轨道区域；加强空间物体登记实践。第二部分，空间业务安全，包括提供最新联系信息并分享关于空间物体和轨道事件的信息；改进空间物体轨道数据的准确度并加强空间物体轨道数据分享实践和效用；推动收集、分享和传播空间碎片监测信息；在受控飞行所有各轨道阶段期间进行交会评估；拟订发射前交会评估务实做法；分享空间天气数据和预报结果；开发空间天气模型和工具并收集减轻空间天气影响的既有实践；对空间物体的设计和操作不考虑其物理和操作特点的行为；在使用穿越外层空间的激光束光源时遵守防范措施。第三部分，国际合作、能力建设和认识，包括促进并便利开展支持外层空间活动长期可持续性的国际合作；分享外层空间活动长期可持续性的相关经验并酌情拟订有关信息交流的新程序；促进和支持能力建设；提高对空间活动的认识。第四部分，科学和技术研究与开发，包括推动并支持关于如何支持对外层空间进行可持续探索和利用的研究与开发，从长远角度研究和考虑管理空间碎片群的新措施。

《外空透明度和建立信任措施》是根据 2010 年联大第 65/68 号决议成立的联合国外空透明度和建立信任措施问题政府专家组于 2013 年完成的题为“外空透明度和建立信任措施研究”的报告（联大第 A/68/189 号文件）。2013 年第 68 届联大会议和 2014 年第 69 届联大会议均通过了关于“外层空间活动中的透明度和建立信任措施”的大会决议，决定

“将报告所载建议提交和平利用外层空间委员会、裁军审议委员会和裁军谈判会议酌情审议”“请秘书长向联合国系统所有其他相关实体和组织分发该报告，以便他们酌情协助有效执行其中所载结论和建议”。

该报告包括导言共分为九节。第一节是导言。第二节是背景概述。第三节讨论了外层空间透明度和建立信任措施的一般特征和基本原则，包括外层空间透明度和建立信任措施的内容、性质、目的和标准。第四至第八节是专家组建议就外层空间活动中的透明度和建立信任措施应当采取的具体措施，包括空间政策信息交流、外空活动信息交流和通报、风险通报、接触和访问发射场和设施、国际合作、协调机制、外联等。第九节是关于执行第四至第八节所列措施的结论和建议。该报告对于促进国际合作、维护外空安全具有积极意义。

《防止在外层空间部署武器、对外层空间物体使用或威胁使用武力条约》（PPWT）是多年来中国与俄罗斯共同向联合国提交的一份旨在通过国际条约形式，实现防止在外层空间部署武器、对外层空间物体使用或威胁使用武力目的的工作文件。主要内容是要求本条约缔约国承诺：不在外空放置任何武器；不对缔约国外空物体使用武力或以武力相威胁；不在国际合作中从事与本条约内容与宗旨不符的外空活动；不协助、不鼓励其他国家、国家集团、国际组织、政府间组织或任何非政府组织，包括在本国管辖和（或）控制下的领土上成立、登记或位于该领土上的非政府法律实体，参加与本条约内容和宗旨不符的活动。自 2002 年以来，中俄在联合国层面上持续推动该提案，但一直受到美国及其同盟国家的抵制，至今未能取得实质性进展。

《外空活动行为准则》（ICOC）是欧盟借响应联大关于外层空间活动中的透明度和建立信任措施（TCBMs）的第 61/75 号（2006）和 62/43 号（2007）决议，于 2007 年提出的制定空间活动行为准则的构想和建议。经过广泛磋商，欧盟理事会于 2008 年年底通过了《外空活动行为准则》（Code of Conduct for Outer Space Activities）的初步案文草案。草案由 5 个部分组成：序言、主要原则与目标、措施、合作机制、组织机构。2012 年 6 月，欧盟在准则标题上增加了“国际”（International）字样，并在联合国外空委会议上正式向国际社会推出《外空活动国际行为准则》草案（International Code of Conduct for Outer Space Activities，以下简称 ICOC）。由于围绕 ICOC 的制定程序和实体问题存在较大分歧，自 2016 年之后，ICOC 的谈判基本处于迟滞状态。

④其他平台下的相关规则

其他平台的规则主要包括：

机构间空间碎片协调委员会（IADC）平台下的《空间碎片减缓指南》。该文件于 2002 年发布，联合国《空间碎片减缓指南》以其为蓝本制定。IADC 作为一个机构间组织已成为防止和减缓空间碎片的重要力量，于 2002 年起草和公布了《IADC 空间碎片减缓指南》。该指南鼓励地球轨道的所有使用者在设计新的航天器和运行现行航天器的时候应考虑 4 个基本方面，即正常运行过程中碎片释放的限制、在轨碎片破裂可能的最小化、飞行任务后处理和预防在轨碰撞的发生。

国际私法统一协会组织（UNIDROIT）平台下的《关于空间资产特定问题的议定书》。该议定书由国际私法统一协会组织起草，于 2011 年 2 月在罗马举行的国际私法统一协会政府专家会议中通过。该《议定书》旨在促进和便利空间资产的国际融资，通过为债权人创设“国际利益”，设立相应的国际登记，详细规定违约救济、破产救济和优先权等问题，在空间资产买卖和租赁领域，为债权人提供了一套统一的、高标准的保护制度，促使所有权人更高效地利用空间资产，加强空间资产的国际流转，将对各国的航天产业产生深刻影响。

目前正在进行中的主要软法进程和议题如图 4－2 所示。

4.2.1.2　不同平台视角下的国际空间法体系

组织制定国际空间法的平台包括联合国、联合国专门机构、非联合国的政府间机制、非政府组织/机制、政府间其他机制等。

联合国外空委（COPUOS）是国际空间法制定的核心平台，向联合国大会四委汇报工作，外空委框架内有全球卫星导航系统国际协调委员会（ICG）、国际小行星预警网（IAWN）和空间任务咨询组（SMPAG）3 个机制。裁军委员会（DC）负责裁军相关的外空事务，向联合国大会一委汇报工作。与国际空间法相关的联合国专门机构主要包括国际电信联盟（ITU）（下设的空间频率协调组（SFCG）专门负责空间频率协调事务）、国际民航组织（ICAO）、世界气象组织（WMO）、国际原子能机构（IAEA）和全面禁止核试验条约组织（CTBTO）。非联合国框架下的政府间机制主要包括裁军大会（CD）、国际通信卫星组织（ITSO）、对地观测组织（GEO）、国际私法统一协会组织和常设仲裁庭（PCA）。非政府机制主要是空间研究委员会（COSPAR）。政府间其他机制主要是指双边航天合作机制（如中俄航天合作分委会等）以及多边航天合作机制（如国际空间站）。在这些不同的机制/平台下产生的法律规则共同构成了国际空间法体系，如图 4－3 所示。

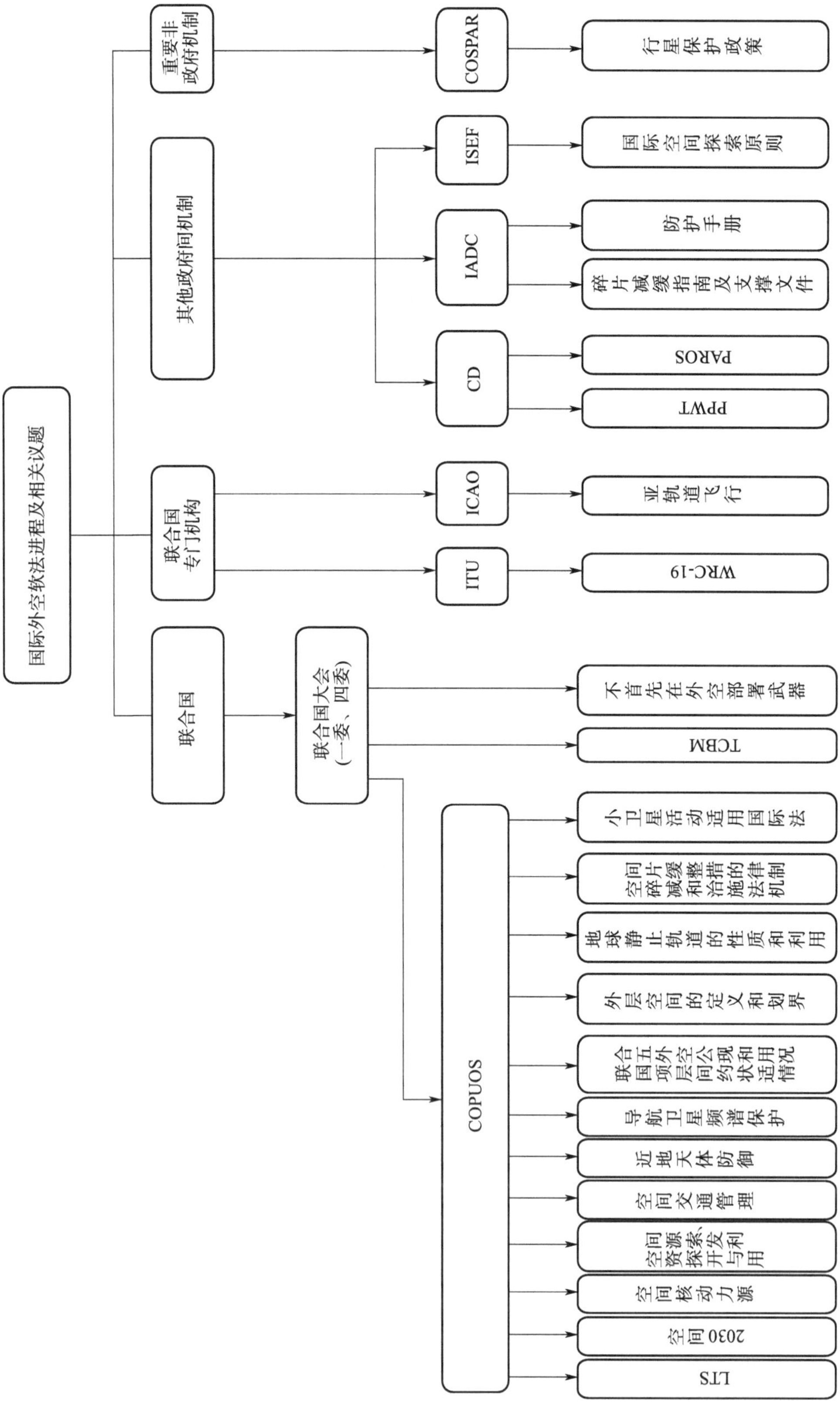

图4－2　正在进行中的主要软法进程和议题

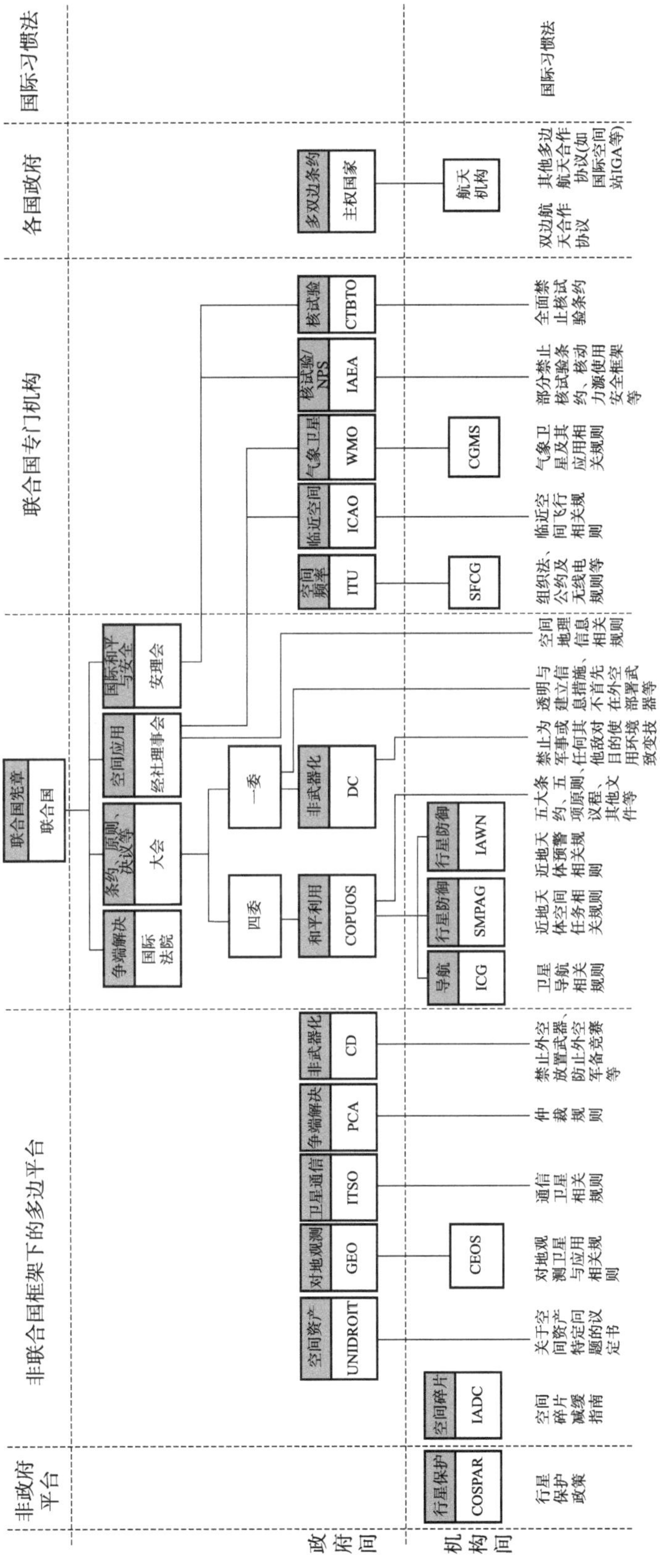

图 4－3　不同平台视角下的国际空间法体系

4.2.2 国际空间法体系的发展目标

从法律性质上讲，空间法是国际法中的部门法和特别法，既有其独特性，也具有国际法的一般特点。国际空间法的发展宗旨以维护国际社会共同利益和价值为首要，以尊重各国自身利益和价值为其次，核心是如何在两大利益和价值之间建立合理的平衡。

国际空间法的发展目标包括制度与理念两个方面。在制度方面，当今国际空间法的主导框架仍然是建立在实体法体系基础上的。国际条约和习惯国际法仍是国际社会规制太空活动的主要法律依据。《外空条约》一方面确认探索和利用外空应本着“为所有国家谋福利与利益”和应是“全人类的事情”，另一方面规定各国具有“在平等、不受歧视的基础上”进行探索和利用外空的自由以及各国对外空进行科学考察的自由（第1条)。这表明，《外空条约》不仅确认各国为所有国家整体和全人类的共同利益探索和利用外空的原则，而且也认可尊重各国平等自由探索和利用外空的权利和利益的原则。因此，维护共同利益与尊重各国自身利益是以《外空条约》为核心的外空法所保护的两条利益的主线。

4.2.2.1 第一条主线为维护共同利益，这是国际空间法的首要目标

共同利益主要包括以下5个方面的内容：

一是共有与公平分享利益。主要包括不得据为己有、公平分享和共同管理等3个核心要素。《外空条约》确认外空活动“应为所有国家谋福利与利益”，应属于“全人类的事情”(第1条)，《月球协定》进一步发展和补充了上述原则，规定月球及其自然资源是“全人类的共同财产”，并承诺在月球资源的“开发即将可行时”，为此建立月球资源的国际开发制度，让所有国家公平分享月球和其他天体及其自然资源（第11条第1款)。同时，《外空条约》确认任何国家、非国家实体和个人不得通过对外空提出主权主张，不得通过使用或占领或以任何其他方法据为己有（第2条)。《月球协定》进一步指出，月球或其自然资源均不应成为任何国家、国际组织、国家组织或非政府实体或自然人的财产(第11条)。

但在实践中，对于如何解释和适用“为所有国家谋福利与利益”“全人类的共同财产”“不得据为己有”等原则，存有不同看法。在2016年4月联合国外空委第55届法律小组会议上，围绕着美国2015年11月《商业航天发射竞争力法》有关私人实体对其获得的外空资源享有所有权的规定是否符合上述外空法原则问题，各国曾有过激烈的争论。不少国家认为，外空自由探索原则意味着私人实体在国家持续监管下有权从事外空探索和利用活动，包括开发利用外空资源，但各国（包括私人实体）在探索利用外空时应履行“为所有国家谋福利”“妥善照顾其他缔约国同等利益”等义务，不得采取“排他性”的开发利用。对于私人实体对其获得的外空资源主张所有权是否符合“不得据为己有”等原则，各方分歧也很大，俄罗斯等批评美国立法违反上述原则。2015年12月，国际空间法

学会专门就此发表《关于外空资源开采的立场文件》①，认为 1967 年《外空条约》并没有明确禁止开采外空资源。因为根据《外空条约》第 2 条规定，国际法禁止将外空（包括轨位）或天体作为“领土”据为己有。但对于是否禁止开发外空资源，该条款并未做明确规定。《外空条约》第 1 条第 2 款规定了自由探索和利用外层空间的原则，并规定各国应在平等基础上依据国际法自由探索和利用，且不得有任何歧视。但是，对于“自由利用”的权利是否包括取走并利用不可再生的自然资源，包括天体上的矿物和水资源，国际社会并未达成一致。并认为，尽管 1979 年《月球协定》对月球及其自然资源有更为明确的规定，如第 11 条第 3 款规定，“月球的表面和表面下层或其任何部分或其中的自然资源均不应成为任何国家、政府间或非政府间国际组织、国家组织或非政府实体或任何自然人的财产”；并规定，缔约国承诺，“当自然资源的开发即将可行时”，建立一项国际制度来“指导此种开采”。但该协定仅对 16 个缔约国具有法律约束力，有关条款尚未成为习惯国际法规则。该文件最后强调，该问题目前尚无定论，美国对《外空条约》第 2 条的解释能否获得其他国家的认可，在很大程度上决定了未来国际社会将如何理解“禁止据为已有”原则以及该原则的发展方向。国际社会也可以此为基础，通过国际合作来发展相关规则，协调各国在外空的自由探索和利用活动（包括资源开发利用），从而实现全人类的共同利益。上述解释是否符合《外空条约》的目的和宗旨，值得我们进一步研究。

二是维护和平与共同安全。外空是维护国际和平与安全不可或缺的领域。《联合国宪章》适用于外空（《外空条约》第 3 条），意味着《联合国宪章》规定的“维护国际和平与安全”的宗旨（第 1 条）和集体安全制度也适用于外空活动。《联合国宪章》确认维护国际和平与共同安全是联合国的首要宗旨和最高价值。特别是第 2（4）条关于禁止使用武力的规定“是国际法最重要的规范”“宣布和平是最高价值”“高于国家间的公平正义，甚至高于人权或人类其他价值②。”依据《联合国宪章》第 103 条规定的优先适用条款，国际和平与安全作为国际社会的公共利益，具有优于国际社会其他共同利益以及各国的国家利益的地位。

联合国的集体安全制度适用于外空，要求外空活动应遵循《联合国宪章》的集体安全规范和机制。联合国致力于维护的国际和平与安全是由安理会代表国际社会实施的集体安全，体现了共同安全的价值理念。共同安全理念改变了各国通过对抗性竞争谋求国家安全的“零和博弈”旧思维，成为当今国际关系和国际法的核心价值。

《外空条约》以《联合国宪章》的宗旨和原则为指导，并将共同安全的规范和理念具体化。《外空条约》重申《联合国宪章》对外空的适用性以及为维护国际和平与安全而利

---

① The International Institute of Space Law, Position Paper on Space Resources Mining, December 20, 2015, http://www.iislweb.org/docs/SpaceResourceMining.pdf.

② Louis Henkin, Internationall Law: Politics, Values and Functions (Martinus Nijhoff, 1990), p. 146.

用外空的原则（第3条），确认“为和平目的而探索和利用外空所取得的进展关系到全人类的共同利益”（序言），探索和利用外空应符合所有国家的利益，应是“全人类的事情”（第1条第1款）。并确认在外空与月球和其他天体分别实行不同的制度，规定在地球轨道、天体及外层空间禁止“放置、配置、部署任何携带核武器或任何其他类型大规模杀伤性武器的实体”（第4条第1款），而月球和其他天体必须“绝对用于和平目的”，禁止在月球和其他天体试验任何武器、进行军事演习和建立军事基地、设施及工具（第4条第2款）。因此，外空也是各国谋求共同安全的领域，虽然目前仅以最低限度的裁军和军控措施作为起点。

三是加强国际合作。《联合国宪章》将达成“国际间友好关系以及国际合作”作为联合国的宗旨。《外空条约》把加强国际合作作为条约义务，规定各国在科学调查方面的便利并鼓励国际合作（第1条第3款），要求外空活动应为维护国际和平与安全及增进国际合作与谅解而进行（第3条），要求各国对发生意外或遇难的航天员和空间物体应予以援助（第5条），要求发射国应就外空活动或试验可能产生的危险，主动或应他国请求事先与他国磋商（第9条）。同时，要求各国公开和透明，应为其他国家提供机会观察空间物体的飞行（第10条），并应在最大可能和实际可行的范围内，将外空活动的性质、进行情况、地点和结果通知联合国秘书长，并通告公众和国际科学界（第11条）。外空法如此强调广泛的国际合作义务，体现了外空领域的国际社会团结精神，这在其他国际领域（包括网络和海洋等领域）并不多见。

四是厉行法治。法治是外空治理的基本形式，也是整合国际社会利益的有效机制。《联合国宪章》为依法治理外空提供了指导原则。《外空条约》第3条进一步要求各缔约国探索和利用外空，应按照国际法包括《联合国宪章》进行。外空法始终与人类的外空活动相伴随，坚持法治是外空秩序和外空治理的要素和特色。

五是可持续发展。《外空条约》要求发射国应避免对外空造成污染以及对地球环境产生不利影响，并在必要时为此目的采取适当预防措施（第9条）。《月球协定》进一步规定，月球的探索和利用应充分注意今世与后代人类的利益以及提高生活水平与促进经济和社会进步和发展的需要（第4条第1款）。这些规定旨在促进外空可持续探索和利用，不仅使外空活动惠及当代人，而且也为后代人的利益着想，体现了外空活动长期可持续理念和“代际公平”理念。2010年，联合国外空委科技小组委员会引入“外空活动长期可持续性”（LTS）议题，并于2011年开启“外空活动长期可持续性”多边谈判进程。“外空活动长期可持续性”关乎外空活动的“科学发展”问题，受到国际社会的广泛关注。目前，“长期可持续性”已逐步发展成为规范和引领外空活动的重要政策理念，必将对外空国际立法的发展产生广泛而深刻的影响。

4.2.2.2 第二条主线为尊重各国权益，这是国际空间法的次要目标

外空法确认各国拥有依据国际法对外空进行探索和利用的权利。《外空条约》规定，外空应由各国在平等基础上并按照国际法自由探索和利用，不得有任何歧视，天体的所有地区均得自由进入（第1条第2款），对外空应有科学调查的自由（第1条第3款）。根据上述规定，各国在外空享有的权利包括自由探索和利用的权利、自由进入的权利、科学调查的自由等。此外，各国对于在外空遭受的武力攻击，还有权依据《联合国宪章》第51条行使自卫权等。

但此类权利并非绝对。根据《外空条约》，上述权利主要受到以下几方面的限制。一是确保外空活动为所有国家谋福利和共同利益（第1条第1款），二是尊重其他国家的权利和利益（第9条），三是外空活动应为维护国际和平与安全及增进国际合作与谅解而进行（第3条），四是外空活动应按照国际法包括《联合国宪章》而进行（第3条），如禁止使用武力原则、不干涉内政原则。此外，原则上还应与其他国家分享外空活动收益和成果。

在理念方面，主要指上述外空实体法背后的政策和理念，这是外空法立法与解释和适用的精髓。外空法的两条利益主线体现了6个核心价值目标，即共有与公平分享利益、维护和平与共同安全、加强国际合作、厉行法治、可持续发展、各国平等自由。其中，前五项体现了“为全人类造福”的核心理念，最后一项反映了维护本国利益的价值目标。国际法的历史与现实证明，在国际关系中实现、维护国际和平、安全、发展、合作、正义和国家合法权益，也是国际法的一般功能和价值追求。外空立法及其解释和适用的核心就是国家如何在国际共同体和全人类的共同利益与各国的国家利益之间建立合理的平衡问题，如何在不同的共同利益之间以及不同的国家利益之间建立合理的平衡问题。外空法的核心价值观将为外空立法及其解释和适用提供重要指导。

维护国际共同体利益与国家利益是外空法的规范目标和价值追求。国家利益是维系国际共同体利益的基础，是国际共同体利益存在必不可少的一部分。同时，国际共同体利益也构成各国国家利益的一部分，各国对国际共同体利益都享有权利。任何国家对外空的探索和利用，只有在造福各国和全人类、确保所有国家公平分享利益的情况下才符合外空法及其价值目标。

在各国利益与国际共同体利益之间建立合理平衡，寻求各国利益与国际共同体利益的最大公约数，扩大各方利益汇合点，实现国家利益与国际共同体利益的和谐统一，有利于实现外空法的根本目标。

4.2.3 国际空间法体系总体评价

经过60多年的发展，国际空间法已经形成了较为完善的框架体系，相应规范制度已

经延伸到国际空间活动的众多环节。从整体上来看，现有国际空间法体系主要具有以下几个特点：

4.2.3.1 多头并进，分块治理

多平台，多进程，是国际空间法体系产生与发展的一个显著特点。现有的国际空间法体系是在多个不同平台（联合国、联合国专门机构、非联合国框架下政府间机制、非政府机制等）中逐步发展起来的，当前仍有多个不同的外空法议题和进程正在磋商之中。多个不同的机构/机制参与国际空间法制定与实施，在一定程度上丰富和完善了国际空间法体系；但是，不同平台分块制定和实施国际空间法，也导致现有国际空间法体系性不足。首先，国际空间法各部分表现形式和实施途径都不尽相同，各部分之间原则的一致性、逻辑的自足性、内容的协调性还存在不足。其次，国际空间法体系中执行层面法律规则和制度发展不均衡，粗细不均。《外空条约》有些仅有原则性、框架性表述，如禁止据为己有等；有些则通过其他条约有相对明确的规则和制度，如航天员营救、空间物体登记和损害赔偿责任；还有一些通过软法固化有关最佳实践，如空间碎片、核动力源等，为各国执行公约提供了参考；在国际电联平台下，则形成了关于空间频率使用相关的较为完善的法律规则体系，为各国开展有关活动提供了很好的指导。再次，现有体系在规制交叉性的和新兴的领域（如外空资源开采、亚轨道飞行、太空旅游、巨型星座等）方面尚存在不足。这些新的问题并不能在一个平台之下得到解决，现有的条块化的多平台并进的状况并不利于这些问题的解决，需要有一个强有力的平台来统筹制定相关规则，或者是各相关平台主动协作、紧密沟通，以构建有效的协调机制来推动有关规则的制定。多平台、多进程的特点不仅体现在已有的国际空间法体系中，而且正在进行的国际空间法磋商进程也同样存在这样的问题。国际空间法体系是全球太空治理的基础和依据，多平台、多进程的特点必然导致“分块治理”，也就是不同平台根据自身获得的授权和法律规则对自己负责的领域进行治理，不同平台在治理方面的协调性和一致性不足，难免出现一定程度的重叠和遗漏。

4.2.3.2 多边共商，强国主导

现有国际空间法体系是在多边磋商的基础上达成的，在一定程度上体现了参与方的共识。国际空间法制定的核心平台——联合国外空委，一直采用协商一致的方式来进行决策，也就是所有参与方充分磋商，直到没有任何一方表示反对，国际空间法才能获得通过。其他平台尽管并不一定采用协商一致的原则，但是在磋商过程中还是较为尊重各方意见的表达，并鼓励使用协商一致的方式达成各项决定。所有利益相关国都有机会参与并表达自身的利益诉求，并在不同程度上影响着国际空间法制定。尽管如此，各航天大国，特别是美国和俄罗斯（苏联），在国际空间法制定过程中的话语权和影响力较大，在很大程度上发挥着主导性的作用。在冷战时期，苏联和美国两个超级大国主导了所有国际空间法的制定工作；目前所正在进行的外空法律进程和议题中，美国和俄罗斯两个航天强国发挥

着举足轻重的作用，这两个国家立场较为对立，它们的立场在较大程度上影响着其他国家，也直接关系到进程和议题的发展方向和进展速度。随着欧洲、日本和印度等大国的实力不断增强，这些大国也在积极寻求影响外空法律进程和议题。强国主导国际空间法制定，导致其他国家的诉求可能会受到忽视，国际空间法无法在更大程度上体现最广大国家的共识。但是，强国主导国际空间法制定，在一定程度上有利于国际社会就某些共同关心的议题尽快达成一致。

4.2.3.3　安全为先，商业不足

商业利益是推动国际空间法向前发展的重要驱动力。现有国际空间法体系适用于包括商业太空活动主体在内的所有太空活动。商业太空活动需要明确、稳定和公平的法律制度，明确的法律规范是开展商业太空活动的基本要求。除了各国制定本国的关于商业太空活动的法律规范外，跨国的、国际上的商业太空活动则需要得到国际空间法的支持。在促进商业太空活动发展方面，各国普遍持支持和鼓励的态度。为了帮助企业扫清国际空间法方面的障碍或通过国际空间法明确有关规则，各国积极通过各种渠道推动制定商业太空活动急需的法律规则。如国际电联持续地更新无线电规则，为商业太空活动使用频率提供规则保障；西方国家推动成立的海牙国际空间资源治理工作组，主要目的就是为商业化空间资源探索与利用活动提供国际法依据。在注重利用国际空间法支持商业太空活动发展的同时，各国始终将维护太空安全利益作为其参与国际空间法制定的首要任务和底线。长期以来，太空安全相关规则一直是国际空间法领域的热点话题，牵动着各国政府敏感的神经，受到各国的高度关注。国际上出现了很多太空安全相关进程/议题，如 PPWT、TCBM、防止外空军备竞赛（PAROS）、不首先在外空部署武器倡议等，受到了各国的高度关注，磋商的层级也很高。联合国就 TCBM 和 PAROS 都成立过专门的政府专家组（GGE）予以专门研究，TCBM 和不首先在外空部署武器倡议是直接在联大一委提出的倡议。此外，通过联合国外空委平台提出的国际太空行为准则（ICOC）和 LTS 指南也因为涉及太空安全而备受各方关注，各方在涉及太空安全的关键条款上对抗激烈。

4.2.3.4　软硬兼施，灵活务实

现有的国际空间法体系将硬法与软法相结合来支撑开展全球太空活动治理。外空硬法确定了太空活动的基本原则，具有法律约束力，但是硬法达成的过程较为艰难，在现有的国际环境下已很难再达成外空硬法。此外，《外空条约》文本较为原则化，精细化不够，各国较难直接依据条约文本进行落实。目前存在的大量外空软法在一定程度上构成了对硬法的解释和细化，在执行层面填补硬法留下的空白，在一定程度凝聚了各方共识。外空软法较为灵活，是在硬法难以达成情况下的一种务实的选择，但是外空软法由各国自愿执行，一般并不具备法律约束力。软硬结合也是国际法领域的普遍特点，可以预期的是，未来国际太空治理将仍走一条“软硬兼施”的道路，国际空间法体系也将软硬结合、相互补

充。硬法与软法相结合的方式在带来灵活性的同时，也在一定程度上影响了现有国际空间法体系的执行效力。外空硬法过于原则，各国的解释不太一致，给执行留下了较多的灰色地带；外空软法本身并无法律效力，各国自愿执行。此外，目前并没有明确的国际空间法的执行方式，没有建立完善的争端解决机制，国际空间法的执行效力存在欠缺。

4.2.4 国际空间法体系的缺陷与不足

4.2.4.1 当代国际外空法立法机制存在明显缺陷，容易导致立法停滞和分散化

（1）联合国外空委在机构授权上存在“先天不足”的缺陷

1958年，联合国成立了和平利用外层空间特设委员会，次年成为常设委员会。外空委的工作职责之一是“研究由探索外层空间引起的法律问题”，但这一授权并未明确肯定外空委的“立法权”，其定位仍是议事机构。外空委下设法律小组委员会和科技小组委员会，前者是推动国际外空立法的重要机构。在美苏争霸的冷战时期，出于相互制约的考虑，法律小组委员会推动制定联合国五大外空条约。但20世纪80年代随着美国逐步取得外空领域的优势地位，尤其是苏联解体和东欧剧变，导致美国在太空领域一家独大，美国在推动外空领域立法上的积极性迅速降低。而且，随着具有航天能力的国家不断增加，协调各国的外空利益日渐困难，在外空领域就共同关注的问题达成共识的难度也迅速增加。由于外空委在议事规则上采取协商一致的做法，在难以协调各国利益的情况下，达成有法律约束力的文书的难度激增。这也解释了自1979年《月球协定》通过后的40多年的时间内再未通过联合国《外空条约》的原因。

（2）其他国际组织和机构仅在其职权范围内有限涉及外空立法

除联合国外空委之外，裁军谈判会议、国际电联、机构间空间碎片协调委员会等组织和机构在其职权范围内也保留了部分国际外空法的立法权。但裁军谈判会议的工作重心不在外空军控谈判上，且多年以来在外空军控问题探讨上陷入僵局，中俄力推的PPWT陷入僵局就是最明显的例子。国际电联的主要工作是频率分配与协调，仅在卫星频率（和相关轨道，尤其是静止轨道的分配）方面与外空法有一定联系。机构间空间碎片协调委员会作为空间碎片减缓的国际专业机构，虽然对空间碎片减缓领域的软法贡献颇多，但仅涉及国际外空法的一个很狭窄的领域。

（3）部分外空法规则是特定谈判机制的附属产品

此外，在限制核试验和军备控制等领域也包含了部分外空法规则，如禁止在外空进行核试验，禁止为军事或敌对目的在外空使用环境致变技术等，但这种规则仅是相关谈判机制的附属产品。

因此，这种分散且缺乏权威性的立法机制导致相关机构和组织逐渐沦为议事场所，在航天大国之间缺少推动外空法规则的“合意”和“合力”情况下，必然会造成立法停滞

的情况。

4.2.4.2　当代外空法还存在较多模糊、空白和争议之处，导致许多外空领域的权利义务难以确定

受限于时代原因，为了尽量争取多数国家的支持，现有构成国际外空法基本框架的联合国五大外空条约还存在较多模糊、空白和争议之处。

（1）未能明确外层空间的定义与划界

比如，1967 年《外空条约》确立了各国探索和利用外层空间的基本原则。但是该条约没有给出“外层空间”的定义，也没有对空气空间和外层空间的划界问题给出答案。虽然法律小组委员会年复一年地讨论外空的定义与划界问题，但迄今也未达成一致或有明显进展。

（2）未对“和平目的”做出清晰界定

再如，《外空条约》要求各国为“和平目的”探索和利用外空，但何为“和平目的”则未做任何解释，这导致和平目的与外空军事化之间的关系变得极为复杂，还牵连到了外空自卫权的行使问题。《外空条约》第 4 条是否可以解释为可在环绕地球的轨道上部署常规武器，也是颇有争议的问题。

（3）空间物体损害赔偿制度存在不合理之处

又如，发射国需要对其发射的空间物体的损害承担赔偿责任，但对于在轨转让给他国（非发射国）的空间物体，发射国可能还需承担其赔偿责任。这种“一朝是发射国，永远是赔偿国”的制度设计是存在问题的。

（4）未对私人从事商业航天活动做出明确规定

受限于时代原因，以 1967 年《外空条约》为首的联合国五大外空条约将重心放在规制国家的外空活动方面，忽视了私人可能在外空活动尤其是商业活动中扮演重要角色的可能性，导致其条约缺乏对私人从事商业航天活动的规定。随着私人从事商业空间飞行的增多，《营救协定》是否适用于外空游客的救援存在较大争议。由于上述条约未能预见到外空资源开发情况，因此导致部分条文，如不得据为己有与外空探索利用自由之间的关系需要重新阐释。对于私人自外空开发的外空资源，能否由缔约国通过其国内法赋予其私有权利也存在巨大的争议。

4.2.4.3　当代国际外空法因存在多重缺陷，导致其执行效果欠佳

（1）“条约仅约束缔约国”导致许多外空条约适用范围有限

虽然在外空领域存在诸多国际条约，但一些条约的缔约国数量不多，其适用范围的有限性削弱了条约的效果。例如，《登记公约》的批准国仅有 69 个，《月球协定》的缔约国只有 16 个。《移动设备国际利益公约》（《开普敦公约》）虽然已经生效，但其《空间资产议定书》并未生效。

（2）大量的“外空软法”仅依赖各国的自觉自愿来实施

如果将有关联大原则、宣言、决议、专家组报告、指南、行为准则等外空软法也视为国际外空法的一部分，受限于这些文件的非法律约束性，其产生法律效果的可能性和力度取决于国家在多大程度上自觉和自愿地实施。

（3）目前国际外空法在执行上缺乏必要的监督和核查机制

目前的外空条约几乎没有规定任何的监督和核查机制，部分原因是成本和技术门槛过高，还有部分原因是部分航天大国意图监督与核查其他国家，但其自身又意图避免这种监督与核查，最终无法就监督和核查达成一致。由于缺乏有效的监督和核查机制，导致国际外空法在某些领域的实施效果令人质疑。比如，关于研制和部署外空武器的情况，关于各国执行空间碎片减缓措施的情况，关于航天活动信息通报和信息交换的情况等。

4.2.4.4 当代外空法缺乏有效的争端解决机制

（1）现有外空条约规定的争端解决机制残缺不全

目前的联合国五大外空条约中，1967 年《外空条约》规定了“磋商”制度，但语焉不详；1972 年《责任公约》设定了外交途径+索赔委员会的争端解决模式；1979 年《月球协定》规定了“磋商+调解+斡旋”等争端解决方式。具体到争端解决程序规定，则仅有 1972 年《责任公约》做了比较明确的规定，至于国际法协会提出了外空争端解决程序，则仅为学理建议。

（2）实践中解决外空争端的途径众多，但真正诉诸程序的极少

目前外空领域的争端可能通过外交途径、国际法院诉讼、国际常设仲裁法院仲裁、仲裁委员会、仲裁组织、仲裁员和其他 ADR 解决方式解决，在国家之间仲裁基于自愿性、国际法院管辖权受到限制和裁决通常仅具有建议性而无约束力的情况下，国家间外空争端的解决方式和解决效果在更大程度上取决于国家之间关系和国家实力的对比的影响，这显然对处于技术和国力弱势的发展中国家是极为不利的。

4.2.5 国际空间法体系发展方向

4.2.5.1 国际空间法体系发展进入重要机遇期

当前世界的变局百年未有，变革会催生新的机遇①。正处在“百年未有之大变局”。一方面，国际政治外交格局风云变幻，特别是发生新型冠状病毒肺炎疫情之后，各大国之间的关系将发生重大变化。这些变化所带来的影响将快速扩展至太空领域，国际空间法体系的发展将必然受到影响。另一方面，商业化和军事化将推动国际空间法体系发生变革。

① 中共中央宣传部．习近平新时代中国特色社会主义思想学习纲要．学习出版社，人民出版社，2019 年 6 月第 1 版．

自 21 世纪以来，特别是 2010 年以后，航天商业化进程发展迅速，这在很大程度上推动了越来越多的国家进入航天国家行列，越来越多的非政府实体参与到太空活动之中，太空活动主体多元化趋势明显。越来越多的国家希望在国际空间法体系中反映自身的利益诉求，欧美国家则希望在国际空间法中更加突出非政府实体的地位和作用。现有国际空间法体系需要进行较大的调整才能适应新的利益诉求。同时，美国、法国、印度和日本等纷纷建立了自身的太空军事力量，与太空军事化相关的国际空间法规则的研究层出不穷，美、俄等航天强国正在酝酿制定反卫星试验指南、太空军事利用适用的国际法手册等规则。国际空间法体系的发展面临着重要机遇期。当然，伴随机遇而来的还有挑战。

4.2.5.2　大国博弈背景下的规则制定“小圈子”倾向凸显

国际太空规则是大国必争之领域。当前，国际关系和地缘政治矛盾日益激化，少数国家通过本国立法方式公开挑战《外空条约》既有原则，拉拢形成国际立法“小圈子”，将少数利益认同强力推荐为全球普遍执行，违背国际规则制定中的协商一致原则，损害太空能力弱小国家的长远利益。2019 年 10 月，在华盛顿召开的国际宇航大会上，美国副总统彭斯公开宣扬“与志同道合”的国家合作，公开将意识形态斗争引入太空领域。近年来美国通过空间态势感知数据共享、阿尔忒弥斯计划等不断拉拢盟友，试图基于意识形态构建自己的太空同盟，为自己在包括国际太空规则争夺等方面的国际博弈中构建优势。2020 年 5 月，美国单方面抛出《阿尔忒弥斯协定》，公开挑战《外空条约》已确定的原则，并计划在认可该协议的基础上通过双边协议的形式与其他国家开展月球探测领域的合作，并竭力拉拢盟友构建“小圈子”，试图将该协定提出的原则推广为月球探测及其他天体探测新的国际框架。美国主导的这些搞“小圈子”的逆国际化行为不利于国际空间法体系的健康发展。

4.2.5.3　“商业驱动，安全为先”推动规则制定出现新重点

基于长期安全利益考量，包括军事利用太空在内的空间安全领域仍然是规则制定的制高点，短期难有突破取得成果；而太空经济的巨大潜力将驱动国际社会有望就促进商业航天发展达成新规则，成为立法新重点。太空安全牵涉着全人类的共同命运。尽管近年来国际上保护主义和民族主义有逐步抬头的趋势，但是和平与发展仍是世界上大多数人所追求的目标。为维护战略稳定，基于长期安全利益的考量，各大国仍有很大可能在包括军事利用外空在内的空间安全领域达成新的规则。《外空条约》并没有禁止军事利用太空，这为各国在此方面形成新的国际规则提供了前提。但是，安全领域短期内尚难以取得重大进展。随着商业太空活动的兴起，各国越来越关注商业利益的维护和促进。在空间碎片、频率轨位等事关商业航天发展的方面，目前在联合国外空委和国际电联等平台已经存在相关磋商机制，各国很有可能在这些方面达成新的国际规则。

4.2.5.4 “软法化”趋势延续，国家立法将成为规则制定的参考

在国际关系和地缘政治的影响下，各国很难在太空活动领域达成新的“硬法”，“软法”成了一种现实性的选择。伴随“软法化”趋势的还有平台分散化、规则碎片化等趋势。事实上，这种趋势已经存在。应当意识到，太空“软法”是有关《外空条约》的制定和修改陷入僵局后某些国家或国家集团力图通过联合国系统或在联合国系统外推行其所认可的“最佳实践或最佳做法”的必然产物，其推进过程体现了各国为引领或影响未来太空规则而进行的激烈博弈。纵使许多外空软法规则打着“自愿遵守”的旗号，但其中大多含有积极推进其实施的条款，尤其以 LTS 为甚，一旦我国赞成其基本原则，我国事实上承担了道义上的遵守义务。在主要航天大国认可的情况下，不排除某些软法性规则最终会成为国际习惯，或改头换面成为新的条约，则其道义上的约束力就转化为国际法上的约束力。在软法化的趋势下，国家立法实践将显得更加重要，将为国际规则制定和落实提供重要参考。

4.3 国外太空法律法规发展现状

目前，世界上已经有包括美国、俄罗斯、乌克兰、法国、日本、韩国、印度、中国、澳大利亚、加拿大、印度、南非、比利时、荷兰、卢森堡、奥地利、德国、丹麦、芬兰、瑞典、挪威、意大利、西班牙、英国、巴西、阿根廷、智利、印度尼西亚、阿联酋、哈萨克斯坦、尼日利亚、菲律宾等 30 多个国家制定了有关太空活动的法律、法规或以法令的形式实施联合国有关外空条约。就其立法内容、体例来看，可将上述国家的太空法律法规划分为以下几种类型：

1）以许可、登记和损害赔偿责任为核心内容的综合性空间活动法。这种立法模式主要是欧洲国家采用。俄罗斯、南非、澳大利亚、阿联酋、韩国、印尼、印度、日本、英国等国的综合性空间活动法除上述要素外，还包含其他一些内容。

2）关于空间活动组织与监管的法律。部分国家，如法国、日本、俄罗斯、加拿大、德国、巴西、阿根廷、智利、阿联酋、英国等颁布了有关空间活动管理机构的组织法。

3）为规范空间活动的某一环节或履行条约义务制定单行法律、法规或实施法令。如俄罗斯对空间活动的许可、韩国对空间物体损害责任制定了单行法律或法规，意大利对空间物体损害责任、空间物体登记、西班牙对空间物体登记为履行联合国有关条约义务颁布了法令。

4）就空间活动所涉事项进行立法，具体根据所涉事项分为以下两种：

a）综合性事项立法，代表国家为美国。

b）特定航天事项立法，如加拿大、日本、德国的遥感系统和遥感数据立法，还有一些国家制定的卫星通信立法、导航定位系统立法（如俄罗斯）等。

4.3.1　美国

4.3.1.1　立法概况

1958 年，美国国会通过了《美国国家航空暨航天法》，将当时的所有国家航天计划一分为二，即民事和军事两部分，授权美国国防部全权负责有关军事航天活动，同时创建 NASA，统一管理非军用目的的外空探索和航天科研活动。美国的航天活动由军事航天活动、情报界航天活动、民用航天活动和商业航天活动构成。总统领导的政府决定国家航天的宏观发展方向与战略，作为立法机关的国会对政府实施监督，并通过授权和拨款等手段对国家航天的发展施加影响。除国防部和 NASA 外，还有其他政府部门在职权范围内参与美国航天活动的管理。美国政府管理航天活动的主要部门如图 4 - 4 所示。

美国是航天立法内容最多、最完备的国家。从 1958 年制定世界上第一部航天领域的国家法律至今，美国已建立起比较完善的国内航天法律体系，通过一系列的相互配套的法案来实现对国家航天活动的系统法律协调。美国以成文立法+普通法（判例法）的方式几乎覆盖了航天所涉及的所有环节和领域，为民用、商用以及军用相关的太空活动奠定了坚实的制度基础。美国航天法律体系包括 3 个层次：一是联邦法律文件，二是联邦的部或机构制定的行政规章和规则，三是地方立法。

美国具有悠久的立法编纂传统，与航天相关的法律不断被汇编进入《美国法典》各编之中。在联邦法律层面，与军事航天相关的条文主要集中在第 10 编，与民商用航天活动相关的法律主要集中在第 51 编；联邦法典第 5 编《政府机构和雇员》、第 15 编《商业贸易》、第 35 编《专利》、第 42 编《公众健康与福利》、第 47 编《无线电通信》和第 49 编《运输》也分别包含规制民商用航天活动的有关内容；第 22 编《对外关系与交流》和第 50 编《战争和国家安全》则包含了有关出口管制的内容；此外，第 18 编《犯罪与刑事诉讼程序》、第 19 编《海关》等也存在与航天相关的法律或法律条款。

2010 年 12 月 18 日，美国公法 111 - 134 法案通过，也就是《美国法典》第 51 编（以下简称第 51 编）颁布。该编名为“国家空间商业活动项目”，涵盖了之前散见在其他编中与 NASA 管理职责相关的条文。同时，第 51 编完全吸收了 1958 年《国家航空航天法》、1992 年《陆地遥感政策法》和《1998 年商业航天法》的内容，形成了系统的民商用航天法律体系。《美国法典》第 51 编共包括 7 个分编：

第一分编“概述”。第一分编只包括一章一节。这一节的内容只包括两个定义。一个是“管理局”的定义。“管理局”是指 NASA。另一个是对“局长”的定义。“局长”是指 NASA 局长。第一分编整编只包含一章一节和两个定义，为将来立法增加新的内容留下了很大的空间。这是在制定第 51 编时有意为之。将来随着美国空间立法的发展，随时可以在本分编中添加新的定义或者新的适合于添加在本分编中的任何内容。

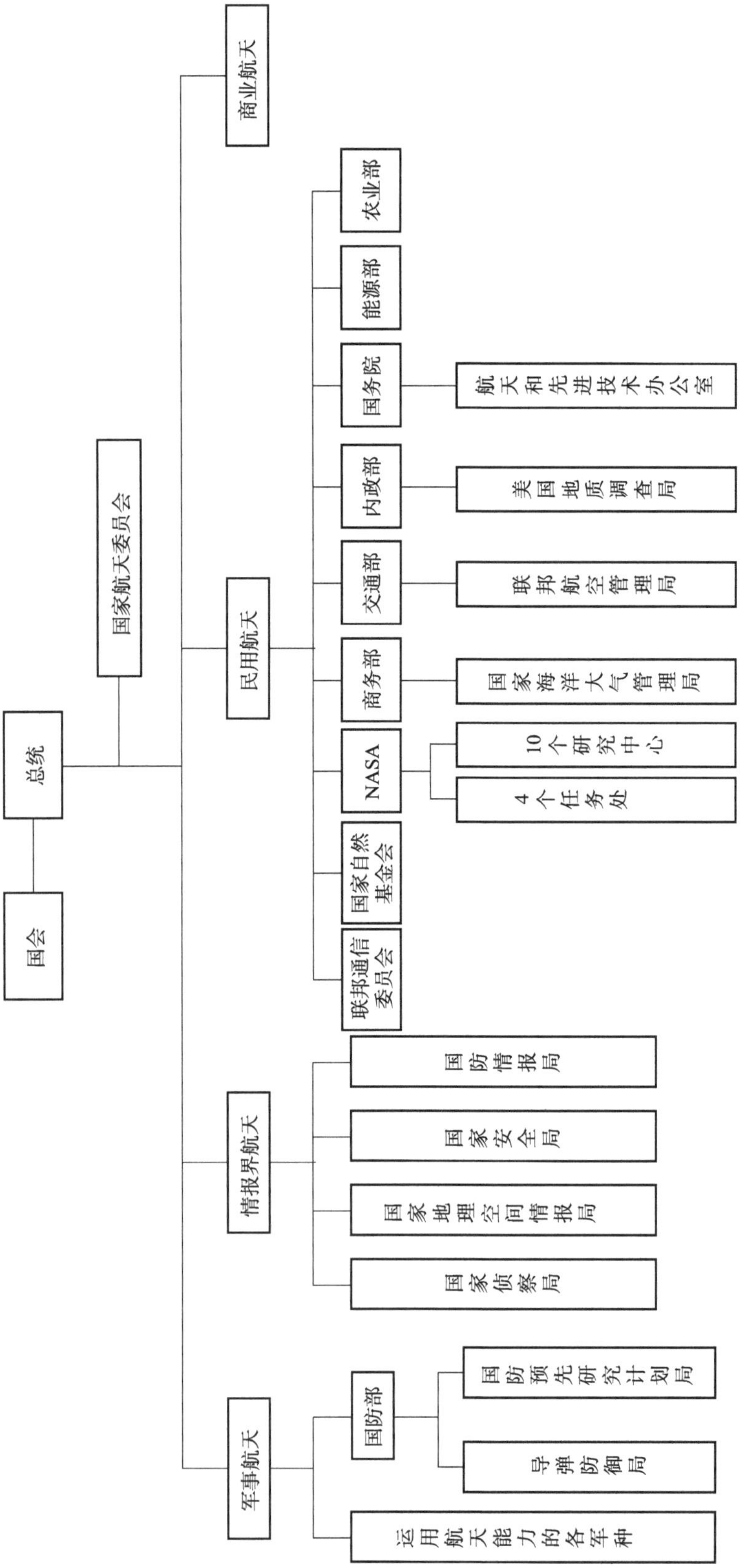

图 4－4 美国政府管理航天活动的主要部门

第二分编“项目和政策的一般规定”。第二分编包括两章。这两章确立了美国国家商业空间项目的基本法定项目和基本政策。标题为“国家航空航天项目”的第 201 章是对“1958 年国家航空航天法”的重述。“1958 年国家航空航天法”简称为“空间法”，是美国空间法的基本法。该法设立了 NASA，为美国开展国家商业航空航天活动奠定了法律基础。标题为“责任和目标”的第 203 章则是对 3 个独立的法律中选取的部分条款所做的重述。这 3 个独立的法律包括“2005 年国家航空航天局授权法”“美国竞争法”和“2008 年国家航空航天局授权法”。

第三分编“管理规定”。在过去的几十年中，美国制定了许多有关国家商业空间项目管理问题的法律规定。这些规定大多都分散在不同的法律有关管理问题的部分章节中，或者列在各 NASA 授权法中，相互独立，互不关联。但是，《美国法典》修订委员会办公室充分发挥他们的智慧和经验，非常巧妙地将这些在不同年代制定的不同的法律中的有关管理的规定进行归纳，分别写进下列八章中。第 301 章“拨款、预算和会计”，第 303 章“合同和采购”，第 305 章“管理和审查”，第 307 章“国际合作和竞争”，第 309 章“奖励”，第 311 章“安全”，第 313 章“健康”，第 315 章“其他”。上述八章不但将有关管理方面的现行法律规定囊括其中，而且为将来进一步扩充留下了充分的余地。

第四分编“航空航天研究和教育”。第四分编由五章组成。前四章是对各个 NASA 授权法的重述，而第 5 章规定了与研究和教育相关的其他规定。

第五分编“拓展商业机会的项目”。第五分编的来源包括两部分内容。一部分是对原法律的重述，另外一部分是将法典中的另一个立法编的两章内容转移到第 51 编形成的。第 501 章“空间商业”、第 503 章“空间商业运输”、第 505 章“空间商业竞争”，是对《1998 年商业空间法》《2002 年空间商业运输法》和《1993 财年国家航空航天管理授权法》的重述。第 507 章则是对《1998 年的技术管理法》第 8 节“商务部空间商业办公室”的规定和《1991 财年国家航空航天管理授权法》关于空间商业办公室活动年度报告的规定的重述。第 509 章和 511 章是从美国法典第 49 编中转移过来的。

第六分编“对地观测”。包括陆地遥感政策、遥感和地球科学等内容。

第七分编“进入太空”。包括航天飞机和替代品的利用、勘探项目、载人航天独立调查委员会、国际空间站、近地物体、发达国家为了安全利用外空的合作等内容。

《美国法典》与航天相关编章如图 4－5 所示。

4.3.1.2　立法特点

美国国家航天法律法规体系完备。其具体条文规定细致，可操作性强。从整体上来说，美国的国家航天立法具有以下主要特点：

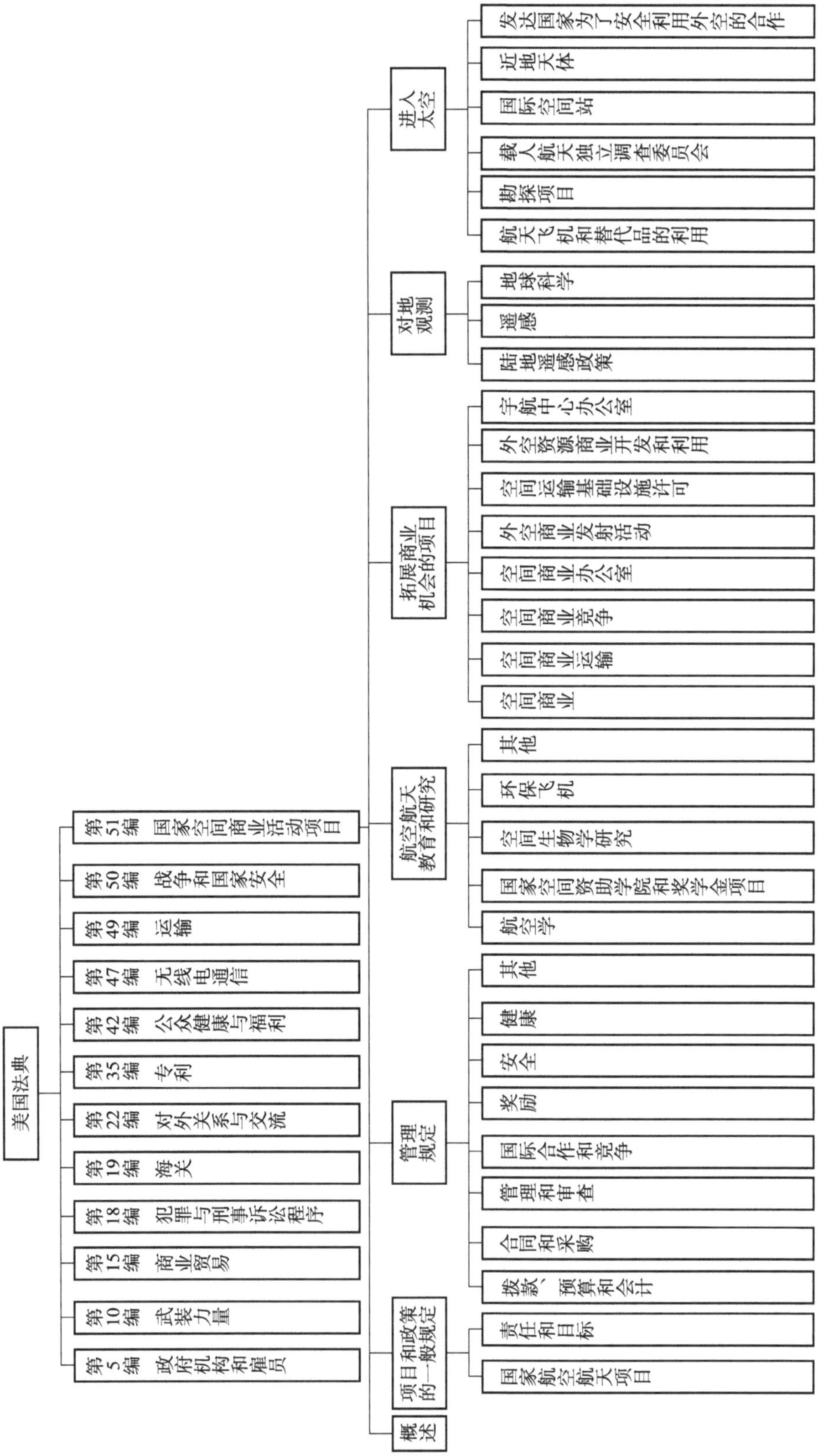

图4－5 《美国法典》与航天相关编章

（1）航天法律法规体系完备，对军民商航天活动的规范主体明确、责任清晰

美国的航天法存在着联邦法与州法之别，联邦法又可划分为联邦法律和联邦行政法规，后两者不定期地编纂至《美国联邦成文法大全》（U. S. C）和《美国联邦行政法规大全》（C. F. R）中。从覆盖的具体内容看，从航天活动的组织管理、科学研究的开展到设施使用、空间发射许可、商业空间运输、商业空间飞行、物体登记、卫星通信、GPS、遥感数据管理与分享、载人航天、事故调查、财政拨款、航天产品与技术出口管控、国际合作、军事航天等各领域、各环节全都有法可依。

（2）美国航天立法具有实用主义和分散化的特点

美国的航天立法与航天活动的开展紧密联系，有需要就立法，体现出极强的实用主义。例如，1958 年出台的《国家航空航天法》是美国在与苏联太空竞争中失利的产物。在很短的时间内，美国就通过了该法，从而在法律上为美国航天技术赶超苏联奠定了基础。同样，1962 年《卫星通信法》是伴随着通信卫星的兴起而制定的；1984 年《商业航天发射法》的出台与运载火箭的私营化紧密相关。随着美国商业航天活动的蓬勃开展，为了促进和规范本国商业航天发展，美国又先后制定了《商业航天竞争法》《商业航天法》《商业航天发射竞争法》等多部法律。伴随着实用主义而来的就是法律的分散化。美国与航天相关的法律广泛地分散在《美国法典》的各编之中。

（3）较好地平衡了立法在促进航天产业发展、鼓励技术创新和维护国家安全方面的作用

除了在立法中强调国家安全并在制度设计中确保航天相关技术、产品和信息可为国防部门获得和使用外，美国航天法中还包含大量的商业航天立法，体现了美国对商业航天业的一贯重视。由于政策和法律充分支持私人参与商业航天活动，使得以往由政府单一主导的航天活动逐步转变为私人主导的商业航天活动与政府主导的民用、军用航天活动协调发展的局面。例如，2020 年 6 月发布的《私营遥感航天系统许可条例》明确规定，未获得商务部许可的美国人不得运营遥感卫星系统，同时也强调不再将基于国家安全风险的考虑，而是根据美国或其他国家是否已经能够获得类似该遥感卫星系统生成的未精修数据来划分申请许可的等级，仅对美国独有的可获取未精修数据能力的遥感卫星系统，才增加运营许可的发放的条件。政府在对私营企业开展商业航天活动实施授权监管的同时，也最大限度地降低准入门槛，以利于本国企业在国际市场竞争中抢占商业先机。

（4）通过发布国家航天政策宣示美国立场并与法律迭代互补共同发挥作用

自艾森豪威尔和肯尼迪时期美国开始制定并发布其国家航天政策以来，几乎历届总统都会在任上发布新的航天政策。这些国家航天政策既表明了该届政府在任期内发展航天活动的总体性和方向性计划，同时也包含了对军、民、商等领域航天活动的政策引导。随之而来的则是很多政策被转化或固定为法律，从而为推行相关政策提供了法律上的保障。例

如，2018年4月，时任总统特朗普签署“第2号航天政策指令”（SPD－3），要求商务部重新制定法律扩大商业遥感的许可范围。为落实政策要求，2020年6月商务部发布了《私营遥感航天系统许可条例》，大幅取消和简化了审批条件，降低了私营遥感天基系统的准入门槛。

（5）不断完善许可制度，实现对商业航天活动的持续监管

在有关许可制度方面，美国最为全面，不仅有发射许可制度，而且有发射设施运营许可制度等，还在遥感、卫星通信、出口管控等多个领域存在许可证制度。从具体规定看，有关许可证申请人的资格、申请文件的内容与提交、审查的主要依据和考虑、许可证持有人的义务、对被许可的空间活动的持续监督和管理等方面，其规定尤为细致且灵活，在全球各国航天法中，几乎无出其右者。

4.3.2 俄罗斯

4.3.2.1 立法概况

俄罗斯的航天立法自20世纪90年代开始，其基础来自苏联时期积累的经验。由于苏联的航天发展采用计划管理和半军事化管理的方式，依靠行政指令和内部管理制度就可以实现对航天活动主体关系的调节，因此，其国家航天立法的必要性并不显著。1989年，苏联解体后，新成立的俄罗斯联邦由计划经济转向市场经济并对外开放后，其航天企业所有制向多元化变化，航天活动的持续发展迫切需要法律的支持。因此，俄罗斯迅速开展航天活动的立法工作，并于1993年颁布了规范整个联邦航天活动的综合性母法《航天活动法》。

俄联邦在航天立法方面也是采用混合模式，除1993年《空间活动法》（迄今已修订七次）作为基本法外，还颁布了多个组织法，如《俄联邦航空航天局规章》《俄联邦航天局规章》、2000年12月30日俄罗斯联邦政府《关于批准空间系统与空间群飞行试验国家委员会章程的决定》《关于注销俄罗斯航天局及启动俄罗斯航天国家集团公司的总统令》等。在空间活动的特定环节，如许可证方面，颁布了1996年《空间活动许可证条例》、2000年4月11日俄罗斯联邦政府《关于特定活动项目许可证的决定》、2006年6月30日俄罗斯联邦政府《关于批准空间活动许可证条例的决定》等；在载人飞行方面，颁布了2002年《宇宙空间站机组人员行为法》；在导航定位系统方面，颁布了2012年《导航定位活动法》。由此可见，俄联邦在立法上采取了基本法+组织法+配套法+专门法的模式。俄联邦航天立法层级也比较多，如何议会（杜马），还可依据总统令的形式制定法律，以政令形式制定行政法规，辅之以航天政策和行业规章等，也适应了俄联邦航天活动发展的现状。

《俄联邦航天活动法》于1993年8月20日由俄罗斯总统签发第5663－1号俄联邦法令颁布。该法主要包括7部分30条，简介如下：

第一部分“总则”共 4 条。其规定了航天活动的法律管理依据、航天活动的基本概念、航天活动目的、航天活动的原则。

第二部分“航天活动的组织”共 7 条。其规定了航天活动的国家领导权力和政府行政机构的职责、航天活动方面的俄联邦执行权力机构（俄罗斯航天局）的职责、航天活动方面国防领域的俄联邦执行权力机构（俄罗斯国防部）的职责、俄罗斯联邦航天计划、航天活动许可证制度、航天技术设施的检验和演示验证、航天活动问题的专家鉴定职责范围。

第三部分“航天活动经济条件”共 5 条。其规定了航天活动的资金、国家订购、航天技术的使用转让、知识产权成果的保护等。

第四部分“航天设备、航天地面基础设施”共 5 条。其规定了航天设备、航天地面基础设施、航天设备的管理特性、载人航天设备宇航员和机组人员、地面和其他空间基础设施的人员。

第五部分“航天活动安全”共 4 条。其规定了航天活动安全的保证、航天活动的灾难事故调查研究、事故的搜救与清理、航天活动的保险。

第六部分“国际合作”共 3 条。其规定了航天活动领域的国际义务、实施航天活动的外国机构与公民的法律规章、国际合作活动的法律管理规定。

第七部分“责任”共 2 条。其规定了国家及其官员、组织机构和公民的责任，实施航天活动时的损害责任。

此外，俄罗斯正积极围绕“航天对地遥感”开展《俄联邦航天活动法》的修订，界定了“航天对地遥感”及“航天对地遥感活动”的范围，明确了航天对地遥感设备以及航天对地遥感数据的所有权，并对遥感数据的分发以及非和平时期征用民用航天遥感设备等方面进行详细规定，但该部分仍处于修订阶段，尚未正式发布，形成正式的法律条款。

4.3.2.2　立法特点

俄罗斯的国家航天立法主要有以下几个特点①：

（1）俄罗斯的国家航天立法体系相对比较完整

在俄罗斯所有涉及国家航天活动的有关法律体系中主要包括以下几个层次：第一是《宪法》；第二是《俄罗斯航天活动法》；第三是俄罗斯总统令，自独立以来，俄罗斯颁布了多个涉及航天的总统令，而且都在经过长期适用后逐步上升为国家法律的形式，成为俄罗斯国家航天活动调节中的重要法律渊源；第四是俄罗斯政府令，这些政府令是在俄罗斯航天活动法的基础上，根据总统令的基本要求，按照行业和具体业务的内容分类，对俄罗斯国家的航天活动制定的政府文件；第五就是行业的有关规定和规章制度，这是俄罗斯最为复杂的空间活动规范体系。目前俄罗斯有关航天活动的各种部门规章和规定有几百个，

① 尹玉海，田炜．俄罗斯空间立法发展对我国的启示．中国航天：2004 年 7 月，pp. 23－26.

涉及国家航天活动的各个具体环节和内容，是一个传统性的规范体系。

（2）俄罗斯的国家航天立法具有非常浓厚的计划性色彩

俄罗斯是世界上最早开展航天活动的国家，也是世界上最早开展空间法研究的国家，培养了一大批以维列士金等为代表的国际知名空间法专家。但是俄罗斯的系统的国家航天立法却相对滞后。与美国相比，俄罗斯的航天立法只是到了20世纪90年代才得到国家的重视，并在1993年颁布了国家的航天活动法，落后于美国35年。长期以来，苏联都依靠计划性手段来开展太空活动。受苏联的影响，独立后的俄罗斯的航天法律体系中仍大量地存在着总统令、行政令和行业规章等形式的文件，联邦层面的法律并不多，具有较为浓厚的计划性色彩。

（3）俄罗斯的国家航天立法不稳定

立法群体的不稳定导致规范的不稳定。突出表现在，1993年通过的《俄联邦航天活动法》，在1996年就做出了原则上的修订。俄罗斯的航天相关政府令也是如此。

4.3.3 日本

日本采取了基本法+组织法+专门法的立法模式。

从日本已颁布的航天活动法律来看，主要是分散的几个单行法律，包括1968年《宇宙开发委员会设立法》（已废止）、1969年《国家宇宙开发事业团法》（已废止）、2002年《日本宇宙航空研究开发机构法》、2008年《航天基本法》、2009年《航天基本计划》、2016年《外空活动法》（2018年11月生效）和《遥感数据管理法》（2017年11月生效）。

在上述法律中，2002年《日本宇宙航空研究开发机构法》、2008年《航天基本法》属于组织法，前者规定了日本宇宙航空研究开发机构（JAXA）是日本发展航天事业的实施机构，具有独立法人地位，明确了其机构设置和权限职责。2008年《航天基本法》设立了“宇宙开发战略本部”，由日本首相和各部大臣组成，从而创设了最高的战略决策部门。2016年《外空活动法》是真正意义上的日本航天基本法，包括总则、发射许可、航天器控制许可、监督制度、监督、损害赔偿、杂项规定、罚则、附则等，涵盖了航天器从设计制造、发射、运营到返回的全部阶段。

4.3.4 其他

国际法协会下设的空间法委员会在其报告中提供了国家空间立法示范法的索非亚指南，根据该指南，国家空间立法应包含下列示范性条款：适用范围，定义/术语，空间活动的批准，许可的条件，对空间活动的监督，许可证的撤销、中止或修改，环境保护，空间碎片的减缓，空间活动/物体的转让许可，空间物体的登记，责任与向运营人追偿，保险，程序，处罚。

2013 年联大第 68/74 号决议，即“就有关和平探索和利用外层空间的国家立法提出的建议”，指出：建议各国根据本国法，同时考虑到本国的具体需要和要求，在颁布本国空间活动监管框架时酌情考虑以下要素：

1）国家监管框架所针对的空间活动的范围包括：向外层空间发射物体以及这类物体的返回、发射场地或重返场地的运作以及在轨空间物体的运行和控制，有待审议的其他问题可能包括航天器的设计和制造、空间科学与技术的应用以及探索活动和研究。

2）各国应考虑到作为发射国以及作为负责任的国家因本国外层空间活动而在联合国各项外层空间条约之下承担的义务，确定本国对在其管辖和（或）控制的领土上实施的空间活动的管辖权；同样还应对其公民和（或）在其管辖和（或）控制的领土上创建、登记或设有机构的法人在其他地方实施的空间活动进行审批并确保对其进行监督，但若有另一国家已对这类活动行使管辖权，该国应考虑不再加提雷同要求，以免造成不必要的负担。

3）空间活动应需要国家主管机关审批；对于此类主管机关及其授予、修改、暂停和取消许可的条件和程序，应在监管框架内明确规定；各国可对不同类型的空间活动使用专门的许可发放程序和（或）审批程序。

4）审批条件应与国家承担的国际义务保持一致，尤其应当与联合国各项外层空间条约所规定的义务一致，并与其他相关文书保持一致，还可以体现各国的国家安全和外交政策利益；审批条件应当有助于确定空间活动以安全的方式进行，尽量减少对人、环境或财产造成的威胁，并确定这些活动不致对其他空间活动造成有害干扰；此类条件还应与申请人的经验、专业知识和技术资格挂钩，还可包括尤其是符合和平用外层空间委员会《空间碎片缓减准则》的安全和技术指标。

5）适当的程序应当确保对得到批准的空间活动实施持续不断的监督和监测，例如可为此实行现场视察制度或适用较为宽泛的报告要求；强制机制可以酌情包括行政措施，如暂停或取消许可和（或）罚款等。

6）应当由适当的国家主管机关维护射入外层空间物体的国家登记册；一国若被视为某空间物体的发射国或因本国外层空间活动而按联合国各项外层空间条约负有责任的国家，则应要求该空间物体的运营方或所有人向该国主管机关提交相关信息，以使登记此类物体的国家能够根据适用的国际文书，包括《关于登记射入外层空间物体的公约》，并考虑到大会 1961 年 12 月 20 日第 1721B（XVI）号和 2007 年 12 月 17 日第 62/101 号决议，向联合国秘书长提交相关信息；该国还可要求就空间物体尤其是已经失灵的空间物体在主要特征上的任何变化提交相关信息。

7）各国可以考虑当空间物体的运营人或所有人按照联合国各项外层空间条约负有损害赔偿责任时如何向其索赔；国家可酌情规定保险要求和赔偿程序，以确保损害索赔得到适当偿付。

8）在轨空间物体所有权或控制权若发生转让，应确保对非政府实体的空间活动继续实施监督；国家法规可以规定对所有权转让的审批要求，或规定有义务提交在轨空间物体运营情况发生变化的相关信息。

总体而言，这两份文件集中在国家空间立法应当聚焦于空间活动的监管问题上，核心是（在明确管辖权和适用事项基础上）对空间活动进行监管，主要的监管措施是许可、监督检查、登记、索赔与追偿和处罚等。

这两份文件受到了欧洲国家立法模式的影响，因此，其空间活动的核心是围绕发射及在轨运营活动而展开的，如果其作为基本法的框架，主要可以为发射活动监管提供基本法（含部分组织法）的支持。

目前主要航天国家的航天立法基本都超越了其内容，这完全可以理解，即上述两个文件在航天立法上考虑到了所有国家，从而提供了一个适用宽泛但范围狭窄（在适用范围上空间科学、应用和研发制造等属于有待审议事项）的低标准原则性规范。

4.3.5 有关启示

4.3.5.1 切实根据我国现实基础合理选择航天立法模式

从主要航天国家航天立法的历程来看，国家航天立法是当一国航天活动发展到一定阶段，为适应发展要求，而采取法律手段规范主体行为的产物。由于各国国情和航天发展实际不同，其航天立法历程不尽相同，法律也呈现出鲜明的国家特点。从世界各国航天立法实践来看，主要的立法模式有子法集成和母法主导两种。子法集成模式以美国为代表，主要是结合相关问题的产生与出现，在各个领域内制定单独、平行的法律法规，因此，在整个法律法规体系中并不存在一部综合性的母法，但单独制定的、平行的法律法规共同构成一个完整的法律体系。母法主导模式以俄罗斯为代表，通过制定综合性的国家航天法明确航天活动的框架，随后在此法律框架下补充完善相关领域的单行立法。在进行我国航天立法时，应结合我国的法律制度建设背景和太空活动发展现实基础，综合分析太空活动管理框架、需要立法规制的问题、立法必要性及可行性等情况，合理选择立法模式。

4.3.5.2 航天立法应遵循循序渐进的原则逐步推进

纵观主要国家的航天立法进程，航天法律体系的建设并不是一蹴而就的，而是一个循序渐进的过程。各国大都是先建立规章，再出台法律，立法的层次是递进的。在航天法的发展上也表现出以下一些特点：比如，航天法规范的对象逐步从单一的规范政府实体行为向规范包括私人主体在内的多元主体行为拓展；立法领域从单一的公法向公法、私法结合扩展；立法目的也从促进航天活动发展向综合保障航天活动安全、利益和发展转变。循序渐进的原则也反映在主要国家根据航天发展情况适时修订完善航天法方面。我国太空事业的蓬勃发展决定了航天政策法规建设具有一定的紧迫性，除需制定航天母法明确我国航天活动的基本框架之外，结合我国航天当前发展实际，我国在卫星数据应用、宇航产品与技术进出口、空间碎片防护与减缓、卫星轨位与频率等管理实施方面的法律法规制定诉求也比较急迫；与此同时，为了有效实现我国与国际空间法的全面对接，在空间物体损害责任与赔偿、人员搜救与事故处理等方面的具体管理规定也亟待制定。考虑到航天母法制定程序较为复杂、制定周期较长，对于这部分需求紧、关注高的政策法规，可以同步于甚至先行于航天母法，以管理条例、部门规章的形式制定出台，在构建我国航天政策法规体系的同时及时解决我国航天管理中最为突出的问题。

4.3.5.3　应通过法律法规明确航天战略地位促进航天产业发展

维护国家利益和国家安全，保护本国航天活动的合法权益是主要国家制定航天法的重要目的之一。美、俄航天法开宗明义写明了这个目的。美国在《国家航空航天法》中，强调“为了美国的普遍利益和安全，要求对航空航天活动提供足够的保障”。俄罗斯在《航天活动法》中，强调“在俄罗斯联邦，研究和利用包括月球和其他天体在内的外层空间是至高无上的国家利益”。此外，多国政府以政策定位航天产业发展方向和空间，在法律上给予便利和支持，减少商业投资的障碍和后顾之忧，支撑和推动航天产业的构建、成型和发展。在这方面，美国最为明显，比利时、法国、英国、荷兰、澳大利亚、日本和韩国等在不同程度和范围内有此倾向。近年来，美国逐渐降低准入门槛，减少规则障碍，进行了交叉责任豁免制度、赔偿限额制度和国家担保制度等创新性的制度设计，将亚轨道载人飞行和外空资源开采等新型活动合法化，并放宽了卫星和有关技术出口条件，以改善贸易环境。我国也应通过立法来确定航天的战略地位，并为航天产业创造良好的法治营商环境。

4.3.5.4　需通过国内法明确应尽的国际空间法责任

联合国《外空条约》确定的义务大多需要国家立法专门做出规定，以便将这些国际义务转化为国内法上的义务。大多数国家在其航天立法中都突出履行国际义务的立法原则，如在俄罗斯宪法中，规定了国际法优先于国内法的原则；英国 1986 年《外层空间法》第 38 章就规定，“本法授予国务大臣以批准权和其他权力，以保证联合王国对于本国相关的人发射和运营空间物体及在外层空间进行其他活动承担国际责任”；比利时在其《空间物体发射、飞行操作与指导活动法》第 2 章“活动的许可和监督”第 4 条第 3 款明确，“活动的开展必须遵守国际法，尤其要遵守比利时参加的”。随着国际航天法律体系的不断完善，遵守国际航天法的有关规范，履行相应国际义务已经成为国际责任意识的重要体现。我国于 1980 年成为联合国外空委成员，相继加入了《外空条约》《登记公约》《营救协定》与《责任公约》等国际条约，并在随后参加签署了一系列的宣言和决议。目前，我国仅针对空间物体登记制定了相应的管理规定，在人员营救及空间物体送还、空间活动损害责任与赔偿等方面并未通过国内立法进行落实，这与我国航天大国的国际地位是极不相称的。因此，在我国航天法律法规的建设过程中，必须将国际航天法的有关规定纳入我国航天立法及政策制定的范畴之中，统筹进行考虑。

4.3.5.5 国家航天立法需要集中技术专家、管理专家和法律专家

国家航天立法是一项复杂的系统工程，在国家航天立法的编纂组织上，必须要集中技术专家、管理专家和法律专家 3 个方面的专家来参与有关法律的制定工作。只有将这 3 个方面的专家联合起来才能真正制定出全面反映本国航天事业状态，保证本国合法利益，并最终服务于人类未来发展的国家航天立法。在这个问题上，俄罗斯的国家航天立法，尤其是《俄联邦航天活动法》的编纂过程为我们提供了非常深刻的教训。尽管俄罗斯的《俄联邦航天活动法》作为国家航天活动的“宪章”起到了非常突出的作用，但是在该法的制定过程中没有全面吸收国内权威法学家的意见，因此，无论是该法律的理论基础，还是有关法律的实用性，都存在一定的局限性。尽管 1993 年出台以后在 1996 年进行了修改，但是它仍然存在着许多缺陷，受到了国内权威法学家的广泛质疑，而造成这种局面的一个重要原因就是，在法律的制定过程中没有能够集中更多的法律专家的参与，并且在最后的论证阶段也没有更充分地听取法学界的有关意见。因此，在我国的国家航天立法进程中就应该吸取教训，无论是在法律的起草、制定、论证，还是颁布的每个环节上都应该适当地集中各个方面的法律专家参与。只有这样才能保证有关立法的科学性。

4.4 我国太空法律法规建设现状

4.4.1 我国航天法治发展历程

4.4.1.1 第一阶段（1956—1998 年）：政令管制阶段

1956 年 10 月 8 日，国防部第五研究院正式成立，中国独立自主发展航天事业。航天事业建立初期，中央专委、国防工委、国防科委、国防工办等决策管理机构主要采取“一事一议”和自上而下“发号施令”的管制方式进行太空领域的重大事项决策和治理。在国际法层面，1985 年 10 月，中国政府正式宣布长征火箭进入国际商业发射服务市场，1988 年 11 月，中美签订了澳星商业发射服务合同。我国为了积极支持长征火箭进入国际市场，使中国的太空活动得到法律保障，全国人大常委会于 1988 年 11 月通过了加入《营救协定》《责任公约》和《登记公约》。此阶段我国航天事业处于创建初期，太空活动主要由国家开展且数量较少，大量的政策政令可以保障重大工程的立项实施和太空活动的顺利开展，我国航天立法基本处于空白状态。

4.4.1.2　第二阶段（1998—2012 年）：服务行政阶段

1998 年 3 月机构改革，在国务院序列成立一个属于中央政府组成部门的国防科学技术工业委员会，设立了政策法规司，表明对航天法治建设高度重视，取得了一定的立法成果。国防科学技术工业委员会 1999 年 9 月发布了《武器装备科研生产许可证管理暂行办法》，2001 年与外交部联合发布《空间物体登记管理办法》，2002 年发布了《民用航天发射项目许可证管理暂行办法》。2000 年发布了《中华人民共和国电信条例》，规定了使用无线电频率和卫星轨道资源、设立卫星空间电台和地球站进行通信的基本要求。上述条例、办法构成了我国早期太空法律法规体系的雏形，基本形成上下互动、合作协商的服务行政模式。

4.4.1.3　第三阶段（2012—）：法治航天建设阶段

经过我国航天科技界、空间法学界、全国"两会"代表委员及航天老领导持续多年的不懈努力，在国防科工局等机构的积极推动下，国家航天立法正式纳入十二届全国人大常委会五年立法规划（第 3 类），中国航天立法进程实现重大突破。2014 年 10 月，中国共产党十八届四中全会部署全面推进依法治国总体方略，中国航天立法进程迎来春天。航天法相继列入《国家安全立法规划（2014—2020 年）》以及国务院 2014—2016 年立法工作计划。2015 年，国防科工局积极协调和邀请全国人大财经委、国务院法制办，并发函商请外交部、发改委、科技部、财政部、总参谋部等 19 个部门和单位成立了航天法论证起草工作领导小组、办公室和航天法论证起草专家组，完成了《综合研究报告》和《航天法（草案）》初稿。在各有关部门的大力支持和推动下，航天法已被列入《十三届全国人大常委会立法规划》《国家安全立法规划（2018—2022 年）》，由国防科工局、中央军委装备发展部、工信部、中央军委联合参谋部牵头负责论证起草工作，并于 2019 年 4 月 12 日联合发文成立航天法论证起草工作组、顾问组、专家组和编写组，负责组织、协调、研究和起草工作。此外，《中华人民共和国无线电管理条例》于 2016 年完成了修订，专门针对卫星无线电频率和轨道资源申请使用做出详细规定。我国太空法律法规体系初步建立，中国驶入法治航天建设快车道。

4.4.2　现有航天法律法规

我国是航天大国中唯一没有航天法的国家，主要是通过制定部门规章和规范性文件对航天活动实施管理，其中包括：

4.4.2.1　建立部门规章和管理制度

为加强航天行业管理，规范航天活动，2001 年，原国防科工委联合外交部颁布了

《空间物体登记管理办法》，2002 年颁布了《民用航天发射项目许可证管理暂行办法》。2010 年，国防科工局联合财政部颁布了《民用航天科研项目管理暂行办法》，以及《空间碎片减缓与防护管理暂行办法》等。2015 年，国防科工局出台了《高分辨率对地观测系统重大专项卫星遥感数据管理暂行办法》，修订颁布了《空间碎片减缓与防护管理办法》等。2019 年 5 月 30 日，国防科工局和军委装备发展部联合发布了《关于促进商业运载火箭规范有序发展的通知》，对商业运载火箭的科研、生产、试验、发射、安全和技术管控等具体事项进行了规定。

4.4.2.2 颁布其他相关法律法规

2015 年 7 月 1 日公布施行的《国家安全法》明确指出，国家坚持和平探索和利用外层空间，增强安全进出、科学考察和开发利用的能力，加强国际合作，维护我国在外层空间活动、资产和其他利益的安全。这是我国首次在国家法律的层面涉及空间领域，为后续航天立法工作提出了明确要求。

国务院和中央军委 1997 年联合颁布的《军品出口管理条例》明确了政府部门牵头并会同军队部门对宇航产品出口审批责任和程序等。2002 年，国务院还颁布了《导弹及相关物项和技术出口管理条例》。此外，国务院和中央军委于 2008 年颁布《武器装备科研生产许可管理条例》，并于 2010 年颁布《武器装备质量管理条例》，其中涉及航天武器装备（含卫星和导弹）的生产许可管理和质量监督管理。此外，国务院有关部门在制定本行业法规中也涉及卫星应用等内容。

4.4.3 太空法律法规体系建设存在的问题

我国目前仍缺少顶层航天法，并且立法空白点较多，太空法律法规体系尚未形成，无法为航天强国建设提供有效的法治保障，远未达到“良法”的“合法性、完备性、科学性、权威性、可行性”要求和标准。当前我国太空治理法律法规体系建设存在的主要问题如下：

4.4.3.1 各方利益诉求尚未体现，合法性不足

党的十八届四中全会通过关于全面依法治国的决定，但是，我国太空领域尚没有航天法，除国家其他相关法律之外，行业法律法规体系基本处于空白的状态，严重滞后于国家整体的法治发展水平。我国于 2002 年颁布的《民用航天发射项目许可证管理暂行办法》，对空间物体在轨转让等新型航天活动以及宇航产品及技术出口等监管不足。损害赔偿制度尚未建立，太空活动中的损害赔偿问题无法可依，太空活动的法律保障需求无法满足，我国太空法律法规体系在落实全面依法治国总体要求方面存在较大差距，急需提升“合法性”。

4.4.3.2　体系空白点较多，完备性不好

太空活动形式多样，参与主体众多，涉及内容庞杂，必须以法律的形式对太空活动的各个方面、各个环节进行系统规范，运用法治思维和法治方式推进太空活动治理现代化。我国航天发展已进入全面建设、应用和发展的快车道，产业化和商业化趋势日益明显，航天法律制度建设需求迫切、供给不足的矛盾日益突出。特别是在理顺管理体制、加强航天产业、促进商业航天、推进数据共享应用、宇航产品和技术出口等领域，我国目前立法空白点较多。当前太空法律法规体系尚未建立，尚有诸多问题需要法律规制，距离体系“完备性”要求还有较大差距。

4.4.3.3　体系缺少顶层设计，科学性不强

在 2008 年以前，由于航天管理机制不够健全，加之思想认识上未达成统一，太空活动形式相对单一，太空活动主体以国家为主，制定的航天法律法规相对比较零散、呈现碎片化，体系框架设计不够科学，导致太空活动管理体制不清，职责交叉，缺乏实用性和可操作性，体系的科学性还有很大提升空间。

4.4.3.4　部门规章多，位阶不高，权威性不够

我国现有法律法规位阶不高，而太空活动涉及军地等多方利益，包含范围广，牵涉的部门也比较高，必须要位阶较高的法律来加以调整和约束，才具有更高的权威性来保证各单位、各部门遵照执行。但从目前实际情况来看，我国缺乏具有指导性意义的顶层航天法，调整太空活动的法律法规位阶普遍较低。《空间物体登记管理办法》《民用航天发射项目许可证管理暂行办法》《空间碎片减缓与防护管理办法》《关于促进商业运载火箭规范有序发展的通知》等多数属于部门规章，相比法律和法规效力位阶不高，仅限在各自的权限范围内施行。太空活动具有高投入、高风险、安全标准要求高等特点，对外需承担国家责任，没有位阶高、权威大、约束强的法律法规体系提供保障，就会造成有法不依、执法不严等诸多问题，严重阻碍了太空活动的安全、有序和可持续发展。

4.4.3.5　太空法律法规缺乏立法实践，可行性不高

部分太空法律法规理论与实践联系不够紧密，法律与技术严重脱节，问题意识不强，可操作性和可行性不强。例如，我国于 2002 年颁布了《民用航天发射项目许可证管理暂行办法》，初步建立了我国的发射许可制度，但该办法以部门规章的形式设定行政许可，层级较低；我国于 2001 年颁布了《空间物体登记管理办法》，虽然初步建立了我国的空间物体登记制度，但其中有些规定与目前的实践脱节。

4.5 面向“航天强国”的太空法律法规体系框架

4.5.1 体系建设指导思想

以习近平新时代中国特色社会主义思想为指导，全面贯彻党的十九大和十九届二中、三中、四中全会精神，认真贯彻习近平总书记全面依法治国新理念新思想新战略和关于航天的系列批示指示精神，以人类命运共同体理念为引领，围绕推进太空治理体系和治理能力现代化，紧扣航天强国建设目标，坚持科学立法、民主立法、依法立法，坚持问题导向和底线思维，加快太空法律法规体系建设，提升依法治理效能，为全面建成航天强国提供有力法治保障。

4.5.2 体系建设宗旨

4.5.2.1 坚持和平利用太空，维护我国的空间安全

和平利用外层空间是我国一贯的国策，我国始终坚持和平利用外层空间，反对外空武器化和外空军备竞赛，合理开发和利用空间资源，切实保护空间环境，使航天活动造福全人类，这一理念也应体现在太空活动法律法规体系中。从立法的角度而言，必须明确航天立法的宗旨之一便是维护国家安全，确保我国自由进入太空的权力，确保我国航天活动不受非法干扰的权力；确保我国的空间资产和地基设施不受非法攻击的权力；维护我国在外空的合法权益，确保空间资源的公平分配与利用；确保履行国际义务。

4.5.2.2 合理开发和利用太空资源，保护太空环境，确保长期可持续发展

我国将积极参与航天开发活动，包括航天科研活动和空间资源开发。为确保中国航天事业健康发展，在遵守国际电联的相关规则基础上，我国将努力争取更多的卫星轨道位置和无线电频谱分配。鉴于空间碎片的不断增多已经严重影响了人类航天活动的安全，作为一个负责任的航天大国，我国积极参加了机构间空间碎片协调委员会和联合国和平利用外层空间委员会起草空间碎片减缓指南的工作，在科技小组委员会对外空活动长期可持续性指南的起草工作中也发挥了重要作用。在未来航天法中，保护外空环境应贯穿于空间活动管理的各个环节，应对减缓空间碎片做出明确规定。

4.5.2.3 合理规划、统筹发展促进数据分享，加速航天产业化和商业化进程

我国发展航天事业的一个重要宗旨就是满足经济建设、科技发展、国家安全和社会进步等方面的需求，增强我国的综合国力。航天事业具有投入大、产出大、风险大的特点，这就要求建立和完善良好的组织管理体制和机制，合理配置资源，保障经费投入，明确参

与航天活动的各方主体的权利、义务与责任，依法促进航天产业的发展。

4.5.2.4 技术创新体制和激励机制提升航天科技水平，自主发展航天事业

航天事业的发展应尊重科学、尊重规律。从航天事业的发展实际出发，统筹兼顾和科学部署空间技术、空间应用和空间科学等各项航天活动，保持航天事业全面、协调、可持续发展。始终坚持走独立自主、自力更生的发展道路，主要依靠自身力量，根据国情和国力，自主发展航天事业。把提高自主创新能力作为航天事业发展的战略基点，强化工业基础，完善创新体系，以实施航天重大科技工程为载体，集中力量，重点突破，实现航天科技跨越发展。

4.5.3 体系建设总体目标

建成“科学完备、要素全面、结构合理、层次清晰、权威可行、运行有效”的具有中国特色的太空法律法规体系，以太空“良法”推动太空“善治”，维护国家太空安全，贡献国际太空治理的中国方案，促进航天事业可持续发展，为建成航天强国提供法治保障。

首先，要确立符合时代精神的先进的立法理念。坚持党的领导，坚持和平利用太空，坚持合理开发利用太空资源，坚持保护太空环境，激发创新和促进商业航天，确保太空长期可持续发展。

其次，要体现太空活动现代化治理自身发展的客观规律。立法者应把自己看作一个自然科学家。新时代太空法律法规体系必须客观真实地反映航天强国建设过程中，探索开发利用太空的发展规律和实际需要。

再次，要注重提高立法质量，科学立法。充分体现太空活动各参与方的意愿，构建立法与执法的互动机制，加强立法与执法的融会贯通。

4.5.4 太空法律法规体系要素

太空法律法规体系要素示意图如图 4 - 6 所示。

4.5.4.1 基本法要素

顶层问题是太空法律法规体系顶层设计阶段就需要研究确定的问题，一般在顶层航天法中予以明确。以法律的形式对立法定位、适用范围、组织机构等加以明确和规定，有利于在统一的机构框架下形成明确的分工体系，使航天活动在更多的领域发挥更广泛的作用，避免重复建设或职能重叠。立法首先要明确《航天法》和条例、规章的立法定位，明确《航天法》太空领域基本法地位。其次要明确立法目的是监管哪些活动和主体、促进哪些产业、履行哪些国际义务，确定属人管辖/属地管辖、航天活动定义、各类主体航天法律地位、指导思想、组织机构设置及分工等，最后还要明确法律与政策关系。

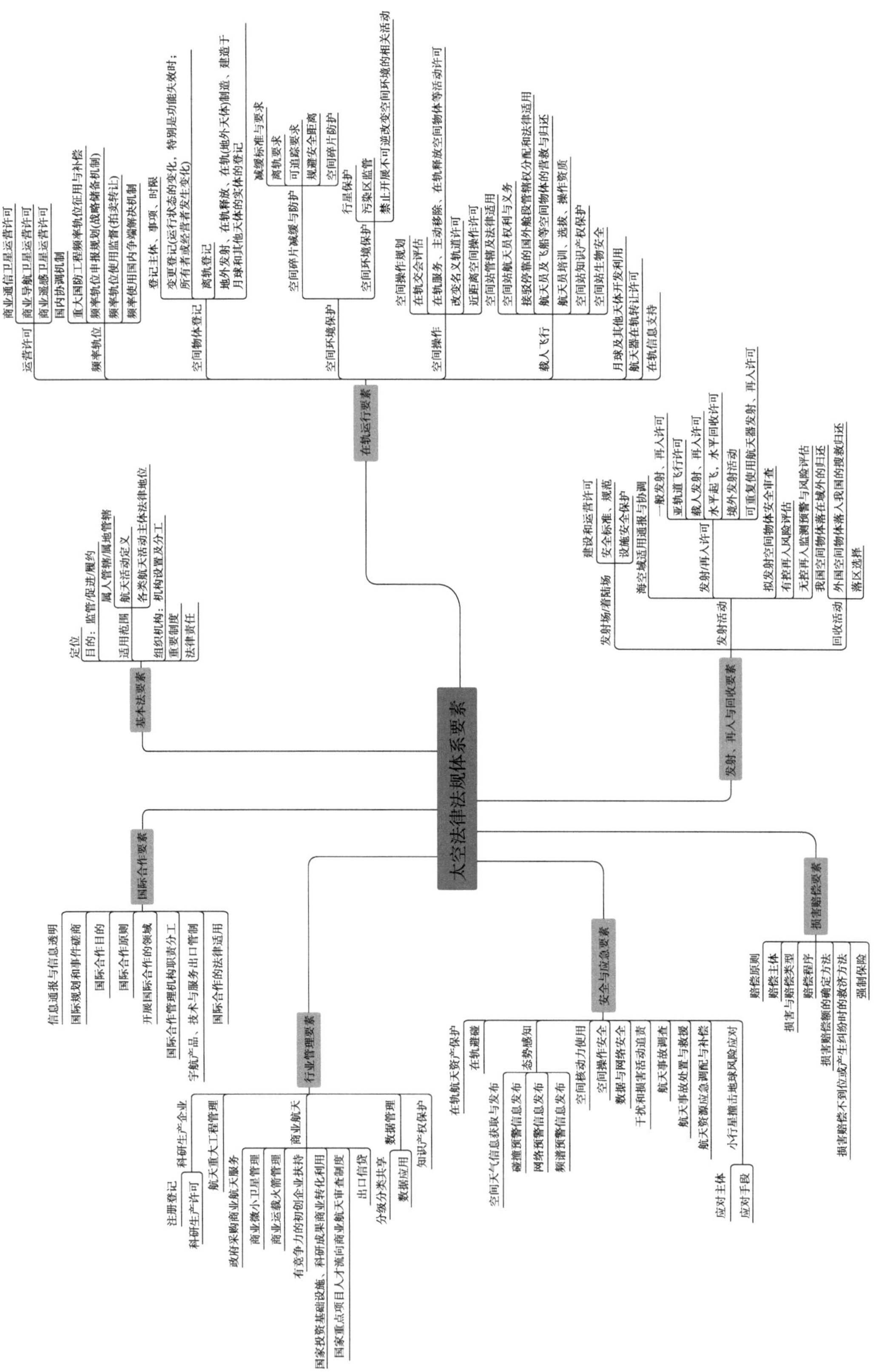

图4-6 太空法律法规体系要素示意图

4.5.4.2　发射、再入与回收要素

发射、再入与回收是进出太空的重要活动，具有风险高、流程环节复杂等特点，同时也是空间物体进入太空前的最后一道审查关口。为确保太空活动的有序发展和资源的合理配置，加强对非政府实体从事的民用和商业航天活动的管理，有必要对发射场/着陆场的建设运营和发射与回收活动的许可条件进行具体规定，确保航天发射/再入活动的安全有序。立法主要应规制 3 方面内容：一是发射场与着陆场的建设和运营许可条件、需要遵守的安全标准规范以及设施安全保护要求等；二是明确发射活动海空域的使用通报与协调要求，针对一般发射/再入、亚轨道飞行、载人航天发射再入、水平起飞和水平回收、可重复使用航天器发射再入和境外发射活动等设置许可条件，确定拟发射空间物体安全审查、有控再入风险评估和无控再入监测预警与风险评估的具体要求等；三是明确我国空间物体落在域外的归还，外国空间物体落入我国的搜索归还，以及落区选择等。

4.5.4.3　航天器在轨运行要素

航天器在轨运行活动形式多样、周期长、流程环节多，是太空法律法规体系需要规制的重点环节。立法需要对运营许可、频率轨位、空间物体登记、空间环境保护、空间操作、载人航天、月球及其他天体开发利用、在轨转让、信息服务等方面进行规制。运营许可方面，需要对商业通信、导航、遥感卫星设置运营许可条件。频率轨位方面，需要针对国内协调机制优化问题、重大国防工程频率轨位征用与补偿、频率轨位申报规划（战略储备机制）、频率轨位使用监管（拍卖转让）、频率使用国内争端解决机制等进行补充规定。空间物体登记方面，需要对现有《空间物体登记管理办法》进行修订，重点对登记主体和时限、J 星登记、重大状态变化改变时的变更登记、离轨登记、地外发射登记、在轨释放登记、在轨（地外天体）制造登记、建造于月球和其他天体的实体的登记进行规定，另外对空间物体登记与管辖权、控制权、所有权的关系等予以明确。空间环境保护方面，既要落实空间碎片减缓与防护要求，对减缓标准与要求、离轨要求、可追踪要求、规避安全距离等进行具体规定，又应对行星保护、污染区监管、禁止开展不可逆改变空间环境的相关活动等空间环境保护问题进行法律规制。空间操作方面，立法主要应规制空间操作、改变名义轨道、在轨服务、主动移除、在轨释放空间物体、在轨交会评估、近距离空间操作等非常规运行和新兴太空活动。载人航天方面，重点需要在法律层面明确空间站管辖及法律适用、空间站航天员权利与义务、接驳停靠的国外舱段管辖权分配和法律适用、航天员及飞船等空间物体的营救与归还、航天员培训/选拔/上天/操作资质、空间站知识产权保护、空间站生物安全等。月球及其他天体开发利用方面，立法主要应规制太空资源开采利用的具体流程与要求，设置相应的许可条件。在轨转让方面，应针对航天器在轨转让设置许可，对宇航产品、技术与服务出口进行管制；信息服务方面，应立法对空间天气信息、空间态势信息、碰撞预警信息的获取、评估与发布资质、渠道等进行规制。

4.5.4.4 损害赔偿要素

太空活动具有高风险性，不仅资金投入巨大，还伴随着发射失败、操作失误或无控再入引发的损害赔偿责任问题。虽然我国已经有《民法通则》《侵权责任法》等基本法律对包括空间物体损害等侵权行为的法律责任加以规制，但考虑到航天活动的复杂性和技术性，仍有必要对参与航天活动的相关方，如用户、设计方、制造方、总装方、测试方以及发射服务提供方之间的责任分配做出适当的规定。立法主要应明确赔偿原则、赔偿主体、损害与赔偿类型、赔偿程序、损害赔偿额的确定方法、损害赔偿不到位或产生纠纷时的救济方式以及强制保险等。

4.5.4.5 安全与应急要素

太空安全作为国家安全的重要组成部分，要求确保国家自由进入太空的权利，确保太空活动以安全、合法和有序的方式进行，太空资产的安全应得到有效保障。太空法律法规体系应贯彻我国倡导的太空安全理念，维护国家主权和太空安全，通过国内法律规则宣誓我国关于太空安全的原则立场，制定太空资产保护的必要措施。太空活动的安全问题贯穿科研生产、发射再入、在轨运行和地面应用等各个环节，主要在地面开展的科研生产和地面应用等活动由《国家安全法》《安全生产法》等现有法律进行规制，而在轨资产保护、在轨避碰、太空态势感知、空间核动力使用、空间操作安全、数据与网络安全、干扰和损害活动追责、航天事故处置与救援、航天资源应急调配与补偿、近地小行星撞击风险应对等需要通过太空法律法规来做具体规定。

4.5.4.6 行业管理要素

随着商业航天的兴起，越来越多的非政府实体开始从事太空活动。《外空条约》第6条规定：非政府团体在外层空间的活动，应由有关的缔约国批准，并连续加以监督。因此，有必要通过法律形式对航天进行监督管理。立法应要求从事太空活动的科研生产企业进行注册登记并取得相应的科研生产许可；对于航天重大工程应依法进行全过程管理；对于商业航天，主要针对政府采购商业航天服务、商业微小卫星管理、商业运载火箭管理、有竞争力的初创企业扶持、国家投资基础设施和科研成果商业转化利用、国家重点项目人才流向商业航天审查、出口信贷等予以法律规制，确保商业航天规范有序发展；对于数据管理，应规定分级分类共享，促进数据应用。

4.5.4.7 国际合作要素

太空活动的国际合作应以和平探测和利用外层空间，为全人类谋福利为宗旨，并遵循国际法、区域性多边条约、国家间多双边条约等规范的约束。立法主要应规制信息通报与信息透明、国际规则和事件磋商等问题，明确国际合作目的、国际合作原则、优先开展国际合作的领域、国际合作管理机构职责分工、出口管制、国际合作的法律适用等。

4. 5. 5　体系框架构想

我国航天发展既面临内在压力，也面临外在挑战。现有法律法规体系尚不足以承载航天强国建设这一历史重任，我们必须树立“法治航天”理念，充分考虑国际外空法的赋权约束和限制，参考借鉴其他航天大国的立法经验，结合我国航天治理现代化的需要，加强航天法治建设的顶层设计和体系规划，形成一个由上至下、处于不同位阶、具有不同效力，覆盖航天活动各领域、科学合理规范、内外配套衔接的航天法律法规体系，以良法促进善治。

未来中国特色的太空法律法规体系将采取母法加子法的模式，形成航天法为统领，太空活动安全管理、太空事件应急处置、航天损害赔偿、空间物体登记、航天发射/再入许可、航天器在轨操作管理、航天运营管理、载人航天管理等法律条例为主体，空间碎片减缓与防护管理办法、空间登记管理办法、卫星数据管理办法等部门规章为补充的太空法律法规体系框架。

具体来说，中国特色的太空法律法规体系可采用“1+11+N”的模式来进行构建。“1”就是处于统领地位的《航天法》。《航天法》是航天基本法，应对太空法律法规体系中的顶层问题做出明确规定，以法律的形式对立法宗旨、立法定位、适用范围、管理机制和重要制度等加以规定，在统一的框架下形成明确的分工体系，有利于太空活动在更多的领域发挥更广泛的作用，避免重复建设或职能重叠。它的主要内容应当包括明确航天管理体制、规范航天活动和促进航天产业发展，对我国航天活动的主要方面做出规定，未来《航天法》集组织法和行为法于一身。

为细化落实《航天法》，还应制定适当的条例及办法、实施细则，“11”是指《航天活动许可条例》《空间物体登记条例》《航天损害赔偿条例》《航天活动安全与应急处置条例》《卫星通信管理条例》《卫星导航管理条例》《卫星遥感管理条例》《空间探测管理条例》《航天工程管理条例》《商业航天促进条例》《宇航产品、技术与服务出口管理条例》等 11 部行政法规，分别从航天活动管理和产业促进两个方面，进一步完善《航天法》提出的各项要求。航天活动管理方面是指开展航天活动的各个环节所面临的一般性问题，包括发射、再入与回收、航天器在轨运行等，以及在安全、应急、事故条件下的一些特殊问题，包括安全与应急、损害赔偿等。促进产业发展方面是指能力建设、设施保护、技术应用、商业化和国际化所面临的问题等。

有关政府管理部门还可以根据实际工作需要制定部门规章，对《航天法》和行政条例的规定在操作层面进一步细化，即“N”。

太空法律法规体系框架如图 4 - 7 所示。

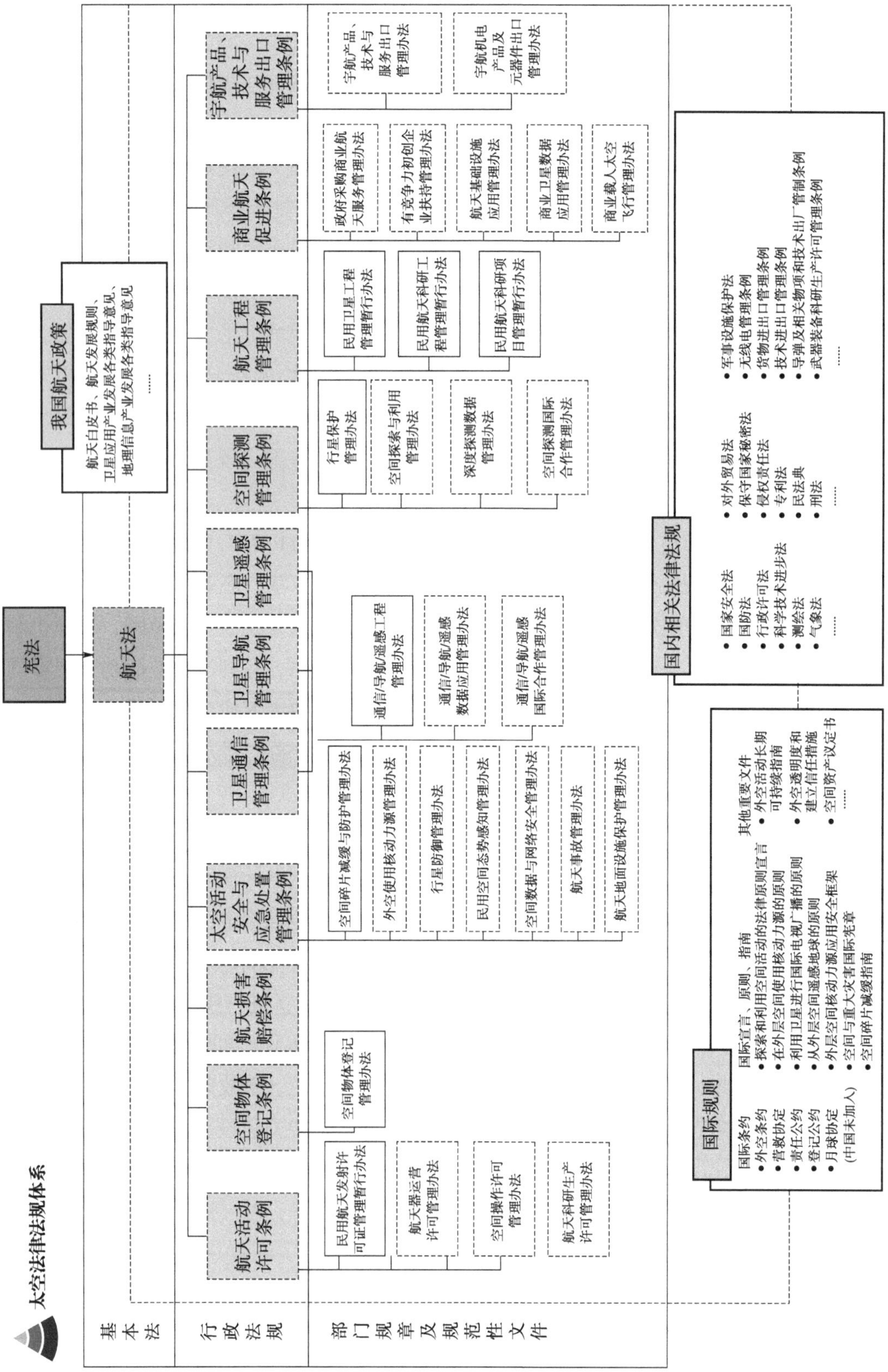

图4－7 太空法律法规体系框架

4.5.6　体系构建路径选择

充分发挥法治对改革的推动和引领作用，把法治航天建设与深化航天管理体制改革有机地结合起来，下大力气解决制约航天事业发展的体制性障碍、结构性矛盾和政策性问题，进一步加强在国家层面的统筹协调，建立健全有利于集中统管的领导决策、供需对接、资源共享体制机制，建立健全军民深度融合发展的航天法律法规体系。切实弘扬法治精神，运用法治思维和法治方式推动改革发展，同时以改革发展推动航天法治化进程，按照“分步推进，急用先行”的原则，加快推动顶层《航天法》的立法进程，为下位法制定提供顶层依据；先行制定商业航天管理、损害赔偿、数据共享、宇航产品和技术出口管制、空间核动力使用、外空生物安全等领域的法律、条例和部门规章，填平法律空白；修订《空间物体登记管理办法》《空间碎片减缓与防护管理暂行办法》《民用航天发射项目许可证管理暂行办法》，提高其法律位阶，补充针对新形势和新要求带来的新问题的法律规制，以适应新时代发展要求。

4.6　主要结论及建议

4.6.1　主要结论

4.6.1.1　各主要航天国家都在不断完善太空法律法规体系并在理念与制度上加以创新

各主要航天国家都已经建立了较为完备的太空法律法规体系，并不断更新、完善，以适应太空活动的发展。美国、俄罗斯、法国、日本、印度等主要航天国家都拥有较为完善的太空法律法规体系。这些国家还根据本国太空活动发展的实际情况创造了诸如批量审批、交叉责任豁免制度、赔偿限额制度和国家担保制度等理念和制度上的创新，对促进本国航天创新、助力产业发展起到了很好的作用。当前，国际社会面临着空间碎片、巨型星座、太空军事化等新的问题，国际空间法体系以及各国的国内法都需要加以完善和补充，并突出理念与制度上的创新，应更好地化解当前面临的挑战。

4.6.1.2　各国的太空法律法规体系核心是为了保“安全”、促“发展”，“在发展中解决发展中产生的问题”

维护国家利益和国家安全，保护本国航天活动的合法权益是主要国家制定航天法的重要目的之一。目前，美国是航天立法内容最多、最完备的国家。美国在《国家航空航天法》中强调“为了美国的普遍利益和安全，要求对航空航天活动提供足够的保障”。正是出于保障国家利益和国家安全的目的，当 1957 年苏联率先将人类的第一颗人造地球卫星送上太空后，在冷战时期美苏争霸的背景下，美国迅速出台了《1958 年航空航天法》，从而在法律上为美国航天技术赶超苏联奠定了基础；而在航天技术遥遥领先之后，美国又颁布航天出口管制法规，限制敏感航天技术转移，防止危害美国国家安全。围绕商业航天发展，美国先后制定了《卫星通信法》（1962年）、《商业航天发射法》（1984年，2004年修订）、《商业航天竞争法》（1992年）、《商业航天法》（1998年）、《商业航天运输竞争法》（2000年）、《美国商业发射竞争力法案》（2015年）等多部法律。自2018年以来，美国依据3号令，陆续出台了商务部的《通过频谱政策促进商业航天》报告等一系列配套的法律法规，构建实施空间交通管理所需要的法律环境，推进“以民掩军”，促进商业航天的发展，争夺空间资源及空间话语权。美国通过“在发展中解决发展中产生的问题”的方式很好地促进了国内太空活动的发展，为巩固美国在太空领域的全球领导力做出了贡献。

4.6.1.3 太空法律法规体系和太空治理技术是太空领域国际博弈的切入点与抓手

各国航天综合实力包括硬实力（天基、地基基础设施及其应用、支撑部分）和软实力（软环境、话语权设置及提供公共服务产品的能力）两部分。基于太空法律法规体系的太空治理能力是各国提供太空管理与服务——这一公共服务产品的能力的具体体现，因此，它是各国太空综合实力中软实力的重要组成。太空治理是未来人类突破空间环境的瓶颈制约、实现航天技术长期可持续性发展的重要保障；太空治理能力有助于国家提升在太空国际事务中的影响力和领导力，增强太空国际规则制定的话语权。因此，基于太空法律法规体系和太空治理技术的外空治理与服务的公共产品服务能力是各国软实力和话语权争夺的切入点和抓手。

4.6.1.4 太空法律法规体系已经成为我国“航天强国”建设中的短板

“航天强国”建设要求我国的航天事业必须全面协调发展，硬实力和软实力都要强，不能有所偏废。我国目前仍缺少航天母法，现有法律法规仅零星地覆盖了太空活动部分领域和环节，太空法律法规体系尚未形成，无法为“航天强国”建设提供有效的法制保障，我国尚无依法治理太空所需的“良法”，不利于实现“善治”。一方面，太空法律法规体系缺位不利于引领我国太空活动的发展，不利于构建太空活动现代化治理体系和治理能力。另一方面，太空法律法规体系缺位不利于提升国际话语权和影响力。由于我国基础薄弱，只能以被动的、应对式的工作方式参与太空国际规则制定，无法像美欧等国那样以本国已有的法律实践为依托推动形成新的国际规则。这既不利于维护我国太空利益，也不利于提升话语权和影响力。

4.6.1.5 我国宜采用母法加子法的模式构建太空法律法规体系

我国航天发展既面临内在压力，也面临外在挑战，急需加强航天法治建设的顶层设计和体系规划，形成一个由上至下、处于不同位阶、具有不同效力，覆盖航天活动各领域、科学合理规范、内外配套衔接的航天法律法规体系。我国的航天产业以国有大型企业为主体，订单主要来自政府采购，民营企业和其他社会力量构成补充。借鉴外国航天立法经验并结合我国航天发展特点，宜采取母法加子法的模式，构建以航天法为统领，覆盖航天活动全流程全领域的以法律、条例、部门规章为主体的太空法律法规体系。

4.6.2 建议

4.6.2.1 筑牢基础，构建体系

针对体系研究与建设，加快推动体系论证；创新理论研究，结合国际公域管理的概念体系，依据我国的需求，在“人类命运共同体”的理念指导下，逐步构建我国自己的太空法律理论体系和话语体系，为逐步构建我国完备的太空法律法规体系和为我国在外空全球治理中发挥更大作用提供基础性支撑，力争在月球规则构建方面有所突破；组织专职研究队伍，以专项形式开展我国太空法律法规体系框架构建，聚拢人才和研究力量；加快推动顶层《航天法》的立法进程，尽早发布实施，并以此为抓手，加快推进我国太空法律法规体系建设。

4.6.2.2 急用先行，分步实施

针对国内商业航天发展，尽快制定完善许可、空间物体登记、损害赔偿、知识产权保护、基础设施共享、出口管制等法规条例，营造稳定、透明、公平的营商环境，促进商业航天规范发展。商业航天是当前太空活动发展最迅速、最活跃的领域，如何在保障国家利益、空间安全的基础上大力促进我国商业航天的发展，是我国航天立法急需解决的问题。建议同步于甚至先行于航天母法，以管理条例或部门规章的形式尽早出台重点和急需领域的法规，为依法治理太空活动提供保障。

4.6.2.3 保持定力，破解难题

针对我国面临的国际形势，深入研究美国推动的阿尔忒弥斯、空间交通管理、空间网络安全等外空规则新动向，从我国重大工程建设需求出发，积极参与国际规则制定；提高引导制定国际规则的能力，提升我国在外空规则制定中的话语权和影响力。在国内技术发展和立法实践的基础上，识别我国具有优势的细分领域并以此为突破口，充分发挥APSCO等的作用，逐步尝试发起新的国际规则制定进程，以点带面，稳步提升我国参与太空国际规则制定的能力。

4.6.2.4 发展技术，提升能力

针对支撑技术，注重发展以目标感知、太空交通管理、大数据处理等为代表的太空治理技术，提升提供太空治理公共产品与服务的能力，为形成我国太空治理最佳行动指南、

法规等提供“硬实力”保障。太空交通管理是太空治理技术的典型代表之一，通过空间监视、天地一体化的空间交通指挥管理、碎片监测与移除、航天器规避策略等能力的集成与建设，具备对各类航天器在轨活动协调与调度能力和空间突发事件应急管理能力，为国际社会提供太空治理的公共服务产品与能力，是太空治理技术中的典型代表。通过发展太空治理技术及提供太空治理服务能力与产品，可以有力地保障我国航天法律法规的制定与实践。

第 5 章　太空活动治理中的国际合作体系

2019 年 10 月 31 日，十九届中央委员会第四次全体会议审议通过了《中共中央关于坚持和完善中国特色社会主义制度、推进国家治理体系和治理能力现代化若干重要问题的决定》（简称《决定》），国家治理体系和治理能力现代化被列为全党的一项重大战略任务。《决定》将“坚持和完善独立自主的和平外交政策，推动构建人类命运共同体”作为推进国家治理体系和治理能力现代化的重要方面。自十八大以来，习近平总书记提出的构建人类命运共同体的理念已经超越国别和议题范畴，进入“全球治理新方案”和“国际关系新准则”层面。该理念是我国太空活动现代化治理中国际合作工作的指导思想。在建设“航天强国”的征程中，我们应“为推动世界航天事业继续努力，为人类和平利用太空、推动构建人类命运共同体贡献更多中国智慧、中国方案、中国力量”。

本章以人类命运共同体理念为指导，以“航天强国”建设为出发点，结合党和国家有关重大部署，开展太空活动现代化治理中的国际合作体系研究，提出我国太空活动国际合作体系改进完善思路，进一步充实太空人类命运共同体内涵，为太空活动现代化治理体系构建提供支撑。

太空活动国际合作，是指政府实体或非政府实体之间基于相互利益的基本一致或部分一致而在太空活动领域所进行的协调行为。不同国家或地区的机构及企业间开展太空活动国际合作是全球太空活动的重要组成部分。太空活动国际合作形式是多样的，有政府间的、非政府（含企业）间的；有通过双边开展的合作，也有通过多边达成的合作。国际合作是人类太空活动发展的重要推动力，可以促进人类更好地协作实现资源的最优化配置，达到太空探索与利用的效益最大化。太空活动国际合作建立在包括《外空条约》在内的太空法律法规基础之上，这些公认的规则有利于促进人类和平利用太空、构建全球伙伴关系，也有利于推动太空活动长期可持续发展，从而对实现太空活动现代化治理具有重要且积极的作用。本章聚焦于研究如何通过开展国际合作来促进太空活动现代化治理。

5.1　对国际合作体系建设的新要求

党的十八大明确提出要倡导人类命运共同体意识，在追求本国利益时兼顾他国合理关切，在谋求本国发展中促进各国共同发展。人类只有一个地球，各国共处一个世界。当今人类社会正处于百年未有之大变局。政治多极化、经济全球化深入发展，社会信息化、文化多样化持续推进，新一轮科技革命正在孕育成长，各国相互联系、相互依存，全球命运与共、休戚相关，这些都对我国在太空活动现代化治理中构建新型国际合作体系提出了更高、更具体的要求。

5.1.1 国家治理现代化的要求

十九届四中全会《决定》提出，推动党和国家事业发展需要和平的国际环境和良好的外部条件。必须统筹国内国际两个大局，高举和平、发展、合作、共赢旗帜，坚定不移地维护国家主权、安全和发展利益，坚定不移地维护世界和平，促进共同发展。具体来说，国家治理现代化对太空活动现代化治理中的国际合作提出了以下要求：

1）健全太空活动国际合作体制机制及法制。坚持中国特色社会主义制度，全面贯彻党中央外交大政方针和战略部署，深入推进太空活动国际合作体制机制建设，加强统筹，形成大协同格局。加强太空活动国际合作法制工作，建立法务制度，加强国际法研究与运用，提高太空活动国际合作工作法治化水平。

2）积极参与全球太空治理。全球治理是国家治理在国际层面的延伸，全球治理深刻影响着国家治理，是国家治理现代化的重要外部动力。要实现太空活动治理的现代化，就必须积极参与全球太空治理。我们应高举构建外空命运共同体旗帜，推动全球太空治理机制变革，维护联合国外空委在全球太空治理中的核心地位，推动构建更加公正合理的全球太空治理体系。

3）积极发展全球太空伙伴关系。全面发展同各国的友好合作，坚持国家不分大小、强弱、贫富一律平等，推动建设新型太空国际关系，积极发展全球太空伙伴关系，维护全球太空领域战略稳定。

4）推进合作共赢的太空活动开放体系建设。坚持互利共赢的开放战略，推动提升“一带一路”国家太空能力，推动航天贸易和投资自由化、便利化，推动构建面向全球的开放型太空活动国际合作体系，同时健全太空活动对外开放安全保障体系。

5.1.2 国家总体安全观的要求

习近平总书记在2014年国家安委会第一次会议指出“要准确把握国家安全形势变化新特点、新趋势，坚持总体国家安全观”。在国家《安全法》第32条明确规定：“国家坚持和平探索和利用外层空间……增强安全进出、科学考察、开发利用的能力，加强国际合作，维护我国在外层空间……的活动、资产和其他利益的安全”。

太空作为新的战略空间，蕴涵着重大的战略利益，太空安全已成为国家安全的重要组成部分，世界主要国家均将太空安全纳入国家安全体系。太空安全是指国家安全和发展不受来自太空的威胁、开发和利用太空的权益不受侵犯、太空资产和产业不受损害。太空安全包含两方面的含义：一是指进出和探索利用太空的活动与权益不受侵犯，太空资产不受损害，人民生命财产等不受来自太空威胁的状态；二是指通过太空维护国家安全利益的能力不受阻碍的状态。广义的太空安全还包括对近地小行星的监测、告警与防御。为维护太空安全和国家总体安全，需要构建由太空活动安全、太空资产安全、太空环境安全、太空产业安全构成的协调统一的太空安全体系。太空是国际公域，太空活动的区域在国家主权范围外开展，但对所有国家都有潜在影响，因此太空安全领域的国际合作具有十分重要的意义。

进入新时代，我国面临的太空安全形势也越来越严峻，具体包括以下 4 点，一是太空军事化进程明显加速，威胁在轨航天器安全。需要我们团结全球一切和平利用空间的国家，应对太空军事化威胁。二是空间轨位与频率资源竞争激烈。需要我们加强与多边组织和有关国家的合作，既要利用好规则，也要对目前国际多边机构存在的规则漏洞予以弥补和改进。三是美国等航天强国积极构建国际空间新秩序，孤立和遏制中国发展。特别是美国试图主导建立国际空间新秩序，组建以美国为首的太空同盟，限制和孤立其他国家，特别是中俄等竞争对手的发展。四是近地小行星威胁地球事件频发，给包括中国在内的所有国家的安全都构成了挑战。这就需要我们加强与友好国家的合作，利用国家已有太空活动设施和能力以及后续航天计划开展以我为主的国际合作，逐步赢得太空活动的主导权和领导权；此外来自太空的自然灾害风险日益增大，主要包括日益增多的空间碎片使太空活动风险越来越高，地外天体撞击对地面人员财产的现实威胁日益严峻，太空天气异常也会导致在轨航天器故障和地面通信、输电网等系统事故。需要我们秉承人类命运共同体的理念，加强在应对人类共同风险领域的国际合作；目前，我国航天工业基础也面临美国等敌对势力的围堵和威胁。需要加强航天工业基础能力与俄罗斯等友好国家的合作，提升航天国产化和自主化水平，彻底规避对美国等敌对势力的依赖。

5.1.3　航天强国建设的需求

习近平总书记在 2013 年就提出了“发展航天事业，建设航天强国”的战略目标，在 2016 年指出“探索浩瀚宇宙，发展航天事业，建设航天强国，是我们不懈追求的航天梦”，2017 年，习近平总书记指出“要胸怀航天强国梦想，强化使命担当，加强技术创新和实践创造，不断刷新进军太空的中国高度”，进一步对建设航天强国提出了明确要求，指明了方向。探索浩瀚宇宙是全人类共同的追求和事业，也是中国履行大国责任和义务的重要体现。建设航天强国，必须以更加积极开放的姿态，广泛开展国际交流与合作，服务国家政治外交大局。“航天强国”建设对全球合作体系有以下几个方面的要求：

一是充分利用现有资源及能力服务国家外交战略。提升利用国家民用空间基础设施、空间站系统等在轨资源开展全球服务的能力和水平，建立服务“一带一路”倡议的空间信息走廊，帮助"一带一路"国家参与空间站开发利用；创新合作模式、应用模式与商业模式，扩大数据与应用共享效益，在空间段联合研制、地面空间研制设施建设与卫星应用、航天人才联合培养等方面开展深入合作；积极推动航天产品、地面装备与应用服务的出口，支撑"走出去"等战略。

二是逐步破除制约我国航天国际化发展的壁垒和封锁。重点围绕国家后续空间计划，如空间站、探测四期、深空探测、空间科学以及空间基础设施等，推动与俄罗斯、欧洲、东南亚及其他"一带一路"国家合作，形成以我为主、多方参与的合作格局，特别是在载人航天和空间科学领域的合作，可以迅速弥补我国在航天强国评价指数上的短板。在这一过程中，做实做强亚太空间合作组织，积极选派人员参加国际组织并担任主要职务，积极参与国际空间行为准则、航天国际标准制定，增强我国在太空活动中的国际地位、国际影响力和话语权。

三是前瞻性谋划，牵头组织、论证并实施若干具有重大影响力和广泛参与范围的航天国际合作项目，吸引其他国家参与，促进人类社会文明进步，支撑大国之间政治合作与互信，显著提升我国的国际地位，逐步彰显我国在太空活动中与航天强国地位相称的领导力，成为世界太空活动重点领域的引领者和重要规则制定的影响者。潜在的重大国际合作项目包括全球气候变化监测（结合下一代空间基础设施建设）、月球科研站大科学计划、小行星撞击风险应对等。

5.1.4 新时代外交的需求

自党的十八大以来，面对纷繁复杂的国际形势，在以习近平同志为核心的党中央的领导下，全面推进中国特色大国外交，形成全方位、多层次、立体化的外交布局，全面深入地阐述了中国梦的内涵及其世界意义，统筹国内国际两个大局、统筹发展安全两件大事的思想，以合作共赢为核心的新型国际关系理念；深入阐述了正确的国际利益观，共同、综合、合作、可持续的新安全观，公平、开放、全面、创新的发展观，倡导共商共建共享的全球治理观等系列重要观点；提出"亲诚惠容"周边外交理念、构建全球伙伴关系网络的主张；提出建设"一带一路"的重大倡议；提出建设人类命运共同体的倡议等一系列重要外交思想成果，从而形成了习近平新时代中国特色大国外交思想。

在这样的背景下，中国航天在全球范围内构建国际合作体系的过程中，应该从规划到部署实施全方位支撑新时代中国特色的大国外交战略。

通过载人航天和深空探测等重大航天工程项目合作，在高起点上为中国航天广结联盟，以此推动构建一个权利平等、机会平等、规则平等的新型国际关系。其中，有序推进构建新型大国关系始终是推动构建新型国际关系的首要问题，是重中之重。以中国航天重大工程项目为具体抓手，进一步深化中俄合作、不断升级中欧合作、同时与美国继续保持活跃的学术交流，通过务实具体的航天合作来打破大国冲突与对抗，展现构建大国关系发展新模式的中国智慧和历史担当，努力将当今世界的大国关系始终置于稳定前行、均衡发展的框架之中，以期让各国人民对世界和平发展的期待成为现实。

中国航天构建全球合作体系，要坚定维护联合国在全球治理中发挥核心作用，紧密依托联合国外空委、国际宇航联、国际空间研究委员会等具备较大国际影响力的政府间和非政府间多边合作组织，主动参与国际组织的各项工作，积极推荐各领域专家在国际组织中担任要职，熟悉并遵循国际组织的各项公约、政策和规定，依法行使权力、善意履行义务，通过国际组织来展示中国航天负责任、有担当的良好形象，不断扩大中国航天的朋友圈，与合作伙伴友好协商、共同建立国际航天的相关机制和规则，进一步助力中国成为“国际秩序的维护者”。

中国航天构建全球合作体系，还要积极呼应“全球气候变化”“空间环境安全”“行星防御”“行星保护”等全球热点议题，以“一带一路”“空间基础设施”建设合作为具体抓手来打造稳定的外交关系，通过务实的项目合作，以造福各国人民对美好生活的需要为宗旨，促进全球治理体系变革，从航天高科技的角度来助力解决国际社会多年累积的政治、安全、发展、文明和生态领域发展不平衡不充分的问题，身体力行推动构建人类命运共同体，有力支撑新时代中国特色大国外交战略。

5.2　全球太空活动合作体系现状与趋势

当今世界国际环境复杂多变，今后一段时期，随着世界大调整、大变革加速展开，国际关系中的不确定性与不稳定性明显增大。全球航天国际合作格局深刻变化、各国利益复杂交织，合作模式不断创新、合作领域快速拓展。

最早在太空活动中开展国际合作主要是在一些重大工程当中，除了在冷战的特殊时期，美苏通过开展太空合作来进行对抗之外，大多数太空活动的国际合作目的是通过合作实现预算分摊、风险分担以及成果共享。在冷战结束后一段时期内，太空活动国际合作形式比较单一，参与者限在几个经济体量较大的国家之间，美国长期占据合作的绝对主导地位，合作体系完全为迎合美国的利益而制定，包括欧洲各国、日本、加拿大等其他发达国家均属于从属地位，对于合作体系基本没有话语权。然而近 20 年来，越来越多的国家开始重视太空活动，国际合作的参与者呈现跨越式增长。一方面，随着欧洲一体化进程的加速推进，欧洲作为一个整体对太空合作的诉求发生了本质的变化，从参与者、跟随者，变成了希望能够在重大项目中主导合作，或者至少在合作中分享平等权益。另一方面，随着俄罗斯经济复苏和中国经济腾飞，特别是中国航天取得了突飞猛进的发展，中俄对太空活动的全球治理以及国际合作也提出了新的诉求，这些变化逐渐促成了太空活动国际合作体系愈发多样化。

当前国际合作体系总体上由政府间的多边合作、政府间的双边合作以及非政府间的合作所构成。多种形式的合作共同推动国际太空治理的进程。政府间多边平台有效促进国际太空治理规则制定，其中，联合国外空委已经成为太空治理规则制定最重要的磋商平台，形成了多项具有国际重大影响的国际进程。政府间双边合作在国际太空合作中占有突出地位，有效推动国家间的务实合作，在各个领域取得了丰硕的合作成果。非政府间合作为各国建立联系，树立形象，是推动航天技术发展的重要机制。

当前航天国际合作主要呈现以下特点：

1）以合作为手段，支撑国家发展战略。航天国际合作已成为世界主要航天国家促进航天发展的重要途径、提升航天竞争力的重要手段和支撑国家战略的重要组成。美国、欧洲、俄罗斯等主要航天国家和地区纷纷以国家战略需求为牵引积极开展航天国际合作，构建国际联盟、促进全球统筹资源配置、提高国际话语权、维护空间安全、拓展空间疆域，实现航天产业可持续发展。

2）加强顶层设计，构建合作战略引领。主要航天国家高度重视航天立法和政策制定，有效指导和规范政府部门、科研机构、商业企业等有序开展航天国际合作。美国在国家立法以及发布的多版国家航天政策中，均将航天国际合作作为重要原则和内容；俄罗斯的航天国家政策指出，通过航天国际合作使其列居世界航天商业市场的领先地位；德国宇航中心最新发布了《DLR 国际化战略 2030》，明确了国际化目标、措施、合作伙伴；日本将航天国际合作确立为航天活动的基本原则之一，其新版《航天基本计划》明确加强与拥有相同价值观及相同战略利益的国家合作。而加强集中统一领导、设立专项资金、培养专门人才、建立跨部门协调和资源统筹机制成为主要航天国家管理航天国际合作的主流做法。

3）实质参与者有限，个别国家谋求单边主导。航天领域实质合作的主要参与者集中在少数航天大国之间，从国际规则磋商谈判到大型合作项目的开展，美国更是强调其在国际合作中的主导地位，形成了以美国为首的西方利益集团，立足拓展空间利益，注重国家核心利益维护，主导大型国际空间合作项目的进程和走向，甚至意图单边主导国际规则的建立。

5.2.1 现有体系架构

航天领域开展国际合作从航天时代的到来就一直是一项重要原则。随着航天活动的开展，国际合作内容更为丰富，各国通过开展合作提高资源利用，降低风险，改善全球对航天活动的参与，促进航天规则体系的建立等。现有的航天国际合作体系总体上可以分为政府间的多、双边合作，以及非政府间的合作。多种形式的合作共同推动国际太空治理的进程。

5.2.1.1 政府间多边合作

当前联合国及其专门机构是规范和协调航天活动的最重要的平台。从苏联第一颗人造卫星斯普特尼克发射的一年后就成立了联合国和平利用外层空间委员会（外空委），其对空间活动进行管理。在外空委以外，多个联合国机构也以不同的方式参与太空活动。此外，还有一些非联合国政府间机构也为有效解决太空治理问题做出贡献。

（1）联合国大会

联合国大会早期通过的各项决议是太空治理的成功工具。大会设立了外空委，拟订了三项宣言、三套原则和五个国际公约，均已提交联合国大会审议通过。三项宣言为《各国探索和利用外层空间活动的法律原则宣言》（1963）、《关于开展探索和利用外层空间的国际合作，促进所有国家的福利和利益，并特别要考虑到发展中国家需要的宣言》（1996）、《空间千年：关于空间和人的发展的维也纳宣言》（1999）；三套原则为《各国利用人造地球卫星进行国际直接电视广播所应遵守的原则》（1982）、《关于从外层空间遥感地球的原则》（1986）、《关于在外层空间使用核动力源的原则》（1992）；五个国际条约是《关于各国探索和利用包括月球和其他天体在内的外层空间活动的原则条约》（1967）、《关于援救航天员，送回航天员及送回射入外空之物体之协定》（1968）、《外空物体所造成损害之国际责任公约》（1972）、《关于登记射入外层空间物体的公约》（1975）和《指导各国在月球和其他天体上活动的协定》（1979），上述五个条约均已生效，并通过了一系列关于一般空间原则的决议。联合国外空委积极开展工作，起草了一系列决议，并获得联合国大会通过，成为五项核心空间条约的基础。

每年，联合国大会都会通过一项措辞几乎相同的决议，即防止外层空间军备竞赛（PAROS）决议，但它只是一种理想，而且它每年都在重复，也没有美国的支持，这可能在一定程度上削弱了其产生的影响。2014年，联合国大会也以多数票通过了一项决议，禁止首先在外空放置武器。决议旨在支持中俄《防止在外空放置武器和对外空物体使用或威胁使用武力条约》（PPWT）的建议，呼吁所有国家做出不首先在外空放置武器的政治承诺（GA Res 69/32）。大会还通过决议，支持其他无约束力的软法倡议，如批准机构间空间碎片协调委员会起草，并经由外空委通过的《空间碎片缓减准则》。大会还鼓励“透明度和建立信任措施”，政府专家组通过了一份报告。这些进展都被视为推动协调有关太空治理活动的工具。因此，联合国大会决议可以被视为一种支持机制，而不是领导机制。

（2）联合国和平利用外层空间委员会

联合国和平利用外层空间委员会（COPUOS）是根据1959年联大第1472号决议建立的，简称外空委，现有包括中国在内的95个成员国。联合国维也纳办事处外空司是外空委的秘书处。外空委的宗旨是制定和平利用外空的原则和规章，促进各国在和平利用外空领域的合作，研究与探索和利用外空有关的科技问题和可能产生的法律问题。外空委下设科学技术小组委员会和法律小组委员会，由外空委全体成员国组成。外空委及其两个小组委员会以协商一致的方式做出决定。

联合国外空委在协商一致的基础上进行决策过程。核心外空条约都是在协商一致的基础上谈判达成的，而不是通过投票表决达成的，这一事实为它们被国际接受奠定了坚实基础，强化了早期太空治理的民主化意识。例如，外空委近年中心主题之一是外层空间活动的长期可持续性（LTS），这包括空间碎片、进入和使用轨道位置以及防止空间军备竞赛等问题。外空委的活动在空间管理体系中不可忽视，尽管它们的影响是通过协调而不是单独的倡议产生的。虽然作为联合国的一部分意味着决策缓慢，但它也是更具包容性的，有利于促进全球共同利益。

近年来外空委平台的议程项目取得了诸多重要成果，为未来全球太空治理指明了方向。如2010年在科技小组委员会设立的“外层空间活动的长期可持续性（LTS）”的议程项目工作组，2019年6月外空委第62届会议上同意委员会通过已达成一致的LTS序言和21条准则，并同意成立新工作组交流执行准则经验并讨论制定新准则。目前通过的21条准则已初步设计了空间活动的政策和监管、空间运行安全、国际合作、能力建设和认识等，提出开展支持外空活动长期可持续性的国际合作，促进交流与信息共享外，“空间2030议程”也是外空委当前最为重要的议程，“空间2030议程”及其实施计划的工作将有助于调动空间活动协助实施《2030年可持续发展议程》及其中所载的各项可持续发展目标和具体目标，利用已有的和正在制定的国际和区域机制、方案、项目和平台促进目标的实现，形成改善外层空间活动合作与治理的框架。

外层空间事务厅（UNOOSA）执行外空委的决定，也是其秘书处。它维护了空间物体的登记、各种其他数据和文件的汇编，这些有助于联合国处理空间活动，并提供公开可用的信息。它在协调所有这些活动和集中共享信息方面对太空治理做出有益贡献，对全球太空治理具有积极意义。UNOOSA具有双重目标，即支持联合国外空委及其两个小组委员会的政府间讨论，以及协助发展中国家利用空间技术促进社会经济发展。在这方面，它经常举行会议，传播有关空间活动和管理以及培训方案的信息。特别是，UNOOSA已经主办了3次联合国探索与和平利用外层空间会议（UNISPACE）。2018年举办的联合国50周年外空会议（UNISPACE+50）为未来全球太空治理指明了方向。在第3次外空会议之后，联合国大会授权外空委建立一个国际实体，以协调和优化用于灾害管理的天基服务。2006年联合国灾害管理和应急响应天基信息平台（UN－SPIDER）成立，协调全球卫星运营商提供天基信息共享。UNOOSA仍然是这个知识门户的信息中心，UN－SPIDER的使命是“确保所有国家、国际和区域组织能够获取并发展利用所有类型的天基信息，以支持整个灾害管理周期的能力”。

（3）国际电信联盟

国际电信联盟（国际电联，ITU）成立于 1865 年，原名国际电报联盟，后来改名以代表技术的变革。1947 年，国际电联成为联合国的一个专门机构。如今，它在空间管理中扮演着重要的调控者和促进者的角色，因为它分配无线电频率和轨道位置，并在国际频率总登记（MIFR）中登记频率和轨位，这是一个关于国家频率分配的国际数据库。国际电联世界无线电通信会议（WRC）定期举行，国际电联在会议上通过无线电频率分配、管理程序、计划、技术标准和研究，以及未来几年的工作计划。

国际电联在建立一个全球体系以监管竞争日益激烈的轨道和无线电频率环境方面取得的成功，部分在于“行业成员”的加入。除 193 个成员国外，这些行业成员还代表着私营和商业利益，包括信息和通信技术监管机构、医疗机构以及约 700 家私营企业，这是一个区别于其他联合国机构所独有的特点。

像大多数联合国机构一样，国际电联的运作基于协商一致。行业成员和观察员在这个意义上没有投票权。尽管如此，它们确实对所做决策的内容有重大影响。由于国际电联制度是唯一的全球管理和登记制度，如果各国希望参与相关磋商，就必须参与。

尽管国际电联在执行方面面临一些挑战，但它被认为是一个非常成功的全球空间管理机构（特别是在有关无线电频率和轨道位置的高技术事项上），因为各国都认识到其重要性。

（4）裁军谈判会议

裁军谈判会议（裁谈会）成立于 1979 年，是谈判几乎所有多边军控制度和解决包括防止外空军备竞赛在内的裁军问题的唯一论坛。目前，它有 65 个成员国。裁谈会的秘书长是联合国日内瓦办事处的总干事，该办事处每年为许多与裁军问题有关的会议提供服务。裁谈会每年都通过防止外空军备竞赛的决议。2008 年，中国和俄罗斯向裁谈会提交了《防止在外空放置武器条约草案》（PPWT）。鉴于对条约草案提出的争议，中俄条约草案进行了修改，并于 2014 年重新提交，这是裁谈会就空间安全问题做出的仅有的两项努力。虽然绝大多数成员国支持这些治理机制，但由于缺乏必要的共识，这些努力在控制外空军备竞赛和防止外空放置武器方面没有取得更多积极成果。

（5）机构间空间碎片协调委员会

机构间空间碎片协调委员会（IADC）是一个重要的政府间机构，该委员会于 1993 年成立，并向联合国外空委科学和技术小组委员会报告其活动。空间碎片协调委员会有 11 个成员机构，我国于 1995 年加入，由 1 个指导小组和 4 个工作组组成，每个工作组侧重于一个主题，即测量、环境和数据库、保护和减缓。2003 年，空间碎片协调委员会制定了一套空间碎片缓减准则，并将其提交给联合国外空委，作为每个国家和区域空间机构的基础，然后作为各自制定的条例加以实施。这是联合国系统之外政府间合作的一个成功例子，制定了急需的法规，即使这些法规不具有约束力。而当前随着国际巨型星座的发展，面临上万颗卫星的碎片风险，成为目前空间碎片协调委员会面临的最大挑战，欧美作为利益相关方对国际规制的更新制定形成利益冲突，并不希望自己的巨型星座受到过多限制。

（6）地球观测组织

地球观测组织（GEO）于2005年2月成立，我国是创始国之一，从其成立以来一直是GEO执行委员会的成员国和联合主席国，积极推动GEO各项工作开展。该组织是由100多个国家政府和100多个其他组织组成的政府间多边机构，其目标是建立一个综合、协调和可持续的全球综合地球观测系统（GEOSS），更好地认识地球系统，提供从初始观测数据到专业应用产品的信息服务。通过使用共同标准连接现有基础设施，更好地整合观测系统和共享数据。地球观测系统中有超过4亿的开放数据资源，来自150多个国家和地区提供商。GEO全体会议是该组织最高决策机构，全体会议每年举行一次，并通过协商一致意见做出决定。GEO以开放对地观测数据和信息支持联合国17个可持续发展目标（SDGs）、《2015—2030年仙台减灾框架》等联合国重要框架，呼吁用户和利益相关方支持地球观测系统的数据共享，支持国际重大灾害应急救援。GEO也是《空间与重大灾害国际宪章》（CHARTER）20个合作伙伴之一。

（7）《空间与重大灾害国际宪章》

《空间与重大灾害国际宪章》（CHARTER）是1999年7月奥地利维也纳UNISPACE Ⅲ会议后由ESA与法国国家空间研究中心（CNES）着手开展的，2000年正式颁布实施。我国于2007年签署了宪章，中国航天局成为这一国际减灾合作机制的正式成员。CHARTER是在重大灾害事件中的救援组织，主要任务是在重大人为或自然灾害发生后为慈善和人道主义提供航天卫星数据的采集和传播。其宗旨是提供一套空间数据接收与交付的标准化系统，并通过授权用户向受到自然或人为灾害影响的地区提供服务。CHARTER以各个航天组织为单位组成，目前有17个成员组织，每一个成员机构都提供了各自相应的资源来支持宪章，以减小灾害对人类生命和财产的影响。CHARTER成员在自愿的基础上展开合作，各方之间没有资金交换。自宪章成立至2020年6月27日，CHARTER已为世界范围内的洪灾、滑坡、森林火灾、地震和飓风等近655次重大自然灾害提供卫星遥感影像和技术支持。

（8）全球卫星导航系统国际委员会

全球卫星导航系统国际委员会（ICG）也是重要的政府间机构。ICG于2005年通过联合国外层空间事务厅成立，旨在“鼓励和促进所有卫星导航系统之间的兼容性、互通性和透明度”。2007年9月，中国加入ICG；2015年，鉴于中国在ICG工作组全球导航卫星系统（GNSS）性能、新服务和能力强化应用小组中发挥积极作用，建议中国成为工作组的第三位联合主席。其成员仅限于关键的全球卫星导航系统供应商和天基区域或增强系统供应商。处理全球卫星导航系统服务和应用的国际和区域组织和协会作为准成员参加 ICG。ICG 将提出不具约束力的建议，但并不制定标准。ICG 在协调和调整导航服务和相关成员的政策方面发挥了有价值的作用。

5.2.1.2　政府间双边合作

政府间双边合作是一种重要的合作机制，在促进和发展国际空间合作方面发挥了重要作用。当前航天双边合作已经形成了不同层次的合作机制，在一定的合作机制下，以签订合作协定和备忘录的方式开展具体领域的合作。航天双边合作的内涵不断丰富，各国积极在各领域开展双边合作。通过双边合作，有利于增进国家之间的了解和信任，从而有助于推动多边国际太空治理进程的发展。

（1）双边合作机制基于灵活性的特点，一直是推动航天领域务实合作的重要机制

双边合作与多边合作机制相比，双边合作在航天合作中更加灵活，可以发挥不同的作用。具有良好关系和共同利益的国家可以达成普遍协议，表明空间合作的意图，并且可以根据特定双边关系的特殊需要进行调整，更有效率地促成合作的开展。主要由于双边合作的灵活性，它们从航天时代的最初几年起就在国际空间合作中占有突出地位。例如，1963 年 NASA 通过与约 40 个国家签订的双边条约，在空间站建设、人员交换和联合空间试验方面进行了正式的合作活动。国家间的双边合作甚至被一些人认为是实现和促进国际合作的主要手段，并发挥了突出作用。

（2）当前航天双边合作以多层次的合作机制为基础持续开展

航天双边合作机制的达成主要通过建立政府间双边合作机制以及签署双边合作协定来体现。而双边合作机制主要体现形式包括建立航天合作分委会、政府间航天合作联合委员会、航天合作协调委员会，建立航天对话机制等多种形式，以双边合作机制为基础推动双边具体合作的开展，具体合作的开展通过签署双边协定或谅解备忘录的形式进行。双边协定或谅解备忘录的签署证明了两国对和平利用外层空间的共同看法和对发展与空间有关技术的强烈兴趣，为今后在具体空间活动领域的合作铺平道路。双边协定可用于为某些空间活动制定规则。例如，鉴于航天发射市场的激烈竞争，美国与中国在 1989 年和 1995 年就中国长征系列火箭每年提供卫星发射服务达成了双边协议。此外，为了解决 AUSSAT 卫星和 ASIASAT 卫星可能产生的潜在国际责任问题，美国和中国在 1988 年签署了协议备忘录，两国的卫星发射合作此后进展顺利，因此产生了巨大的商业利益。两国还可以就某一具体空间项目达成协议，例如，中国与巴西就开发中巴地球资源卫星达成了双边协议。这一双边合作框架是南南合作中最成功的空间合作模式，取得了丰硕成果。通过合作，巴西可以借鉴中国的经验，发展本国的空间能力。此次合作的遥感数据不仅可以为两国所用，也可以为本地区其他发展中国家所用。双边协定也可

以用作两国间商业服务的合同文件。一个典型的例子是卫星发射服务协议，这种协议是为一次性的空间活动制定的。

(3) 双边合作机制应用广泛，覆盖多种合作形式、多个领域及不同主体间

当前，双边合作的范围包含多种形式、多个领域，合作形式从工程合作、技术合作、商业合作再到战略合作；合作领域涵盖了广泛的空间活动，包括地球科学与监测、卫星操作、空间探索系统、空间技术开发与演示、全球导航、空间发射服务、灾害管理、环境保护、教育、培训和信息交流；合作主体包括航天国家之间、航天国家与发展中国家之间、国际组织与发达国家或发展中国家之间的双边合作。然而，发展中国家之间的双边合作越来越少。

(4) 航天大国之间的双边合作内涵不断丰富，双边合作有利于提升多边太空治理进程的推进

当前，世界航天大国之间已经形成了相互依存的双边合作格局。俄罗斯与美国的关系可以说是太空领域最重要的双边关系。在过去的60年里，这种关系确立了国际太空议程的趋势，决定了优先事项和时间安排。20世纪90年代出现的太空竞赛和合作模式都是俄美两国独特互动的副产品。这种相互作用一直是复杂的，并与更广泛的政治关系密切交织在一起。即使在政治关系上，美俄之间的关系甚至被称为"新冷战"，这也敦促两国在航天合作关系上划定范围，然而美俄也在冷战后建立了深入的双边合作关系，从载人航天、深空探测，俄罗斯对美提供RD180发动机，美对俄提供电子元器件输出，即使政治原因对美俄合作产生过诸多影响，而美俄仍在某些领域开展相互依存的深度合作。这样的合作似乎表明，无论近年来的政治关系如何紧张，也没有切断两国在航天领域多年来形成的相互依赖。美国和欧洲之间开展了多领域且深入的航天国际合作，从深空探测，到载人航天，再到卫星应用体系的兼容，以及态势感知数据共享等方面，开启了全面的合作。此外，对于俄罗斯与欧洲之间的合作，两者之间基于地缘关系，有着紧密的联系，双方也从冷战时期的敌对发展到如今的伙伴关系。俄罗斯十分重视与欧洲的合作，形成了当前高度相互依存、领域覆盖广泛的合作结构。双边合作关系虽不能直接制定太空治理的国际规则，但能促进政府间双边的横向互动，有利于各国之间建立空间活动方面的信任和信心，有助于推动国际上太空治理能力的提升，有助于全球太空治理目标的推进。

5.2.1.3 非政府间合作

非政府组织合作对航天国际合作也产生了重要影响，包括非政府平台的磋商和交流，以及航天企业的商业航天国际化发展。通过非政府平台的合作，促进了航天技术学术研究成果的不断产出，且由于非政府平台的性质，不代表各方政治立场，更有利于、有益于全人类的太空治理前沿问题的研究成果产出。此外，对非政府间合作的积极开展，也有利于

塑造正面的国际形象，提升国际影响力。而航天企业的商业航天国际化发展促进了企业供应链、生产、应用、服务的国际合作。

（1）非政府间平台

国际宇航联合会（IAF）是宇航界非政府性的国际学术组织，成立于 1950 年 9 月，总部设在法国巴黎。其宗旨主要是通过科学技术的交流，推动空间技术和外层空间的研究和合作，促进宇航事业及和平利用外层空间活动的发展。IAF 在国际学术界颇有影响，并被联合国外空委聘为技术咨询机构。目前，IAF 已在超过 60 个国家拥有 300 余个成员组织，会员类型为团体会员，包括航天局、航天企业、社团、大学、科研机构和航天博物馆等。IAF 下设 15 个管理委员会和 27 个技术委员会，涵盖了空间科学与空间开发、空间应用与操作、空间技术、空间基础设施、空间活动与人类社会等专业。IAF 主要举办两个大型学术会议：一个是每年 6 月前后举办全球系列主题会议［如 2017 年在北京举办的全球航天探索大会（GLEX）］，另一个是每年 9 月或 10 月举办的国际宇航大会（IAC）。其中，IAC 已成为世界航天界的盛会，因其层次高、规模大、影响广，被誉为航天领域的“奥林匹克”，为各国航天政府部门以及工业界提供了可以“高调亮相”的展示机会。

IAF 的奖项委员会设置了世界空间奖、杰出贡献奖、Allan D. Emil 纪念奖、名人堂以及青年精英领袖奖等多种，在每年一度的 IAC 盛会上，为在空间科学技术与管理等方面有特殊贡献并极大地推动世界航天的专家、对空间活动的国际合作有杰出贡献的科学家以及对研究并推动航天和相关空间科学研究的教育工作者等杰出的航天人才颁发奖项。

在 IAC 会议期间，还设置了展区，以便各国航天工业界展示其最具代表性的宇航技术和产品，国际领先的航天机构与企业纷纷摩拳擦掌，以期充分利用这一盛会向潜在的竞争对手和合作伙伴展示自身的实力。IAC 所发挥的另一个重要的作用是为各国航天局搭建平台，向全世界展示其最新的成就与举措，同时也得以就最热点的议题获得各国政府代表的官方态度。例如 NASA 和 ESA 以及俄罗斯联邦航天局就经常在 IAC 上，正式对外宣布就某一领域或具体深空探测项目达成合作。

综上所述，IAF 主要通过举办 IAC 为世界各国主管航天的政府以及工业界提供一个展示实力的机会，同时其颁布的奖项也较有分量，可以说是各国宣传其航天人才的绝佳平台。空间研究委员会（COSPAR）是国际科学协会理事会（ICSU）下属的国际空间领域最高的学术组织，也是一个多学科、综合性的科学组织，成立于 1958 年 10 月，其成员包括 50 多个具备空间研究能力的国家和国际学术组织。空间研究委员会的宗旨是：“通过强调共享结论、信息和观点，以及向所有科学家提供一个论坛用以交流研讨可能影响到空间科学研究的各类问题，来提升国际空间科学研究水平。COSPAR 的目标主要通过发布一系列科学汇编、著作及其他文献来呈现。”

COSPAR 的正式成员主要有两类：一个是国家级的科学研究机构，如美国的国家科学工程医学研究院（NASEM）、法国国家空间研究中心（CNES）、英国卢瑟福·阿普尔顿实验室、德国宇航中心（DLR）以及中国科学院空间科学中心（NSSC）牵头的COSPAR分委会；另一个就是国际科学联盟（ISU），如国际天文学联盟（IAU）、国际数学联盟、国际摄影测量与遥感联盟（ISPRS）、国际生物科学联盟等。此外，COSPAR还有两个工业伙伴，分别是美国的洛克希德·马丁和诺斯罗普·格鲁曼。

COSPAR的科学机构或实体主要包括8个科学委员会及11个工作组。8个科学委员会涵盖的科学领域包括地球表面、气候和大气的空间研究，地月系统、太阳系行星和小天体的空间研究，地球和行星外层大气空间研究，太阳系空间等离子体包括行星磁层研究，空间天体物理研究，空间生命科学研究，空间材料科学研究，空间基础物理研究。11个工作组涵盖的科学领域包括行星保护组、空间天气、能力建设、教育、辐射带环境建模、星际研究等。

COSPAR通过在国际范围内组织国际会议、培训和国际研究项目等形式，共同讨论可能影响空间科学研究的问题，探讨空间科学与技术各领域最新发展，交流空间科学与技术最新成果，实现和推动空间科学研究及合作，促进各类卫星和空间探测器的方法研究，为空间科学与技术的国际合作提供帮助等。

在COSPAR主办的主要学术活动中，规模最大、涉及学科领域最广的是两年一届的科学全会，不仅有来自世界各国的从事空间科学研究的科学家云集大会，也有许多空间科学组织和国家代表出席会议。

COSPAR的奖项每两年评一次，主要授予在COSPAR研究领域内对空间科学研究做出卓越贡献，或者对推动空间科学国际合作做出卓越贡献等的专家。

COSPAR在国际科学界享有盛名，是一个聚集了各国杰出科学家和技术专家的组织，国际学术交流的氛围非常活跃。据悉，即使在冷战时期，COSPAR也成功地为以苏联为首的东方国家科学界代表和以欧美为代表的西方国家科学界代表就行星保护这一国际协作议题讨论提供了非常畅通的交流平台。因此，COSPAR作为经过历史证明的推动空间合作的一个有效渠道，应该继续为国际太空活动的国际合作发挥重要作用。

（2）商业航天国际合作

近十几年来，世界航天经济日益壮大发展，其中，商业航天已经成为世界航天产业的主要构成，并成为世界航天经济发展的主导力量。因此，商业航天成为太空治理国际合作的重要内容。商业航天实施主体包括传统航天企业和新兴航天企业，传统航天企业基于全产业链开展内核改造和能力布局，新兴航天企业是全球商业航天市场的变革引领者，着力构建产业链的独特优势。

商业航天涵盖了五大方向，主要包括运载火箭、人造卫星、载人航天、深空探测以及空间站。其中，围绕运载火箭的商业活动主要有火箭研制、发射、过程测控以及发射保险；而与卫星相关的商业活动主要集中在卫星的应用领域，包括遥感、通信、导航和技术试验；载人航天的商业化包括近地轨道载人和货物运输服务，以及太空旅游；深空探测和空间站的商业化开发处于摸索阶段，目前围绕深空探测的商业活动有太空采矿及行星探测器的制造，也逐渐有私企参与到国际空间站的商业化开发中，未来或将实现太空居住、太空城市等。

商业航天领域国际化市场发展是商业航天国际合作的重要内容，各主要航天大国都在积极推进商业航天国际化进程。美国政府出台了一系列的法律法规以及资助计划扶持商业航天的发展。在政府的大力支持下，新兴航天企业大量出现并迅速发展，占领航天国际产业链各个环节，目前各环节已形成多家私营企业良性竞争的局面。美国的商业航天发展基本已涉足全部航天产业，业务范围正从传统的商业卫星发射、商业卫星应用向新兴领域拓展，如深空探测、太空旅游等。欧洲商业航天的立法体系、私营企业的创新能力、国际竞争力都明显弱于美国。为扩大航天资源在全球的高效配置，欧洲对外积极寻求国际合作，对内强调航天一体化发展，推进“伽利略”导航卫星系统和“哥白尼”对地观测两大项目建设以及新一代运载火箭发展。法国将研究重点转向卫星，聚焦于新一代高分辨率光学对地观测、高低轨先进通信卫星等方向，积极响应美国商业航天快速抢占市场的严峻形势。俄罗斯由于其微电子技术的发展制约卫星制造与服务市场，其主要市场份额由火箭发射服务贡献，但随着 SpaceX 等一系列等成本火箭发射服务商的兴起，俄罗斯仅有的市场竞争力也逐渐降低。2017 年，俄罗斯计划组建统一的商业发射服务运营商，拟针对不同的客户施行灵活的营销政策，以捍卫自己的航天发射市场份额。日本积极投身商业航天，持续推进航天政策改革，并将增加商业发射频率及扩展商业航天市场份额提升到影响区域领导地位的高度。印度在 2017 年首次涉足商业发射市场，将 1 颗意大利卫星送入太空。此后为降低发射成本，潜心研制一箭多星技术。依靠低成本发射优势，“一条龙”发射保障，印度目前稳居全球商业航天服务外包领域第一，在市场上占据主动地位。

5.2.1.4　现有合作体系的特点

（1）联合国是全球太空治理的中心论坛

目前国际上已有的多边国家合作机制经历了多年的发展和调整，形成了完善的运作机制和模式。其中，联合国已经成为太空治理规则制定最重要的磋商平台，形成了多项具有国际重大影响的国际进程，如外空活动的长期可持续性、外空透明度建设，未来，或将进一步审议太空治理相关前沿热点议题，如外空交通管理、巨型星座发展问题等。此外，外空委与众多外空多边平台建立广泛的合作机制，包括国际电联、空间碎片协调委员会、联大一委等机构，有助于联合国专门机构与其他国际多边平台合作，集各家所长共同开展外空活动的治理。其协商一致的磋商机制为太空治理问题磋商和规则制定提供了公平的机制，避免某些国家单边制定利己国际规则，有利于维护国际社会的共同利益，它强调外空活动的可持续开展，强调各国都有平等进入太空的权利，强调维护发展中国家的利益，强调外空领域全球伙伴关系。同时，联合国平台在国际太空治理中不断引领国际热点议题磋商，其理念也为国际太空治理的发展指明了方向，成为解决上述问题的中心论坛。

（2）联合国框架之外的多边磋商平台在推进太空治理规则制定方面进展缓慢

由于联合国决策过程中需要达成协商一致意见以及各种利益集团在其议程上争夺优先地位，相关议题的磋商进展有时会非常缓慢。其他区域和国际机构越来越积极地制定有约束力的规则和无约束力的规范，以填补太空治理的空白。许多与空间活动有关的条约是由各国独立谈判达成的，只要有足够的共同政治意愿，各国就非常有能力就具有约束力的国际准则达成协议，虽然联合国以外的论坛作为全球管理的替代机制存在，但在任何特定时刻，这些论坛仍然完全取决于各国政府的政治意愿。由于进程的排他性，各国没有表现出谈判具有约束力的协定的意愿和团结，如《国际行为准则》（ICOC）和 PPWT 的谈判均没有成功，面临僵局。也有一种普遍的观点认为，针对每个问题的条约都会造成复杂性和困难，特别是因为一项条约所接受的成员国不同。它还可能导致现有空间制度的不一致和不和谐。

（3）专业性的多边机制在推动全球太空治理方面形成重要补充

当前，航天领域多个重要的政府间机构在各自专业领域有效推动太空治理的发展，并推动航天领域务实合作。例如，机构间空间碎片协调委员在碎片治理领域致力于外空活动的可持续发展问题，在碎片问题研究和国际规则制定方面取得了重要成果，制定碎片减缓准则并推动标准制定和国家实践。地球观测组织有效推动空间技术的合作与应用，推动空间数据有益共享，将空间技术惠及全人类。全国卫星导航系统国际委员会对全球卫星导航系统的合作发挥了重要作用。

（4）双边合作机制灵活高效推动国际合作发展

双边合作机制具有灵活高效的特点，在国际航天合作中占有突出地位，有效推动合作的进展，在航天发展的各个领域、在不同主体中发展合作取得了丰硕的成果。双边合作虽然不能直接制定太空治理的国际规则，但有利于各国在合作中建立互信，有助于推动国际治理目标的实现。

（5）非政府平台对太空治理国际合作起到积极促进作用

非政府组织对全球太空治理的直接或可执行的影响可能较低。然而，它们的贡献在于发现问题并帮助创造合作的解决方案。未来，它们可能必须在维持全球公众对可持续太空治理的兴趣方面发挥更积极的作用，特别是为了将问题与不断变化的短期政治路线分离开。

5.2.2　主要航天国家国际合作现状

5.2.2.1　美国持续强化国际合作主导权

1）构建对自身有利的航天国际秩序。作为世界航天强国，美国以巩固全球航天领导地位和推进航天强国全球战略为基础，加快与传统盟友、伙伴构建战略联盟，与许多国家和地区开展越来越广泛的航天国际合作。美国 2010 年国家空间政策，2011 年国家安全空间战略，以及目前的授权立法表明，美国将“建立和加强外层空间最佳行为准则”“维持一个安全的太空环境”作为政策目标，面对外空资产合法性、空间交通管理、空间碎片和空间天气等问题带来的挑战，寻求国际合作建立规范和体制，以符合美国的利益。例如，外空资产合法性问题，通过在 2015 年的《商业太空发射竞争力法案》（Commercial Space Launch Competitiveness Act）中承认美国公民有权拥有在太空开采的材料，美国开创了一个太空财产权的先例，而国际社会的许多人并不认同这一点，认为违背了《外空条约》中不占为己有原则。美国就外空采矿及其合法性问题进行了高级别多边对话，包括与各国关于不干预外空采矿活动和保护外空环境的谅解备忘录。此外，对于外空交通管理问题，2018 年正式颁布《国家空间交通管理政策》，拉开发展空间交通管理的序幕，其成为首部综合性空间交通管理政策。为实现美国在空间交通管理领域的领导地位，构建安全、稳定和可持续的空间环境这一目标，一方面积极推进空间态势感知、空间交通管理等领域的科研发展与技术进步，另一方面将向个人和实体运营商提供“空间安全数据和服务”，未来，可以预期的是，美国将目标瞄准至发展全球背景下的空间交通管理战略，以避免发生在轨碰撞为名义，意图为全球卫星星座颁发指定运行空间的牌照，并为单个航天器穿越指定空间设立通用审批流程，以此来掌握国外航天器的实时动向与发展审批权，在空间交通管理的发展方面牢牢把握先机与优势。美国力图通过单边主导建立国际外空秩序。

2）强化美国在航天领域的主导地位。开展多项重大国际合作项目，并善于运用项目主导权谋求自身利益。美国牵头实施的国际空间站（ISS）项目，堪称航天国际合作典范，联合俄罗斯、法国、德国、英国、意大利、加拿大、日本等 15 国参与建设，60 余个国家共同参与应用和实验，在全球最大航天国际合作项目实现的同时，分担资金压力和项目风险。在 ISS 项目中，建立了以国际空间站合作计划（IGA）为主体的合作框架体系，形成了以多边协调委员会为核心的复杂管理体制和决策机制，同时在合作中 ISS 运行所暴露的资金、风险等问题为美国在大型项目的领导上积累丰富的经验。NASA 正式宣布《阿尔忒弥斯协定》，作为在月球表面开展国际合作的法律框架。《阿尔忒弥斯协定》与 NASA 重返月球的“阿尔忒弥斯”计划直接相关。美国不采用政府间协定的形式，而是以双边磋商为主，与参加或有意参与该计划的国家，达成系列双边协议，并提出在月球南极建立“安全区”。美国进一步强化在航天领域的单边主义，意图建立以己为核心的合作体系，并试图将月球私有化，单方面制定外空国际规则。

3）助推企业全方位参与国际商业竞争。鼓励航天企业参与全球市场竞争，大力倡导商业航天已成为美国航天政策的重要组成。早在 1984 年时任美国总统里根就签署了《商业太空发射法案》，允许私营企业有偿为政府提供地外货运发射服务，打破了 NASA 的垄断地位。随后美国政府出台了一系列的法律法规以及资助计划扶持商业航天的发展。通过调整出口管制、财税、金融等政策和管理措施，助推美国企业抢占全球航天市场，参与航天产业分工与合作，在实现企业经济利益的同时，不断增强对全球航天工业控制力。在美国政府部门，特别是 NASA 的资金和技术大力支持下，SpaceX 公司一跃成为全球最具竞争力的商业发射服务商，其高性价比运载火箭产品迅速打入国际市场，研制的新型飞船将扭转美国在国际空间站乘员运输上对俄罗斯过度依赖的被动局面。

4）加强与各国之间的空间安全合作。美国政府将进入和利用空间视为一项极为重要的国家安全利益，极为重视本国的空间安全，积极确保以美国为主导地位的前提下与盟国政府在空间安全和信息安全方面的合作，以达成其空间安全战略目标。面对更趋复杂激烈的空间竞争形势，美国采取“软硬结合”的方式，以政治和军事利益为牵引，抓住空间碎片、近地天体威胁、空间气象等全球关注的热点话题，推动空间安全领域国际合作，将更多国家纳入美国空间体系。同时，美国加快以空间对话为突破口，积极推动双边或多边空间安全磋商，在不断拉拢欧洲盟友的同时，加快与日本、韩国、印度等国建立空间安全对话机制，传递了美国的空间安全战略主张的同时，加快构建共用共享的空间资源体系，在达成共识和维护共同利益的基础上，不断扩展以美国为核心的空间利益网，实现了利益捆绑。在此背景下，一方面建立空间态势感知联盟。美军继续通过美国战略司令部扩大太空态势感知的航天服务与数据合作协议国家。截至目前，已经有 18 个国家（荷兰、巴西、英国、韩国、法国、加拿大、意大利、日本、以色列、西班牙、德国、澳大利亚、比利时、阿联酋、挪威、丹麦、泰国和秘鲁）和 2 个泛欧组织（ESA 和欧洲气象卫星组织）参与签署了太空态势感知合作协议，促进在空间态势感知方面的信息共享。另一方面美国还将盟国合作由空间态势感知上升到空间安全层面。韩国向美战略司令部提供卫星位置和无线电频率等信息；日本组建专业部队执行卫星监视任务，负责向美军提供相关情报。

5）组建太空部队，不断整合太空作战能力，打造“合成部队”强化盟友的参与力度。2018 年 6 月，特朗普总统曾命令美国国防部组建太空军，随后出台了一系列政策，国防部相关机构进行了一系列改革。2019 年 2 月，特朗普总统正式签署了第 4 号空间政策指令“建立美国太空军”，要求新组建美国太空司令部，组建太空发展署，并为太空军申请新财年预算。将“联合部队”改革为跨国的“合成部队”，与国际伙伴签署空间态势感知数据共享协议，利用盟友来补充和强化美军空间监视与态势感知能力。根据美军的解释，“联合部队”强调的是美军内部不同军种之间的配合，“合成部队”则强调的是跨国的配合。改革后的“合成部队太空段司令部”前身为“联合部队太空段司令部”，该司令部下属的“合成太空作战中心”前身为“联合太空作战中心”。从2019年开始，合成太空作战中心已先后吸纳英国、澳大利亚和加拿大加入，这3个国家的太空作战中心已成为合成太空作战中心的一部分。同时，据报道，法国、德国和意大利军队也开始参与合成部队太空段司令部工作。截止2019年6月，当时主管太空作战的美国战略司令部已与至少16个国家和70多个商业操作者签署了空间态势感知数据共享协议。

5.2.2.2　欧洲通过国际合作服务于欧洲区域一体化合作战略

1）依托重大工程，深化欧洲内部一体化分工合作。建立独立自主且富有竞争力的欧洲一体化航天是欧洲各国航天发展的共同目标，也是欧洲作为世界一极、保持航天全球领先地位的核心。ESA共同出资、分工协作、比例返还的合作运行模式将欧洲航天资源与能力进行成功集成，在空间探索、空间科学领域开展一系列极具影响力的重大项目，不仅确立了欧洲在全球航天的重要地位，也极大地推动了欧洲的技术创新体系与航天工业体系形成，显著促进了欧洲的一体化进程。欧盟也根据欧洲独立自主和发展繁荣的需要，大力投资欧洲空间应用系统建设，如伽利略导航卫星计划、欧洲静止轨道导航增强系统（EGNOS）计划、哥白尼地球观测计划等，以充分发挥欧盟国家整体资源优势，强化欧盟作为整体在国际上的独立性和影响力。同时，欧洲各国围绕各种合作主题和需求，灵活开展双边、多边合作。在法国、德国、意大利、英国等欧洲主要航天国家的带动下，重点围绕军事卫星通信、卫星遥感系统建设和应用运行开展合作。这些合作加速欧洲各国优质资源的更合理配置和使用，均取得了比较显著的合作效果。例如在高分辨率光学成像、雷达成像卫星领域，法国、德国、意大利等国开展了包括卫星技术联合研发、卫星系统共同建设、卫星运行管理协作及卫星数据共享等多层次、多方式的深度合作；欧洲“阿尔法平台”（Alphabus）超大型静止轨道通信卫星平台研制计划有来自法国、德国、英国、意大利等10余个国家的分系统承包商提供产品和服务。这些合作加速欧洲各国优质资源的更合理配置和使用，均取得了比较显著的合作效果。

2）结交全球伙伴，着力拓展欧洲航天全球影响。欧洲在持续深入内部合作的同时，根据自身航天发展战略的需要，积极拓展全球合作伙伴，推进与美国、俄罗斯的深度合作，积极与中国以及新兴航天国家合作，在载人航天领域，欧洲积极参加国际空间站建设，开发货运飞船ATV的同时，参与NASA“猎户座”飞船的研制，负责提供推进和动力装置。ESA与俄罗斯联邦航天局签署合作开发火星探测计划（ExoMars）。近年来，欧洲与中国成功开展了多项实质性航天合作，如探索双星、中法天文星、中法海洋星等卫星工程合作；与印度展开全面合作，重点聚焦空间探测、载人航天领域。欧洲与韩国、泰国、阿联酋等国家也开展了广泛合作。通过这些合作项目，欧洲保持航天领先地位，在提升欧洲影响力与话语权的同时，推动了欧洲航天技术与产品的全球影响力。

3）整合优势资源，不断强化欧洲企业的国际市场竞争力。欧洲鼓励企业通过资源整合不断提升竞争力，参与全球市场分工合作。面对激烈的空间竞争态势和内部有限市场空间，欧洲始终致力于提升企业国际市场竞争力，参与全球市场分工合作。欧洲空中客车、泰雷兹等知名强企的国际航天市场业务占比超过50%，具备与美国企业争夺国际市场的强大实力。同时，欧洲还鼓励企业通过资源整合不断提升竞争力。原宇航与防务集团（EADS）更名为空中客车集团，对航天、电子、防务业务进行重组，将所有业务重新整合在“空中客车”这一品牌下，形成合力参与国际市场竞争。空客防务与航天公司与赛峰集团成立新合资公司——空客赛峰火箭公司，将控制下一代阿里安6号火箭的设计、未来制造、运行和商业销售，提高欧洲火箭的竞争力。

5.2.2.3 俄罗斯将国际合作作为重振航天的重要组成

1）俄罗斯将航天作为保持全球影响力和话语权的重要战略途径。俄罗斯近年来不断加快航天实力恢复进程，制定了长期战略和投资计划，明确将航天国际合作作为强国振兴的重要组成地位；大力实施航天工业改革，焕发企业活力；积极参与国际空间规则协商，并注重利用空间运载、载人航天、深空探测等领域技术和产品优势，保持全球航天影响力和话语权。面对复杂多变的外部发展环境，俄罗斯利用自身在载人空间往返、火箭发动机、导航卫星系统等方面的优势，积极扩大国际伙伴关系网络，服务国家政治外交大局。

2）明确国际合作战略指引，积极参与重大合作项目实施。航天合作在俄罗斯国家战略中占据重要地位，早在冷战时期，载人航天领域的国际合作就成为反应苏联、美国两国关系的晴雨表和缓和两国政治关系的调节器，现在已上升到国家战略层面进行考虑。近年来，随着国力恢复，俄罗斯制定了航天长期战略和发展路线，将航天合作视为整体战略的重要组成。俄罗斯在《俄罗斯联邦空间活动法》中明确提出扩大航天合作，并对国际合作进行相关规制。俄罗斯在2014年版《俄罗斯联邦军事学说》、2015年版《俄罗斯联邦国家安全战略》、2016年版《2016—2025年联邦航天规划》等战略规划的指导下，重视航天国际合作的发展。俄罗斯格洛纳斯（GLONASS）导航系统在恢复全球组网的基础上，加快境外地面站部署，已经并计划在中国、印度尼西亚、越南、巴西、古巴、西班牙、澳大利亚及南极洲建立监测站，推动GLONASS导航系统的建设和能力提升。俄罗斯主导实施的“火星-500”计划获得极大影响力，俄欧的火星探测合作协议也取得持续进展。这些重大项目的合作不仅实现了俄罗斯航天工程项目目标，也极大提升了航天国际影响力。为了解决资金和技术问题，俄罗斯正努力通过国际合作的方式推进开展各项深空探测任务，除了与欧洲合作实施火星探测外，在无人月球探测方面，与欧洲和中国等达成了合作协议；在载人月球探测方面，将参与NASA主导的“门户”地月空间站计划；在金星探测方面，与美国达成了合作协议。

3）加强太空目标监视，或将加入全球太空目标监视对话。为了防止太空发生碰撞，具有先进轨道监测能力的国家需要相互共享数据。俄罗斯专家认为俄罗斯熟练掌握太空态势感知技术，应成为全球共享数据的一员，以保护太空环境。美国专家指出，俄罗斯拥有性能很高的太空监视网，但是他们与其他国家分享信息的方法不同，因此造成信息共享不畅。未来，整合来自多域的太空目标监视信息将成为最大的工作挑战。鉴于各国太空目标监视投资规模巨大，如美国的“太空篱笆”系统耗资 9 亿美元，SSA 专家希望与具有太空目标监视设施的其他国家合作，俄罗斯加入全球太空目标监视对话或将指日可待。

5.2.2.4　日本通过航天外交谋求政治利益

1）从顶层设计谋划航天国际合作。日本新版《航天基本计划》明确提出将加强航天领域国际合作。日本积极推进航天国际合作，不仅将其作为促进本国航天发展，更好开发和利用空间的重要途径，更将其作为加强与美国、欧洲等的关系，拓展全球伙伴，服务政治和外交大局的重要工具。日本改革体制解决多头对外问题。日本航天对外合作的主体有企业、大学和研究机构，管理对外合作的相关政府部门有总务省、外务省、文科省、经产省、国交省、环境省、防卫省。为了改变多个渠道对一个合作者的局面，日本 2016 年成立了航天系统海外发展专门团队，通过建立专门团队，由各相关机构参加，来进行统一协调。

2）积极确保空间安全，推进太空态势感知系统设计。日本《航天基本计划》提出了三大政策目标，其中首要目标是“确保太空安全”，即进一步加强航天的军事应用。日本确保国家空间活动以及空间技术在国家安全领域的未来发展和利用。2014 年，防卫省发布了《宇宙开发利用基本方针》，将太空态势感知能力视为军事航天能力的重要组成部分，指出现有能力无法应对来自各方面日趋严重的威胁。最新《航天基本计划》落实了防卫省的构建新太空态势感知系统的设想，提出在 2023 年前完成构建以日美合作为基础、掌握太空状况所必需的太空态势感知系统，大幅提升此方面能力。“防卫省太空态势感知系统”在运用自身能力的同时，还与 JAXA 及美国共享情报，实现对日本国内太空态势感知情报与全球太空态势感知网的情报共享。

3）重视与欧美、亚太地区及发展中国家的合作，实施航天外交战略谋求政治利益和空间利益。在亚太地区，特别是我国周边，日本以发展中国家为目标，推行航天外交策略，给予经济援助和技术转让等方式，积累亚太地区政治筹码。日本重视“软实力”的提升，具体策略是在区域性政治论坛上以“和平、友好、互助”的形象出现，然后创立由日本主导的国际组织。此国际组织采用论坛的形式，其特点是扎根当地、合作举办。简单地说，就是包装形象、聆听诉求，强调合作国的参与感。日本主导成立的“亚太地区空间机构论坛”（APRSAF），已有澳大利亚、越南、泰国、马来西亚、蒙古等 42 个国家的 472 个组织以及 27 个国际组织加入其中，在亚太地区形成较大影响力；通过为新兴国家制造卫星和地面基础设施来为本国航天工业创造新的国际市场，日本政府提供开发援助（ODA）资金支持本国企业为越南和蒙古等国提供“打包式”航天能力建设。日本提供ODA资金，为越南研制2颗对地观测卫星及航天中心、卫星开发和应用技术、人才培养等一系列服务，加强与越南政府的关系，促进更大政治同盟。日本加强与非洲发展中国家的合作。日本在非洲的航天合作主要依托于两个具体项目开展，一是联合国外空司合作的国际空间站日本实验舱“KiboCUBE”，二是“鸟类卫星”项目。这两个项目共同的特点是：针对群体是高校、研究人员和政府单位，内容是微小卫星研制，日本提供发射机会，部分项目有慈善基金参与。这种合作特别贴合非洲渴望在航天方面起步的国家需求，投资少、见效快，满足首次进入空间的政治诉求。

5.2.2.5 印度借助航天合作加速技术提升

1）大国间左右逢源，借力提升航天技术水平。印度始终将有声有色航天大国作为发展目标，凭借特有的地缘政治优势和外交优势，持续推进与美、欧、俄等航天强国合作，加快重点领域的产品技术引进和突破，积极拉拢第三世界国家，国际航天影响力和竞争力持续提升。通过国际合作，印度运载火箭、遥感卫星和通信卫星等重要领域技术水平快速提升，不但能够满足本国发展应用需求，还具备一定的国际市场竞争力。2014年9月，在美欧关键产品、测控设施的支持下，印度“曼加里安”号火星车成功进入火星轨道，继美国、俄国和欧洲之后，全球第4个成功完成火星探测，提升了印度航天的国际影响力。

2）利用自身技术优势，积极拓展应用与产业化国际市场。印度继续通过一箭多星的方式为国际用户提供微小卫星发射服务，2018年发射了61颗国外卫星，在国际发射服务市场中担任重要角色。在国际合作方面，不断深化广度和深度，在联合国外空司倡议下，发起了“印度空间研究组织联合空间纳卫星总装和培训计划”（UNNATI），为其他国家提供纳卫星总装、集成和测试培训，提升本国航天国际影响力。

3）以地缘和利益为纽带，开展区域内竞争。自20世纪70年代起步以来，印度航天发展迅速。印度已成为亚洲主要航天国家之一，并利用与美国的紧密关系，与中国开展竞争。2008年，印度作为唯一的发展中国家加入美国牵头的9国联合探月协议；2011年，美国将印度空间研究组织（ISRO）的几个下属部门从美国限制特定空间技术出口的机构清单上移除。近年来，印度也积极开展与第三世界国家的合作。印度于2008年发射遥感卫星“第三世界卫星”（TWSAT），将卫星所获数据免费提供给发展中国家的大学和研究机构，提高了印度在发展中国家中的地位和影响力。印度还与以色列保持密切合作，2009年采用以色列载荷的印度首颗雷达成像卫星RISAT－2成功发射，使印度一跃成为全球为数不多的拥有1 m分辨率卫星雷达成像能力的国家。

5.2.3 国际合作趋势分析

5.2.3.1 大国博弈背景下的太空合作或可成为构建国际关系另辟蹊径之道

人类第一次超越地球稀薄的大气层的那一刻，外层空间就成为国际政治的一个主题，成为一个以塑造国家间关系的合作和竞争相互作用为特点的竞技场。同样地，太空也作为一种媒介，支持地球上国家之间的合作、竞争和战略平衡。即使空间合作是出于自身利益的追求，但从中获得的利益是众多的，有时比单边行动的利益更有吸引力。考虑到 21 世纪可能存在的太空项目的复杂性，比如人类对月球或火星的探险，清除太空碎片维护清洁轨道环境等，将成本负担分摊到多个参与者身上可能是必要的。

大国博弈背景下，错位开展太空领域国际合作或可成为构建国际关系另辟蹊径之道。航天外交将成为国家外交中的重要组成部分。2020 年，突如其来的新型冠状病毒肺炎疫情席卷全球，国际关系重新进入调整期，特朗普发表种种言论指责中国政府以及固有的诸多矛盾因素，使中美关系进入了下行期，甚至所谓“冰点”，美国政府对中国企业采取新一轮的出口管控与制裁，国际局势急剧变化，方向尚不明朗，中美在安全和经贸等领域的合作陷入了停滞，而航天合作很可能成为扭转国家外交关系的一个开关。冷战时期，美苏两大集团为争夺航天实力的最高地位而展开太空竞赛，冷战正酣时，美苏两国航天员尚能进行合作，而航天领域对国际合作需求的特殊性使航天国际合作成为大国博弈下国际关系发展的另一条路径。能够合作的基础始终是利益的趋同，而大国博弈背景之下，没有永远的敌人，也没有不可拆散的联盟，最终皆因合作获得共赢的利益而结盟。在太空治理的诸多问题上，各大国的利益诉求也存在差异，如太空军事化、空间环境治理、空间技术应用等问题，各国之间合作的开展也是各个问题取到一个恰到好处的平衡点，推动双边、多边的合作开展，通过航天合作维护国家核心利益，服务于本国的政治外交战略的整体布局。航天国际合作不仅服务于国家自身的发展需要，也具有重要的外交与政治意义。因此，各国利用航天合作来支持其外交和地缘政治的目标。航天合作可以和国家积极的外交战略相结合，通过航天合作加强国家的外交政策和目标，以此为一个合作的突破口，建立制度、文化和标准相连接，最重要的是建立彼此间的信任，通过合作，使合作双方了解合作方航天领域的政治制度、文化和决策过程，增加长期、多项目合作的前景，有助于合作方开启持续对话和增进相互理解。以航天的国际合作谋求国家的外交关系的格局是大国博弈之下国际关系的另辟蹊径之法门。

5.2.3.2 全球性议程发展揭示太空治理合作的方向和趋势

国际合作将是一个应对太空治理新挑战的必要基础，从太空治理多边磋商平台的主要谈判进程的发展可预判全球太空治理合作发展的方向和趋势。维持外空活动的可持续性成为目前太空治理合作的重要议题，外空委平台外空活动长期可持续性工作组达成 21 条准则标志着外空活动长期可持续性谈判进入了2.0进程，同时也进入了规则制定和国家实践并重的新阶段。“空间2030议程”为全球治理国际合作指明了方向，其战略愿景强调空间工具助力实现全球发展议程，在《2030年可持续发展议程》和《2015—2030年仙台减灾框架》及《巴黎协定》框架下，发挥空间应用的作用，加强空间部门作为可持续发展主要驱动因素的作用，利用空间的潜力解决日常挑战，并利用与空间有关的创新提高生活质量；改善所有各方进入空间的机会，确保所有国家都能从空间科学和技术的应用以及从天基数据、信息和产品中获得社会经济惠益，从而支持实现可持续发展目标；在和平利用外层空间和全球治理外层空间活动方面建立伙伴关系并加强国际合作。

5.2.3.3 疫情将成为促进航天国际合作的契机

2020年，突如其来的COVID-19病毒席卷了各个国家，在剥夺了无数生命的同时，也对各国的经济造成了重创，同时也将极大影响各国之间的合作。例如，ESA以“新冠疫情对地观测快速行动”（RACE）平台等形式发起了多个欧洲范围内的多边合作活动，ESA、NASA和JAXA将联合揭幕新型冠状病毒肺炎疫情对地观测情况总览平台。该平台将融合3家航天机构的数据、技术和专家知识，跟踪监测空气质量、水质量、气候、经济活动和农业的关键指标，加强人类对新型冠状病毒肺炎疫情带来的环境和经济影响的认知。欧美已经针对疫情快速响应发起诸多航天技术助力活动。另一方面，需要大量资金的重大空间项目受到疫情的影响而延误甚至取消。由于这场危机，各种太空投资将受到严格审查。而世界各个航天大国也会认识到，与激烈的竞争相比，国家间需要加强合作。航天项目都需要大量投资，而对空间项目投资的搁置也不利于人类的长期利益。各国之间的航天项目都处于不同的阶段，这些项目都具有相关性，与其终止某些项目，多边和双边合作可能是未来更好的选择，这需要各国转变各自的思维模式。

国际社会有一些主张全球合作是一个更好的选择，特别是在人类登月和火星任务中。各国也是时候考虑规划中项目的重要性和迫切性，避免不必要的重复探索，将一些雄心勃勃的计划从国家层面转移到全球层面，有些尚未开展的项目现在搁置，政府将节省大量的资金，现在也是时候推进全球合作的理念，即所有航天国家的深空、载人飞行项目应成为国家间的国际合作项目。受疫情影响，整个世界正在经历一场重大危机，当局势在一定程度上稳定以后，航天界可以对其正在进行的各种项目进行谨慎评估，并决定优先次序。如果各国决定将其雄心勃勃的未来计划从国家层面转移到全球层面，这对全球社会可能是一个积极的贡献，如果航天大国携手推进航天合作，人类科学将得到更快的发展。

5.2.3.4 各国从国家顶层设计对国际合作进行引导服务于国家外交大局

需要各航天强国均通过对航天国际合作进行顶层设计和规划。一方面，美国和俄罗斯等航天大国都从国家立法和政策中强调航天国际合作的重要作用，并指定国际合作的开展。德国宇航中心（DLR）推出其首份国际化战略《DLR国际化战略2030》，确立了国际化战略目标、发展措施和重点合作伙伴。另一方面，各国航天国际合作的发展充分体现了航天国际合作已经成为国家利益和意志的重要载体，终与国家战略意志和外交布局密切相关。美欧同盟、美日同盟、欧洲一体化的推进和深化始终都伴随其航天领域合作的持续拓展与深入；非洲、拉美地区则通过区域航天组织，强化区域性政治联盟。这种情况越来越清晰地显示出国际政治互信与航天合作相互关联、紧密耦合的本质规律。同时，航天国际合作也是大国政治外交博弈的重要领域，美俄在乌克兰事件后的紧张关系已经在航天领域得以快速体现，两国航天合作快速降温，美国加强对俄罗斯出口管制，俄罗斯也利用载人乘员运输、火箭发动机产品优势进行反击，关键时刻，提供关键能力，做出关键贡献，真正展示出支持国家战略和外交大局的战略高技术领域特点。

国际合作在衡量国家航天综合实力方面的标志作用更趋凸显。国外航天国际合作的实践表明，推进合作并不能完全实现分担风险、降低成本、提升技术的目的，由于利益诉求的不同、伙伴能力的差异、管理制度的差别，往往给合作带来更多的不确定性，项目成本超支和进度拖延的现象在合作过程中普遍存在，工程技术风险可能会不降反升，合作方之间甚至存在矛盾与不协调，这些问题都是各方必须要考虑和应对的挑战。因此，能否凝聚积极因素，克服不利因素，有效推进特别是主导实施航天国际合作，成为衡量一个国家航天技术研发、产品研制、基础能力、管理水平，乃至战略视野等综合实力和整体素质的“试金石”。

5.2.3.5　太空探索成为航天强国主导的国际合作热点

太空探索主要以国际合作的形式开展，由航天强国主导。早在 2011 年，国际空间探索协调小组（ISECG）发布《全球探索路线图》，该“路线图”由全球 12 个国家参与制定，强调了未来 25 年内在全球范围内进行月球探测、近地小行星探测和火星探测的国际合作趋势，并指出国际合作模式有利于各个航天国家减轻成本、资源和管理等方面的压力，达到分担风险、共享成果的目的。而美国提出的“阿尔忒弥斯”计划，欧洲提出的“月球村”的设想，都是意图构建深空探测国际合作伙伴关系。

5.2.3.6　商业航天成为太空治理国际合作的重要内容

加速商业航天发展，支持企业全球航天市场竞争与合作是实现航天国际合作更好效果的重要选择。当前全球航天产业化趋势日趋显现，美欧传统市场不断成熟，亚非拉新兴市场的蓬勃发展，融入全球航天产业链、价值链和创新链并占据有力位置，已经成为主要航天国家的战略共识。这些国家越来越重视国际市场对提升本国航天竞争力和全球影响力的重要意义，已将全球市场竞争与合作作为航天国际合作的重要组成部分，通过出口政策、财税、金融和技术等政策着力扶持企业参与国际市场竞争和产业分工。美国通过出口管制改革，放宽出口审批，在推动美国传统军工巨头重返国际市场的同时，大力扶持 SpaceX 等新兴航天企业进军国际市场，欧洲、俄罗斯也都在国际市场中占据相当大的份额，日本、印度，乃至韩国企业都跃跃欲试，不断推动更加有竞争力的产品方案和运作模式，不仅为企业自身创造更大的发展空间和经济效益，也有助于国家更好实现政治、安全和军事利益的全球布局和控制能力的持续增长。

5.2.4 挑战与启示

5.2.4.1 国际形势对国际合作的挑战

（1）少数国家意图单边主导空间国际规则的制定

航天领域的国际合作蓬勃发展，在载人、深空探测、空间基础设施制造及应用、运载、空间科学等领域的国际合作硕果累累。众多合作项目中的主要参与者仍集中在少数航天大国之间，而在世界航天合作体系中，美国起到了单边主导作用，并试图绕过国际多边磋商，建立自己的航天规则体系。以最新的特朗普签署的行政令“关于鼓励国际支持太空资源的获取和使用”，要为美国关于太空资源可为各公司和机构所用的立场寻求国际支持，并希望避开制定相关国际法律制度的选项，以及近日 NASA 宣布《阿尔忒弥斯协定》作为在月球表面开展国际合作的法律框架，都表明美国在构建以自身利益为核心的单边规则体系，整体违背了《外空条约》的法律原则，阻碍了联合国外空委关于构建为实现人类命运共同体的全球伙伴关系这样的基本理念的实现。

（2）现有国际规则体系存在重大漏洞尚需不断完善

现有国际规则体系仍存在重大漏洞，迫切需要尽快完善。例如，近年来，商业航天崛起，巨型小卫星星座快速发展，而相关规制进程极大滞后于航天技术的发展，如国际电联对低轨卫星频率轨位的申请仍采用先到先得的原则，大量频率轨位被少数国家占用，从而剥夺了发展中国家进入太空的机会；而相关空间碎片减缓准则已无法有效规制巨型星座的快速发展带来的碎片问题，这都对外空环境的长期可持续利用带来了严峻挑战。

（3）大多数发展中国家被边缘化而无法享受航天红利

大多数发展中国家在航天发展中处于被动地位，在广泛开启的航天国际合作中被边缘化。而航天技术的发展已经证明对社会经济发展有巨大的推动作用，当今社会发展，从国防军事到工业发展，再到人们的日常生活，对航天技术日益依赖。然而大多数发展中国家无法享受航天发展带来的红利，这将不断拉大发达国家和发展中国家的差距。

5.2.4.2 有关启示

（1）联合国及其专门机构作为政府间多边合作平台在太空治理领域将发挥重要作用

联合国大会通过的各项决议是太空治理的重要工具，提供了太空治理的基本法律框架和基本原则，呼吁防止外空武器化，并形成了多项促进外空治理的软法文件。联合国外空委是空间领域的联合国专门机构，其受众广泛，目前已有 95 个成员国，涵盖所有航天大国及众多发展中国家和意欲发展航天力量的国家，制定和平利用外空的原则和规章，促进各国在和平利用外空领域的合作，研究与探索和利用外空有关的科技问题和可能产生的法律问题。外层空间事务厅作为外空委的秘书处维护空间物体等的登记、各种数据和文献汇编。而国际电联管理卫星无线电频率和轨道位置分配，并定期根据产业发展针对管理程序进行不断修订。此外，联合国协商一致的议事规则为国际规则的制定提供了一个相对公平的平台。避免某些国家绕过广泛的国际磋商制定利己的单边航天行为规范。应充分维护联合国平台的权威性和有效性，同时积极参与和谋划国际规则制定过程，通过国际规则的制定维护国家发展的核心利益。我国应维护联合国平台的权威性和有效性，如欧美另寻开辟外空规则制定进程，或将削弱我国的话语权和影响力，令我国陷入被动局面。同时，我国也应积极参与平台议题的进展，推动太空治理的发展。

（2）航天国际合作已与国家战略和外交紧密相连

航天国际合作应强化战略视野，服务国家大局。服务国家发展大局和整体谋划是航天领域开展国际合作的根本要求。各主要航天国家在谋划航天国际合作时，越来越多地将合作融入国家战略布局。这需要航天跳出自身领域，在全球思维下，以更开阔的视野考虑问题，谋划发展，推进合作。特别要处理好整体与局部、近期与长远的关系，树立强化推进航天国际合作的发展理念。一方面要提升对国际战略格局的认识高度，将开展国际合作服务国家政治外交的作用落到实处；另一方面，还要加强与国家政治经济活动不同层面的互动和对接，不仅将国际合作作为国家影响力的重要旗帜，也要成为国家战略实施的有效工具，不断丰富航天国际合作在国家活动中的作用机制。

（3）多边非政府间合作组织已经成为各国建立广泛联系的重要平台

多边非政府间合作组织在航天领域影响力深、维度宽、受众广，对航天国际合作的发展起到巨大的促进作用，因此，应深度参与到航天多边非政府组织中，提高航天领域的国际影响力。我国应制定政策规划，有计划地派员深入到各航天多边非政府组织中，深入到航天学术、教育和公益等领域的交流，提升我国在航天领域的影响力，为航天事业的发展积蓄力量，也为广泛的航天国际合作的开展形成良性的牵引。此外，深入非政府组织有利于提升国际大局观，关注全球问题，超越狭隘的本国利益，也有利于树立我国良好的国际形象。

5.3　我国太空活动国际合作现状与问题

中国政府高度重视航天国际合作，随着中国航天的不断发展，中国的航天国际合作内涵总体上经历以下几个主要阶段：

1）在航天技术发展初期，中国主要通过技术引进，提升技术发展水平。随着中国航天核心技术自主能力不断提高，中国对外国际合作的内涵也日渐丰富，当前已经发展成为服务于国际社会的空间技术设施应用能力；通过空间科学、载人航天、深空探测等领域的大型工程项目国际合作，建立国际合作伙伴关系，服务于国家外交，并不断探索有利的合作机制与合作模式。

2）中国参与多种形式的双边及多边航天合作机制。广泛参与包括联合国外空委在内的政府间多边合作；积极履行在空间与重大灾害国际宪章（CHARTER）、联合国灾害管理与应急响应天基信息平台（UN - SPIDER）、世界气象卫星协调委员会等组织承担的责任义务，彰显了中国负责任大国形象；中国政府重视区域航天合作的开展，发起 APSCO，并在上合组织、金砖国家等框架内开展多边航天合作；以自主开展的重大工程项目引领国际合作；卫星应用的国际服务能力不断提升。

3）中国已建立多种形式的航天双边合作机制。截至目前，中国政府已与 30 多个国家和机构签署了航天合作协议。我国以双边合作机制为依托、以合作大纲为抓手，与多个国家开展了卓有成效的航天合作。中国与俄罗斯开展了全面、深入的航天国际合作，合作跨越深空探测、载人航天、空间科学、卫星导航、空间碎片治理等各个领域；中欧合作稳步推进，在深空探测、空间科学等领域开启了务实合作；中巴资源卫星项目成为南南合作典范；持续加强与发展中国家合作。同时，中国也与美国开启民用航天对话机制。

中国航天国际合作取得了长足发展，在一些领域取得了一些重要突破，但也面临外部环境的严峻考验，同时存在一些亟待解决的问题与不足。一方面，如面临国际政治因素，特别是美国对中国的限制，极大制约了中国国际合作的开展，而新型冠状病毒肺炎疫情的发生，加剧了这种不利局面；关键技术引进的门槛仍然较高，从外因上阻碍我国技术发展；国际商业竞争激烈，为我国市场竞争带来考验。另一方面，对于航天国际合作的开展，我国也存在很多问题和不足。包括航天多头对外的管理体制问题、对国际合作的意识不足、缺乏专业人才、对国际资金政策利用不充分等问题，我国航天国际合作的内功尚需进一步提升。

5.3.1 我国参与太空国际合作体系现状

5.3.1.1 政府多边合作现状

（1）支持政府间多边合作平台，进入全球治理体系积极发声

中国支持联合国框架内和平利用外层空间的各项活动，积极推动国际规则制定。中国相继加入了《外空条约》《登记公约》《营救协定》与《责任公约》等国际条约，并严格遵守相关国际义务，积极推动国际航天事业和平发展。中国积极参与政府间多边合作，参加了联合国外空委等十几个多边组织/机构会议，与多个国际组织签署了和平利用外层空间的合作协定或谅解备忘录。中国参加多边合作平台的国际规则磋商并积极推动相关进程，包括参加联合国设立外空透明与建立信任措施政府专家组（GGE）、外空委“外层空

间活动的长期可持续性”（LTS）等议程项目的磋商；中国与俄罗斯在裁军谈判平台发起《防止在外空放置武器和对外空物体使用或威胁使用武力条约》（PPWT），在推动防止外空军事化的规则制定上具有里程碑意义；2019 年，联合国外空司与中国国家航天局共同主办“中国/联合国航天助力可持续发展大会”，提出了推动科技进步、服务“一带一路”、推进防灾减灾、应对气候变化、保护生态环境、发展太空经济等十大行动计划。此外，中国派员深入参与联合国外空委的日常管理工作，近年持续派员在外空司任职。

参与并推进相关国际组织工作。以航天局的名义，中国目前共加入 12 个政府间航天多边组织。中国 1995 年加入机构间空间碎片协调委员会，成为 11 个成员机构中的一员，曾有两人担任机构间空间碎片协调委员会主席，多人担任机构间空间碎片协调委员会工作组组长，成为国际社会空间碎片治理中不可或缺的重要力量。2007 年，国家减灾中心加入 CHARTER 机制，并担任授权用户单位和项目经理。2010 年，UN－SPIDER 北京办公室正式启动运行，该平台是 2006 年经第 61 届联合国大会第 110 号决议同意设立的一个长期项目，国家减灾中心为其提供全方位技术支撑，并开展灾害监测技术交流与培训。与 UN－SPIDER 北京办公室合作举办天基技术支撑灾害管理系列年会，为相关领域政府管理人员、专家学者提供信息共享和交流平台，并与联合国附属空间科学与技术教育亚太区域中心（中国）深度合作，联合开展灾害监测理论与技术培训，取得了积极成效。作为地球观测组织（GEO）的创始国及联合主席国，中国深度参与组织活动，持续推动 GEO 框架下数据共享与国际重大灾害数据应急救援工作，落实我国参加 GEO 国家综合地球观测数据共享平台，实现了卫星实体数据的接入和国际共享，开启了科学合作计划，为国际重大灾害提供卫星遥感数据应急和灾情分析服务；同时中国联合亚洲、大洋洲区域主要成员国，牵头发起并共同提出亚洲、大洋洲区域地球观测计划（AOGEO），推动区域地球观测合作计划实施。中国积极参加全球卫星导航系统国际委员会（ICG）活动，提升中国在北斗导航领域的国际影响力。同时，还与世界粮食计划署、联合国亚洲及太平洋经济社会委员会等多个空间机构建立了良好的合作关系。

加强国际重特大灾害监测服务。近十年来，积极参与空间与重大灾害国际宪章（CHARTER）工作，利用国产遥感卫星数据，为“非洲之角”旱灾、缅甸洪涝、老挝溃坝等 50 多次重大灾害开展应急监测，服务覆盖全球 30 多个国家。其中，自应急管理部组建以来已为 13 个国家的 13 场重大灾害开展监测服务，灾害种类涵盖森林火灾、地震、干旱、台风、洪涝等自然灾害以及尾矿库溃坝等安全生产事故。

（2）发起中国主导的多边区域组织，重视区域间航天合作

中国重视区域间航天合作，发起亚太地区 8 个国家成立政府间国际组织——亚太空间合作组织（APSCO），为本地区发展中国家推动和平利用空间发展提供了合作机制，其宗旨是通过推动成员国之间空间科学、技术及其应用的多边合作，在成员国之间开展互助，

提高成员国空间能力。在该合作框架下，APSCO建立的人才培养机制，包括学位教育，以及多种主题的空间技术及其应用的短期、在线和现场培训，并组织多项学生竞赛活动，促进发展中国家航天人才建设；启动数据共享服务平台（DSSP），为成员国提供免费数据共享，通过平台也可获取气象卫星数据，满足成员国大范围卫星遥感数据的需求；发展多任务联合小卫星星座，促进区域内空间段网络和地面系统互联；建立陆基空间目标探测、跟踪和识别能力网络，增强观测持续时间和视角；开展旱涝滑坡遥感数据应用、应急兼容GNSS、地面电离层探测地震预报和电磁卫星等研究，提高区域灾害管理和救援能力等。此外，中国在北京航空航天大学成立了联合国附属空间科学与技术教育亚太区域中心（中国），成为促进本区域空间科技交流与合作的重要平台；中国在上合组织、金砖国家等框架体系下，开展了卫星移动通信系统、遥感卫星虚拟星座计划等工作；中国还启动实施中国–东盟卫星信息海上应用中心、澜沧江–湄公河空间信息交流中心建设等项目。

（3）以重大航天工程项目为依托，推动多领域国际合作

以探月工程、中国空间站等国家重大工程为引领，推动航天国际合作，为我国在未来太空治理中主导权的建立、朋友圈的扩大奠定基础。在深空探测领域，嫦娥六号及小行星任务面向全球征集国际合作项目，收到多方合作意向。在载人航天领域，中国与联合国外空司达成协议，向联合国成员国提供中国空间站的使用机会，2019年中国联合外空司一同面对全球各国，发布中国天宫空间站寻求国际合作的通告，收到俄罗斯、日本、印度、肯尼亚和意大利等17个国家通过批复申请，中国空间站的国际通告对全球所有国家、机构和私营企业打开合作大门。在空间科学领域，中国与欧洲多国经10年合作研制伽马暴偏振探测仪（POLAR）搭载中国空间实验室天宫二号实现了预定科学目标。中国邀请美国、俄罗斯、澳大利亚、加拿大、巴西、日本等国参与“国际空间天气子午圈计划”，该计划将中国的子午链向北延伸至俄罗斯，向南延伸至澳大利亚，并将分布于西经60°附近的地面观测台站纳入联网观测，进行空间灾害性天气的全球联合预报，实现子午线的地球磁场、中高层大气、电离层、磁层和宇宙线等日地空间环境的全球联合监测机构及体制。

（4）空间应用水平快速提升，不断拓展全球服务能力

近年，中国航天空间基础设施及其服务能力快速提升，在满足了国内应用需求的同时，初步具备了服务国际的实力。中国全面推进“一带一路”空间信息走廊建设，为构建人类命运共同体贡献力量。

1）在卫星遥感领域，风云、海洋、资源、高分、遥感、天绘等卫星系列和环境与灾害监测预报小卫星星座进一步完善，在轨卫星60余颗。目前7颗风云系列卫星在轨运行，已被世界气象组织纳入全球业务应用气象卫星序列，成为全球综合观测系统的重要成员，同时也是国际灾害宪章机制的值班卫星，来自全球104个国家（含75个“一带一路”国家）已注册成为风云卫星遥感数据服务网用户。海洋二号卫星于2011年发射，同时，中

法海洋卫星研制工作稳步推进，实现了海洋风场、浪场、海面高度、海表温度等海洋参数的高精度测量。在资源观测方面，高分辨率重大专项顺利实施，已发射入轨 7 颗卫星，实现了亚米级高空间分辨率、高光谱分辨率、高时间分辨率，以及光学遥感与雷达遥感的有机结合。应用于沿线地区的农业、国土、城市建设和环境保护等领域。

2）在卫星通信领域，目前我国多个系列优质的民用通信广播卫星在轨运行，转发器总数量超过 300 个，建成了连接南亚、非洲、欧洲和美洲的卫星电信港，形成了全球化的卫星通信服务能力，卫星通信业务拓展至全球 30 多个国家和地区。“天通一号 01 星”为我国国土及周边、中东、非洲等相关地区，以及太平洋、印度洋大部分海域的用户提供全天候、全天时、稳定可靠的移动通信服务。中星 16 号填补了我国宽带通信卫星业务上的空白，标志着我国进入卫星互联网应用时代。我国通信卫星全球覆盖面积超过 80%，覆盖人口超过 92%。

3）在卫星导航领域，迄今为止我国成功发射 55 颗北斗导航卫星，北斗三号系统完成部署，实现全球服务能力。目前正在运行的北斗二号系统发播 B1I 和 B2I 公开服务信号，免费向亚太地区提供公开服务；先后与巴基斯坦、阿尔及利亚等国合作，建设了地基增强系统，标志着北斗地基增强系统与产品已成体系地走向海外；北斗系统开始服务于缅甸农业，通过北斗/GNSS 接收机采集统计各地农业数据，减少土地管理成本；基于北斗/GNSS 的无人机在柬埔寨得以应用，同时北斗还在测绘测量、机械控制、GIS 数据采集等方面得以广泛应用，助力柬埔寨基础设施建设；基于北斗的高精度接收机应用于科威特国家银行总部大厦 300 m 高摩天大楼建设，保障了垂直方向毫米级测量误差要求；北斗服务于巴基斯坦新伊斯兰堡国际机场信息集成系统建设，机场已于 2018 年 10 月开通运行。截至 2019 年年底，国产北斗基础产品已出口至百余个国家和地区，基于北斗的土地确权、精准农业、数字施工、智慧港口等，已在东盟、南亚、东欧、西亚和非洲等地得到成功应用。北斗系统已经为广大用户提供范围更广、精度更高的定位服务，能够有效识别、对接不同的卫星导航系统，北斗卫星导航系统的服务能力及应用范围不断拓宽。

4）在航天的测运控领域，我国在测控系统总体设计、测控站网与测控中心建设、测量数据实时和事后分析以及跟踪测量和指令控制设备技术等方面已跨入世界先进行列。向尼日利亚、阿尔及利亚、委内瑞拉、玻利维亚、巴基斯坦、老挝、白俄罗斯等国家累计出口建设十余套地面测运控系统及集成，有力保障和支撑了“一带一路”区域及国家航天事业发展。

5.3.1.2 政府双边合作现状

（1）中欧稳步推进多领域务实合作

中国十分重视对欧航天合作，中欧航天合作稳步推进，双方在中欧航天合作联合委员会机制下，签署了包括《2015—2020 年中欧航天合作大纲》在内的一系列协议，合作领域涉及深空探测、空间科学、对地观测、测控服务、空间碎片和教育培训等。

在空间探索方面，2005 年中国与 ESA 合作开展“地球空间双星探测计划”，是我国第一次以自主提出的空间探测计划进行国际合作的重大科学探测项目，形成人类历史上第一次对地球空间的六点立体探测，被国际宇航科学院（IAA）授予杰出团队成就奖。近期，中欧签署《中国国家航天局与欧洲空间局关于未来探索合作机遇的联合意向书》，双方持续推动载人航天空间科学和应用领域的深入合作。在对地观测领域，自 2004 年起，中欧双方启动“龙计划”，该计划是对地观测领域重大国际科技合作项目，目的是联合中欧知名遥感专家开展合作研究，促进遥感技术应用水平的提高。目前正在进行“龙计划四期”，中欧双方卫星数据在农业、林业和水利等领域的应用开展合作研究。ESA 预计将在 2022 年发射全球首颗 P 波段合成孔径雷达卫星，所获得的数据将免费提供给我国“龙计划”团队使用。该计划有助于提高我国遥感领域研究水平，推进我国相关应用研究。此外，中欧双方就 SMILE 计划、国际空间天气子午圈计划等开展联合研究，并继续在已有对地观测及数据共享合作的基础上开展温室气体联合监测及研究，双方还将拓展卫星导航领域合作范围，加强导航科学方面的合作。

中国与欧洲各国也开展了卓有成效的航天合作。中国与法国在中法航天合作联委会机制下，持续推进中法天文、中法海洋等卫星工程合作项目，签署关于空间与气候变化的合作意向书，推动空间技术应用于全球气候变化治理。中国与意大利成立中意航天合作联合委员会，中意电磁监测试验卫星发射成功；中意也即将开启中国空间站核心舱共同建设的深度合作，意大利提供先进的空间站技术，还将共担资金压力；此外，中意还开展航天员联合训练。中国与英国持续推进中英空间科学技术联合实验室建设，加强航天科技人才交流，启动中英遥感应用合作研究；中国与德国推动两国航天企业间对话，加强两国在航天高端制造领域的合作，并积极探讨中德双方卫星遥感数据交换、实验室共建事宜；中国与荷兰签署空间合作谅解备忘录，推动农业、水资源和大气环境等领域遥感应用合作，在“嫦娥四号”任务实施中搭载载荷。

（2）中俄开展全方位、多层次、宽领域的航天合作

中国与俄罗斯保持最稳定的双边关系，两国开展全方位、多层次、宽领域的航天合作。在总理定期会晤委员会航天合作分委会机制下，签署《2018—2022 中俄航天合作大纲》，合作涵盖 5 个主要领域：月球和深空探索（机器人和人类）、空间飞行器和地面基础设施、硬件组件和空间材料开发、共享地球遥感数据和空间碎片研究。

在深空探测领域，中俄开展了多项深空探测合作项目，包括先期的联合探测火星火卫一、“火星-500”计划等项目。近年，中国与俄罗斯签署了《中俄协同实施“嫦娥七号”月球极区探测任务和“月球-资源-1”轨道器任务合作协定》和《中俄建立联合月球与深空探测数据中心的合作协定》，拓展两国在月球和深空等领域大项目上的长期合作。两次

任务协同实施和建设联合数据中心是启动中俄航天大项目合作计划的重要举措，为新时代中俄全面战略协作伙伴关系提供了支撑，得到了中俄两国领导的重视。此外，中俄双方还启动国际月球科研站的联合论证工作。

在空间科学领域，在中俄航天合作大纲的框架下，中俄开展地空甚长基线干涉（VLBI）射电测量合作研究，涉及空间 VLBI 科学和技术、合作协议签署、观测数据共享共用等方面。中方利用俄方提供的数据进行空间 VLBI 数据处理方法验证，初步得到俄罗斯空间 VLBI 卫星常规观测模式下的空地间干涉条纹。双方后续商讨了在俄罗斯下一代空间 VLBI 项目 Millimetron 上的深入合作，已向各自上级机关提交了合作协议。

在卫星导航领域，两国政府高度重视中俄卫星导航合作。2015 年 1 月，在中俄总理定期会晤委员会框架下，正式成立项委会，建立起政府间推动两系统深度合作的平台和机制。近年来，项委会先后召开 6 次正式会议，成立 4 个工作组。2019 年 9 月，两国总理共同签署《中俄总理第二十四次定期会晤联合公报》（以下简称《联合公报》）。进一步加强北斗和格洛纳斯系统的兼容和互操作，推动在中俄互设测量站、精准农业等领域的合作项目，继续推进北斗–格洛纳斯卫星导航系统在中俄国际道路运输应用合作，促进两系统以更高质量服务两国经济社会发展。两国卫星导航领域合作务实推进、成果显著。

在空间碎片领域，中俄空间碎片分工作组成立后共召开 8 次工作组会议，拟开展中俄空间按碎片信息共享平台（含空间碎片联合数据库）建设及其应用，以协调观测、开展空间碎片联合监测活动、空间碎片观测台站互访。

中国和俄罗斯长期保持技术及产品进出口合作。中国对俄罗斯开展大型高精度天线展开技术、大推力电推进技术和空间低温光学探测技术等技术引进，进口俄罗斯 RD－180 发动机、光学相机和电源等部组件产品。而中国向俄罗斯提供真空模拟试验服务，出口真空模拟装置、星敏感器等部组件、电气元器件等产品。两国技术和产品往来互动频繁，互有依赖。

（3）以不断完善的空间基础设施能力支持发展中国家发展

中国持续加强与发展中国家的航天合作，在商业发射、整星出口等国际合作基础上，积极探索联合研制、技术转让、人员培训、规划对接等更广泛的合作方式与途径，帮助发展中国家建立自己的航天工业体系，培养航天人才团队。中国和巴西在高层协调与合作委员会航天分委会机制下，持续开展中巴地球资源卫星合作，该项目被誉为南南合作的典范，中巴资源卫星不但为两国所用，更是惠及周边国家。中国与巴基斯坦保持良好的航天合作关系。20 世纪 90 年代就开启了中巴航天合作。近年来，中巴在整星出口、空间科学联合研究、资源卫星应用、地面设施应用、遥感卫星合作、导航卫星合作等领域开展了广泛、深入的合作；中巴近期签署了载人领域的合作协定，后续还将就空间科学实验与技术试验、航天员选拔训练及飞行、载人航天科学应用与成果转化等 3 个方面展开合作。此外，中国将通信卫星技术惠及老挝、尼日利亚、阿尔及利亚等国，帮助尼日利亚、委内瑞拉和玻利维亚成立了本国的航天机构或卫星运营公司，培养领域人才。

（4）中美航天合作破冰，积极开启大国对话

现阶段，中美关系跌入冰点，美国法律禁止 NASA 以及航天企业与中国开展合作。1988 年，美国宣布航天飞机退出商业市场，而此时中国长征火箭因成功率高、价格便宜，成为美国在发射领域的合作伙伴。美国通过在商业发射上扶持中国，抗衡苏联，维护自身利益，由此迎来了 20 世纪 90 年代中国航天合作的“蜜月期”。中美两国在商业发射上的合作，使得中国迅速积累了相关的人才和经验。截至 1999 年，中国的长征系列运载火箭已经进行了 23 次对外商业发射和 5 次搭载服务，共将 25 颗国外卫星送入预定轨道。其中，包括澳大利亚卫星、瑞典卫星、巴基斯坦卫星、亚洲卫星、亚太卫星、菲律宾卫星和美国铱星等，在国际商业卫星发射服务市场中赢得较高的声誉。20 世纪 90 年代末期美国开始对中国实行越来越严格的出口管制。1999 年，美国众议院发布了臭名昭著的《考克斯报告》，报告称中国通过卫星发射窃取美国卫星技术，威胁美国国家安全，成了中美商业航天领域“脱钩”的直接导火索，从此开启了美国对中国国际合作“围追堵截”的历程。

近年来，中国和美国在中美战略与经济对话框架下，开展民用航天对话。2015 年，中国和美国正式建立民用航天对话机制，对实现两国在“平等互利”原则下开展航天合作具有积极意义，为增加航天相关领域相互了解和信任开辟了新的渠道。2015—2017 年分别召开了 3 次政府间民用航天对话会议。双方明确在空间碎片、空间天气和应对全球气候变化等领域加强合作。第 4 次会议尚在筹备中。近期受新型冠状病毒肺炎疫情的影响，全球局势，特别是中美局势复杂多变，中美民用航天对话机制能否突破不利阻碍，持续开启对话，进一步推动合作机制建立，改善外交局面，值得期待和谋划。

5.3.1.3 非政府主导合作现状

（1）在国际航天学术平台的影响力日益增大

中国持续向国际组织推荐专家任职，提升中国航天在国际组织的话语权，推动中国航天融入世界航天，促进航天国际合作。“十三五”期间，中国航天界参评国际航天奖项，取得了丰硕的成果，共获得 2 个团队奖项，8 个个人奖项，包括“IAF 世界航天奖”“IAF 名人堂奖”等奖项。中国航天人的工作得到世界同行认同，为中国航天赢得了应有的荣誉，持续提升中国航天国际影响力。在同期国际任职上，中国成功推荐 1 名中国航天专家当选 IAF 副主席，1 名专家连任 IAA 副主席，1 名专家入选 IAA 主席团成员并当选 IAA 工程学部主席；6 名专家成为 IAF 有关技术委员会委员，20 名专家当选 IAA 通信院士或转为正式院士。中国专家深度参与国际组织管理规则制定、学术活动组织和课题研究合作等。IAF 成立了首个也是唯一一个由中方发起的“卫星商业应用委员会”及亚太办事处；IAF

和 IAA 分别与宇航学会在华共同联合主办“中国航天大会”“2017 年全球航天探索大会”“航天技术创新国际会议”“航天国际合作促进发展中国家经济社会发展国际研讨会”“IAA 院士日”等大型国际学术交流活动 10 次；IAA 成立了 9 个由中方牵头的课题研究小组，内容涉及大规模空间进入技术、卫星遥感技术应用、火箭智能控制、空间矿产资源、空间法律政策等问题。中方专家在推动中国航天与世界的交流与合作方面发挥了重要作用。中国航天人在国际组织任职，将积极推动中国与世界各国开展国际空间交流与合作，使航天活动成果在更广范围、更深层次、更高水平上服务和增进人类福祉。

（2）不断拓展联合实验室、海外研发中心的建立

北京航空航天大学、哈尔滨工业大学等高等院校与英国、德国等国航天领域著名研究机构成立了空间技术联合实验室。中国空间技术研究院 508 所与荷兰应用科学研究组织共建了空间光学仪器联合实验室。上海航天技术研究院 802 所航空航天器电磁环境效应重点实验室与美国宾夕法尼亚州立大学电磁通信实验室联合成立了高强度辐射场（HIRF）/雷电效应联合研发中心。中国航天企业已经与英国、荷兰、比利时、以色列等国家建立了紧密的技术合作与交流，在 10 余个国家建立了海外研发中心，加强卫星研制技术的交流与合作。中巴地球资源卫星的 01 星、02 星、02B 星、04 星、04A 星已经顺利完成研制，通过这个窗口可以引进、吸收国外先进技术及管理方面的经验，提高我国卫星研制水平，进一步推动我国在航天领域与国际上的交流与合作。随着中法海洋二号卫星合作、中英小卫星合作等项目，大大促进了对国外先进的技术和管理知识及经验的消化、吸收与再创新。对于航天技术先进的欧美国家，重视与其进行技术合作交流及体系互认，力争从合作中吸取欧美航天产业的技术能力及经验，促进我国航天能力提升。

（3）航天人才培养的国际合作项目日益丰富

在人才培养领域，中国积极派员参加国际空间大学培训，并从 2006 年起，举办空间大学的培训项目，在重视本土人才培养的同时，也为世界输出中国智慧。除此以外，北京航空航天大学、哈尔滨工业大学等院校组织了数百次的外国学员的学位培训，航天科技集团一院、五院、八院、长城公司等单位组织了近百次的国外航天专业技术培训。高校、科研机构和企业也积极参与 IAF 和 IAA 等国际机构组织的人才培训与交流。中国航天员科研训练中心一直保持着良好的国际合作和交流，连续数年为国际航天员进行了多次培训交流。培育知华友华的潜在杰出人才，输出中国文化和行业经验，为中国航天产品国际合作奠定基础。

（4）航天企业不断培育、拓展国际市场，推动航天产品和服务走出去

中国航天历经 60 多年的发展，形成了系统齐全的航天工业体系和较为完整的空间基础设施，为商业航天发展奠定了坚实基础。从 20 世纪 80 年代开始，中国航天的商业化、国际化开始起步并持续快速发展，在商业航天卫星制造与发射、卫星运营、地面设备制造

等方面开展了积极的商业实践。在全球兴起商业航天发展潮流的背景下，中国航天商业化进程不断加快，商业航天发展呈现出高潮迭起、加速创新的总体态势。

中国航天已完成10余颗国际商业卫星在轨交付，国际化足迹遍及亚洲、非洲、欧洲、美洲的20多个国家。中国航天企业通过不断培育和拓展国际市场，中国企业国际商业合作的内涵不断丰富。中国宇航产品及服务出口已覆盖到欧洲、非洲、南美洲、亚太地区、北美洲等众多国家和地区，出口额连年增长。

卫星运营国际化服务快速发展，通信卫星整星出口市场份额稳步提升，遥感卫星出口取得突破并逐步成为新的增长点。中国航天已经向巴基斯坦、委内瑞拉、阿尔及利亚、尼日利亚、老挝等国家实施了10余个国际卫星在轨交付项目，已为国内外客户完成几十次发射服务（含搭载）。卫星总装集成测试中心（AIT）项目进入国际市场，支撑国际航天技术发展。

中国商业航天着力构建天地一体化的多层次信息空间服务体系，提供各行业、各领域系统解决方案，形成遥感、通信、导航一体化信息系统产品，促进信息基础设施协同发展。卫星通信领域：我国已形成了全球化的卫星通信服务能力，业务拓展至全球30多个国家和地区。亚太九号通信卫星发射后，形成了“自西向东排开，从印度洋至马六甲海峡再至南海海域”态势，实现了对“海上丝绸之路”周边区域的基本覆盖。卫星遥感领域：中巴地球资源系列卫星数据已广泛应用于南美国家国土资源调查等多个领域，成为“南南合作典范”；高分专项系列卫星、高景一号等遥感卫星提升了我国遥感数据在“一带一路”沿线国家的服务能力。卫星导航：北斗导航系统的区域服务能力不断提升，与俄罗斯、印度、巴基斯坦、泰国、印度尼西亚等国家和区域组织的合作交流取得重要进展。

航天作为国家名片，需要走出国门，参与全球竞争。民营企业由于没有政府背景，不易受国外政策门槛限制，在开展国际合作上更有优势。蓝箭航天空间科技股份有限公司与丹麦公司签订火箭发射服务协议，是我国民营商业航天企业承接的首笔国际市场商业发射订单；长光卫星技术有限公司发射“吉林一号”，是我国第一家商业遥感卫星公司，计划在2030年达到138颗商用遥感在轨卫星，提供国际化的遥感服务。中国商业航天应用服务蓬勃发展，商用遥感服务出口欧洲和非洲。高景卫星数据产品、高景数据培训服务、软件测评服务等出口埃及。和德宇航中标荷兰精准农业项目，用于荷兰全境农作物长势和水资源利用等方面的监测。

5.3.2 我国外空治理国际合作面临的挑战和机遇

5.3.2.1 新型冠状病毒肺炎疫情对国际格局和航天合作带来前所未有的挑战和机遇

新型冠状病毒肺炎疫情的爆发加剧了中美关系的恶化，新型冠状病毒蔓延对人们的生活和生计造成严重破坏。美中战略竞争在安全、贸易、技术、全球影响力和权威等领域继续发展。尽管疫情影响明显加剧，但在大国重新展开竞争的背景下，美中双边关系在一系列问题领域继续恶化。疫情加剧了由于战略竞争水平不断提高而已经存在的某些摩擦。疫情期间的互动也进一步暴露了两国之间已经加深的不信任，这种不信任加剧了双方的敌对和对抗态度。虽然疫情最终会消退，但在这些领域采取的行动造成了强烈的影响，这种影响将在未来通过两国之间日益加深的不信任而重演。在这样的发展趋势下，中美航天对话面临着更为严峻的考验。而双边关系也是全球性的，这意味着两国之间的互动不再是决定两国关系前景的唯一因素。而其他国家与我国开展合作也对中美关系产生影响，并受其影响，这将对未来中国开展航天国际合作带来考验。当疫情最终平息时，内部的紧张关系和外部合作的压力将在中美双边关系中并存，这可能导致近年国际关系史上前所未有的双边合作和竞争。

新型冠状病毒肺炎疫情为整个世界带来重创，或将成为各国同舟共济发展合作的契机。新型冠状病毒肺炎疫情席卷全球，局势仍在进一步恶化，疫情给各国经济带来重创，各国携手才能抵御这场人类共同面临的灾难，在这场疫情面前，没有一个国家可以成为地球上的孤岛，只有全球共同抗疫胜利才是各国真正的胜利。再看航天国际合作，疫情将极大提升各国积极开展合作的意识，这对航天领域的合作将会是有益的推动。对于众多大型航天项目，各国都会面临因经济受到重创或推迟或取消，此时是开展航天大型工程项目合作的重要契机，促进各国的合作互动，带动国际合作关系的良性发展，也能利用各方资源，节省自行发展大型项目耗费的资源。此外，更为重要的是，卫星技术应用在对抗新型冠状病毒肺炎疫情方面有着重要的价值；疫情当前，航天技术在支持前线卫生专业人员方面的作用受到了大家的关注，比如，卫星通信使得医生可以利用远程医疗手段帮助患者，卫星导航技术使得大家可以方便有效地监测保持社交距离的措施实施情况。此外，可积极向疫情严重和有需求的国家提供相关物资，传授经验，雪中送炭，赢得人心，为后续合作奠定基础，创造良好氛围。

新型冠状病毒肺炎疫情改变的不是全球化，而将改变全球化的重心。欧美因疫情带来重创的同时，对于拉丁美洲、非洲等不发达地区，疫情带来的就是一场人道主义灾难。对于航天国际合作，其合作发展的重心或因疫情影响而产生变化。将航天技术应用服务于全球，特别应用于发展中国家的社会、经济发展，加速服务于全球可持续发展目标，将进一步成为更受关注的合作领域。利用航天技术促进全球互联互通，提升全球化治理的能力将成为航天国际合作的一个重中之重。在疫情下，线上服务和自动化生产需求大量增加，可向“一带一路”等国家在共建信息走廊的框架下，大力推动有关航天技术、产品和服务走出去。

5.3.2.2 政治因素影响国际合作开展

美国联合“五眼联盟”国家不断对中国围剿，意图切断与中国的链接。一方面，以美国为首的“五眼联盟”集团近年来发展抑制中国崛起、反制中国渗透等战略。因此，“五眼联盟”国家不断评估如何切断对中国依赖，这也进一步阻断中国与其开展航天领域的合作，也阻碍其同盟国家与中国的航天合作。这对中国国际合作提出挑战。另一方面，“五眼联盟”也非坚不可破，各国均出于维护自己的利益为最高考量，考虑到其他四国也存在为其自身利益与美国周旋，特别是近期国际上新型冠状病毒肺炎疫情的出现，美国对中国的种种指责，并没有获得联盟的迅速响应，显然，其他四国并不希望与中国发生对抗，而中国的抗疫成果从另一个侧面显示出国家发展的优越性。联盟国家种种微妙变化，或将预示国际关系格局变化的机遇，中国航天也需把握大势谋求进一步的国际影响。

美国以意识形态为理由，排除与中国的合作，多次强调“与志同道合的国家开展合作”。中国航天国际合作长期受美国出口管制遏制。美国不仅通过立法禁止中美政府间的航天合作，利用各种借口对中国航天企业进行制裁，还通过调查等手段干涉中国与其他国家的航天合作，利用 ITAR 限制中国引进关键元器件、相机、地面设施、检测设施，造成玻利维亚卫星、白俄罗斯卫星等国际合作项目拖延。同时在各种多边场合极力炒作中国的空间碎片问题，拒绝中国参与国际空间站等大型航天国际合作工程项目，对中国航天国际合作环境产生极大影响。美国制裁也带来了附加效应，由于美国的影响，导致欧洲等西方国家和地区与中国的合作开始收紧，导致中国航天国际合作重大项目出现不同程度的延期。日美政治军事同盟伙伴关系更加紧密，出口管制清单保持一致，使日本与航天有关的对华高技术出口也受到影响，频频干扰。印度、韩国等其他美国盟国出于战略考虑，也在航天国际合作上与中国保持距离。发展中国家的合作极易受其政局影响。委内瑞拉、斯里兰卡、缅甸等发展中国家的政局变化，加上敌对势力干预，使得中国航天国际合作在不同程度上受到影响。发展中国家是中国航天合作的重点对象之一，中国大力推进“一带一路”建设，推进航天基础设施在“一带一路”国家的互联互通，推进航天产品走出去，而发展中国家的内部不稳定因素将为合作带来重大风险。

5.3.2.3 核心技术发展面临的挑战

在航天发展初期，我国通过与苏联的合作，引进了部分先进技术，促进了中国航天事业的发展。中国航天技术引进主要来自俄罗斯、乌克兰等传统战略伙伴，而近年来，俄罗斯、乌克兰两国航天自身发展也面临航天队伍老化严重、承接性欠缺的发展局限。中俄也不再是以“买卖产品技术”为主的合作模式。中国需要发展自主可控的核心技术来迎接未来的国际合作。美国对中国制裁加剧到了历史最为严苛的阶段，不但切断与中国航天的直接技术合作，对我国军工企业甚至军工高校进行全面的技术封锁，甚至禁止向中国出口常规的技术软件，如 MATLAB 模拟软件等常规工具。这极大地阻碍了我国的技术的发展，中国科研工作者为此需放弃一些常规科研工具另寻他法。然而，挑战和机遇永远是共生存在的，事物发展都具有两面性，如上述软件管制问题，中国科研工作组迅速找到了更为便捷的替代方式，以此放置于中国自主可控的航天核心技术发展上，美国在对中国技术发展设置阻碍的同时，也为我国航天核心技术自主可控发展提供了变相的促进。

5.3.2.4　载人月球探测和无人行星际探测国际竞争加剧

载人月球探测成为近中期的一个发展重点，并且将以多国联合探索的形式展开，全球迎来新一轮探月热潮。美国政府聚焦载人深空探索，以火星为长远目标，以月球为近期目标，重启"重返月球"计划，并加快步伐，提出 2024 年载人登月。近期，美国宣布《阿尔忒弥斯协定》，希望与参加或有意参与该计划的国家达成系列双边协议，并提出在月球南极建立"安全区"。美国进一步强化在航天领域的单边主义，意图建立以己为核心的合作体系，并试图将月球私有化，单方面制定外空国际规则，排除非合作国家对月球资源的利用。此外，欧洲也提出"月球村"计划，未来或在月球建立人类基地。俄罗斯围绕月球探测出台了国家规划，明确提出一系列无人月球探测项目，并提出载人月球探测计划，拟于 2030 年前后实施载人登月。载人月球探测再次成为大国竞争与合作的焦点，这将对我国的月球探测项目构成同质化竞争，而美国的霸权主义构想更是对我国相关项目构成了严重威胁。有竞争、有威胁、有动力，这也会促进我国相关计划的加速开展，在新一轮的竞争中抢占新机。而人类月球和深空探索可能有望继在国际空间站项目后，建立新的伙伴关系，在国际合作格局变革之际，为我国主导自主的月球探测计划、建立全新的合作伙伴关系、探寻新型合作模式提供了重要机遇。

5.3.3　问题与不足

5.3.3.1　航天国际合作缺少顶层有力设计

国家对航天国际合作重视不足，缺乏顶层规划和实施依据，航天国际合作对国家外交战略支持不足，当前的管理政策不足以支撑航天国际合作的开展。与中国航天取得的成就存在差距，航天国际合作实践缺乏统一规划指导。缺少国际合作长期性、总体性战略目标和政策引导，所以国际合作基本是应对和锦上添花。特别是全球太空规则制定、重大项目的国际合作论证、国际市场推广还缺乏深入统筹研究，缺乏清晰的战略思路，工作处于被动应对状态，缺少支撑机构。因为顶层战略缺失，所以航天国际合作国家相关部委间缺失联动机制，不能做到全局一盘棋。由于体制机制等原因，国内涉及的部门和领域增多，出现多头对外的混乱局面，导致国际合作过程中难以统筹，无法形成合力；导致合作项目散、乱、小、弱，各类机构参与航天国际合作的动力不足，影响航天国际合作的整体效益。宇航产品出口受保密限制严重，影响顺利开拓国际市场。分工不明确、接口不清晰、职能有交叉、步调不一致。

航天合作领域国际合作意识不足。虽然我国与30多个国家签署双边协定，但大多合作项目实质性开展并不顺利，客观上看中外双方交流不够，对双方的规划协商不深入；但更重要的原因是，主观上的国际合作意识不足。从国家层面，对国际合作重视程度不够，还未意识到在国家重大专项工程中开展全面而有深度的国际合作，特别是与国际先进宇航机构开展的合作，不仅对中国航天本身的发展有强大的促进作用，能够提高中国航天的国际影响力；更重要的是，在该领域开展国际合作是国家外交战略的重要构成，是中国航天助力我国在国际社会打造良好大国形象、为中国更好的发展广交朋友、广结联盟、构建良好的可持续发展的生态环境所肩负的责任和使命；从经费渠道上，缺乏用于推动国际合作的专项经费；从管理上，由于航天这一行业的特殊性，目前缺乏能够便利开展国际合作的体制机制和基础设施；从工程实施主体方面，其内部管理流程繁杂，往往错失良机；从全民意识层面，中国在航天国际合作上的国际履约意识和能力都有待提升，履约管理体制和机制仍需不断完善。从以上诸多表现可以看出，航天领域对国际合作的重视不够，国际合作意识还需要进一步强化。

航天国际合作软环境建设不够完善。政策法规不健全，缺少体系化支持。我国航天立法尚在研究之中，目前缺少航天大法来引领我国航天政策法规体系的建立与完善，使得航天国际合作与国际标准接轨不够，对国际商业发射服务、卫星整星及零部件出口、地面设备出口、涉外纠纷等航天国际合作政策的支持力度不足。

5.3.3.2 国际组织建设、国际规则制定、国际人才储备距国际水平存在差距

我国在国际组织建设上取得了显著的成绩，如主导亚太空间合作组织（APSCO）的建立，建立了UN-SPIDER北京办公室等。但是在发挥组织的国际合作效用上存在不足，首先，对于中国牵头的航天多边组织相关政策支持不足，仅有的APSCO存在机制不畅、投入经费不足、倡导项目不多等问题，未能发挥更大作用，应从我国相关管理的体制机制上深挖原因。其次，我国在参与国际规则制定方面，近年来虽然在国际规则制定的平台上也在积极发声，如在LTS、PPWT等国际规则制定推进方面取得了有益进展，但国际影响力仍然有限，对规则制定的系统研究不够系统和深入，缺乏长期跟踪相关研究的专业团队支撑。多边平台的话语权仍需进一步加强。

国际合作专业人才相对缺乏。在驻外使领馆等国家外交舞台上未设航天国际合作专门人才岗位，重点航天国际合作区域缺乏专门人才开拓国际合作渠道，目前已经参加的国际组织秘书处也缺乏具有航天背景的高端人才。现有人才管理和培养机制难以吸引和培养高端人才加入航天国际合作工作中来。“十三五”期间，我国在参加的国际组织中任职人员和专家数量有显著提升，但与欧美相比仍有明显差距。对国际组织的运行规则、机制仍需系统和深入研究。

虽然具有国际知名度和影响力的高层次、领军型人才数量在增加，但和美欧相比仍有

差距。我国航天产业已经拥有了一批规模宏大、素质较高的创新型人才队伍，但具有国际知名度和影响力的高层次、领军型人才匮乏，在国际组织担任主要职务的人数较少。以国际宇航科学院院士为例，中国院士人数少于美国、欧洲、俄罗斯，不足美国的 1/3。

5.3.3.3　支持国际合作的资源配置投入不足

国家对航天国际合作的资源配置不足，导致航天国际合作的开展推进艰难。国家航天局没有专门经费支持航天国际合作，用于国际合作的经费较少，无法连续跟踪相关会议，无法建立稳定的专家队伍开展系统研究，导致各方参与国际合作研究和多边活动的积极性不高。此外，中国航天企业从我国银行获得的优惠条件较少，难以和国外同行竞争，导致高端人才、先进技术引进困难，筹融资问题长期困扰航天企业。而相比之下，日本发展“Kibo CUBE”项目，与联合国外空司合作，利用国际空间站日本实验舱免费为发展中国家释放小卫星，每颗卫星日本投入 2.8 万~97 万美元不等，以此作为国际合作的牵引和先期投入。而我国缺乏类似的资源投入，需要进一步开展顶层设计。

5.3.3.4　国际合作与国内外重大工程结合不够

当前由我国倡导的大型国际合作项目较少，一些大型航天工程提供的国际合作内容也不丰富，合作领域也不广泛，合作的协同度不足。例如，我国发布的中国空间站合作，嫦娥四号、嫦娥六号等项目合作，还是以载荷搭载为主，合作方缺乏深入的互动，难以培养长效合作模式。而针对国际上其他国家的国际合作项目，参与度有待加大。例如，以美国、俄罗斯为主导的国际空间站合作项目共有 16 个国家或地区组织参与，但中国并未包含在内；对于俄欧大型工程项目，我国参与度欠缺，尚缺乏有影响力的大型国际项目参与。

5.3.3.5　商业航天国际市场发展与美欧尚存差距

我国商业航天发展以国家队主导，民营企业相继进入。积极探索了从航天制造、发射、地面到系统应用的全产业链商业实践。然而，我国商业航天发展起步晚，市场规模不够大，相关法律法规还不够健全，全产业链也不够成熟，商业航天发展仍处于起步阶段，空间领域发展尚难以呈现如美国等航天强国军、民、商齐头并进，相互补充发展的良好态势。商业航天发展顶层战略尚需进一步构建；面对全球巨型卫星星座的发展，卫星研制能力提升进展缓慢；此外，商业航天产品和服务竞争力不足，创新引领和牵引需求能力不足；商业化成本理念尚未真正建立；商业项目团队激励机制不足。

5.3.3.6　航天对外合作中尚未建立国际表达体系

在航天国际合作的对外沟通与宣传中，中国缺乏统一对外的国际表达体系。而国际表达的效果对中国航天的对外形象和国际合作的开展产生最直接的影响。中国有自己独有的思想文化积累、国家体制，如何用国际通用的表达体系讲好中国，是中国开展国际合作的首要问题，也是最容易让人忽略的问题。良好的表达，让国际社会理解中国，传递真正所想表达的意图，有利于避免世界对中国曲解，才有利于打开相互合作的大门。

5.4 我国太空活动国际合作体系改进与完善

5.4.1 目标、指导思想与原则

5.4.1.1 目标

我国太空活动国际合作体系改进与完善的总体目标是逐步建成与“航天强国”相匹配、符合人类命运共同体理念的太空活动国际合作体系，具体可以分为以下几个方面：

1）为太空命运共同体的实现贡献更多中国智慧和力量。让中国航天发展的红利惠及全球，助力“一带一路”国家提升航天能力，在应对气候变化、减灾、行星防御等重大全球性挑战方面做出更多贡献，助力实现联合国可持续发展目标，为太空命运共同体的实现积极贡献更多的中国智慧和力量。

2）更好地服务国家战略和大国外交。让太空活动国际合作进一步向国家战略的中心靠拢，更好地服务于国家战略目标的实现。遵循国家总体外交布局，力争通过在航天领域开展国际合作助力国家外交实现突破，为新时代中国特色大国外交做出应有贡献。

3）提升我国太空国际话语权。在国际规则制定方面，推动我国实现从“跟跑到领跑”的转变，积极参与并逐步引导新的国际空间秩序、标准规范等规则的制定，逐步建立与我国航天“硬实力”相匹配的国际话语权，在全球太空活动的现代化治理中发出更多的“中国声音”。

4）为航天“走出去”创造更好的外部环境。扩大中国航天的国际“朋友圈”，为中国航天营造稳定可靠且可持续的国际“生态圈”，坚持树立良好的中国航天品牌形象；深耕发展中国家的市场，重点培育“一带一路”国家市场用户，助力航天“走出去”，提升我国在航天国际市场中的占有率。

5）提升我国自身航天能力。坚持自力更生为主，通过与先进的航天机构开展深入务实的国际合作来学习和借鉴先进的管理理念与技术，通过国际合作分担任务成本和风险，保障重大工程任务的国际先进性，激发我国航天科技和管理体制机制的创新，带动我国航天能力的整体提升。培养既懂技术，又懂国际规则的复合型专家队伍，为我国航天发展提供良好的人才保障。

5.4.1.2 指导思想

以习近平新时代中国特色社会主义思想为指导，全面贯彻党中央外交大政方针和战略部署，统筹国内国际两个大局，进一步解放思想，深入推进太空活动国际合作体制机制建

设，提升太空活动国际合作法治化水平，发挥好重大航天任务对国际合作的牵引作用；高举构建太空命运共同体的旗帜，积极发展互利共赢的全球伙伴关系，为人类利用太空技术应对全球性挑战做出积极贡献；维护联合国在太空活动全球治理中的核心地位，以大国合作为首要，以区域合作为重点，以周边合作为基础，推动构建更加公正、透明、合理的太空活动全球治理体系，坚定不移地推动人类和平利用外空事业向前发展。

5.4.1.3　原则

1）战略引导，防范风险。提高站位，从太空活动现代化治理全局出发，加强组织体系、体制机制等顶层设计和全面风险防控体系设计；注重从战略层面进行国际合作布局，规划引导好我国太空活动国际合作工作的同时，坚持“底线思维”，加强风险防范。

2）开放合作，互利共赢。进一步解放思想，敞开合作之门，扩大国际合作的广度与深度；坚持互利共赢原则，让航天技术惠及包括广大发展中国家在内的世界各国，构建长期可持续的太空活动国际合作秩序。

3）创新引领，主动作为。积极开展国际合作体制机制创新，适应新世界形势的需要，提升合作效率；积极挖掘国际合作潜力，抓住机遇，主动作为，努力开拓国际合作新局面。

4）我为核心，分步推进。以我国重大航天工程为牵引，尝试构建“我为核心、广结联盟”的国际合作新机制；整体上按照“融入、发展、引领、贡献”策略，分步推动我国太空国际合作从“跟跑”向“领跑”的方向转变。

5）分类施策，精准合作。根据国别和区域制定相适应的精准合作策略。全面开展对俄合作；深化与欧洲在空间科学和深空探测领域的合作；推动与发展中国家在空间应用领域合作，扩大朋友圈建设；开启与美国在科学和安全领域的平等合作对话。

5.4.2　顶层设计与建设内容

航天国际合作的开展要助力国家发展、民族复兴以及大国外交，首先需要顶层战略设计，并在战术执行层面进行科学布局。在当前“百年未有之大变局”的国际形势下，针对我国自身在航天国际合作中存在的问题，尝试提出未来航天国际合作的顶层设计。首先，航天国际合作应形成统一领导，各政府部门形成合力，从全局构建航天国际合作的顶层设计，成为国家外交的一项重要内容去推进；其次，国际合作应立足国际平台，输出中国理念和哲学，积极塑造国际规则；再次，应推动以联合国为核心的多边合作不断完善，同时进一步夯实双边国际合作，确保合作能够务实开展；此外，还需要持续苦练内功，坚持自主研发，不断提升自身管理和科技水平，提高应对航天国际合作风险的能力；同时，应明确未来开展国际合作的重点方向，并坚持战略定力，最终形成有领导、有策略、有能力、有方向的航天国际合作体系。

5.4.2.1 在人类命运共同体理念的指导下，以构建“开放、包容、互利、共赢、共享”的太空国际合作秩序为目标，逐步引导太空国际规则塑造

当前，美国试图通过太空武器化来强化其太空领导力，并以意识形态为主要借口来排斥与包括中国在内的广大发展中国家的合作。这是与人类命运共同体理念相违背的，是不符合人类社会发展趋势的。在太空活动国际合作工作中，我国应始终坚持人类命运共同体理念，旗帜鲜明地反对美国的太空武器化和霸权主义，反对以阿尔忒弥斯为代表的不平等、不开放的国际合作模式，本着“开放、包容、互利、共赢、共享”的太空活动国际合作秩序的目标，让更多的国家分享中国航天发展红利，塑造国际新规则，推动太空活动的国际合作健康可持续发展，共同推动人类和平利用太空事业向前发展。

（1）支持联合国框架下三大发展议程，利用航天技术为人类谋福祉

在《2030 可持续发展议程》《2015—2030 年仙台减灾框架》及《巴黎协定》联合国三大议程框架下，积极推进空间技术利用的国际规制塑造。积极参与“空间 2030 议程”，贡献中国智慧，推动空间技术服务于联合国可持续发展目标，推动框架下全球合作伙伴关系的建立。具体包括：发挥空间应用的作用，加强空间部门作为可持续发展主要驱动因素的作用，利用空间的潜力解决日常挑战，并利用与空间有关的创新提高生活质量；改善所有各方进入空间的机会，确保所有国家都能从空间科学和技术的应用以及从天基数据、信息和产品中获得社会经济惠益，从而支持实现可持续发展目标；在和平利用外层空间和全球治理外层空间活动方面建立伙伴关系并加强国际合作。

（2）广泛参与并主导国际多边平台的国际规则塑造，提高我国国际话语权

广泛参与国际多边平台的国际规则谈判进程，并发挥我国的主导作用。特别是维护联合国外空委平台的权威性和有效性，以此避免个别国家绕过外空委平台制定单边航天行为规范。推进联合国外空委当前议程的发展，如外空活动长期可持续性、空间碎片减缓、外空交通管理等谈判，在国际规制塑造中，防止其他国家为我国航天发展设置障碍；主动与国际社会一同解决太空可持续发展问题；同时维护公平秩序，维护世界各国享有和平利用外空的权益。同时引导大多数国家，特别是刚刚进入太空领域的广大新兴发展中国家，主动融入太空国际社会，遵守有关和平探索太空的国际制度规范。

（3）积极应对某些国家单边主导建立太空新秩序，维护我国太空权益

针对美欧力图主导构建国际空间新秩序要高度重视，积极应对，防止太空武器化、私有化。一是联合俄罗斯高举反对外空武器化旗帜，进一步加强与欧洲及其他友好国家在空间领域的沟通与合作，强调国际社会共同应对空间安全威胁，共商空间开发利用的行为规范。二是维护我国频率、轨位等战略资源，深度参与相关国际规则制定，维护我国太空权益，提升我国国际话语权。

(4) 深入开展谈判议题研究，精准制定太空规则谈判策略

国家主管部门应设立专项基金，组建较为稳定的研究团队，长期支持开展太空治理国际规则研究，为太空治理国际规则制定与磋商提供理论支撑。同时，建立部门间太空治理国际规则协调机制，就有关规则发展加强部门间协调联动，及时明确统一我方立场与策略，共同维护好我国太空利益。

5.4.2.2 立足自身，主动作为，构建双边、多边国际合作关系

太空活动国际合作是我国技术和法律规则的延伸。我们应立足我国航天的硬实力和软实力，实事求是，稳步推进太空活动国际合作工作。主动实践，充分利用现有以联合国为核心的多边合作平台的优势，依托多边、做实双边，充分发挥非政府间国际合作的作用。积极作为，推动构建新型的多边、双边国际合作关系，不断提升中国航天的国际影响力。

(1) 充分重视联合国外空委平台，开展务实合作

第一，凭借中国的重大工程，与联合国外空委开展合作，以此作为我国重大项目国际征集和宣传的重要渠道，推动合作的开展，即通过与外空委绑定促进发展落地项目，拓展中国的太空国际事业的利益相关方，也能提升我国国际影响力，树立良好的国际形象。如利用外空委平台，拓展“中国空间站”项目的深度国际合作，并在后续，继续在外空委平台上推进“国际月球科研站”项目的国际合作。第二，进一步做实 N－SPIDER 北京办公室和联合国附属空间科学与技术教育亚太区域中心（中国），利用上述国家部委促进航天合作建设的联动机制，规划上述联合国附属实体的工作，明确相关工作政府管理部门权责，推进工作规划和落实，谋划两个实体建设对航天国际合作的带动作用，给予充分的资源保障。

(2) 推进多边区域组织建设，发挥区域平台效能

挖掘区域多边组织的潜力，切实领导区域间的航天国际合作。以亚太空间合作组织（APSCO）为平台，以空间基础设施“共建、共享、共用”为重点，进一步推动 APSCO 扩员，将组织从一个相对松散的合作机制发展为一个紧密实体性空间合作组织，提升 APSCO 在亚太地区的影响力；利用东盟、金砖国家、上合组织、中非、中拉、中阿论坛等机制推动航天国际合作项目和技术交流。同时开展跟踪和深入研究。倡导成立我国主导的航天国际组织。

(3) 服务国家外交，构建具有国际影响力的多边、双边合作关系

以“一带一路”建设为契机，打造一个更加开放和高效的航天国际合作平台，以开放包容、合作共赢理念为引领，推动航天技术、航天产品、航天服务走向全球。在我国参与的如 GEO、CEOS、IGOS－P、CHARTER、ISPRS 等国际组织发挥核心作用，推动了空间科学、技术及其应用的多边合作，进一步确立在遥感对地观测领域的重要国际

地位。

遵循“分类施策，精准合作”的合作原则，广泛建立航天双边合作关系。深化中欧航天国际合作，开展战略对话，扩大共识，以航天各领域的深入合作，双边促多边，带动全球太空治理进程；携手俄罗斯和乌克兰，以战略同盟，发展全面的航天合作，维护共同的国际利益；发展中非、中拉等区域性友好合作关系，从地面应用与服务开始，扎根于参与发展中国家利用中国所能提供的太空服务的能力建设的提高，包括参与相关产业链、本地化水平，与发展中国家分享航天发展的红利，促进社会经济治理，促进航天技术应用的全球化发展；积极开启中美航天对话，服务于国家外交利益，服务于建设人类命运共同体的核心理念，以航天合作减缓大国博弈对双边关系及世界格局的不利影响。

（4）充分发挥非政府组织在外空国际合作中的作用

分析先进国家在太空国际合作中的成功经验，可以发现，我国与这些国家的一个重要差距体现在，非政府组织缺位，包括多种社会团体、行业协会、学术联盟/论坛、智库等。非政府组织在太空活动国际合作中可以发挥两方面的重要作用。有必要从政策和资金上指导建设好航天非政府组织，构建我国太空活动国际合作“二轨”，让我国太空活动国际合作工作能够得到全面的支撑。政府、企业、智库打组合拳，按需出现，按需发声，互相配合，国际合作一盘棋。

5.4.2.3 修炼内功，健全保障，逐步完善中国航天国际合作能力和应对风险的能力

练好内功，健全国家航天政策法规体系，建立完善航天国际合作人才队伍，为国际合作提供充足的资金保障，建好航天对外宣传的表达体系，共同提升中国航天国际合作的能力以及应对各类风险的防范意识。

（1）健全完善国家航天政策法规及标准体系

推动国家航天法立法进程，提升航天国际合作整体地位，加大对航天国际合作的政策支持力度。完善航天国际合作机制、宇航出口政策以及衍生的法律体系。出台民用航天管理、空间数据管理、宇航产品和技术管理等条例，科学制定航天国际合作管理程序，健全完善国家航天政策法规体系。完善航天标准，同时积极参与航天国际标准制定，增强国际影响力和话语权。

（2）建立有利于航天国际合作的国内外人才培养机制

一方面，开展我国国际合作人才布局和梯队建设，培养一批懂业务、语言好、熟悉国际合作规则的人才；加大航天外交人员选报和培养力度，在重点国际合作伙伴国家使领馆增设航天科技、参赞等航天外交人员，鼓励航天企业增设境外办事处；积极向重点国际组织委派官员、专家，增加高级职位的中国职员数量；支持企业人才去国际组织挂职锻炼并发挥主导作用；建设航天国际合作专家队伍，鼓励参与多边组织活动，提升专家话语权；支持科研机构、企业人员深度参与国际合作项目，培养航天国际合作领军人

物。此外，支持包括社会智库、企业智库在内的多层次、多领域、多形态的中国特色新型智库建设，为航天强国建设提供强大智力支持。另一方面，积极发展航天领域国际教育，发挥联合国附属区域中心、APSCO 等平台作用，为国际培养人才，为中国航天培育国际代理人。

(3) 以充足的资金保障航天国际合作

设立航天国际合作专项基金，支持空间基础设施全球化应用等航天国际合作重大项目，推动航天产业国际化；加大对 APSCO 的资金支持力度，充分发挥区域性合作平台作用；支持科研院所、企业及其他社会组织开展航天国际合作研究，准确把握航天国际合作最新发展趋势；支持稳定的专家队伍参加国际多边活动，深度参与国际规则的讨论，力争主导国际规则制定；加大对发展中国家航天国际合作的资金支持力度，培养亲华势力，逐步提升中国航天的影响力和话语权。

(4) 建立航天国际合作的国际表达体系

在航天国际合作的对外沟通与宣传中，构建统一对外的国际表达体系。对航天国际宣传策略进行前端规划与管理，对表达的内容和语言的规范进行统一的引导，加强航天对外宣传的人员培训，树立正面的航天国际形象。将中国独有的思想文化积累、开展航天国际合作的理念，运用国际通用的表达体系讲好中国航天，为航天国际合作的开展做好舆论引导。通过对国际表达的重视，运用良好的表达，让国际社会理解中国，传递真正所想表达的意图，避免世界对中国曲解的认识，打开相互合作的大门。

5.4.2.4　国际合作重点方向结合国家重大计划和重大专项积极开展“以我为主”的国际合作

以国家重大计划和重大专项为抓手，拓展国际合作重点方向。从长远来看，全球航天国际合作的重点仍集中在空间探索、载人航天以及空间应用等领域。我国在这些领域都具有一定的技术储备，借助载人航天工程、月球探测工程、高分辨率对地观测系统、空间基础设施等重大项目的实施，以及未来我国下一代空间基础设施、载人登月与月球科研站、行星际深空探测、空间环境安全治理工程等新的重大工程和计划的发展，在加强国内行业技术进步的基础上，进一步深化在这些重点领域的国际合作，探索有效合作机制的建立，构建合作中互为需求的合作关系，增进合作方的互信。同时，加快融入国际航天合作体系，促进世界航天技术的共同进步。表 5-1 列出了不同重大项目的不同合作可能。

根据太空国际合作体系现状、我国航天发展现状及后续任务规划，重点合作任务示例如下：

表 5－1　不同重大项目的不同合作可能

合作方式 重大项目	应用目标与科学目标合作	大系统合作	系统级合作	技术产品合作	应用合作	双向教育培训	其他
空间基础设施	√	遥感数据接收 通信信关站 测控通信	独立整星	有效载荷	数据共享 应用研究 联合数据与应用中心	√	灾害监测机制 AIT 设施 应用设施
探月工程与科考站	√	测控通信 数据接收 采样返回安全	独立整器	有效载荷 动力能源 原位资源开发	科学数据共享和研究 联合数据与应用中心	√	科学探索联盟
行星际深空探测	√	测控通信 采样返回安全	独立整器	有效载荷 动力能源 行星保护	科学数据共享和研究 联合数据与应用中心 原位资源开发	√	科学探索联盟
空间环境治理工程	√	测控通信 物体陨落安全	独立整星	有效载荷 碎片减缓 碎片防护 碎片清除 小行星防御	空间天气数据共享 碎片编目预警 物体陨落预报 小行星编目预警 联合数据与应用中心	√	空间安全联盟
载人航天	√	测控通信 人货返回安全	独立整舱 伴飞舱	有效载荷 生保技术 碎片防护	碎片编目预警 物体陨落预报 联合数据与应用中心	√	外籍航天员登站

（1）国际月球科研站

近期载人月球探测成为国际深空探测领域的一个重点。对月球的探测将向整体性、全球性和综合性发展，即通过多类型探测任务全面考察月球丰富的矿物分布，开展月球资源的发掘、开发和利用，建立空间探测的前哨基地，以及利用月球特殊的环境条件开展天文观测、空间科学研究和技术实验与验证。目前，美国、俄罗斯、欧洲都在积极筹划各自的月球基地项目，同时也在积极谋求建立相关计划的国际合作伙伴关系。

中国正在规划由中国牵头的国际月球科研站的论证工作，共建月球科研站，这是全人类共同的事业，也是未来移民月球、探测宇宙起源、掌握太空生存环境的重要平台。目前已与 ESA 和俄罗斯航天局达成初步合作共识，并对制定相关合作规划开展深入交流。同时，中国也将为更多世界航天界的合作伙伴敞开大门，按照“规划对接、联合设计、协同实施、成果共享”的方式共同推进月球科研站，持续开展月球领域的后续合作。中国将研究成立国际月球科研站政府间的协调委员会，多国专家共同开展研究和规划论证，并在未来 2~3 年，形成国际月球科研站的建设方案。以此为核心项目，构建中国的深空探测项目伙伴关系，形成有效的国际合作机制，建立国际合作的法律框架，在合作中加深国家之间的协调和配合，加深理解，增进信任。

同时与联合国外空司、ESA 等航天机构和组织联合开展全球科学目标和科学实验项目征集，开展务实技术合作和交流。以更加开放的姿态积极开展国际交流与合作，与世界各国特别是发展中国家，分享中国月球探测发展成果。为推动月球研究活动发展，推动人类命运共同体向太空延伸，贡献更多的中国智慧、中国方案和中国力量。

（2）行星防御亚太区域机制

行星防御关乎全人类的命运，是人类共同面临的挑战。应对小行星撞击，需要全球性的监测预警网络、先进的空间任务规划设计、完善的法律规则与高效的决策机制。世界各国的共同参与和贡献是保证这些工作成功实施的必要条件。在小行星撞击地球的威胁面前，没有国家能够独善其身，我们必须广泛而深入地进行国际合作。

作为负责任的航天大国，我国应该积极主动开展行星防御国际合作，展现负责任大国的担当和实力，为实现命运共同体愿景、维护全人类的安全与福利做出应有的贡献。我国以“开放共享、合作共赢、共筑人类命运共同体”为行星防御国际合作的总体指导思想，以“合法、共享、透明、高效、公平、互助”为基本原则开展行星防御国际合作工作。组织协调国内国际相关部门完成以下工作：组织制定近地天体防御发展战略；牵头协调开展近地天体防御相关任务；及时向国内外发布行星防御相关信息；组织开展国内国际行星防御的演习工作；制定国内相关政策法规，参与国际规则制定；组织开展行星防御科普教育工作，提高公众认知水平。

具体核心工作主要包括：首先，制定国际合作应对流程，联合国内设机构与国际组织，梳理形成相适应的应对流程。其次，以 APSCO 为中心，研究区域行星防御机制的建设，梳理区域现有的空间基础设施，纳入区域行星防御机制中。启动近地天体监测预警和威胁应对计划，建立近地小天体国际数据节点，并定期开展近地天体撞击威胁的有关准备、防御、响应和恢复工作的桌面推演和实际演习，优化应对流程，形成区域级标准规范。以人类命运共同体的核心思想为基础，在行星防御国际治理中贡献中国力量，发挥航天大国的引领作用。

5.5 发展我国太空活动治理国际合作体系的建议

（1）建立太空活动国际合作顶层战略

建议在国家层面制定太空活动国际合作的顶层战略，以“开放共享、合作共赢、共筑人类命运共同体”为太空活动国际合作的总体指导思想，以“合法、共享、透明、高效、公平、互助”为基本原则，提出我国太空活动国际合作的指导方针，明确我国对关键问题的立场；提出中长期发展目标，指出实现目标所需采取的宏观政策措施；规划太空活动国际合作重点方向与任务，根据任务性质和国别分类施策，提出合作策略，为开展太空活动国际合作工作提供顶层指导。

（2）加大太空活动国际合作资源投入力度

建议从资金和人才两方面加大太空活动国际合作资源投入。从资金方面，为国际合作设立稳定的专项经费渠道，开立经常性财务科目，支持多边、双边政府合作、公益性非政府组织以及航天企业的国际合作，为航天国际合作提供充足的保障。对于公益性非政府组织项目的资金投入，应做足国际合作的前期牵引工作，为后续国际合作的顺畅开展铺路。在人才投入方面，第一，打造太空活动国际化专业人才队伍，积极培养兼具太空技术和太空外交能力的高水平人才；第二，重视我方人员国际组织任职工作，派出具有航天背景的高端人才，发挥影响力，提升话语权；第三，从外事制度上保障人才交流，建议对政府官员、企业人员、科研院所人员在出国任职人数比例、出国时间和经费方面分类制定外事管理政策，赋予企业及科研院所人员采取灵活的外事管理方式的权限，以利于国际合作工作的开展。

（3）以重大航天任务为主要依托积极构建我国的国际合作伙伴网络

建议以空间科学、月球探测、火星探测、空间站、北斗导航、高分辨率对地观测系统等为主要依托，双、多边并举，逐步构建国际合作伙伴网络。第一，提升重大航天任务中国际合作技术/产品占比，向外国航天局及航天国际组织等更大程度地开放参与我国重大航天任务的机会；第二，识别我国具有优势的细分领域（如月球巡视探测、空间站等），主动作为，依托我国的航天任务积极发起构建新的合作机制/网络；第三，积极向全球共享遥感卫星数据、空间科学探测数据、月球与深空探测数据等，提高提供航天领域全球公共产品的能力；第四，积极参与外方发起的关乎全人类共同命运的国际合作机制/项目（如小行星撞击风险应对、气候变化等）。

（4）提升国际规则塑造和国际表达能力

建议建立航天国际热点及前沿问题预先研究的常态化机制，以人类命运共同体理念为基础，把握机遇期，积极参与塑造新的太空活动国际规则；发挥政府、工业界、学术界、智库的协同作用，积累软实力，为国际合作机制/项目实施提供保障。一方面，加强空间法研究，积极参与有关规则磋商，视情研提新的议题；另一方面，积极参与国际航天标准制定和推广应用，牵头部分国际标准的制定，推进我国技术标准的全球兼容。此外，还应积极塑造中国航天国际表达方式，利用各种国际传媒渠道，加强对我国太空探索与和平利用空间好声音的宣传，开展丰富多样的、全方位的宣传推介活动，提高中国航天的影响力和美誉度。

（5）积极引导商业性合作以完善太空活动国际合作体系

商业性合作已经逐步发展成为太空活动国际合作的重要组成部分。特别是近年来大量商业航天企业的兴起，为太空活动国际合作带来了新的活力。商业契约关系可以维系合作关系，为稳固合作关系提供基础。建议国家航天主管部门积极为各类企业开展国际合作打造平台，为企业开展国际合作提供安全等基础性保障；同时，积极引导各类企业依法依规开展太空活动国际合作，提升企业法律与风险防范意识，提升企业自主开展国际合作活动的长期可持续性。

第 6 章　太空活动治理中的支撑技术体系

太空活动治理中的支撑技术体系是指为太空活动治理中监管、服务和处置等行为提供支持的技术，是太空活动治理现代化的有效载体和具体实践，主要包括空间技术和起到工具作用的共用技术。

空间技术能力是一个国家开展太空治理的基础，主要包括空间目标监测、空间数据应用、空间频谱管理、空间设施维护、空间碎片减缓、近地天体等核心能力等。共用技术则是指人工智能、大数据等新一代信息技术，太空活动治理为这些新技术的应用提出了新的场景。

当前，新一轮科技革命正在孕育兴起，全球将进入空前的创新密集和产业振兴时代。智能技术、3D 打印技术、能源革命、纳米技术、生命技术正处于蓬勃发展时期，显示出广阔的发展前景，可能对国家治理能力和手段带来新的机遇。

党的十九大报告指出，我们当前迫切需要“推动互联网、大数据、人工智能和实体经济深度融合”，借以“加强和创新社会治理”。我国已开展了新一代信息技术支撑空间应用的初步尝试，借助卫星通信、卫星遥感、地面通信、大数据、云计算等技术的综合利用，开展了水环境、大气环境、生态环境应用，为国家水污染防治、大气污染防治、生态环境保护和监管等提供有力支撑，为全面的太空活动现代化治理提供重要参考和借鉴。

本章的主要内容是太空活动现代化治理体系中的支撑技术体系研究，主要面向当前太空活动治理主要矛盾，从技术出发，对支撑太空活动治理过程中监管、服务、处置等行为的能力和手段开展梳理和研究，形成太空活动现代化治理中的支撑技术体系，提出技术培育建议，为牵引科技创新提供咨询，支撑太空活动现代化治理能力提升。

6.1　太空活动治理的主要矛盾与技术能力需求

6.1.1　太空活动发展趋势

6.1.1.1　*航天发射活动持续高度活跃*

2019 年，全球共开展 102 次航天发射，是自 20 世纪 90 年代冷战结束以来的第二高位水平；全年发射航天器 492 个，创造了航天器年度发射数量历史新高，见表 6 - 1 和表 6 - 2。火箭发射次数和航天器发射数量延续了近些年逐年“上台阶”的发展趋势。随着“一箭多星”技术不断成熟并获得广泛应用，以及大量新的小型运载火箭投入业务化应用，进入空间的成本门槛不断降低。与此同时，微纳卫星的快速发展及应用，推动了利用空间成本不断降低，这使得大量发展中国家，以及大量初创企业具备了研制发射卫星的能力，带动了航天活动的繁荣与普及，整体上推动了世界航天活跃态势。由于大量商业公司规划并陆续启动了近地轨道大型星座计划，未来航天活动将继续保持这一高速发展态势①。

表6-1　2019年全球发射航天器数量按技术领域统计情况

序号	领域	所有航天器		质量不小于50 kg的航天器	
		数量/个	占比(%)	数量/个	占比(%)
1	通信	178	36.18	169	94.94
2	科学与技术试验	163	33.13	36	22.09
3	对地观测	119	24.19	64	53.78
4	载人航天	15	3.05	15	100.00
5	导航	13	2.64	13	100.00
6	空间探测器	4	0.81	4	100.00
合计		492	100.00	301	61.18

表6-2　2019年全球发射航天器数量按运行轨道分布统计情况

序号	领域	所有航天器		质量不小于50 kg的航天器		备注
		数量/个	占比(%)	数量/个	占比(%)	
1	低地球轨道	447	90.86	256	57.27	
2	地球同步轨道	27	5.49	27	100.00	含近地球同步轨道(near GEO)
3	中地球轨道	10	2.03	10	100.00	
4	非地球轨道	4	0.81	4	100.00	空间探测轨道
5	大椭圆轨道	4	0.81	4	100.00	
合计		492	100.00	301	61.18	

从各国家/地区的发展需求和规划项目来看，通信卫星、对地观测卫星、技术试验卫星在入轨数量上仍处于绝对优势且在未来几年内会呈现较大数量的增长。其中，大部分将会部署在低地球轨道和太阳同步轨道，这也就决定了针对近地轨道和太阳同步轨道的发射活动次数和进入以上轨道的航天器数量将占据绝对权重。

我国长征系列新一代运载火箭开始布局，长征五号运载火箭发射任务接连发射，长征十一号海上发射技术试验成功，长征四号乙基于栅格舵系统的一子级落区控制技术取得突破；500吨级液氧煤油发动机关键技术攻关，未来将应用在长征九号重型运载火箭上，支撑后续大型空间活动、载人登月及深空探测计划的实施。民营企业也取得了一定成绩，星

① 512所. 2019年全球航天器发射统计与分析.

际荣耀公司的双曲线一号运载火箭完成了我国民营企业的首次成功入轨。商业航天围绕低成本、快速灵活进入空间的市场需求，以小型运载火箭为突破口开展研制工作，面向微小卫星市场提供商业发射服务，并呈现社会资本融资、研发分工明确和资源共用共享等特点。

6.1.1.2 卫星及应用产业呈现体系化、全球化特征

全球空间基础设施迎来新一轮创新发展和升级换代高潮，进入体系化发展和全球化服务的新阶段。全球卫星及应用产业快速增长，2018 年世界卫星产业总收入达到 2 774 亿美元①，同比增长 3%。

1）卫星遥感向地球整体观测和多星组网观测发展，逐步形成立体、多维、高中低分辨率结合的全球综合观测能力。对地观测卫星应用产业是卫星产业的重要组成部分，随着云计算和大数据等新一代信息技术在对地观测数据领域的应用与创新，该市场发展日渐活跃，产业规模保持稳步增长。

2）卫星通信广播各类业务趋于融合并向宽带多媒体方向发展，下一代移动通信卫星星座正在加紧部署。通信卫星应用产业是全球卫星产业中最早实现商业化的领域，伴随近年来信息服务需求（特别是卫星宽带服务需求）的增长以及卫星研制与应用技术的演进，从近 5 年产业发展情况来看，通信卫星应用产业总体保持稳定增长态势。

3）卫星导航从单一“全球定位系统”（GPS）时代迈向美国、俄罗斯、中国、欧洲四大全球系统和日本、印度两大区域系统竞相发展的新时代。卫星导航应用产业是近年来卫星产业中发展最快、辐射带动性最强、与其他产业关联度最高的部分。在智慧城市、多式联运物流、大数据以及物联网机器对机器（M2M）通信等新兴应用领域对位置信息需求的不断增长下，卫星导航定位技术通过与移动互联网、云计算等通信技术的高效融合，不断推动产业规模的快速成长。从近 5 年产业发展情况来看，卫星导航应用产业一直保持稳定增长态势，卫星导航服务保持较快增长。

6.1.1.3 太空安全成为全球焦点

随着太空应用领域逐步扩展和应用程度日趋深入，太空系统已融入国家各个领域和环节，关系国家利益和安全。太空安全在国家安全中的地位越发突出，太空安全问题也成为全球聚焦的战略性问题。

各类空间物体日益增多。由于每年发射进入太空的火箭和卫星数量大幅增加，因此空间碎片也相应增加。截至 2019 年年底，地球轨道中已被跟踪编目尺度在 10 cm 以上的空间碎片数量高达 25 000 余个②，预计未来 50 年间碎片数量将以每年 10%的速度增长。地

---

① 根据美国卫星产业协会 2019 年发布的最新统计数据.

② ESA Space Debris Office. ESA’s Annual Space Environment Report. GEN - DB - LOG - 00288 - OPS - SD, 29 September 2020 (Latest).

心轨道和近地轨道空间物体总数变化趋势如图 6－1 和图 6－2 所示，新增空间物体数目变化趋势如图 6－3 所示。

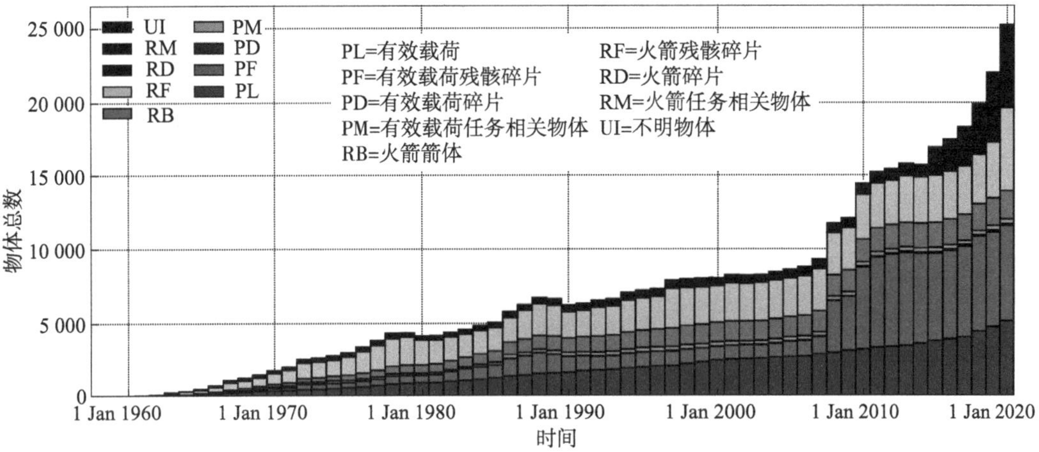

图 6－1　地心轨道空间物体总数变化趋势（见彩插）

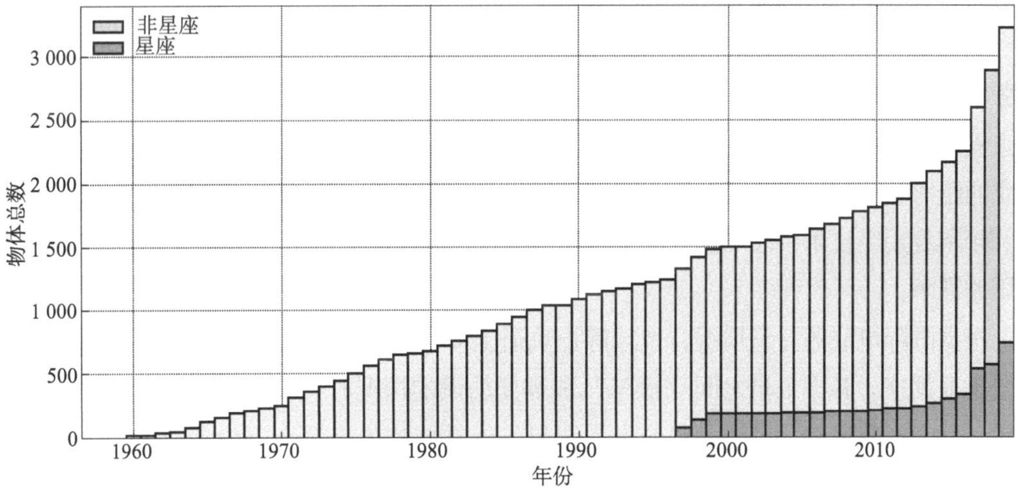

图 6－2　近地轨道空间物体总数变化趋势，区分星座和非星座有效载荷（见彩插）

日益增多的空间碎片对在轨航天器的安全运行构成现实性严重威胁，使航天器与空间碎片碰撞的概率越来越高，航天器损伤或发生灾难性失效的事件频发。此外，太空天气异常可能导致在轨航天器故障集中发生，甚至造成地面通信、输电网等系统事故。

6.1.2　太空活动治理面临的主要问题

随着全球太空活动的快速发展，在进入太空、利用太空和探索太空方面暴露出一系列现实问题。

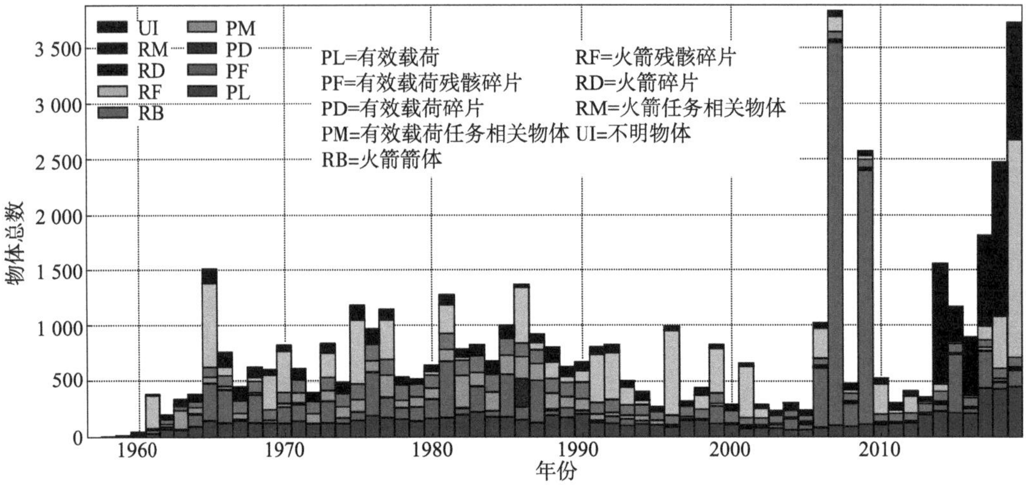

图 6-3 新增空间物体数目变化趋势（见彩插）

6.1.2.1 太空轨位频率资源日趋紧张，卫星碰撞威胁太空活动安全

（1）太空轨位频率资源日趋紧张，新的协调机制成为亟需

轨位资源和频率资源都是有限的。随着空间技术的发展和卫星应用的大量增加，这种紧张程度日益加剧。

受天线接收能力限制，同一频段、覆盖区域相同或部分重叠的对地静止卫星只有间隔一定的距离，地球站才能区分开不同卫星的信号，实现正常的工作。尽管可以通过多星共轨和频率复用等技术手段增加在轨卫星的数量，但静止卫星轨道可用数量远不能满足世界各国的需求。

根据国际电联的登记情况，地球静止轨道上 C 频段通信卫星已近饱和，Ku 频段通信卫星也很拥挤。各国卫星之间“撞车”和需要协调的情况时有发生。抢占卫星轨位/频率资源，争夺太空优势，已成为当今世界卫星发展领域的热点之一。根据 2012 年国际电联静止轨道卫星频段资料显示，取得国际认可并记入国际频率登记总表的频段中，美国 163 个、俄罗斯 135 个、法国 37 个，中国仅 18 个。美国 GPS 和俄罗斯 GLONASS 已占用了 80%的“黄金导航频段”。

以美国为首的西方国家抢占了低轨大部分轨位和频率资源，规划中的一网（OneWeb）公司卫星星座为 648 颗，SpaceX 公司的星链（Starlink）星座将达到 4.2 万颗。此外，韩国三星、美国波音等也正在筹建卫星数量庞大的低轨星座。上述星座所计划的卫星总量，是截至目前已发射卫星数量的若干倍，从而使得本已紧张的低轨轨位及频率资源更加不堪重负。

在频谱资源分配方面，目前向国际电联申请频谱资源的卫星运营商对申请到的频谱所有权为 7 年，只要满足轨位上有 1 颗卫星，并且能保证在向国际电联提交所谓的“投入使用”（bring to use）文件之前的 90 天内，这颗卫星在轨即可。现行政策为卫星运营商提供了可乘之机。有的星座运营商在发射多颗卫星之前，仅通过发射一颗或少数几颗卫星“占位”，其他运营商就无法对相关频谱资源向国际电联申请。为了改变这一状况，国际电联正在考虑对现行政策做出修改。特别是针对星座运营商，要求他们在规定的时间内必须发射多颗卫星，才能保住其频谱所有权。

美国联邦通信委员会（FCC）早在 2017 年，就发布了一项规定，要求星座运营商在收到美国市场接入许可后 6 年内，应完成星座中一半的卫星的发射，星座中的全部卫星在 9 年内发射完毕。如果到期不能达到上述要求，计划发射的卫星数量将受到限制。以 SpaceX 公司为例，该公司在 2018 年获得 FCC 的经营许可，计划发射 4 425 颗卫星。根据上述政策，需要在 2024 年发射至少一半的卫星才能满足要求。

因此，建立具有全球约束力的频率/轨位资源协调机制，确保在轨空间资源利用的可持续发展，是当前各航天国家及相关国际机构共同关注的问题。

（2）卫星碰撞威胁太空交通安全，太空交通管理技术有重要前景

当前，因卫星碰撞导致的空间目标感知和太空交通安全问题日益凸显，逐步成为各航天国家维护太空资产安全的关注焦点。

有数据统计，目前全球在轨工作卫星总数约为 2 100 颗。未来 10 年内，随着低轨星座的迅猛发展，全球范围内卫星的发射总数将接近 20 000 颗。如此大量的卫星在轨运行，靠近甚至碰撞的概率大大增加。据 ESA 估算，引起失效或丧失部分功能的碰撞次数从 2015 年的每年 2 次将增长到 2075 年的每年 10 次。

2009 年 2 月，美国铱星-33 与俄罗斯已报废的宇宙-2251 卫星在西伯利亚上空 790 km 高度处发生相撞，产生了大量碎片并散落到太空中，一时轰动全球，这是全球首次发生卫星撞击事件。此次撞击事件发生在近地轨道范围，对低轨太空交通安全敲响了警钟。美俄双方互相指责对方要为此次撞击负责，一场卫星撞击事件对两国关系造成了一定的负面影响。

2019 年 9 月，ESA 为了避免与 SpaceX 公司的“星链”卫星发生碰撞，在协商无果后，不得不对其地球科学卫星“风神”（Aeolus）卫星进行了一次变轨机动。

2020 年 11 月底，根据俄罗斯航天国家集团消息，俄罗斯老人星－V（Canopus－V）遥感卫星与印度 CARTOSAT－2F 测绘卫星近距离交会，两颗卫星的最小距离仅为 224 m。

根据铱星公司 CEO Matt Desch 的说法，它们的卫星平均每个星期就要进行轨道机动，否则就会遭遇与其他卫星碰撞的风险。

目前，运营商之间为了避免在轨卫星发生碰撞，通常通过电子邮件或电话等交流方式进行沟通协商。但对于数量众多的在轨卫星，这种低效率的沟通交流方式显然无法有效解决问题。因此，包括 ESA 和 SpaceX 公司在内的运营商正在考虑采用在轨自主管理的技

术，通过使用机器学习等手段，来更好地发现潜在的碰撞风险。SpaceX 公司将有关潜在碰撞风险的数据加载到在轨卫星上，实现自主碰撞避免机动。

从全球来看，在太空交通日益复杂的今天，虽然已有机构间空间碎片协调委员会、国际标准组织、时空系统咨询委员会、联合国外空委等国际组织，但太空交通管理仍然需要面临复杂的利益博弈和长期的技术探索，成为摆在全世界面前的一个突出矛盾。

6.1.2.2 航天产业规模呈爆发性增长，空间信息缺乏顶层统一管理

（1）航天产业规模呈爆发性增长，卫星星座受到商业航天追捧

1）全球航天产业强劲发展。从单项业务来看，卫星产业都有不俗表现。其中，较为抢眼的是航天发射业和卫星制造业。以 2018 年为例，其营业额同比增幅分别为 34%和 26%。截至目前，全球在轨卫星为 2 100 颗，分属于 68 个国家和地区。其中，仅在 2014—2018 年期间发射的卫星总数就超过了 850 颗。

2）卫星制造呈现出大卫星与小卫星共同发展特征。一方面，频率复用多点波束技术的发展，使得高通量卫星得到长足发展，另一方面，以 SpaceX 公司的“星链”星座为代表的小卫星批量生产，为星座的部署提供了重要动力。

3）卫星导航与卫星通信占绝对优势。从卫星服务业来看，对全球航天产业增长贡献率最大的业务是卫星导航与卫星通信。以 2018 年为例，两者在卫星服务业营业额中累计占比高达 98%。

4）商业航天发展势头正猛。以 SpaceX 公司为代表的新兴航天企业正在迅速崛起，新兴商业航天的新思维、新理念与新模式对传统航天产业产生巨大冲击。根据美国航天基金会的统计数据，2017 年全球商业航天收入 3 073 亿美元，约占全球航天经济总量的 80. 1%，商业航天收入已成为航天经济总量不断增长的主要因素。

（2）空间数据缺乏顶层统一管理，重复建设与资源浪费成为困扰

空间数据的全面收集和全方位共享与利用，是航天技术、产品与服务造福人类的理想追求。通过空间大数据的开发利用，可以方便人类探索、开发和利用太空、促进经济社会发展。但事实上，目前空间数据在管理上的一个突出问题就是缺乏顶层统一管理，致使信息孤岛丛生，数据烟囱林立，数据应用碎片化现象突出。

以气象卫星数据为例。天气变化是全球关注的一个普遍问题，需要包括气象卫星数据在内的各类空间数据的支撑。各国因航天技术发展水平存在差距，在气象数据的获取能力上也存在显著差别。目前对全球天气的关注与协调主要是通过世界气象卫星组织（WMO）和对地观测组织（GEO）进行。这两个机构的主要功能是通过制定一系列的规章制度，协调各成员国进行数据的提供和共享。围绕相关数据服务，成员国之间在权利和义务上多有争议，导致在气象卫星数据的共享与开发方面存在较大障碍。

空间数据缺乏顶层统一管理的问题在多方面造成较大影响。一方面，由于空间数据生

成时的烟囱效应，不同的系统数据之间缺乏协调，造成数据资源的浪费；另一方面，用户的数据需求因缺乏个性化服务而无法得到满足，导致数据用户的满意度降低，对数据系统的评价不高。

因此，需要从国际、国家、区域等多个层面开展顶层规划与协调，围绕数据系统的建设与共享建立分工与合作机制，通过建立数据应用中心等具体举措，使空间数据的产生、传递和使用等诸环节得到有效规制，最大限度实现数据的统一管理。

6.1.2.3　空间碎片造成太空环境恶化，高危近地天体频繁造访地球

（1）高危近地天体频繁造访地球，未雨绸缪势在必行

根据 ESA 的最新统计数据，在目前已发现的数以万计的近地小行星中，直径超过 1 km 的有 500 多颗。据有关统计数据，直径大于 1 km 的小行星撞击地球的能量相当于几百倍全球核武器库的核弹爆炸能量。

2013 年 2 月 15 日，一颗小行星以 30 km/s 的速度进入大气层，并在俄罗斯车里雅宾斯克地区上空约 30 km 高度发生猛烈的爆炸。据评估，该小行星直径约为 15～17 m，质量为 7 000～10 000 t，爆炸当量约为 3 500 000 t，相当于 1945 年广岛原子弹爆炸当量的 30 倍。

近地天体频繁造访地球、与地球擦肩而过的事件，的确引起了人们的恐慌。以美国、欧洲为代表的航天大国提出了近地小行星防御任务计划，美国提出了“阿波菲斯探索与减缓平台”“超高速小行星拦截器”“表面和内部科学撞击器”。美国小行星偏离研究中心和爱荷华州立大学提出了采用核爆，即利用核装置直接炸毁的方式，对小行星采取主动防御的措施。此外，欧洲提出了“唐吉诃德”“近地小行星防护盾”等计划。

2018 年，美国白宫科技与政策办公室联合美国科学与技术委员会发布“国家近地天体预防战略与行动规划”，对未来 10 年如何防御可能撞击地球的近地天体以及一旦撞击如何开展救灾等工作从国家层面进行顶层谋划，提出通过加强预防近地天体威胁的国际合作等 5 个战略目标来提高预防近地天体撞击地球的能力。

各任务中所采用的多数小行星防御技术尚处于概念和设想阶段，甚至有很多技术是开创性的，未进入工程实际应用。可以看出，对这些高危近地天体进行科学监控和预报，以及开展相关技术研发，是世界主要航天国家和地区技术和能力的重要较量和展示。

（2）空间碎片造成太空环境恶化，保护太空环境刻不容缓

空间碎片的来源很多，各种来源产生的碎片尺度也不相同。其主要来源包括遗弃的航天器、运载火箭箭体、操作性碎片、爆炸解体碎片、固体火箭喷射物、撞击产物、表面剥落及特殊碎片等。随着航天活动的日益频繁，空间碎片数量快速增加，已经对人类空间资产安全构成严重威胁，是全世界面临的重大挑战。

根据 ESA《空间环境年报》数据，在 LEO 区域，厘米级空间碎片由 2005 年的 30 万

个增长到 2015 年的 50 万个，年增长率达 15%。该区域 70 年后碎片密度将达到一个临界值，将发生碎片链式撞击效应，近地空间将彻底不可用。在地球静止轨道（GEO），根据 2017 年第 68 届 IAC 的相关研究结果，目前 GEO 的碰撞概率比此前高出 3 个数量级。

空间碎片（图 6－4）是人类航天活动产生的太空垃圾。随着航天活动的日益频繁，空间碎片数量快速增加，对人类航天活动造成了日益严重的威胁。根据 ESA 所统计的数据，截至 2020 年 2 月，有跟踪记录的空间碎片达到 22 300 个，总质量超过 8 800 t。其中，LEO 的空间碎片质量约为 2 700 t，在地球上空构成了一个空间碎片带，侵占了宝贵的轨位资源，增加了与卫星碰撞的概率，危及正常卫星的安全。

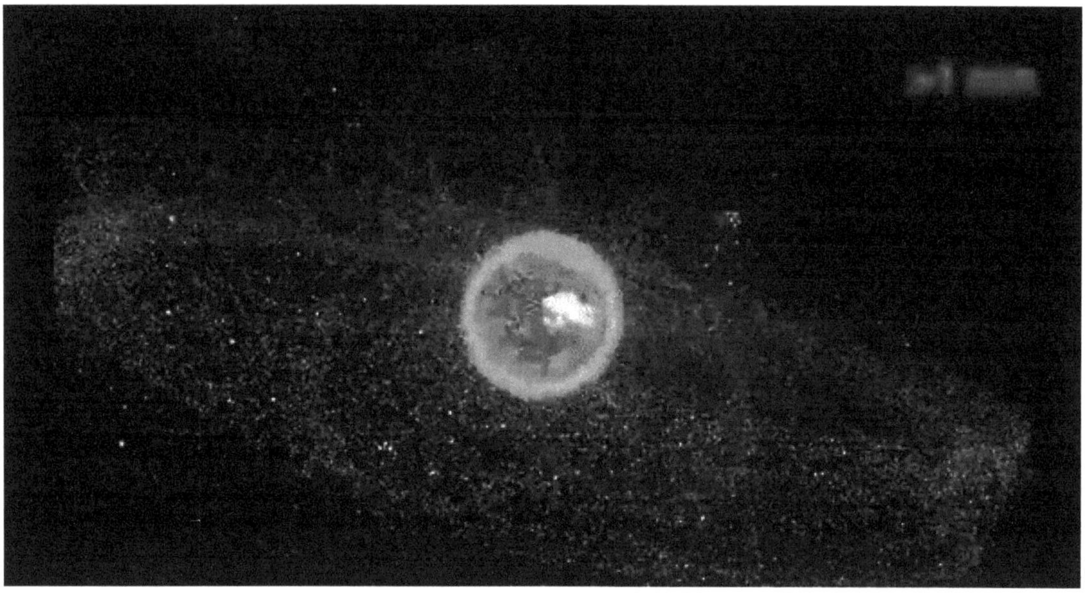

图 6－4　空间碎片示意图（图源：ESA 网站）

开展空间碎片主动移除是国际社会的共识，是构建人类命运共同体的重要内容之一，对保障国家空间资产安全、维护国家安全和利益、确保国际外空事务主导地位和太空话语权、树立航天大国责任和形象、引领高新科技创新发展、促进生成新兴太空经济和产业模式等具有十分重大的意义。

对于空间碎片的减缓，主要有躲避空间碎片碰撞、航天器空间碎片防护设计、保护空间环境 3 种对策。其中，躲避空间碎片碰撞是一种被动防护，需要空间目标感知数据的有力支持；航天器空间碎片防护设计是一种主动防护。在这 3 种对策中，保护空间环境的对策最具有长远意义，同时也最具有复杂性。

保护空间环境的主要措施，一是限制空间碎片的产生，二是清除已有空间碎片。

空间碎片协调委员会的《空间碎片减缓指南》提出了限制空间碎片产生的消能、离轨和变轨措施。为了在航天器设计阶段就将限制空间碎片产生考虑在内，NASA 下设的轨道碎片计划办公室早在20世纪80年代就开发了“轨道碎片工程模型”。

空间碎片的清除涉及复杂的技术问题，国外多个机构提出了空间碎片清除的技术方案，如欧洲提出了“机器人地球同步轨道修补者”计划，将地球同步轨道上已经废弃的卫星拖离到弃置区。截至目前，空间碎片的清除技术仍然停留在方案或计划阶段，尚未实际开展。

空间碎片的增多加大了正在运行的航天器的安全风险，太空安全治理成为全球航天国家共同关注的重要问题。太空安全治理离不开空间目标感知技术和太空交通管理技术的支持。在空间目标感知方面，加强数据观测及处理、算法、模型等技术手段已经成为当务之急。

美国从2009年开始，组织全球领先的卫星运营商共同组建空间数据联合会（SDA），由AGI公司提供技术支持，通过空间数据中心（SDC）向SDA各成员国提供空间目标感知和射频干扰减缓服务。SDA的技术团队利用5种不同的技术手段，对GEO卫星的碰撞风险进行量化。

相比之下，我国在太空安全治理方面还存在诸多问题，主要包括技术能力薄弱，难以支撑对等国际合作；国际规则制定参与度低，国际话语权较弱；缺乏行星防御机制，难以有效应对威胁；科普宣传和舆论引导不够，公众认知度低等。需要围绕上述问题综合开展太空安全治理相关研究并提出相应对策。

6.1.3 能力需求分析

太空活动治理支撑技术主要用于支撑政府部门参与相关管理工作的组织决策，保障相关政策、法规的监督与执行，同时负责太空活动相关业务的登记、管理、监督和判断等具体实施。根据太空活动治理需求，太空活动治理支撑技术能力可以分为3个层次，分别是数据层、信息层和业务层，如图6-5所示。数据层通过整合和布局天地协同监测网络，通过雷达和光学望远镜等监测设备对太空治理目标进行监测，获得太空治理实施的必要数据，解决“治什么”的问题。信息层通过建设太空活动大数据中心，利用人工智能、大数据、云计算和区块链等技术对数据层提供的海量数据开展数据接收、数据挖掘、数据处理、信息分发和建模预测等工作。业务层为太空治理的具体处置业务，包括航天器避碰调度，频谱轨位资源监测，航天器在轨延寿与维护，违规、失效航天器处置，空间碎片清除，空间事故鉴定以及相关治理手段的支撑技术研发工作。

因此，针对以上太空治理工作划分，开展太空活动治理需要具备的能力包括空间目标监测能力、空间数据应用能力、空间频谱管理能力、空间设施维护能力、空间碎片减缓能力以及近地天体防御能力，如图6-6所示。同时，随着人工智能、大数据等新一代信息技术的不断发展，也将为太空活动治理支撑技术能力带来新的气象。

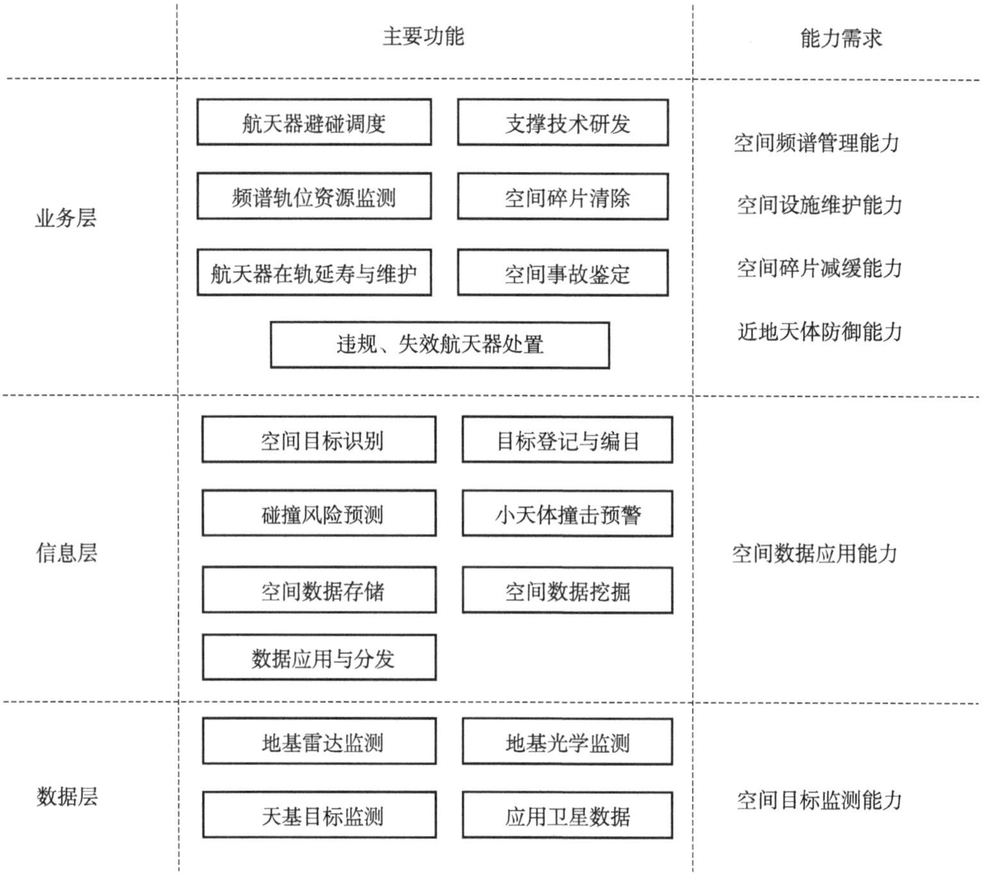

图 6－5　太空活动治理支撑技术结构框图

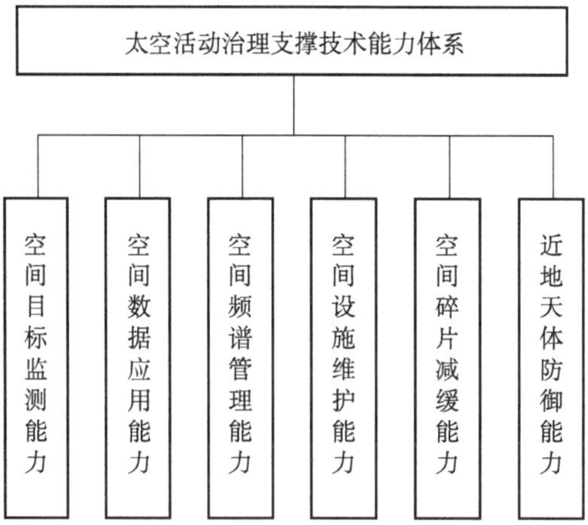

图 6－6　太空活动治理支撑技术能力体系

6.2　国内外太空活动治理支撑技术发展现状

6.2.1　核心能力

6.2.1.1　美国

(1) 空间目标监测能力

目前，美国拥有全世界最大的分布式卫星跟踪网，维护着全世界最完整的地球轨道空间目标编目，拥有全球最完善的空间目标感知系统和最强大的空间目标感知能力，美国是全球唯一拥有天基空间监视卫星的国家，在轨预警监视卫星数量约占国外总数量的80%的绝对优势。近年来，美国天基空间目标感知系统快速发展，与地基空间目标感知系统共同构建了“天地一体、全球覆盖、高低轨兼顾”的空间目标感知能力。

①地基系统能力

在空间目标地基监视方面，美国已建成由本土为主、遍布世界的数十个跟踪站组成的分布式跟踪网——空间监视网（SSN），主要包括“太空篱笆”（Space Fence）、“铺路爪”（PAVE PAWS）、“干草堆”（Haystack）和“陆基光电深空监视”（GEODSS）系统等地基观测设施，采用雷达探测、光电探测和电子信号侦测等多种手段，具备空间目标搜索捕获、空间目标精密跟踪测量、空间目标监视等能力。同时，已建成两个专门的空间目标监视指控中心。

1）“太空篱笆”是美国为跟踪地球轨道人造卫星和空间碎片而建造的第二代空间监视系统，研制和建设合同于2014年签署，2020年3月投入使用，耗资15亿美元。“太空篱笆”利用S波段相控阵雷达跟踪空间目标，每天可对20万个目标进行150万次观测，约10倍于现有能力①，探测目标包括距离很近的空间物体、解体、机动、发射、碰撞评估和耗尽的火箭助推器等，如图6-7所示。除地面设施外，该网络还包括一颗空间监视卫星和部署在澳大利亚的空间监视望远镜。

2）“铺路爪”是位于美国西海岸和东海岸的地面相控阵雷达系统，能够探测潜艇发射的弹道导弹攻击，并进行一般空间监视和卫星跟踪，如图6-8所示。该雷达系统的独特之处在于其相控阵天线技术，允许在保持监视职责的同时跟踪多个目标②。

3）GEODSS系统在深空目标跟踪中发挥着重要作用。包括地球同步通信卫星在内的2 500多个空间物体都运行在距离地球1万~4.5万千米的深空轨道上，如图6-9所示。

---

① Gruss，Mike（2014-11-21）．“Haney：U.S. Partners To Have Indirect Access to Space Fence Data”．Space News. Retrieved 2014-12-01.

② https：//www.afspc.af.mil/About-Us/Fact-Sheets/Article/249015/pave-paws-radar-system/.

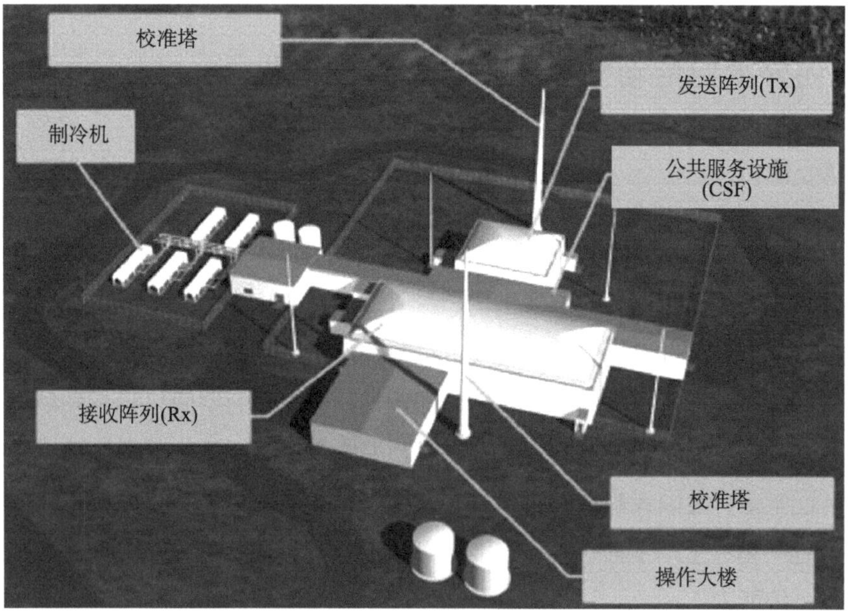

图 6－7　美国天军“太空篱笆”鸟瞰图（位于马绍尔群岛夸贾林环礁上，图源：洛克希德·马丁公司）

图 6－8　“铺路爪”相控阵雷达鸟瞰图（图源：美国空军）

GEODSS 系统利用配备高灵敏度数码相机技术的 1 m 望远镜执行任务，其相机系统能够在视场中跟踪多颗卫星①。

① https：//www. afspc. af. mil/About－Us/Fact－Sheets/Article/249016/ground－based－electro－optical－deep－space－surveillance/.

图 6－9　GEODSS 站址

②天基系统能力

在空间目标天基监视方面，采用高低轨组合配置，高轨侦察监视作战系统与低轨太空目标监视系统搭配使用，构成对高价值航天器集中的地球同步轨道目标进行重点侦察监视体系。“天基空间监视系统”（SBSS）主要监视对象为所有轨道上的人造卫星和空间碎片。“地球同步空间态势感知项目”（GSSAP）卫星还具备目标交会、绕飞和抵近侦察能力，对可疑目标执行成像和技术侦察，获取目标特性，用于作战情报准备。在太空作战时，担负所谓“战术太空目标感知”任务，执行攻击行动的目标指示和杀伤效果评估。目前，美国具备每 8 h 对高轨目标遍历一次的能力，对重点区域和重点目标在一定时段可连续监视，但还无法实现全天时持续监视。未来 S5 星座部署后，持续监视能力将大幅提升。美国空间目标天基监视系统在轨汇总见表 6－3。

表 6－3　美国空间目标天基监视系统在轨汇总表

任务类型	卫星	轨道位置	主要功能	发展状态
专用型	SBSS－1	LEO	目标探测和及时重访 高价值目标看护 目标分离和裂解探测 目标精确测轨	装备型
专用型	ORS－5	LEO	目标探测和及时重访	装备型
附带型(导弹跟踪)	STSS	LEO	目标探测和跟踪	装备型

续表

任务类型	卫星	轨道位置	主要功能	发展状态
专用型（加拿大）	Sapphire	LEO	目标探测和及时重访	装备型
专用型	GSSAP－1	近 GEO	局部弧段巡视和抵近侦察 卫星目标特性获取、威胁目标跟踪、己方高价值卫星附近区域巡查	装备型
专用型	GSSAP－2	近 GEO		装备型
专用型	GSSAP－3	近 GEO		装备型
专用型	GSSAP－4	近 GEO		装备型
专用型	S5	坟墓轨道	全弧段目标监视	试验型
附带型	Mycroft	坟墓轨道	护卫主星，感知威胁及主动防御	试验型
附带型（预置投送）	Eagle	坟墓轨道	微纳卫星和武器挂载及高轨隐秘机动部署	试验型
附带型（预置投送）	PODS	GEO	微纳卫星和武器挂载及高轨隐秘部署	装备型
附带型	ARMOR－1	坟墓轨道	攻击	试验型
附带型	ARMOR－2	坟墓轨道		试验型

（2）空间数据应用能力

在太空活动治理中，空间数据的产生、传递和使用等是重要环节，为使其得到有效规制，最大限度实现数据的统一管理和全方位的共享与利用，需要采取多种举措，它们共同构成了此处所述的面向太空活动治理过程的空间数据应用能力。

美国已建成以高轨通信卫星为主体，全球地面电信港为依托，低轨移动通信星座等商用卫星为补充的天地一体化信息网络系统。目前，美国的新一代低轨卫星互联网星座系统架构主要包括两类①：一类是以“一网”为代表的“天星地网”，将卫星作为连通用户终端和网关站的通道，卫星间没有星间链路，从网关站接入地面通信网络，通过全球分布的地面站实现整个系统的全球服务能力；另一类是以“星链”为代表的“天星天网”，将卫星作为网络传输节点，该架构通过星间链路建立高速宽带通信网络，用户可直接接入卫星互联网络，不需经过地面系统②，如图 6－10 所示，3 个星座系统的频带分配如图 6－11 所示。

2018 年，美国国防预先研究计划局（DARPA）发起“黑杰克”（BlackJack）研发项目，旨在探索利用新兴商业低轨宽带星座发展经验和成果，在低轨演示验证一个提供全球持续覆盖、低成本的星座，通过多个通用卫星平台搭载军用通信、导航、侦察和预警等多类任务载荷，同时具备自主智能运行能力。在演示验证阶段预计发展一个 20 颗卫星的星座，卫星部署在两个轨道平面，每颗卫星作为一个轨道节点，均由一个能够与其他节点高

① 梁晓莉，陈建光，姚源，等．国外低轨卫星互联网发展现状分析．中国通信学会卫星通信委员会、中国宇航学会卫星应用专业委员会．第十五届卫星通信学术年会论文集．中国通信学会卫星通信委员会、中国宇航学会卫星应用专业委员会：中国通信学会，2019：19－22.

② DEL PORTILLO，INIGO，BRUCE G. Cameron，and Edward F. Crawley. “A technical comparison of three low earth orbit satellite constellation systems to provide global broadband.” Acta Astronautica 159（2019）：123－135.

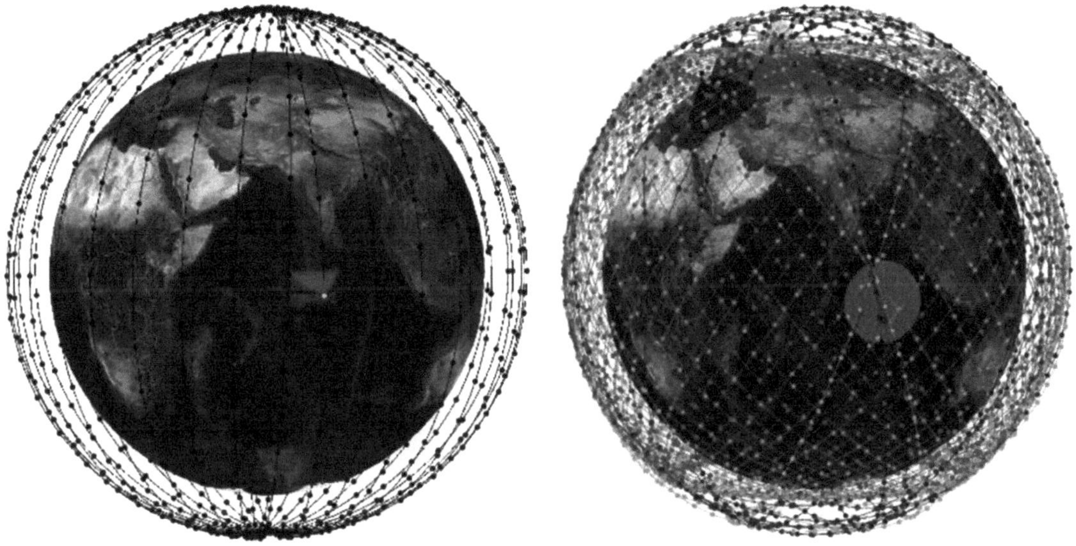

图 6-10　“一网”（左）和“星链”（右）星座模式示意图

速通信的通用平台、一个或多个能够自主运行超过 24 h 的战术任务载荷和一个控制单元组成。2020 年 5 月，DARPA 在 2020 年年底和 2021 年年初宣布将各发射一次试验卫星任务，2022 年前完成 20 颗卫星发射。

2019 年年初，美国航天发展局（SDA）正式成立，接管美军下一代航天系统开发。随后提出“下一代太空架构”设计概念和方案，涉及卫星平台、载荷、发射平台以及相关地面设施，由 7 个星座或“层”组成，以空间传输层为基础，基于“黑杰克”项目开展，如图 6-12 所示。

空间传输层即在低轨部署一个骨干性的军用通信卫星网络，具备新型、快速响应的体系架构，以此为基础将面向陆海空天多域节点提供基础的数据传输服务。空间传输层包括约 658 颗小卫星，将极大程度地利用“黑杰克”项目以及商业低轨宽带互联网星座成果，采用生产线模式开展卫星批量研制工作，每颗卫星将配备星间链路功能和备份的星地链路。航天发展局还计划在传输层中开发“嵌入的子系统”（对应于“黑杰克”项目的多任务载荷概念），提供导弹预警等额外能力。建成后的空间传输层将为全球任意两点之间提供超低延时的数据通信服务，支持美军作战管理、指挥、控制和通信（BMC3）能力①。

NASA 利用地球观测系统数据和信息系统（EOSDIS）来存储与管理全部地球观测系统数据。EOSDIS 采用基于大数据的分布式、开放的系统架构，按照地球科学的学科依次划分各个分布式数据存档中心（DAAC），每个 DAAC 负责管理一个特定学科领域地球观测系统数据的处理、存储、管理与分发。EOSDIS 通过在各个 DAAC 之间建立一个增强互

① 链星. 美军利用商业低轨通信星座的新动向分析. 国际太空，2019（5）：8-14.

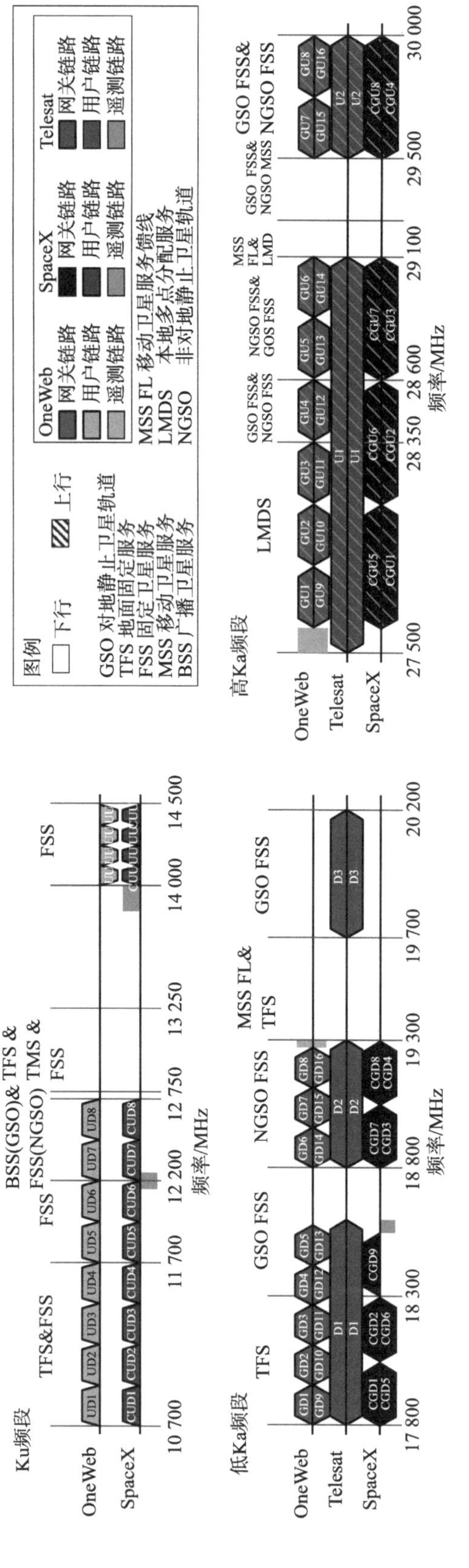

图 6－11　3 个星座系统的频带分配（见彩插）

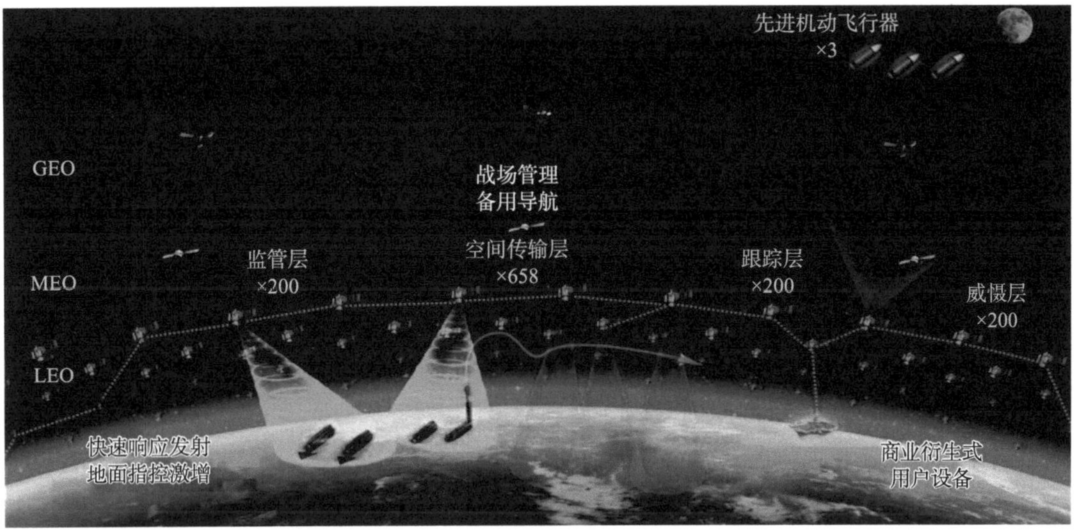

图 6-12　下一代太空架构设想图

操作性的中间件 EOS 元数据信息交换站（ECHO），为多源时空元数据提供数据与信息交换平台。为应对遥感数据接收量与归档量爆炸式增长态势，NASA 又设计并开发了通用元数据仓库（CMR），作为原来 ECHO 中间件的替代品，用于编目并归档 EOSDIS 的数据和服务元数据①。

为解决卫星数据维护难题，雷声公司开发了用于实体状态信息和云服务的可扩展分布式数据仓，以生成轨道事件，可以近实时地处理数千个飞行器的数据集，并允许分发给许多用户，还将存储从 spacetrack. org、AGI COMSPOC 和 Gunter's Space 网站等各个来源收集的信息，包括过去 10 年的 4 万条卫星编目条目和超过 1. 1 亿条双行轨道根数记录②。

信息和网络技术的飞速发展，从根本上改变了传统武器装备的性质和传统战争的作战方。美国国防部正在进行以网络中心战为主要理论的军事转型，将军队的所有情报、侦察、监视（ISR）系统，通信、指挥系系统和武器系统组成一个以计算机为中心的“无缝”连接信息网络体系了解战场态势、交流作战信息、指挥与实施作战行动的作战样式。美军网络信息装备体系包括全军共用信息网络、全军共用传感器网络及作战部队网络中心化作战网③。2020 年 11 月，美国空军选定卫星通信供应商 SES 政府解决方案公司参与“先进战斗管理系统”（ABMS）计划合同竞争。ABMS 计划属于美国国防部正在组建的军用物联网，即联合所有作战域的指挥与控制使其共享数据。美国空军在 2021 财年为

---

① A. LEON, S J S KHALSA, S. Leslie, “SMAP data and services at the NASA DAACs,” 2015 IEEE International Geoscience and Remote Sensing Symposium (IGARSS), Milan, 2015, pp. 150-152, doi: 10. 1109/IGARSS. 2015. 7325721.

② LAW, SARAH, JARED DORNY, et al. “Cloud services for space situational awareness.” In Advanced Maui Optical and Space Surveillance Technologies Conference, pp. 19-22. 2017.

③ 武世勇，齐和平，王学文，等. 浅谈美军网络信息装备体系. 火力与指挥控制，2019，44 (2)：6-10.

ABMS 计划申请了 3.02 亿美元，预计未来 5 年内提供 32 亿美元。除 SES 公司外，SpaceX 公司的“星链”卫星星座也将为 ABMS 提供卫星通信服务，“星链”位于近地轨道，SES 卫星多处于地球同步轨道和中地球轨道。美国国防部的想法是使 ABMS 成为一个开放架构并使用商业系统来连接，例如，美国空军希望能够无缝地将数据从传感器传输到武器系统和云计算环境中，以便对信息进行分析①。

美国 GPS 一直处于全球卫星导航领域主导与领先地位。GPS 地面段包括 1 个主控站、1 个备用主控站、4 个数据注入站和 6 个空军监测站，以及空军卫星控制网（AFSCN）远程追踪天线、美国智能化地理空间局（NGA）监测站。GPS 发展之初美国即认识到：作战时，全球部署的 GPS 运行控制段极易受到敌方的干扰与攻击，导致卫星导航系统不能提供满足军事作战要求的服务。随即委托商业公司进行深入开发自主导航系统算法的研究，正式提出自主导航功能的要求。在目前的卫星导航系统中，GPS－2R 卫星和 2F 卫星采用了自主导航技术。GPS－3 采用新的高速上行/下行链路和星间链路通信结构，将使 GPS－3 卫星运行发生变革②。

（3）空间频谱管理能力

美国电磁频谱管理起步较早，1934 年即发布《通信法》，明确了电磁频谱管理的组织机构及其职责。目前监管频谱使用的主要政策主体有两个——美国联邦通信委员会（FCC）和美国国家电信与信息管理局（NTIA）。其中，FCC 直接对国会负责，主要负责美国公共和非政府用频段的管理工作；NTIA 直接对总统负责，主要负责美国政府和军用频段的管理工作，如图 6－13 所示。美国将无线电频谱划分为 FCC 专用频段、NTIA 专用频段、FCC 与 NTIA 共用频段。其中，专用频段由 FCC 和 NTIA 分别单独管理，共用频段由部间无线电咨询委员会（IRAC）负责协调。根据国际规则和条例《无线电条例》，通过国际电联对频谱的使用进行国际管制和协调。为了满足爆炸性增长的频谱需求，FCC 在 2010 年发布了“国家宽带计划”，要求为无线宽带的使用提供额外频谱，即到 2020 年达到 500 MHz。

NASA 的频谱管理职责由空间通信和导航（SCaN）项目办公室负责，为有效执行美国国内和国际频谱管理政策，NASA 启动了“NASA 频谱管理”计划，为确保电磁频谱的充分获取和保护提供全面规划、政策、协调和必要实施；制定了申请所分配频率和获取新频率分配的程序性要求（NPR 2570.1）；力求运用技术更有效地利用有限的频谱资源③。

---

① https：//spacenews.com/ses－to－provide－satellite－connectivity－for－u－s－military－internet－of－things/.

② 杨宁虎，刘春保，杨哲．美国 GPS 系统导航战技术发展分析．国际太空，2017（12）：4－8.

③ NASA. Spectrum 101 － An Introduction to National Aeronautics and Space Administration Spectrum Management. February 2016.

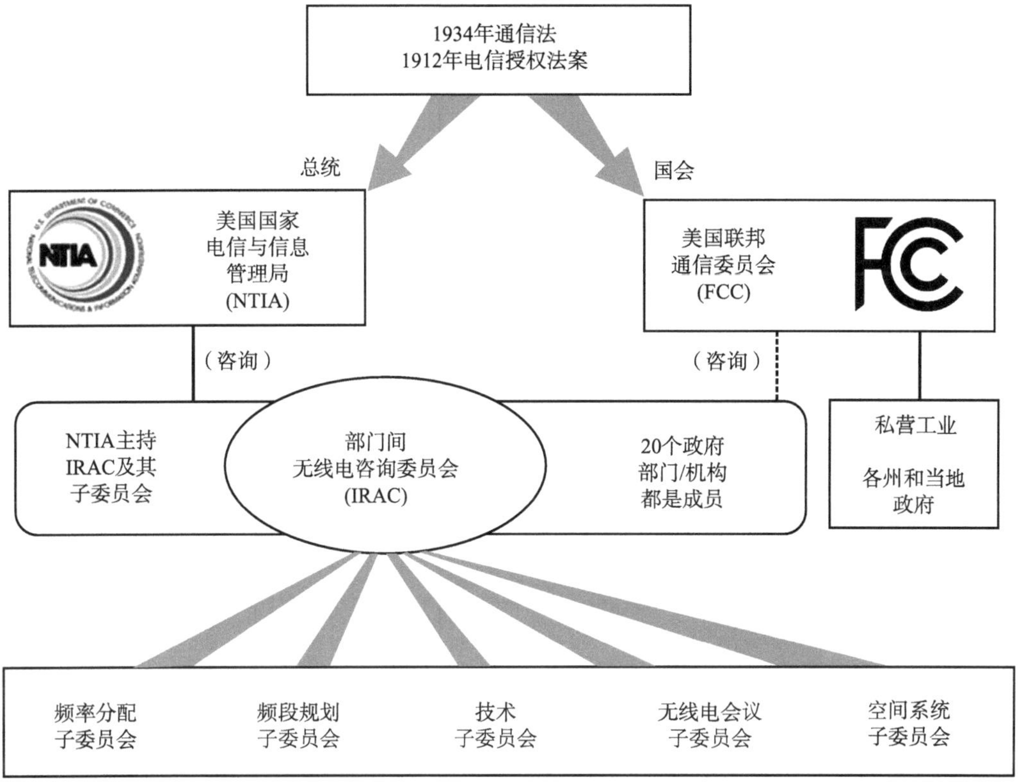

图 6－13　美国频谱管理流程

在战场频谱管理方面，美国研究了较多的系统，包括短波频率管理系统（AN/TRQ－35v，AN/TRQ－42）、自动化战术频率工程系统（ATPES）、自动化频谱规划工程与协调系统（ASPECTS）、联合频率管理系统（JSMS）、改进型战场电子作业指令系统（RBECS）和 21 世纪全球联合频谱管理系统（SPECT XXI）。

（4）空间设施维护能力

在这一领域，DARPA 牵头组织了很多工作：与 NASA 合作的“轨道快车”（Orbital Express）项目、无人轨道修正航天器（SUMO）和“前端机器人使能近期演示验证”（FREND）任务。通过“轨道快车”项目，在近地轨道初步开展针对合作目标的在轨模块更换、在轨加注技术演示验证。通过原“凤凰”计划，发展了先进空间机器人能力以及翻新和改装在轨卫星、拆用废弃卫星零部件重新组装成可能的新系统、灵活运用 Satlet 单元的新构想。由此也衍生出与增强空间态势感知、空间交通管理、主动碎片清除和提高太空作战相关指挥控制能力有关的新能力①。

① PELTON J N.（2019）On－Orbit Servicing，Active Debris Removal and Repurposing of Defunct Spacecraft. In：Space 2. 0. Springer Praxis Books. Springer，Cham. https：//doi. org/10. 1007/978－3－030－15281－9_ 7.

此后发展了多个用于推进剂在轨加注、在轨维修、辅助变轨，且针对具有部分非合作特性目标进行操作的服务保障航天器，并将择机开展在轨试验。其中，在轨加注航天器处于关键技术在轨试验阶段："机器人加注任务"（RRM）近年已利用空间站机械臂和安装在站外的模拟卫星开展多次关键技术试验；复元-L（Restore-L）在2019年完成平台关键设计评审，计划2022年进行在轨试验。具有在轨维修、辅助变轨及安装附件有效载荷功能的"地球同步轨道卫星机器人服务"（RSGS）项目已于2018年完成有效载荷初始设计评审，计划2023年前开展在轨试验，如图6-14所示。

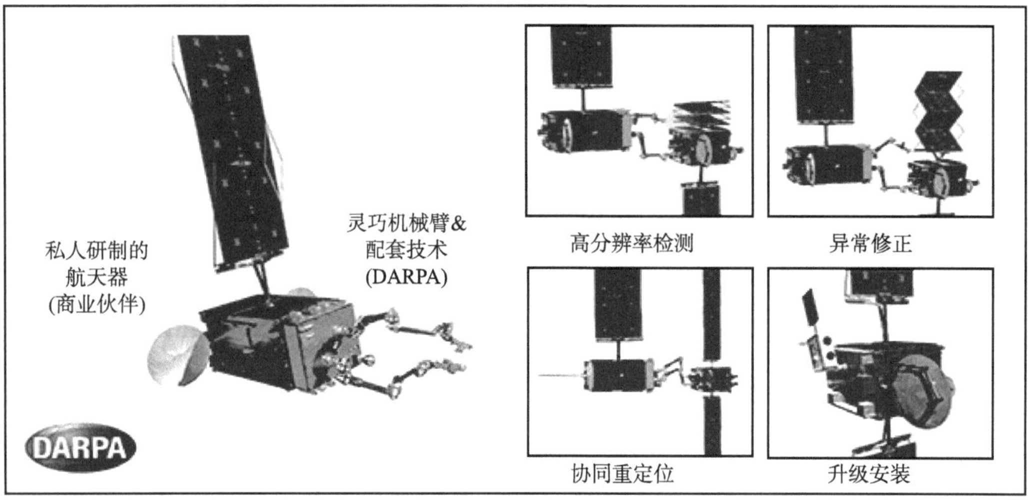

图6-14 RSGS任务简介

辅助变轨机器人率先实现商业化运营：诺斯罗普-格鲁曼公司研制的"任务延寿飞行器"（MEV）于2017年完成"交会、逼近操作与对接"系统的初始设计评审①，2020年2月成功实施全球首次商业在轨服务任务，任务延寿飞行器-1（MEV-1）成功与超期服役的国际通信卫星-901（Intelsat 901）交会对接，在完成卫星组合体在轨测试后，将为后者提供5年工作寿命延长服务②。

美国已经在LEO和GEO上对交会与抵近操作（RPO）技术进行了多次试验，同时也进行了跟踪、瞄准和拦截技术试验，这些技术可能会形成共轨反卫星能力。这些试验和演示是为其他非进攻性任务进行的，如导弹防御、在轨检测和卫星服务③。

（5）空间碎片减缓能力

美国政府和军方很少自行开展空间碎片移除航天器和技术研究，主要通过资助私营企业开展前期研究工作。除提出部分天基、地基激光空间碎片系统方案外，也在发展"电动

① 贾平，刘笛．国外无人在轨服务和模块化可重构航天器发展分析．无人系统技术，2019，2（3）：56-61.
② 李侃．全球首次商业在轨服务任务成功实施．国际太空，2020（3）：17-19.
③ SECURE WORLD FOUNDATION. Global Counterspace Capabilities: An Open Source Assessment. April 2019.

力碎片移除飞行器”（EDDE）“膜航天器”（Brane Craft）。NASA 的纳型帆- D（NanoSail - D）（图 6 - 15）制动帆，帆面积为 10 m^2，将其安装在一颗 3U 立方体卫星上，实现了太阳帆空间碎片清除技术演示验证。近年来开发了多种针对微纳卫星和立方体卫星的离轨方案。斯坦福大学和 NASA 喷气推进实验室（JPL）的研究人员受壁虎在垂直光滑墙面自由爬行的启发，设计出一种全新智能抓手装置，用于空间碎片清除，已经利用 30 多种航天器表面对壁虎爪技术进行测试，并成功进行真空测试。

图 6 - 15　纳型帆- D 构型图

（6）近地天体防御能力

美国已形成全球地基监测网络，大部分近地小行星的观测和发现活动由“卡特林那巡天系统”（Catalina）、“全景观测望远镜和快速响应系统”（Pan - STARRS）和“林肯近地小行星研究”（LINEAR）系统完成。

美国还开展了天基小行星监测系统的尝试，NASA 于 2009 年 12 月发射了“宽视场红外巡天望远镜”（WISE）任务。WISE 的科学任务是绘制覆盖率达到 99%的高精度全天域红外光谱图像（图 6 - 16），为了提高观测精度，WISE 在同一位置将拍摄 8 幅图像进行对比分析。2013 年 9 月，该望远镜被重新激活，更名为 NEOWISE，进入拓展任务阶段。截至 2019 年，NEOWISE 已在热红外波段探测到约 158 000 颗小行星，包括约 700 颗近地天体，并已发现约34 000颗新小行星①。截至2020年7月中旬，NEOWISE重启后的第14次全天域巡天已进行26%，对37 161个不同的太阳系天体进行了超过993 000次红外测量②。

图6-16 WISE得到的全天域图像

另外，NEOCam（The Near-Earth Object Camera）任务是一个新立项的天基近地小天体监测项目，配置有一套红外谱段望远镜和一套热红外谱段的宽视场相机。目前该项目处于方案论证阶段。

NASA指导约翰·霍普金斯应用物理实验室开展“双小行星重定向试验”（DART）任务，对行星防御技术进行试验，目的是防止危险小行星撞击地球，如图6-17所示。DART将是利用动能撞击器技术改变小行星在太空中运动的首次演示验证。DART演示目标是双体小行星系统——“迪蒂莫斯”（Didymos）的副星，其大小约为160m。DART探测器将在机载摄像机和自主导航软件的帮助下，以约6.6 km/s的速度故意撞向该小卫星，从而实现动能冲击偏转。这次碰撞将使小卫星在其绕主体运行的轨道速度改变1/100，从而将使小卫星的轨道周期改变几分钟，足以用地球上的望远镜观测和测量。该任务已于2021年11月24日成功发射。

① NEOWISE Mission Overview. https://www.nasa.gov/mission_pages/neowise/mission/index.html. Last Updated: Jan. 29, 2019. Accessed on July 29, 2020.

② THE NEOWISE PROJECT. https://neowise.ipac.caltech.edu/. Accessed on July 29, 2020.

图6-17 DART任务示意图

6.2.1.2 欧洲

（1）空间目标监测能力

虽然欧洲的几个国家单独拥有高性能监视传感器，但目前欧洲并没有组建综合完整的空间目标感知网。英国、法国、德国和挪威拥有跟踪雷达，而一些国家拥有不同功能的光学望远镜。ESA也运营着一些能够利用有限方式跟踪空间目标的科学传感器。考虑将欧洲各国现有的空间监视设施进行联网，基于法国、德国两国现有的雷达网络，建设独立、完善、一体化的欧洲空间态势感知系统，以监测可能危害在轨卫星或地面电网等基础设施的物体和自然现象。在现有欧洲基础设施的帮助下，每一项活动都作为“段”（类似于卫星的传统“地面段”），在并行的能力和服务、辅助的探测和测量系统、数据处理、数据中心和最终用户/客户支持方面发展起来。

欧洲地基雷达系统较少，主要以法国空间监视广域网络（GRAVES）雷达（图6-18）、德国跟踪与成像雷达（TIRA）设备为主，法国蒙日（Monge）跟踪船上的阿莫尔（ARMOR）雷达、英国奇尔波顿（Chilbolton）雷达等其他雷达设备作为补充。法国阿莫尔雷达使用高分辨率角度和距离数据执行空间目标跟踪任务，可全天候、不间断地对LEO和GEO目标进行监视；英国S波段奇尔波顿雷达主要用于大气和电离层研究，兼具600 km空间目标的跟踪能力。

欧洲各国也在不断发展地基光学系统，提高空间目标的定轨精度及识别效率。目前，欧洲的地基光学系统包括ESA空间碎片望远镜、法国天空观测系统（SPOC）、瞬态目标

图 6-18 GRAVES 雷达

速动望远镜（TAROT）、德国灵巧网（SMARTnet）、瑞士 ZIMLAT 望远镜、英国无源成像测量传感器（PIMS）望远镜等，主要分布在欧洲、南美洲和澳大利亚等地，有宽视场探测跟踪望远镜，也有窄视场目标识别望远镜，主要用于探测 GEO 目标，GEO 目标空间分辨率已达到 10cm，部分设备还有激光观测功能，增加夜视观测能力①。

ESA 空间碎片望远镜位于西班牙特内里费岛上的泰德天文台中，采用孔径 1m 的蔡司镜头，视场为 0.7°，能覆盖 GEO 上 120°的扇区，探测跟踪 15cm 直径的 GEO 目标，通过单次观测推断出目标的原始轨道，并由此来完善轨道数据，如图 6-19 所示。法国 SPOC 和 TAROT 分布在法国、智利和澳大利亚。SPOC 是 50°×50°宽视场望远镜，在晴朗夜晚可探测到 100~400 个目标。TAROT 系统有 0.25 m 和 1 m 口径的望远镜，视场角分别为 4°和 0.1°，焦距分别为 0.8 m 和 8 m。0.25 m 口径望远镜用于目标探测跟踪；1 m 口径望远镜用于目标识别，能够快速［大于 60（°）/s］、高精度指向空间任意目标，每月可执行 17 000 多次 GEO 目标观测。

（2）空间数据应用能力

欧洲应用卫星技术在全球极具竞争力，特别是通信卫星和遥感卫星技术足以与美国匹敌。近年来，欧洲在泛欧层面持续推进“政府卫星通信”计划、民用“哥白尼”对地观测计划和“伽利略”卫星导航计划。

“政府卫星通信”（GOVSATCOM）计划在 2013 年 12 月被定为欧洲四项能力发展计划之一，目标是确保可靠、安全和经济有效的民用和军用卫星通信服务，为欧盟及管理关

① MICHEL BOËR，ALAIN KLOTZ. TAROT：a network for space surveillance and tracking operations //Proceedings of the 7th European Conference on Space Debris. Paris：ESA，2017.

图6-19　ESA 1 m蔡司镜头空间碎片望远镜

键安全任务和行动的成员国的公共当局提供服务，如图6-20所示。2019年1月，该计划共享演示项目进入执行阶段。

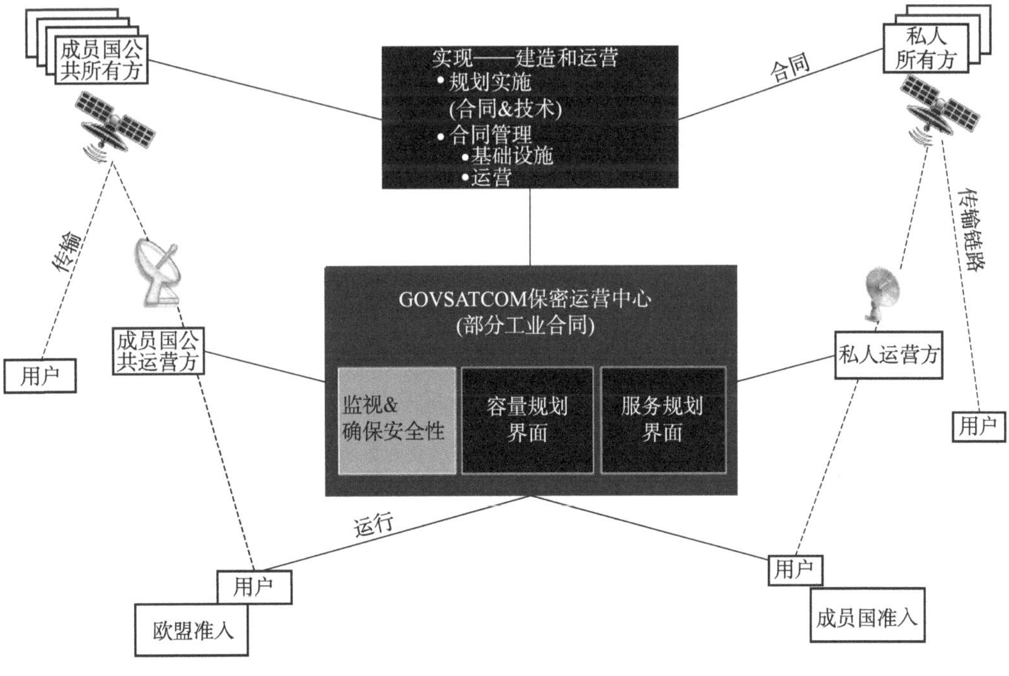

图6-20　GOVSATCOM整合中心：数据分发的中央基础设施①

① TOMASZ HUSAK. EU GOVSATCOM A new kind of EU space initiative. GOVSATCOM 2019 Conference. 14 February 2019.

“哥白尼”（Copernicus）计划作为目前全球最大的环境监测计划，旨在发展基于卫星及实地数据分析的欧洲信息服务，帮助用户更加有效地管理环境并提高其对全球变化挑战的反应能力。由于精确数据对于该计划至关重要，ESA 协调 30 颗以上卫星的数据传送，欧盟负责整体计划、设置要求并管理服务①。截至 2019 年 6 月底，该计划用户下载的总数据量已达 149.82PB②。

ESA 数据中心在总体架构上采用基于大数据的分布式计算和基于任务的分布式存储，建立统一的数据存储格式，通过统筹规划，建立地面高速网络连接各个分布式资源，实现各类遥感卫星数据在欧盟国家的充分共享和遥感地面设施的资源统筹。遥感产品被集成到 SAT4EST 系统中。该系统由遥感数据组件、辅助数据组件、数据处理组件和地图服务器组件组成。在 Internet 浏览器上运行的 Web 架构和用户友好界面使服务直观、易于理解和浏览③。哥白尼数据和挖掘平台-德国（CODE - DE，https：//code - de.org）为用户提供了对业务“哨兵”卫星和“哥白尼”服务的数据访问。2018 年 6 月，哥白尼数据和信息获取服务（DIAS）上线，如图 6 - 21 所示。

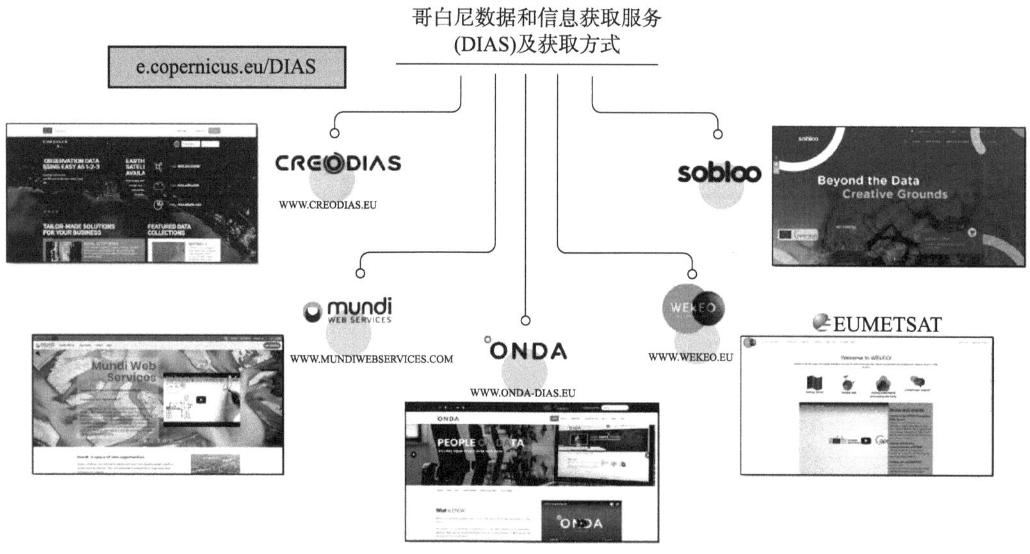

图 6 - 21 哥白尼数据和信息获取服务架构

“伽利略”卫星导航计划由欧盟和 ESA 合作发展，完整的在轨星座由 24 颗卫星及其备份星组成，依赖分布广泛的地面基础设施，包括地面控制段和地面任务段，确保授时和定位数据极其精确。国际全球卫星导航系统（GNSS）服务（IGS）遵循开放数据政策，

① https：//www.esa.int/Applications/Observing_ the_ Earth/Copernicus/Overview3.

② ESA. Copernicus A new Era in Earth Observation. 2019/07.

③ EU & ESA COPERNICUS4REGIONS. THE EVER GROWING USE OF COPERNICUS ACROSS EUROPE'S REGIONS. 2018/10. http：//esamultimedia.esa.int/docs/EarthObservation/copernicus4regions_ 2018.pdf.

提供GNSS数据、产品和服务。ESA IGS全球数据中心是GNSS科学支持中心（GSSC）的一部分，联合了超过100个国家的200多个自筹资金的机构、大学和研究机构，出于科学目的协调IGS数据的采集、保存和分发。目前，IGS数据是支持GSSC实现科学数据开发服务的核心资产①。

“伽利略”和“哥白尼”等计划以及欧洲的“欧几里得”（EUCLID）和“盖亚”（GAIA）等科学任务的最新进展，都把重点放在了创建能够有效获取、处理和分发大量数据的网络基础设施上②。GNSS数据挖掘服务和GNSS大数据信息服务资源均将上线。

（3）空间频谱管理能力

欧洲邮政和电信大会（CEPT）代表48个欧洲国家依照统一的邮政和电子通信政策负责欧洲频谱管理相关规则的制定和频率资源分配，是由决策机构和监管机构组成的泛欧洲机构，其主要目标是协调无线电频谱、卫星轨道和资源的有效利用，实现全欧洲的监管协调，如图6-22所示。CEPT下设欧洲通信办公室（ECO）作为秘书处。欧洲电子通信委员会（ECC）是48个CEPT管理机构（包括28个欧盟成员国）、众多频谱用户和业界之间的专业知识和交流中枢。该领域的标准化工作则主要由欧洲电信标准协会（ETSI）负责③。

CEPT在频谱管理中使用以下工具：

1）频谱工程先进蒙特卡洛分析工具（SEAMCAT）。允许对不同的无线电干扰场景进行统计建模，以便在相同或相邻频带的无线电通信系统之间进行共享和比对研究。被用于大多数CEPT研究，确定引入新无线电服务的最低技术要求。还提供了一个插件，可用于建模一些特殊的系统设计功能。

2）ECO频率信息系统（EFIS）。EFIS包含以下数据类型（监管信息）：拨款（ITU RR术语）、应用（欧洲无线电应用术语）、国家无线电接口信息、文件（标记有适用的应用条件和频率范围以及频谱使用的许可/权利）。自2012年年初以来，随着“非监管”部分的引入，频谱管理信息在EFIS中占据了更加突出的地位。CEPT管理部门可直接将其数据上传到EFIS。

3）全欧洲的卫星监测网络。

（4）空间设施维护能力

在欧洲范围内，德国开展的相关研究最多。德国宇航中心（DLR）于2010年开始资助“用于在轨卫星服务和装配的智能建造模块”（iBOSS）项目，拟研究利用在轨服务航

---

① https：//gssc. esa. int/activities/igs - global - data - center/.

② https：//gssc. esa. int/activities/exploitation - services/.

③ MAZAR，HAIM. Radio spectrum Management：Policies，regulations and techniques. John Wiley & Sons，2016.

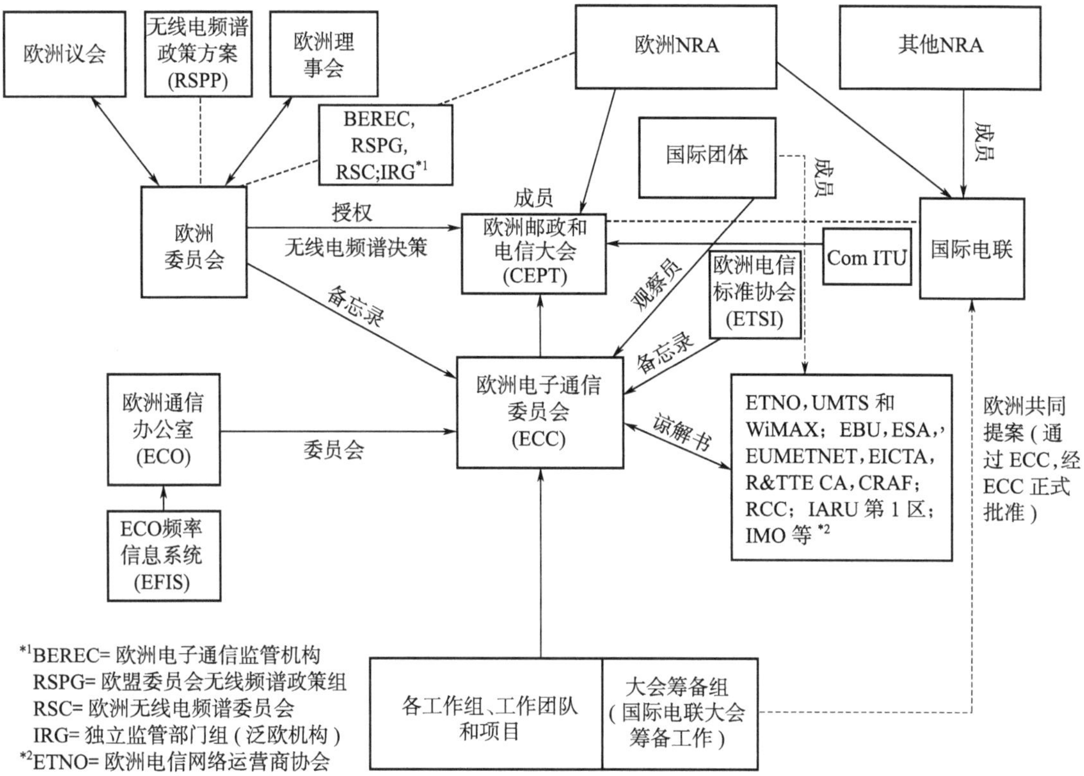

*1BEREC= 欧洲电子通信监管机构
RSPG= 欧盟委员会无线频谱政策组
RSC= 欧洲无线电频谱委员会
IRG= 独立监管部门组(泛欧机构)
*2ETNO= 欧洲电信网络运营商协会
UMTS= 通用移动通信系统
WiMAX= 微波存取全球互通技术论坛
EBU= 欧洲广播联盟
ESA= 欧洲空间局
EUMETNET= 欧洲气象网
EICTA= 欧洲信息与通信技术产业协会
R&TTE CA= 欧盟无线电与电信终端设备符合协会
CRAF= 射电天文频率委员会(欧洲)
RCC= 区域通信联合体
IARU= 国际业余无线电爱好者联合会
IMO= 国际海事组织

图 6-22　欧洲频谱管理的主要实体

天器将“智能模块”立方体装配成模块化可重构航天器，计划 2020 年进行在轨验证①。原计划 2018 年在近地轨道验证在轨加注、在轨模块更换、空间碎片移除技术的综合性项目——“德国轨道服务任务”（DEOS）已被取消，但储备了诸多可用于空间碎片主动移除和在轨服务的关键技术。目前，欧洲正在开展的在轨服务航天器研究项目以“太空雄蜂”（Space Drone）为主，主要用于辅助变轨，计划 2020 年发射。

---

① GERMAN AEROSPACE CENTER. iBOSS – Intelligent building blocks for on – orbit satellite servicing and assembly . http：//www. iboss – satellites. com/fileadmin/Templates/iBOSS_ Satellites/Media/iBOSS_ Concept. pdf.

（5）空间碎片减缓能力

欧洲发展空间碎片主动移除系统历史最久、项目最多，其发展主要依托欧洲特别是德国的先进机械臂技术与在轨操作技术。ESA“清洁太空”（Clean Space）计划中针对主动移除系统技术研究的 e. Deorbit 计划，是目前公布的最大规模的主动移除系统合作研究计划，除 ESA 各成员国外，多家商业公司深度参与其中，主要研究机械抓捕技术、制导导航和控制系统、碎片特征识别系统。目前，飞网/鱼叉抓捕技术、太空机器人技术、GNC 及碎片识别等方面已展开或完成初步研究计划。2018—2019 年，欧洲“空间碎片移除”（RemoveDebris）概念验证小卫星成功开展了世界上首次真实太空环境下的飞网抓捕和鱼叉穿刺等试验，实现了多项空间碎片移除技术验证，将加速空间碎片移除技术在轨实用化进程。

（6）近地天体防御能力

由意大利比萨大学开发的 NEODyS（Near－Earth Objects Dynamic Site）软件目前已迁移至 ESA 近地天体协调中心（NEOCC），包括一个每小时运行脚本的轨道确定工具，以持续消化来自小行星中心的新观测数据；还有一个撞击监测工具，用于计算未来 100 年潜在撞击者的撞击风险。ESA 研制了天基火球摄像机，建立了碰撞影响知识库和仿真工具，调研了偏转技术①。

ESA 以“马可波罗”和“马可波罗－R”为名针对未来的小行星采样任务进行了研究，预算各约为 160 万欧元，但两者都没有进展。最近，ESA 选定“彗星拦截器”作为它的第一个 F 级任务，成本上限为 1. 5 亿欧元，将前往其中一个拉格朗日点，等待新发现的彗星（或者甚至是像 Oumuamua 这样的星际小行星）进入拦截器的飞行范围②。

ESA 还在考虑以实物出资形式参与 NASA 的“小行星撞击和偏转评估”（AIDA）任务，以演示验证小行星偏转技术。美国部分任务称为“双小行星重定向试验”（DART），将撞击双小行星“迪蒂莫斯”的副星，随后 ESA 发射“赫拉”（Hera）探测器前往观测。

欧盟已经在 NEOShield 和 NEOShield－2 项目上投资了数百万欧元，用于支持各种行星防御活动，如图 6－23 所示。未来几年，欧盟已拨款 600 万欧元用于“近地天体预先研究和行星防御新有效载荷技术”活动。

欧盟和 ESA 的工作是互补的，欧盟的工作重点是小行星偏转和物理特性观测，ESA 提供地基观测、数据存档、巡天望远镜建设和任务执行。

---

① RUDAWSKA，REGINA，et al. Planetary Defence activities at the European Space Agency. EPSC－DPS Joint Meeting 2019. September 2019.

② https：//www. planetary. org/articles/planetary－defense－in－esa.

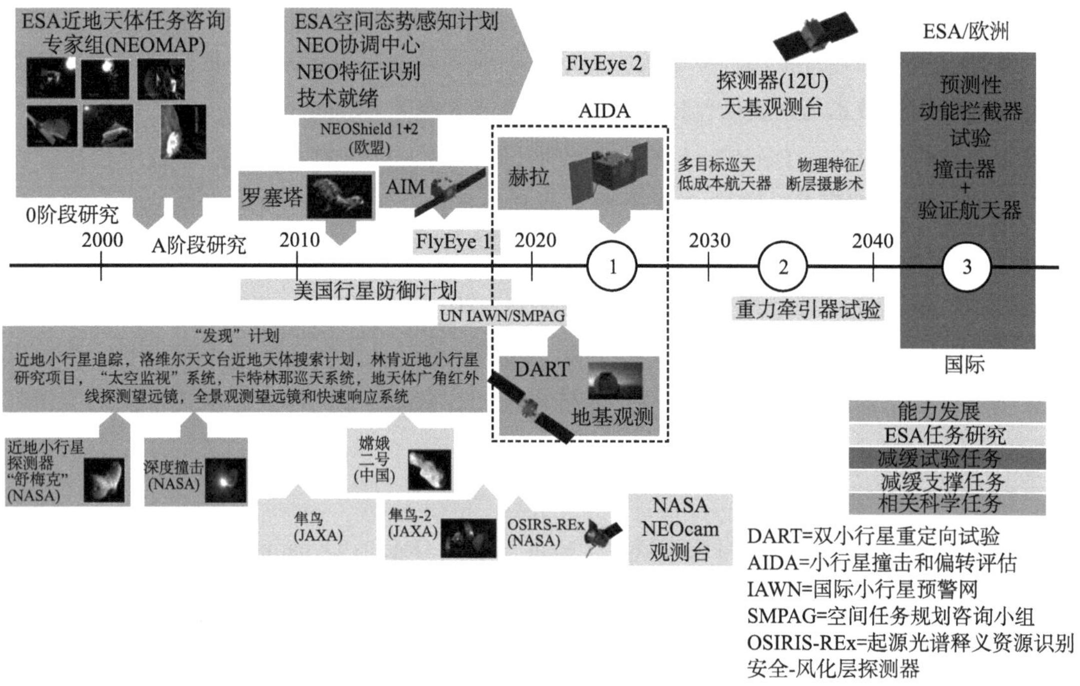

图 6－23　欧洲行星防御活动

6.2.1.3　俄罗斯

（1）空间目标监测能力

俄罗斯尚未发展专用天基空间监视卫星，主要依靠种类较多、分布较广的地基空间监视系统，运行着世界第二大空间监视传感器网，也维护着良好的空间目标编目信息，当前可对 12 000 多个空间目标进行光学和雷达探测及编目管理，还不能实现空域、时域的无缝覆盖，也不能达到全天时和全天候的感知要求，体系能力与空间信息需求还有较大差距。近年来，为了应对美欧挑战和全球威胁，俄罗斯开始加快空间目标感知体系建设步伐，加速装备升级改造和更新换代，光学成像侦察、雷达成像侦察和电子侦察卫星均在补网加强，天基对地观测能力正在持续恢复，努力实现远程预警的闭合覆盖和空天防御作战的一体化信息保障。

俄罗斯地基远程预警雷达既用于弹道导弹预警，也用于空间目标监视。地基雷达系统主要包括地基预警雷达网与部署在北高加索地区的专用型 X 频段空间监视雷达，有“沃罗涅日”“伏尔加”“达里亚尔”“第聂伯”等 10 余部，分布在俄罗斯境内或以前的苏联加盟国境内，主要对俄罗斯全境附近、美国、中国、北极等国家和地区进行导弹预警和空间目标监视。为增强对空间目标的探测跟踪与监视识别能力，正在发展新一代“沃罗涅日”雷达系统，其具有反应时间短、性能可靠、自动化程度高和使用寿命长等特点，从 2005 年至今已部署了 7 个雷达站，可能会用于目标识别，雷达最大探测距离为 6 000 km，能够发现并确认巡航导弹、弹道导弹、高超声速导弹以及各种卫星，同时监控约 500 个目标。沃罗涅日-M 雷达如图 6-24 所示。

图 6-24　沃罗涅日-M 雷达

为了弥补深空探测能力、更准确地观测地球静止轨道目标，苏联在 1980 年开工建造了“窗口”地面有源光电空间监视与跟踪系统；升级后的窗口-M 系统空间探测、通信和数据处理能力提升了 4 倍，可自动探测距离地球 120~40 000 km 的空间目标。Okno 系统由 14 个子站的 20 多套光学观测设备组成，位于塔吉克斯坦帕米尔高原，夜间能探测 2 000~40 000 km 轨道范围内的空间目标，可根据待观测空间目标的高度调整空间分辨率和观测视场。

国际科学光学网络（ISON）是俄罗斯科学院管理运行的光学望远镜网络，专门用于观测卫星、空间碎片和太阳系小天体。

近期，俄罗斯又恢复重建树冠侦察系统，将地基光学系统与地基雷达系统配合使用。其中，雷达系统提供光学系统跟踪所需的指向数据，而光学系统主要完成对空间目标的跟踪、精确定位与识别。树冠侦察系统能够扩大跟踪目标轨道的倾角与高度范围，增强对微小目标的监视能力。

（2）空间数据应用能力

俄罗斯体系相对完备，并持续推进各领域航天系统发展，力图保持技术能力优势。通信卫星领域，俄罗斯军用通信卫星体系涵盖了战略、战术和数据中继等多种类型，近年来持续打造高低轨、立体化配置的通信卫星体系能力。俄罗斯提出了本国天基互联网星座项目，拟建造覆盖全球的低轨通信卫星星座。

为了远程处理和分析大量遥感卫星数据，俄罗斯科学院空间研究所（IKI RAS）创建了分布式地球遥感数据管理平台 UNISAT①，并开发了相关技术，允许使用数据处理中心的计算资源在基于 Web 的映射接口中设计各种数据处理和分析工具，包括不同的卫星信息集分类、各项指标计算、不同的图像操作（图像代数工具）等②。

近年来，俄罗斯以较低的发射数量保持了“格洛纳斯”系统运行与服务的稳定。“格洛纳斯”地面段部分，包括 1 个控制中心、若干注入站、58 个地面监测站和增强站。控制中心位于莫斯科，地面监测站和增强站位于俄罗斯境内 46 个、邻国 8 个、南极 3 个、巴西 1 个。

（3）空间设施维护能力

俄罗斯托木斯克理工大学等 4 家单位在 2016 年 10 月开发出俄罗斯首台非金属太空 3D 打印机地面样机。

俄罗斯在 2014 年提出“清理者”（Liquidator）计划，预计 2025 年建成并在轨实施，针对高轨实际在轨的废弃卫星、火箭末子级，验证移除废弃目标至坟墓轨道的能力。俄罗斯国家机器人和技术控制理论科学中心对在轨服务也进行过一定研究，考虑了两种在服务卫星上放置机器人支撑装置（MRS）的设计概念方案，分别基于单机械手系统（MRS－1）和基于三机械手系统（MRS－3）。MRS－3 的 3 个机械手使其可以与合作和非合作空间飞行器保持连接。装有 MRS－1 的服务卫星可以服务航天器，通过 MRS－1 的对接装置实现对接③。

（4）空间碎片减缓能力

为了减少轨道中积累的运载火箭末级，俄罗斯提出在联盟－2 火箭第三级上研制一种试验性被动制动系统，基本完全排除其在轨道中的积累。同时，俄罗斯正在改进运载火箭各级与航天器及其构件的分离系统。另外，质子号和天顶－3SL 运载火箭的上面级采取了特别措施，在与航天器分离之后，耗尽燃料箱中的推进剂残余和增压气体，以确保上面级的安全脱离和防止其在无动力飞行期间毁损④。

---

① PROSHIN, A A, E A LOUPIAN. Balashov, A. V. Kashnitskiy, and M. A. Burtsev. “Unified satellite data archive management platform for remote monitoring systems development.” Sovremennye problemy distantsionnogo zondirovaniya Zemli iz kosmosa 13, no. 3 (2016): 9－27.

② KASHNITSKII, A. V., E. A. V. Balashov, and A. M. Konstantinova. “Technology for designing tools for the process and analysis of data from very large scale distributed satellite archives.” Atmospheric and Oceanic Optics 30, no. 1 (2017): 84－88.

③ Lopota, A [lexander]; Dalyaev, I [gor]; Shardyko, I [gor]; Kuznetcova, E [lena] & Belezyakov, I [lia] (2016). Means of Robotic Support for On－Orbit Servicing, Proceedings of the 26th DAAAM International Symposium, pp. 0865－0870, B. Katalinic (Ed.), Published by DAAAM International, ISBN 978－3－90273407－5, ISSN 1726－9679, Vienna, Austria. DOI: 10.2507/26th.daaam.proceedings.120.

④ 尹玉海，刘飞．俄罗斯减缓空间碎片的技术与法律措施．中国航天，2007（8）：25－27，32.

（5）近地天体防御能力

俄罗斯行星防御中心曾在 2013 年提出“城堡”（Citadel）行星防御系统，包含主动防御和被动防御组成部分。主动防御部分是系统核心，被安排成短期和长期响应两条线，目的是改变或摧毁危险天体。被动防御部分作为辅助，如果主动防御不可能，则将计算碰撞区域和估计造成的损害，以便及时疏散。该中心已开发一套硬件和软件，以模拟小行星接近地球的轨迹、它们在大气层中的运动、撞击区、可能造成的破坏和后果①。设计者估计，创建这个系统大约需要五六年的时间，成本约为 20 亿美元②。

6.2.1.4　其他国家和地区

1）空间目标监测能力。加拿大于 2013 年 2 月 25 日发射的“蓝宝石”（Sapphire）卫星是其首颗军事卫星，专门用于空间目标监视。“蓝宝石”卫星的主要任务是探测和跟踪位于 6 000~40 000 km 内的空间目标。2014 年 1 月，该卫星投入运行后成为美国空间监视网的又一天基节点，为其提供每天约 300 个目标的更新数据。与其一同发射的“近地天体监视卫星”（NEOSSat）运行在 786 km 高度的太阳同步晨昏轨道上，安装有 15 cm 口径的光学系统、GPS 接收机和高精度姿控系统。该卫星有两项任务：一是近地空间监视（NESS），用于探测和跟踪小行星；二是高轨道监视（HEOSS），用于监视高轨空间目标。

2）空间设施维护能力。麦克唐纳-德特威勒联合公司（MDA）长期致力于研制空间机器人系统，得益于此，加拿大的空间机器人技术世界领先。除交付“国际空间站”上“空间站遥操纵系统”（SSRMS），为配合站上进行的“机器人加注任务”（RRM）试验和其他在轨维护活动、精细操作，还制造了 Dextre 灵巧机械手。该公司已研制出“空间基础设施服务”飞行器，设计用于在轨服务、加注或改装，重新放置“错误”轨道上的卫星，或者作为主动清除碎片的工具。

3）空间碎片减缓能力。近年来，日本重点发展空间碎片移除技术，利用电动绳系和轻型折叠机械臂系统移除空间碎片的“空间碎片清理者”（SDMR）完成了抓捕机构样机试验；利用磁力移除空间碎片的宇航尺度寿命终结服务—验证（ELSA - d）计划 2020 年开展在轨试验③。

4）近地天体防御能力。目前联合国外空委近地天体行动小组、国际天文联合会小行星中心、太空防卫基金会、B612 基金会等组织和机构在国际小行星监测预警与防御的政

---

① Russia's Planetary Defense Center: Moscow could suffer 1 mln casualties in asteroid event. https://www.rbth.com/news/2015/02/04/russias_planetary_defense_center_moscow_could_suffer_1_mln_casualties_in_43415.html. FEB 04 2015.

② Planetary defense: Which strategy will Russia choose? https://www.rbth.com/science_and_tech/2013/08/22/planetary_defense_which_strategy_will_russia_choose_29117.html. AUG 22 2013.

③ AKIRA O, MIKI I. Maximizing post mission disposal of mega - constellations satellites reaching end of operational lifetime. 7th European Conference on Space Debris, 2017.

策引导和技术研发方面产生了重要影响。2013 年 2 月，联合国近地天体行动小组向外空委做了《近地天体行动小组关于国际应对近地天体撞击威胁的建议》报告，提出建立一个国际小行星预警网，将已经在独立开展小行星监测预警与防御的机构联系在一起。美国于 2005 年通过了 NASA 授权法案，其目标是对直径大于 140 m、近日点小于 1.3 A.U. 的近地小天体开展探测，通过观测、跟踪、编目和特性分析。ESA 于 2004 年成立了近地物体（NEO）任务建议委员会，并发布报告指出："今后的观测望远镜应对直径小于 1 km 的 NEO 具备较强的敏感性"。

6.2.1.5 我国太空活动治理支撑技术核心能力分析

（1）空间目标监测能力

目前，我国空间目标监测主要依靠地面系统，天基监视系统建设刚刚起步。

紫金山天文台盱眙天文观测站的 1 m 口径施密特型近地天体望远镜（104/120 cm-CNEOST）于 2006 年年底投入使用，已经加入了国际联测网，是具有很高巡天效率的光学成像望远镜，已对超过 1 300 个近地小行星进行了观测，发现了 17 个新近地小行星，其中，2 个是新潜在威胁小行星（2016 VC1、2017 BL3）。紫金山天文台多次参加小行星的国际联合观测。2012 年，由紫金山天文台牵头组织盱眙近地天体望远镜、美国基特峰天文台 90 cm 望远镜和智利泛美天文台 60 cm 望远镜等设备，对小行星"图塔蒂斯"进行了联合观测，取得了支撑我国嫦娥二号拓展任务的重要数据，为我国首次实现对小行星的飞掠探测提供了重要保障。中国科学院紫金山天文台正在推动 2.5 m 大视场望远镜网络项目，建成后可对有严重破坏力的天体初步实现长期监测与预报，对可测天区内有局部破坏力的天体实现提前 24 h 的预报。另外，中国空间技术研究院提出了基于异构卫星星座的宽视场近地天体巡天系统任务构想，以微小卫星为主的低成本模式构建国际首个 NEO 普查星座，推算 5 年内可发现约 90% 30 m 以上的潜在威胁天体。

2018 年，我国政府加入了联合国下设的国际小行星监测网（IAWN），紫金山天文台的近地天体望远镜为主干设备。我国其他单位和天文台也开展了太阳系小天体的观测工作，如中国科学院国家天文台、山东大学天文台等。我国有多个台站具备小行星观测能力，均可探测亮于 $V=20$ 等的天体，这是我国组建近地天体地基观测网络的基础①。

在针对空间碎片的监测方面，我国已具备在轨风险评估、航天器发射预警、航天器载荷效能评估、空间物体再入安全、航天器解体分析、减缓效果评估、地球同步轨道轨位安全性分析、空间碎片环境评估等能力；已建立我国低轨卫星和空间碎片轨道数据库，研制了监测网效能评估系统，能对各类雷达和光电设备进行效能评估，并对监测网的整体性能

① 龚自正，李明，陈川，等．小行星监测预警、安全防御和资源利用的前沿科学问题及关键技术．科学通报，2020，65（5）：346-372.

进行仿真和评估。在探测硬件系统方面，已经取得了一定突破。同时，针对中高轨道空间碎片搜索优化策略、厘米级空间碎片监测管理策略等监测设备运行优化技术进行了深入的研究，并开展天基监测手段研究部署①。

（2）空间数据应用能力

我国目前已形成对地观测卫星、通信广播卫星、导航定位卫星和科学技术试验卫星四大类在轨空间资产，规模仅次于美国，其产生了庞大的空间数据。如何让这些得之不易的数据得到有效规制，如何对它们的产生、传递和使用等环节进行统一管理，如何实现数据的全方位共享与利用，都是新时代太空活动治理过程需要集中解决的重要问题。

①卫星遥感数据处理能力

随着我国天基遥感卫星资源的不断丰富，每日获取的遥感原始数据量超过 20 TB，存量数据超过 500 PB，遥感数据的数据量越来越大，种类越来越多，分布越来越分散，遥感应用的复杂程度和个性化程度也不断提高，遥感正走向大数据时代。

1）地面处理能力。我国卫星遥感数据主要集中在中国资源卫星应用中心、国家卫星气象中心和国家卫星海洋应用中心三大数据中心（分别负责陆地观测卫星、大气观测卫星和海洋观测卫星的分发服务），以及长光卫星技术有限公司、中国四维测绘技术有限公司、航天宏图信息技术股份有限公司（以下简称航天宏图）、珠海欧比特宇航科技股份有限公司等卫星应用服务提供商。此外，自然资源部和生态环境部等单位也各自建设了满足其业务需求的卫星遥感专业处理系统，积累了大量的遥感数据和行业数据。

经过多年的发展，中国资源卫星应用中心卫星地面基础设施建设取得了重要成果，逐渐建成一体化的多星联合任务规划平台。遍及全球的卫星地面接收站网，已形成包含境内七地、境外四地的全球数据接收体系，大大提升了民用陆地观测卫星的全球数据获取能力。基于“私有云架构”的数据中心，有效应对了我国陆地观测卫星的高密度发射，在卫星发射前均顺利完成地面系统建设任务，并于卫星发射后顺利投入在轨测试和系统运行；系统具备 70 PB 以上在线数据存储能力、日均 18 TB 零级数据处理能力，及 1 200 万亿次的计算能力②。

国内遥感数据处理平台发展相对较晚，整体水平落后于国外同类软件，特别是在新型计算架构（分布式计算、云计算）、全面性（对 SAR、高光谱、LiDAR 等数据的支持）、二次开发能力（函数接口、流程定制）等方面存在差距。通用软件系统平台（IRSA、ImageInfo、Titan Image）在科技部国产空间信息系统软件中获表彰较多，航天宏图自主研发的具有完全自主知识产权的国产遥感图像处理软件 PIE（Pixel Information Expert）系列

---

① 李明，龚自正，刘国青．空间碎片监测移除前沿技术与系统发展．科学通报，2018，63：2570－2591.

② 傅俏燕，隋正伟，龚亚丽．遥感卫星大数据产业化应用. 卫星应用，2019（10）：12－19.

产品近年来较为活跃①，支撑和参与了一系列国家重大卫星工程，为不同行业用户提供了多项大规模多源遥感影像数据处理、典型地物信息提取等相关服务。以 PIE 软件应用为例：高分一号和高分二号的 PMS 卫星数据常以全色+多光谱数据搭配使用，利用 PIE 可以对其进行流程化处理，经过多个项目实践验证，相较于基于基准进行校正后的多光谱影像融合效果更好；相对于传统光学数据处理，高光谱数据由于波段多和数据量大等特点，其处理难度更大，PIE 可在数分钟内完成高分五号高光谱数据的大气校正处理，地表反射率计算值与实测值相比，精度优于 85%②。

截至 2019 年 8 月初，我国陆地观测卫星数据存档量约为 21 PB，分发服务平台注册用户数量约为 1.6 万，用户单位数量约为 4 500 家，专线推送用户 40 余家，累计数据分发量超 4 000 万景③。当前，我国陆地观测卫星数据中心采用集中存储管理和集中处理的体系架构，其可分为数据获取层、数据存储层、数据处理与分析层及数据应用层，如图 6-25 所示。其中，数据处理及分析层利用高性能计算集群负责数据处理，通过原始数据解压缩、辐射校正、传感器校正及系统几何校正等步骤生成标准产品，根据用户需求对数据进行分析处理，将结果通过 InfiniBand 网络写入存储系统，同时，将元数据信息写入数据库，以供用户查询分析④。

商汤科技的 SenseEarth 智能遥感影像解译平台面向公众提供公开的遥感影像浏览及解译在线工具。人工智能及大数据技术的引入将对卫星遥感大数据智能化、规模化、实时性分析和处理带来极大的变革。

2）星上处理能力。2020 年 1 月，亚米级超大幅宽商业光学遥感卫星吉林一号宽幅 01 星成功发射，其是我国首颗搭载着存储阵列系统的遥感卫星，从此中国的星载存储进入了数据中心级别的存储阵列时代。西安艾可萨科技有限公司（EXA Space）是我国首家将数据中心级别的存储阵列系统应用于卫星的民营航天企业。由其设计的新一代星载存储系统（AS3），可覆盖从微小卫星、微纳卫星（立方星），一直到几十吨重的超大卫星全系列卫星平台。吉林一号宽幅 01 星即采用了 EXA Space G1 形态的星载存储系统。装机容量达 40 Tbit，可实现 22.4 Gbit/s 的高速数据存储。配合该星 1.8 Gbit/s 的星地数据传输速度，使其具备实时拍摄、实时传输的能力，极大提高了星座服务能力。

---

① 赵忠明，高连如，陈东，等．卫星遥感及图像处理平台发展．中国图象图形学报，2019，24（12）：2098-2110.

② 刘东升，任芳，卫黎光．国产高分遥感数据处理技术及典型应用．中国航天，2020（5）：37-42.

③ 陈卫荣，张文慧，原征，等．我国陆地观测卫星数据服务发展．卫星应用，2019（10）：20-23．作者来自中国资源卫星应用中心．

④ 徐文，邵俊，喻文勇，等．陆地观测卫星数据中心：大数据挑战及一种解决方案．武汉大学学报（信息科学版），2017，42（1）：7-13.

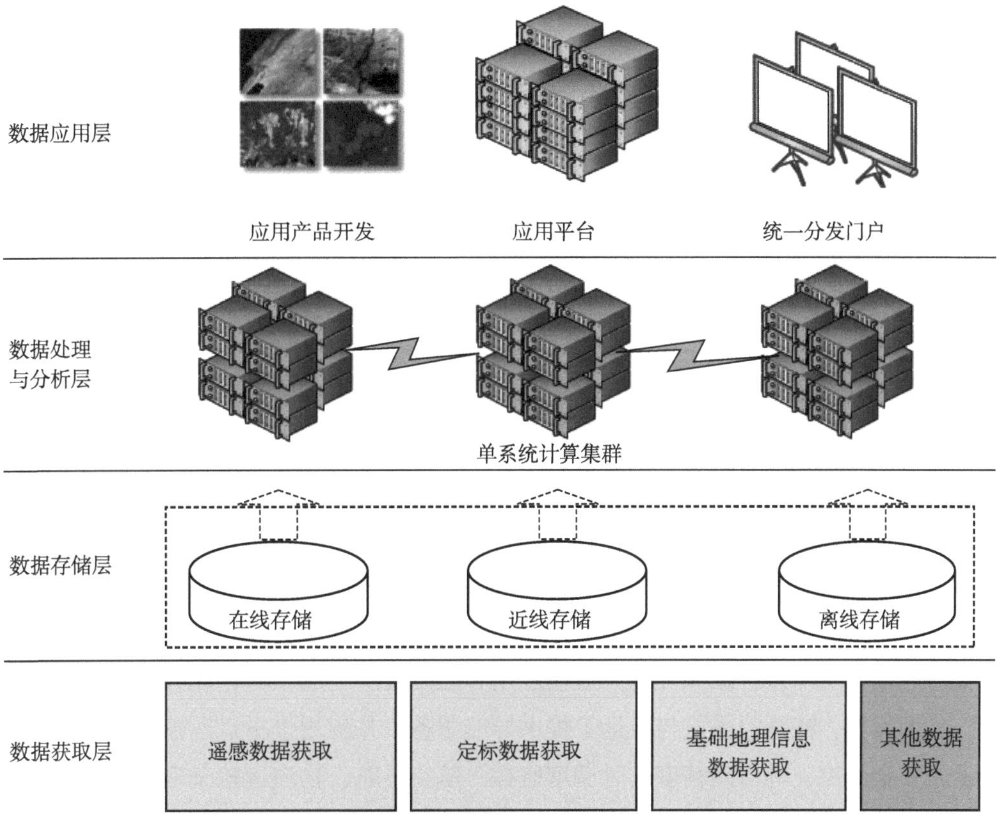

图 6－25　当前我国陆地观测卫星数据中心体系架构

②卫星通信组网能力

目前，中国已形成固定通信广播、移动通信、数据中继等卫星通信技术服务体系，中星系列、亚太系列卫星向广播、通信等行业用户提供了优质、可靠的卫星通信资源，覆盖中国全境及“一带一路”沿线国家和地区。未来，我国将建成高低轨星座结合、覆盖全球、天地融通的天基信息网络体系①。

甚小口径终端（VSAT）卫星通信系统设备结构紧凑、固体化、智能化、通信组网灵活、业务范围广。VSAT 卫星网络地面中心站是整个卫星网络的核心，各个外围站由中心站统一监控，集中管理，中心站和外围站在网管模式下构成星形网络拓扑结构，通过卫星实现无线数据交互。外围站之间业务通信为网状拓扑结构，网内各个节点都可实现互联互通。中心站负责整个网络中可用卫星频带资源的管理和调度。

2019 年，中国卫通集团股份有限公司正式发布了 Ka 卫星宽带业务品牌“中星无限”，依托中星 16 号等高通量卫星，以及电信级宽带卫星基础运营平台，提供个人/家庭宽带接

① 空间瞭望智库．中国航天科技活动蓝皮书（2019 年）（下）．国际太空，2020（3）：4－10.

入服务、大交通宽带服务、临时服务、政府和企业专网服务、移动通信基站中继传输和备份服务、物联网传输服务等。

同时，中国卫通集团股份有限公司持续打造覆盖全球主要海域的宽带卫星通信网络，逐步完善海上 VSAT 宽带卫星通信服务“Marine Tel 海星通”在中欧航线等全球主要海运航线及部分远洋渔船作业海域的覆盖。该网络可在全球网管系统统一调度管理下，通过多颗卫星实现中国及周边海域、印度洋、中东、欧洲及非洲部分海域的覆盖和多波束自动切换，满足全球远洋航运和海上油气平台的运行数据实时回传、互联网接入、音/视频传输等卫星通信服务。

③北斗卫星应用及数据处理能力

伴随系统服务能力的提升，北斗系统的应用推广取得了长足发展，基础产品日益丰富，产业链日臻完善，应用日新月异，经济效益和社会效益不断显现，北斗系统正融入生产生活的方方面面，广泛应用于我国大众消费、智慧城市、交通运输、公共安全、减灾救灾、农业渔业、精准机控、气象探测、通信、电力和金融授时等众多领域，服务国家现代化建设和百姓日常生活。

交通运输是北斗系统最先开始大规模应用和应用最广泛的领域，北斗系统能够为个人出行、车辆行驶、铁路、民航与航运等提供导航服务，并应用于重点运输过程监控、公路基础设施安全监控、港口高精度实时调度监控、航空导航、物流运输车辆调度等领域。随着北斗系统在各种交通工具上安装应用，通过北斗位置服务，结合路面信息和红绿灯状况，可以为城市交通管理提供基础数据支持。近年来，中国道路运输重特大事故发生起数和死亡失踪人数均下降 50%①。

除了交通运输，北斗系统也让农业生产更精准，让林业管理更科学，让畜牧养殖更智慧，在环境监测、通信授时和金融电力等各领域得到了广泛应用，为各个行业提供导航定位和精准授时服务，产生了显著的经济效益和社会效益，推动产业转型升级。

北斗系统是国家安全保障的重要支撑系统。北斗卫星为作战指挥、战场感知、侦察预警和精确打击等作战行动提供统一的时间基准，为各作战单元提供定位导航服务。在救灾减灾方面，显著提高了灾害应急救援的快速反应能力和决策能力，已建成部、省、市（县）三级平台，利用北斗/GNSS 高精度技术实现地质灾害监测，多次成功提前预警甘肃黄土滑坡，时间精确到秒，移动范围精确到毫米②。

基于北斗系统的导航服务已广泛进入了中国大众消费、共享经济和民生领域，深刻改变着人们的生产生活方式。例如，在公交车上安装了北斗系统和视频服务器后，调度人员就可以依据公交站点人流量的变化，增加或减少线路的公交车数量，使资源利用最大化，

① 杨诗瑞．星月开天阵 山川列地营——北斗应用概述．国防科技工业，2020（7）：16－19.

② 中国卫星导航系统管理办公室．北斗卫星导航系统发展报告（4.0 版）．2019 年 12 月．

让乘客体验更舒心。

按照习近平同志发展和应用北斗系统的重要指示，通过发展大数据及其应用，围绕涉及卫星导航的“数据融合、数据决策、数据安全、数据服务”4 个方面，加强顶层设计和信息资源整合互联。2017 年，国家北斗导航位置服务数据中心（以下简称“中心”）建设全面展开[①]，如图 6－26 和图 6－27 所示。中心具有北斗系统及相关数据接收、存储、处理及发布等功能，可为导航与位置服务产业提供大众化服务和专业化服务。建成后，还将为政府决策提供数据支撑，为企业提供数据存储与处理服务，为百姓生活提供便民服务[②]。中心总体性能指标见表 6－4。

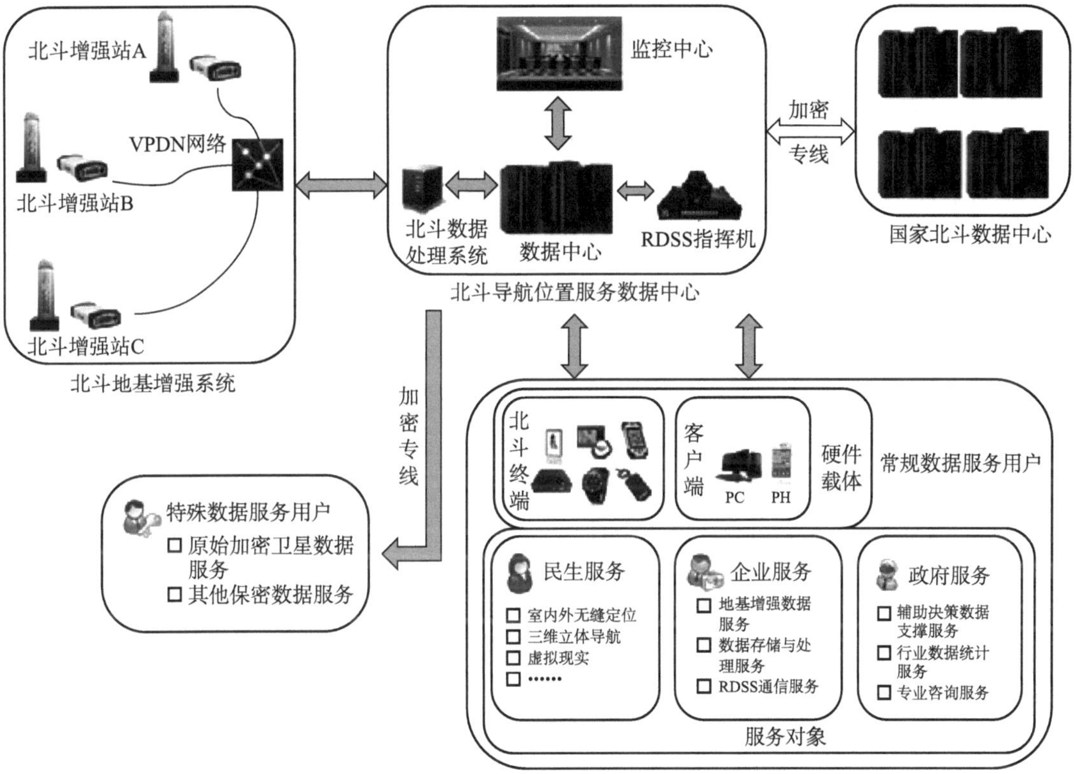

图 6－26　中心构成

① 付勇，马冬，黄建华，等. 推进国家北斗数据中心建设的几点思考. 卫星应用，2017（5）：36－38.

② 杨军平，曹爽，于晓丰. 北斗导航位置服务数据中心概述. 中国卫星导航系统管理办公室学术交流中心. 第八届中国卫星导航学术年会论文集——S02 导航与位置服务. 中国卫星导航系统管理办公室学术交流中心：中国卫星导航学术年会组委会，2017：58－62.

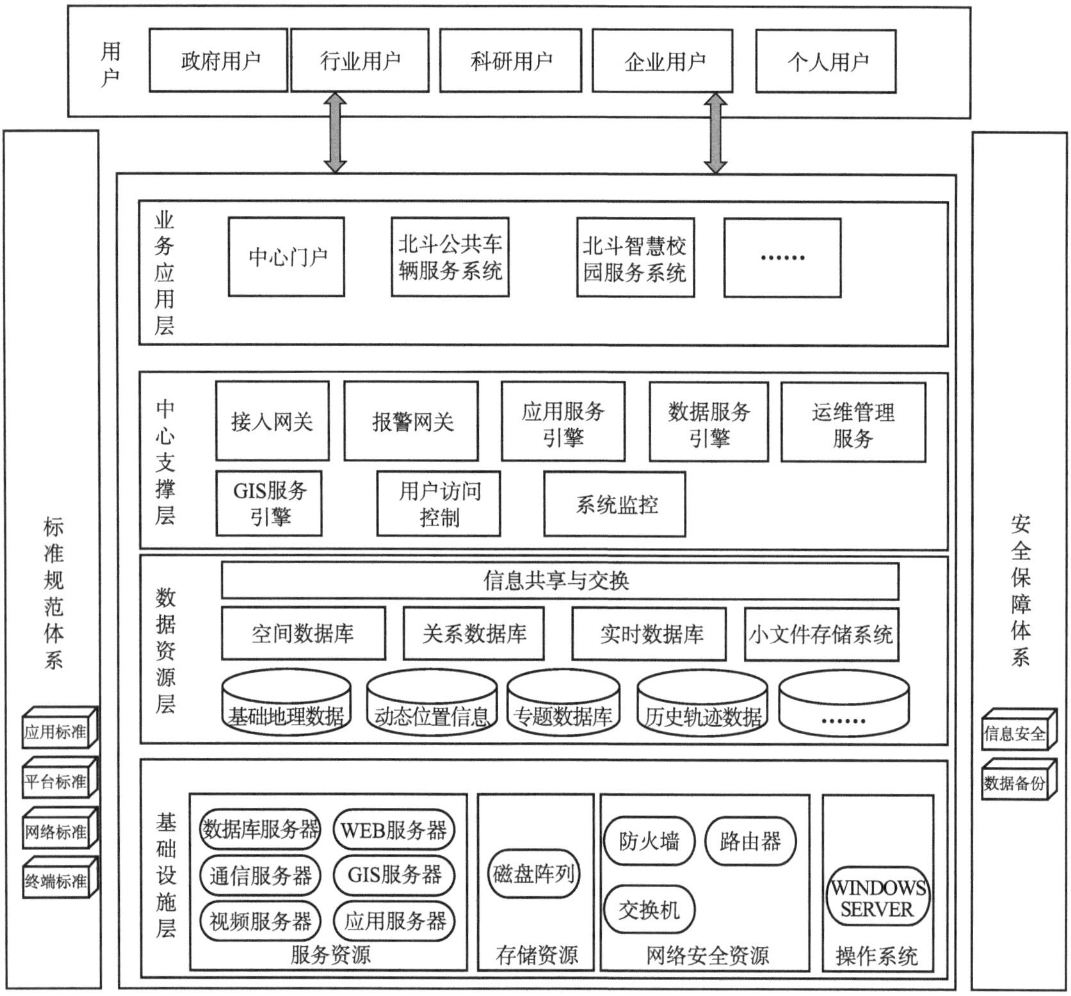

图 6－27 中心功能架构

表 6－4 中心总体性能指标

系统性能指标项	系统性能指标值
终端同时在线数	≥10 000 部
访问用户同时在线数	≥10 000 人
在线存储能力	≥40 TB
平稳运行时间	7×24 h
视频并行能力	8 路
系统接入总带宽	50 M 独享
支持终端信息上报时间间隔	≥5 s,时间间隔可调
终端数据存储时间	线上 1 年,线下 2 年
界面响应时间	≤5 s

续表

系统性能指标项	系统性能指标值
地图检索响应时间	≤5 s
地图刷新响应时间	≤2 s
地基增强数据服务精度	实时处理亚米级,事后处理毫米级

④天地一体化信息网络建设情况

2016 年 3 月，中国电子科技集团有限公司首席科学家吴曼青院士综合了前期研究成果，进一步提出了天地一体化信息网络的总体架构设想，梳理了网络技术体系，并重点论述了天网地网架构、天地一体网络协议、天地融合移动接入、保密安全、运维管控等方面的设想。

天地一体化信息网络是由位于不同轨道的多颗卫星、地面关口站、测控站构成的天基网络基础设施以及由地面移动基站、WiFi 热点、光纤网络等构成的地基网络基础设施，通过一体化、融合设计所实现的多维立体信息网络，可以提供宽带接入、数据中继、移动通信、物联网、星基监视及导航增强等服务①，如图 6 - 28 所示。

以 3GPP 标准为代表的地面移动通信网络架构为基础进行天、地网络融合是当前的一个主流思路。天网和地网短期内可视为两张不同接入网，采用相似的空中接口，由统一的核心网进行管控，用户在不同的接入网间切换。天、地网络未来还将在射频信号传输层面实现更为广泛、更具深度协同，从而进一步融合成为一张接入网。面向未来高轨星上自主工作需求，天地一体化信息网络具备星上处理能力与交换能力，可在卫星接收数据后进行解调、解码与解帧处理，使得网络中存在地面集中管理和星上独立管理两种管理模式②。

面向大时空尺度端到端信息传输与组网需求，研究长寿命高可靠星间/星地高速信息传输技术，吸收现有网络协议体系和软件定义网络、网络功能虚拟化等未来网络技术成果，设计软件定义的网络体系结构，自主创新天地一体化信息网络组网协议，采用以网络资源为中心的统一时空编址、智能寻址和路由、异构网络融合互联和面向差异服务能力的网络虚拟化与切片映射等技术，支持实现天基信息网、地面互联网、移动通信网互联互通和高效融合③。

---

① 汪春霆，翟立君，徐晓帆．天地一体化信息网络发展与展望. 无线电通信技术：1 - 13［2020 - 07 - 24］. http：//kns. cnki. net/kcms/detail/13. 1099. TN. 20200715. 1639. 004. html.

② 任伟龙，张霄，姚艳军，等．天地一体化信息网络星地协同管理架构设计. 通讯世界，2020，27（5）：21 - 22.

③ 吴巍，秦鹏，冯旭，等．关于天地一体化信息网络发展建设的思考. 电信科学，2017，33（12）：3 - 9.

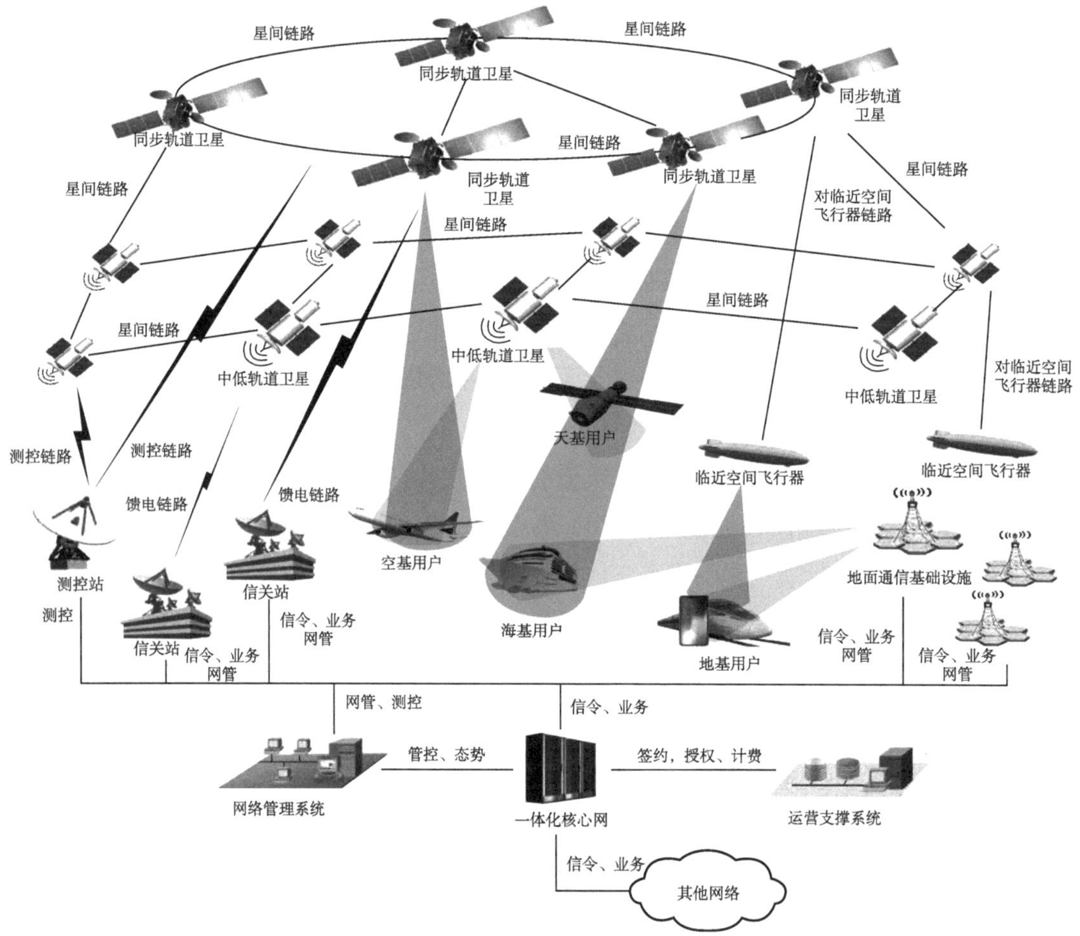

图 6-28 天地一体化信息网络的组成

（3）空间频谱管理能力

根据国家无线电管理规定，我国对各级无线电管理机构实行统一领导、统一规划、分工管理，对频谱管理问题实行分工负责。目的是通过对无线电频率的科学管理，促进无线电通信的发展。目前，工信部无线电管理局是国家无线电监管部门。频谱监测在我国无线电管理中发挥着重要作用，包括高频监测、甚高频/超高频监测和空间监测网络。

中国电子科技集团有限公司利用自身科研优势和生产能力，突破了高速并行信号处理、快速测向、快速频谱搜索和信号调制样式识别等关键技术，成功推出无线电频谱管理与监测系统。该系统由空间谱测向系统、宽带监测接收机、车载无线电管制设备 3 个独立部分组成，具备对同时同频多信号的测向能力和小型化、宽带接收处理能力。目前，研制成功的无线电频谱管理与监测系统相关产品，已经应用到国家和省级无线电监测网建设中①。

（4）空间设施维护能力

目前，通过一系列试验卫星项目，我国已突破了空间机械手、GNC、遥操作等一系列空间维护和服务的关键技术，取得了大量技术创新成果，填补了我国在空间机器人及在轨服务领域的多项空白。天宫二号在轨期间开展了我国空间机械臂在轨服务的首次在轨试验。中国空间站机械臂正处于研制阶段，其由核心舱空间机械臂和实验舱空间机械臂组成。两个机械臂可独立工作或协同工作，也可组合为一个机械臂，扩大作业范围。空间机械臂可完成舱段捕获、转移、设备安装、维修、更换、载荷操作、航天员辅助转移及舱外状态监视等任务②。

（5）空间碎片减缓能力

1999 年，财政部设立空间碎片科研专项，2000 年，国防科工委开始实施空间碎片行动计划，2009 年，国防科工局（国家航天局）将空间碎片科研计划正式纳入国家航天发展规划。经过 20 年的发展，在空间碎片监测、预警、防护、减缓领域都取得了一定成果，研究水平也不断提高，并积极参与国际规则制定③。

空间碎片减缓技术工程化研究取得了阶段进展，基本解决了长征系列运载火箭星箭分离后上面级的"钝化"问题，制定出 GEO 卫星任务后离轨处置技术方案，开展了中国运载火箭末级任务后离轨技术措施研究、近地轨道卫星的空间碎片减缓技术研究和航天器再入风险评估技术研究。

（6）近地天体防御能力

2013 年，联合国外空委成立了空间任务咨询小组（SMPAG），中国国家航天局于 2018 年加入。我国在 NEO 防御方面已有多年零星研究，中国空间技术研究院、中国空气动力研究与发展中心、中国科学院空间科学研究中心、北京理工大学等单位在防御技术、撞击效应和灾害评估等领域开展了初步概念研究，但整体工作还不成体系。

6.2.2 共用技术

6.2.2.1 国外太空活动中新一代信息技术应用情况

人工智能技术得到了各主要航天国家的高度重视。人工智能对社会影响和经济影响日益凸显，各国政府也先后出台了对人工智能发展的政策，并将其上升到国家战略的高度。

---

① 李欣欣，魏凡，赵子骏．无线电频谱管理与监测技术成果军转民应用研究. 中国电子科学研究院学报，2017，12（2）：215－218.

② 刘宏，刘冬雨，蒋再男．空间机械臂技术综述及展望. 航空学报：1－14［2020－07－27］. http：//kns. cnki. net/kcms/detail/11. 1929. V. 20200619. 1456. 018. html.

③ 龚自正，赵秋艳，李明，等．空间碎片防护研究前沿问题与展望. 空间碎片研究，2019，19（3）：2－13.

截至目前，包括美国、中国和欧盟在内的多国和地区颁布了国家层面的人工智能发展政策和战略，如图 6－29 所示。美国、欧盟成员国、日本、韩国和俄罗斯均在增加 AI 研发支出，培训新的研究人员；一些国家（尤其是俄罗斯）正寻求开发自动机器人武器取代战场上的人类士兵。其中，大部分国家不只是拥有 AI 战略，已经具备一定的技术优势。

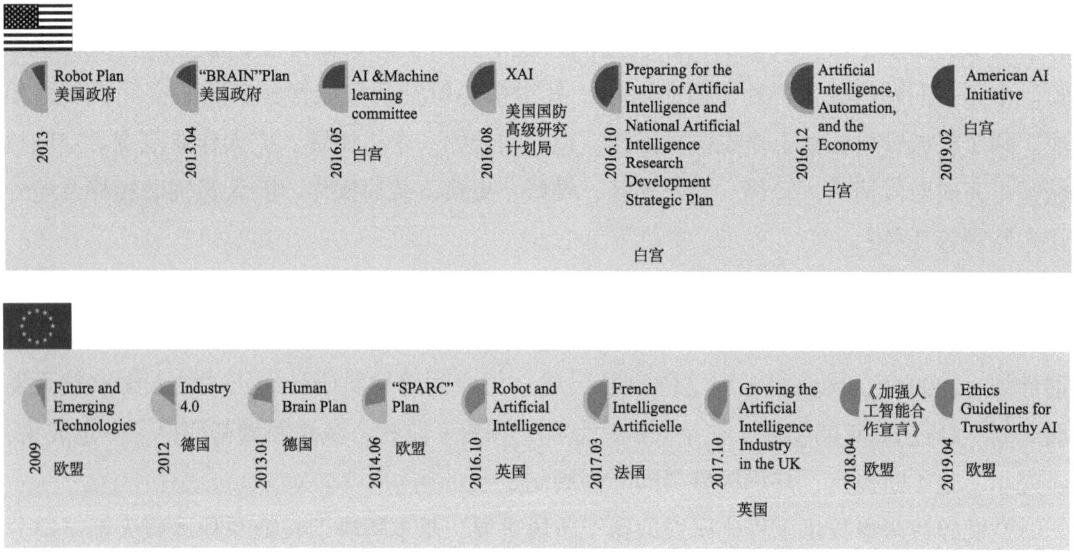

图 6－29 美欧针对人工智能出台的政策（来源：德勤研究）

美国政府的人工智能战略准备活动最早可以追溯到 2016 年奥巴马政府时期。2019 年 2 月，特朗普总统签署 13859 号行政令《保持美国在人工智能领域的领导地位》，启动了美国人工智能计划，旨在促进和保护美国的人工智能技术和创新，要求联邦机构加强高质量网络架构建设和数据访问。2020 年 5 月，美国国防部联合人工智能中心发布《人工智能技术指南》。报告称，充足的人才资源以及人工智能专家的协助是国防部人工智能战略成功的关键因素。2020 年 12 月，特朗普总统签发“关于在联邦政府推广使用可信赖的人工智能的行政令”，为联邦政府采用人工智能（AI）技术更有效地向美国人民提供服务和培养公众对此关键技术的信任而确立指导方针。

先进航天国家早在 20 世纪 80 年代就着手发展航天器智能自主技术，并在自己的空间探测计划中逐渐增大了对智能自主技术的投入力度。以国家政策和战略为基础，各航天大国都高度重视空间人工智能技术的研发，并已在深空探测、在轨操控、编队飞行和空间碎片清除等方向取得了多项研究成果。这些航天任务对航天器的姿轨控精度有较高的需求，表明高精度的轨迹姿态控制技术是未来航天任务的关键技术之一①。但总的来说人工智能

① 黄旭星，李爽，孙盼，等．人工智能在航天器制导与控制中的应用综述．航空学报：1－17［2020－07－23］．http：//kns. cnki. net/kcms/detail/11. 1929. V. 20200708. 1512. 004. html.

技术的体系性不强，远未达到“有意识、可思维、善学习”的强人工智能①。

自白宫和五角大楼发布顶层文件之后，美各联邦机构、各军种和国防部所属机构纷纷提出各类人工智能相关项目，以期强化自身能力。以 DARPA 为主的国防部所属机构致力于推广人工智能在航空航天领域的应用，其在人工智能方面的研究主要涉及自然语言理解、问题求解以及感知和机器人等领域。近期，越来越多的人工智能技术应用到战场作战系统中，用于开发自主武器系统。国防部认为未来战场上会有大规模的数据分析，因此，在相关领域中进行了大量的投资。目前，国防部正在选择提供大规模云计算技术的供应商，除了云计算基础设施外，还涉及图像识别和自然语言处理等人工智能技术的采购。美国陆军认为人工智能技术将为作战人员提供更为先进的作战能力，包括可以增强传感器融合，提高对环境变化的自适应能力；提高各种传感器的智能融合能力；提高士兵的态势感知能力；改进 GPS 和其他传感器性能，提高导航精度，提高自主导航定位速度等。为消除友军的空域活动冲突，快速对抗敌人在战场上的行动，DARPA 与美国陆军和空军合作开展“空域快速战术执行全感知”（ASTARTE）项目，旨在利用先进的人工智能引擎、理解和决策算法和传感器网络层，结合传统的空域管理技术，进行联合全域指挥与控制（JADC2）。

NASA 也日益依赖人工智能技术，当前研究注重机器学习和自主性。2012 年，NASA 发布《机器人、遥操作机器人与自主系统》技术路线图，首次系统提出空间机器人智能化发展的方向和关键技术。NASA 工程师正在研发软件和算法，以满足特定任务需求。“火星 2020”和“木卫二快船”等类似任务都需要强大的人工智能，当前所做的工作主要是规划探测器的日常活动，试图让系统更加独立和自主，帮助寻找线索与获取数据。现代空间通信系统使用复杂的软件来支持科学和探索任务，通过应用人工智能和机器学习，卫星可以无缝地控制这些系统，无须等待指令即可做出实时决策。NASA 已与英特尔、IBM 和谷歌等公司合作，开发先进的人工智能（如机器学习）技术，分析大型望远镜等收集的数据，从而帮助搜寻外星生命，并探测对地球有潜在威胁的小行星。

俄罗斯正在投入相当大的资源来保持与美国在人工智能军事领域应用竞争中的平衡。为了缩小差距并保持竞争力，俄罗斯国防部为提高其军事人工智能开展了一系列的活动。尤其是在普京发表声明称“谁能成为人工智能领域的领导者，谁就可能主宰世界”之后，俄罗斯不断加大将人工智能系统与无人机、导弹等相结合的步伐，俄军迎来“智能化战争”时代。

除了机器人平台，俄罗斯的指控基础设施中也出现了人工智能的元素，尤其是规划和决策支持平台。俄罗斯早在苏联时期就使用数学模型和其他量化工具来辅助军事决策。新

---

① 陈萌，肖余之，张涛．空间服务与操控中的人工智能技术．载人航天，2018，24（3）：285－291.

建立的国防管理中心（National Defense Management Center，NTsUO）的当前或未来的定位就是研发此类系统。NTsUO 是在 2014 年成立的，目标是为俄罗斯国家安全机构创建统一的信息空间。虽然该中心的任务细节目前还没有透露，但俄罗斯国防部称该中心负责收集、分析全球军事、政治相关的信息，以及和平/战时的战略方向和社会政治形势。虽然人工智能和 NTsUO 的活动还没有直接关联，但是俄罗斯在人工智能领域投资资金的 33%是和数据分析项目相关的，有 16.5%的资金是与决策支持系统相关的。

拓宽和深入大数据技术应用是各国数据战略的共识之处。近年来，大数据底层技术发展呈现出逐步成熟的态势，大数据技术产品不断分层细化。航天本身就是大数据的先行者，它在研制、运行和发布成果的全过程中都会产生数据和应用大数据。航天大数据不仅具有一般大数据的特点，而且要求高可靠和更高的数据处理速度。在航天大数据技术应用方面，NASA 走在世界前列。为实现观测数据资源向公众开放以及使其空间占用更小、可利用率更高，NASA 与美国 IT 界合作开发应用了高度可扩展的分布式批量处理系统 Hadoop，对大型数据集进行扫描，来处理从太空中（如空间望远镜）传回的海量数据，其数量可达 700 TB/s①。

在大数据平台建设方面，NASA 艾姆斯研究中心自主开发了开源综合云服务平台“星云”（Nebula），来协助完成对月球和火星的探索任务。该项目需要对大量高分辨率影像进行存储和处理，采用“星云”平台取代昂贵的数据中心，对科学数据提供基于网络的应用环境及可伸缩的计算和存储能力，NASA 因此不用为新增的大数据构建 IT 基础设施，研究人员可以在几分钟内通过云完成所需要的存储和计算资源的构建、配置、监视与升级等一系列任务。NASA 喷气推进实验室从 2007 年开始致力于在行业中发挥云计算优势的途径，还在云计算平台 iRODS 上对其行星任务数据系统进行实践性实验。云计算平台 iRODS 使用并行传输控制协议以及大数据移动优化技术。通过 iRODS 提供的并行传输协议，可以实现大数据在网络间的快速迁移。iRODS 可以用来将分布式的计算机整合成一个庞大的存储资源，用于存储、统一管理和共享数据，客户端通过访问这台虚拟服务器可以获取所有的数据②。

随着遥感进入“大数据”时代，私营公司也开发了很多用于存储、处理和分析遥感数据的平台③，以“谷歌地球”（Google Earth）引擎和“亚马逊 Web 服务”（AWS）为典型代表，如图 6 - 30 所示。GEE 提供了访问和无缝处理大量免费获取的卫星影像的云平台，最常见的遥感数据都是可用的，可以不需要下载就进行处理，用户还可以上传自己

① 黄志澄．航天大数据：从大科学到大事业．国际太空，2013（12）：41 - 44.

② 魏晨曦．大数据在美国军事及民用航天领域中的应用简析．国际太空，2015（12）：42 - 50.

③ Martin Sudmanns，Dirk Tiede，Stefan Lang，Helena Bergstedt，Georg Trost，Hannah Augustin，Andrea Baraldi & Thomas Blaschke（2020）Big Earth data：disruptive changes in Earth observation data management and analysis?，International Journal of Digital Earth，13：7，832 - 850，DOI：10.1080/17538947.2019.1585976.

的私人数据，使用基于 Web 的集成编程环境和应用程序编程接口执行基于像素的图像处理。

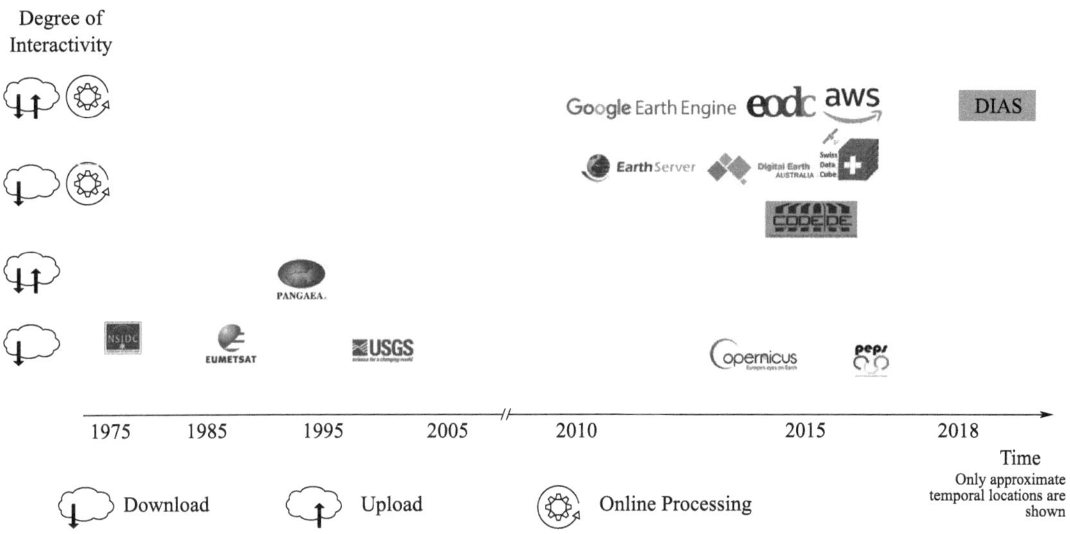

图 6 - 30　几种遥感大数据处理平台

在大数据应用方面，NASA 的“月球勘测轨道器”（LRO）发回大量高分辨率月球表面影像，每天生产的数据可达到 TB 级规模，而且还在不断增长。NASA 喷气推进实验室与加州理工学院在“月球表面测绘与建模”项目中进行合作，采用云计算架构对月球表面高分辨率照片进行高可靠、高效率的图像分块处理。该项目选用开源云计算平台 Hadoop 以及计算模型映射和简化（Map - Reduce），可以在 37s 内完成对 2. 7GB 大小的高分辨率图像的分块处理。美国亚利桑那大学的研究人员使用涅盘科斯公司（Nirvanix）的云存储平台来传递、存储备份这些数据。传回的影像数据先分别复制到亚利桑那州立大学研究项目学院的主数据中心的美国网域存储技术有限公司（NetApp）磁盘阵列上。然后，再复制到 Nirvanix 存储传递网络。涅盘科斯公司网络存储装置（Nirvanix CloudNAS）取代以往的磁带存储，提供可靠的、规模灵活的、可访问的企业级数据，长期保留，以供访问、浏览，甚至再加工处理等。

人工智能的广泛应用改变了遥感数据处理和应用方式。国外不少研究机构都研究基于人工智能的大数据应用，如美国的 Orbital Insight、Descartes Labs、Terrapattern、Mavrx、DroneData、Precisionhawk 等通过卫星遥感数据结合深度学习等技术进行企业盈亏预测、储油分析、农作物估产等，面向各行业及政府部门以及普通用户。以色列的 Prospera 公司旨在运用计算机视觉和机器学习技术监测农作物生长情况，为改善农作物健康状况和优化农场运营提供决策，如针对某些农地应该浇多少水才能获得更好的收成。加拿大的 SkySquirrel 公司提供从无人机、多光谱航拍相机到人工智能识别技术系统的一体化解决方案，聚焦农业市场，而且该公司的服务领域相对更加精细，目前它们主要针对葡萄的长势和病虫害提供监测服务。

6.2.2.2 我国国家治理中的新一代信息技术应用现状

党的十九大报告指出，我们当前迫切需要“推动互联网、大数据、人工智能和实体经济深度融合”，借以“加强和创新社会治理”。大数据和人工智能的工具价值在我国国家治理和社会治理中受到了高度重视。

以新一代人工智能和大数据为代表的科技和产业革命正在孕育兴起，数字化、网络化和智能化的信息基础设施加速构建，包括基于新一代信息技术演化生成的基础设施，以5G、物联网、工业互联网、卫星互联网为代表的通信网络基础设施，以人工智能、云计算和区块链等为代表的新技术基础设施，以数据中心和智能计算中心为代表的算力基础设施①。

（1）我国发展人工智能有良好基础

近10余年来，人工智能迎来了高速发展，最早期的学术探索快速转向应用落地，人工智能已经成为数字化、智能化的全新主动力，在多个领域实现技术落地。我国发展人工智能具有多个方面的优势，比如开放的市场环境、海量的数据资源、强有力的战略引领和政策支持、丰富的应用场景等②。

①国家层面政策支持，产业发展意义重大

自2015年国家产业政策正式提及人工智能以来，政策从初期的聚焦于体系设计、技术研发以及标准制定，发展至2018年中央经济工作会议将人工智能纳入“新基建”范畴，如图6－31所示。相关政策在5年时间内已经历了4个阶段的发展升级③④，形成了科技部、发改委、中央网信办、工信部、教育部、财政部、中国科学院、中国工程院等多个部门参与的人工智能联合推进机制，为我国进一步加快推动人工智能走进产业、供需融合的新发展期提供了极为有利的条件与机遇⑤。

推进人工智能“新基建”，将广纳社会主体和社会资本，助力我国经济高质量发展和国内国际双循环的发展格局的形成。对推动数字经济迈向以算法、算力、数据为关键生产要素的智能经济新台阶有重大意义，依托算力平台和人工智能算法进行数据处理，最终作用于实体经济发展各环节，推动生产效率提升和经济结构优化，实现智能产业化和产业智能化。

---

① 中国电子信息产业发展研究院．人工智能“新基建”发展白皮书．2020年7月．

② 中国科学院大数据挖掘与知识管理重点实验室．2019年人工智能发展白皮书．2020年2月．

③ http：//www.gov.cn/zhengce/content/2017－07/20/content_ 5211996.htm.

④ http：//iot.china.com.cn/content/2017－12/15/content_ 40107109.htm.

⑤ 腾讯研究院．2020腾讯人工智能白皮书．2020年7月．

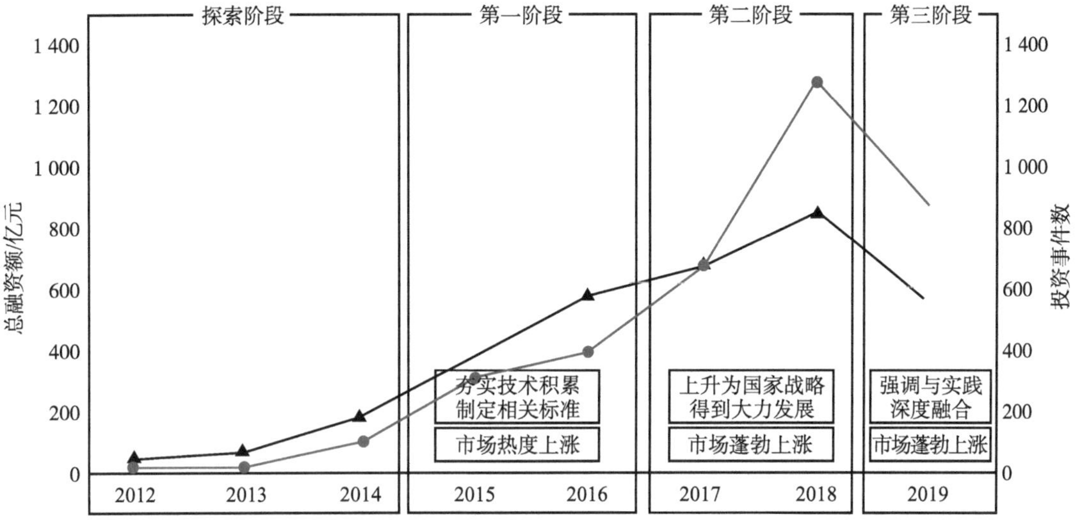

图 6-31　中国人工智能政策阶段与融资热度（来源：腾讯研究院）

②应用场景丰富多样，疫情事件催生需求

我国经济体量大、多样性强，在网络化和数字化普及的基础上，各种经济活动形成了海量数据资源，为人工智能发展提供了丰富的应用探索和落地场景。

庞大数量的网民是人工智能应用的需求来源和最终用户，不少大规模的场景应用需求，目前只发生在中国，如 2019 年春运期间有 4.1 亿人次乘坐火车，24.6 亿人次乘坐汽车，完成了人类历史上规模最大的周期性迁徙；同样，在当年春节仅从除夕到初五，就有 8.23 亿人次收发微信红包……这些出行、支付等海量用户应用场景，为人工智能模型训练和部署提供了丰富的大数据环境，有利于技术迭代升级。在多样性方面，中国丰富的产业环境也为人工智能提供了各种应用场景。在不同地区、行业和产品之间，数字化、信息化和智能化的发展水平各异，这也为人工智能在不同阶段发挥作用提供了广阔的实践空间。

由于人工智能降低了技术门槛、提升了治理效能，我国各地智慧城市建设加速推进，如长沙、保定、重庆等地利用“智能交通引擎”优化城市交通治理，如图 6-32 所示。与此同时，人工智能也让更多普通人可以享受到技术带来的便捷，有助于缩小数字鸿沟。比如，陕西汉中扶贫办工作人员通过人工智能的深度学习技术，能够从 20 万贫困家庭中准确识别出最急需帮助的 2 000 个家庭。又如位于北京大栅栏社区的独居老人，家里装上了电动窗帘滑轨、智能插座和智能灯等，通过与智能音箱互动，就可以开关电灯窗帘、调节空调温度。随着智能设备的普及，无论是老人还是儿童，未来都将能平等便捷地享受人工智能带来的美好生活[①]。

① 李彦宏：“新基建”加速智能经济到来．人民日报，2020 年 05 月 08 日 05 版．

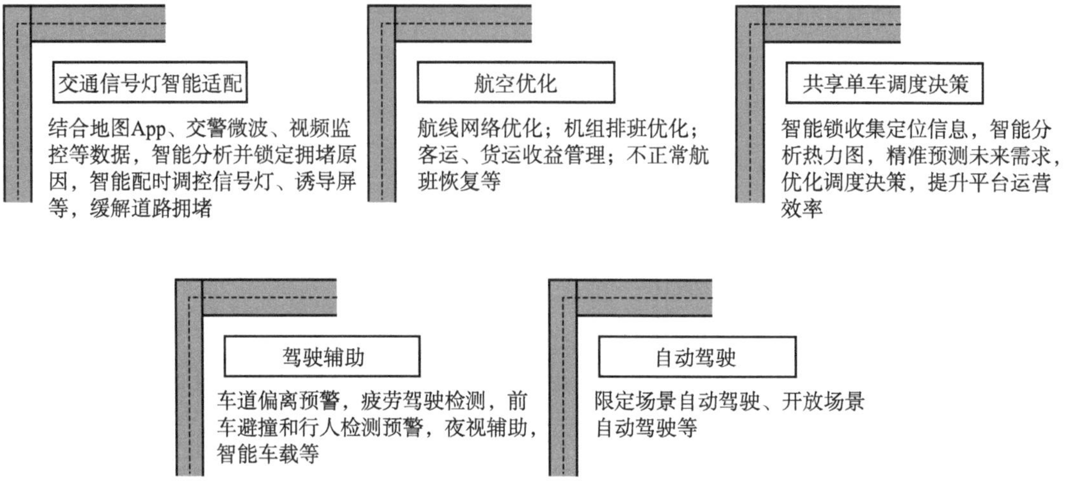

图 6-32　人工智能在交通领域的应用场景（来源：中国科学院大数据挖掘与知识管理重点实验室）

突如其来的新型冠状病毒肺炎疫情给全球经济的发展造成了巨大冲击，各类生产经营活动一度被按下暂停键。由于抗击疫情和复苏经济的双重需求，主动引导着以人工智能为首的数字经济发挥中坚作用，持续释放应用价值。腾讯觅影 AI 和腾讯云技术的人工智能 CT 设备在新型冠状病毒肺炎疫情期间，在湖北多家医院进行了部署，帮助医护人员进行诊疗，如图 6-33 所示。在患者做完 CT 检查后，设备数秒就可完成 AI 识别，在 1 分钟内为医生提供辅助诊断参考，诊断效率提升数倍，有效缓解了疫情初期医疗资源严重不足的严峻形势。

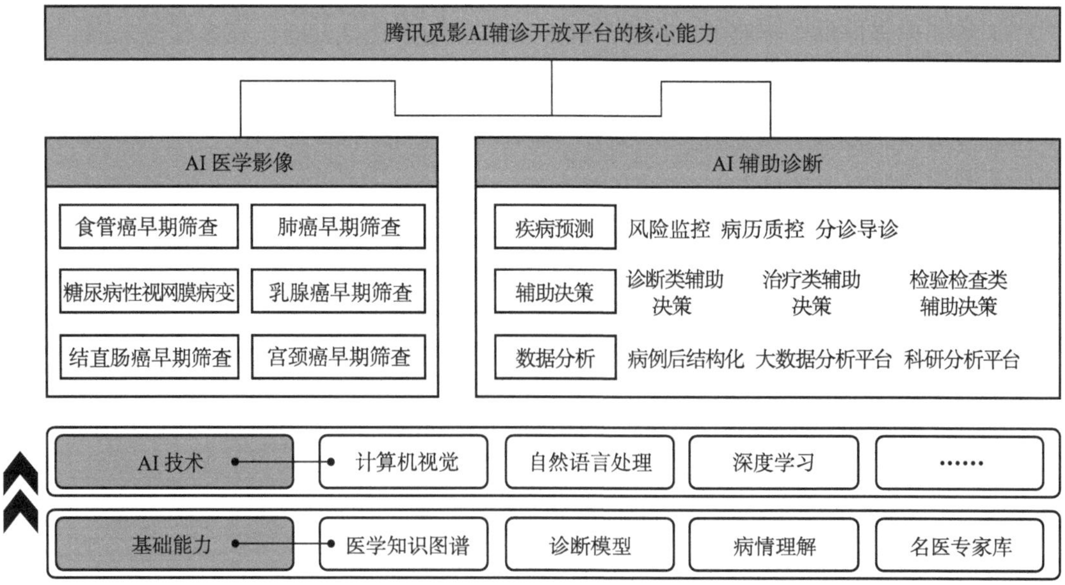

图 6-33　腾讯觅影 AI 辅诊开放平台的核心能力（来源：中国科学院大数据挖掘与知识管理重点实验室）

百度与中国疾控中心病毒病所合作，联合设立“中国 CDC 应急技术中心-百度基因测序工作站”，其已为工作站提供一整套最先进的基因测序设备。此外，百度推出的全球首个 mRNA 疫苗基因序列设计算法 LinearDesign，专门用于优化 mRNA 序列设计。最快仅 16 分钟可优化 mRNA 疫苗序列稳定性，大大提升蛋白质表达水平。这意味着有效解决了 mRNA 疫苗研发中最重要的稳定性问题，从而加速疫苗研发速度。2020 年 6 月 11 日，在百度 AI 技术支持下，中国疾控中心病毒病所应急技术中心在接收样本 10 个小时后就完成了北京 4 个病例样本的全基因组测序，为北京新发地聚集性疫情防控提供有力支持。

同样，AI 应用于制造领域以及服务领域，针对安全复工复产的需求，多人快速测温等一批人工智能解决方案应运而生。面对大量工厂工人无法按时复工的痛点，依靠视觉识别的智能检测设备大显身手，未来的新型人机协作模式有望进一步形成，相应的智能化转型成为了制造业和服务业提高抗风险能力的发展方向。

③航天领域应用有限，正在提升智能水平

目前我国人工智能技术在航天领域的应用主要体现在地面系统和航天器系统的局部应用①，基本仍处于“弱智能”水平，但已经开发了大量跟人工智能相关的应用，比如图片识别、交会对接、导航定位、任务规划和故障诊断等。主要应用场景是环境未知或者局部信息未知的高动态环境，根据实时感知信息进行推理并执行合理操作，最大限度地提高任务的满意度。

2019 年 1 月，我国嫦娥四号月球探测器成功软着陆在月球背面南极艾特肯盆地冯卡门撞击坑中。因为任务选择的着陆区域高山峡谷交错，整体地形忽高忽低，地形起伏达到了 6 000 m，要求嫦娥四号必须要有更高的着陆精度，从“粗放型”的着陆方式向“精细化”升级。为了保证着陆的安全，嫦娥四号探测器采用了复杂环境动力下降智能自主控制技术，首次完整实施了“智能避障”控制，机器视觉智能感知、位姿机动智能决策、变推力实时执行，“粗精”复合避障优于几百米量级，世界上首次实现了月背软着陆控制②。此外，嫦娥四号携带的玉兔二号月球车配备了相机、激光点阵器、惯性敏感器和太阳敏感器等，可自主实现移动前及移动过程中的导航定姿定位、环境感知、避障规划、紧急避障、运动协调控制和安全监测等，确保月球车按照地面指令要求安全行驶到目标点。月球背面恶劣的工作环境以及受限的器上资源，使玉兔二号从器上自主能力和地面智能操控同时入手，进一步构建了天地一体化的智能设计架构③，解决了机构安全控制、可靠释放分离、安全移动、自主热控、休眠唤醒和高效工作等难题。

---

① 叶培建，孟林智，马继楠，等．深空探测人工智能技术应用及发展建议．深空探测学报，2019，6（4）：303－316，383.

② 叶培建，孙泽洲，张熇，等．嫦娥四号探测器系统任务设计．中国科学：技术科学，2019，49（2）：6－19.

③ ESTLIN T A，BORNSTEIN B J，GAINES D M，et al. AEGIS automated science targeting for the MER Opportunity rover. ACM Transactions on Intelligent Systems & Technology，2012，3（3）：1－19.

2018 年 11 月，中国运载火箭技术研究院发布《人工智能发展规划》①，目标是到 2035 年，航天装备智能化水平实现国际一流。“十三五”期间聚焦重点关键技术：智能感知与识别技术、智能控制技术、人机混合技术；实现系统级项目：智慧火箭、智能化集成制造车间等；智慧产业：智能机器人产业。

作为人工智能技术在航天领域的新应用，近年来出现了天基智能集群的概念，其属于人工智能集群的一种特殊形式，由多个节点航天器共同组成，通过集群自组织技术实现航天器间相互协作、智能性、鲁棒性特点的分布式空间系统。2015 年 9 月，由国防科技大学自主研制的微纳卫星天拓三号成功发射并进入预定轨道，其卫星集群中包括 6 颗卫星，采用“一主五从”的模式进行编队飞行。入轨之后，从星与主星分离，在太空中形成微小卫星间的星间组网，实现 6 颗卫星的集群飞行②。

（2）大数据支撑决策已成为共识和趋势

近年来，我国大数据产业蓬勃发展，融合应用不断深化，数字经济量质提升，对经济社会的创新驱动、融合带动作用显著增强③，这些都为我国开展太空活动治理的支持平台建设提供了重要借鉴和技术积累。

①政策环境日益完善，数据产业深度融合

我国政府高度重视大数据的发展。自 2014 年以来，我国国家大数据战略的谋篇布局经历了 4 个不同阶段，如图 6－34 所示。截至目前，除港澳台外全国 31 个省级单位均已发布了推进大数据产业发展的相关文件。近年来，部分省市陆续成立了大数据局等相关机构，对包括大数据产业在内的大数据发展进行统一管理。截至 2019 年 5 月，共有 14 个省级地方成立了专门的大数据主管机构。

从产品角度来看，我国大数据基础类技术产品（承担数据存储和基本处理功能，包括分布式批处理平台、分布式流处理平台、分布式数据库、数据集成工具等）市场成熟度相对较高；分析类技术产品（承担对于数据的分析挖掘功能，包括数据挖掘工具、BI 工具、可视化工具等）发展迅速，个性化与实用性趋势明显；管理类技术产品（承担数据在集成、加工和流转过程中的管理功能，包括数据管理平台和数据流通平台等）还处于市场形成的初期。

前几年，大数据还主要应用在互联网、营销和广告领域。这几年，与大数据结合紧密的行业逐步向工业、政务、电信和交通等领域广泛渗透，应用逐渐向生产、物流和供应链等核心业务延伸，涌现了一批大数据典型应用，企业应用大数据的能力逐渐增强。实体经

---

① http：//www. calt. com/n689/c14659/content. html.

② 张学阳，杨雅君，吕永申，等．天基智能集群关键技术及应用展望. 中国指挥与控制学会．第六届中国指挥控制大会论文集（上册）. 中国指挥与控制学会：中国指挥与控制学会，2018：178－182.

③ 中国信息通信研究院．大数据白皮书（2019 年）. 2019 年 12 月.

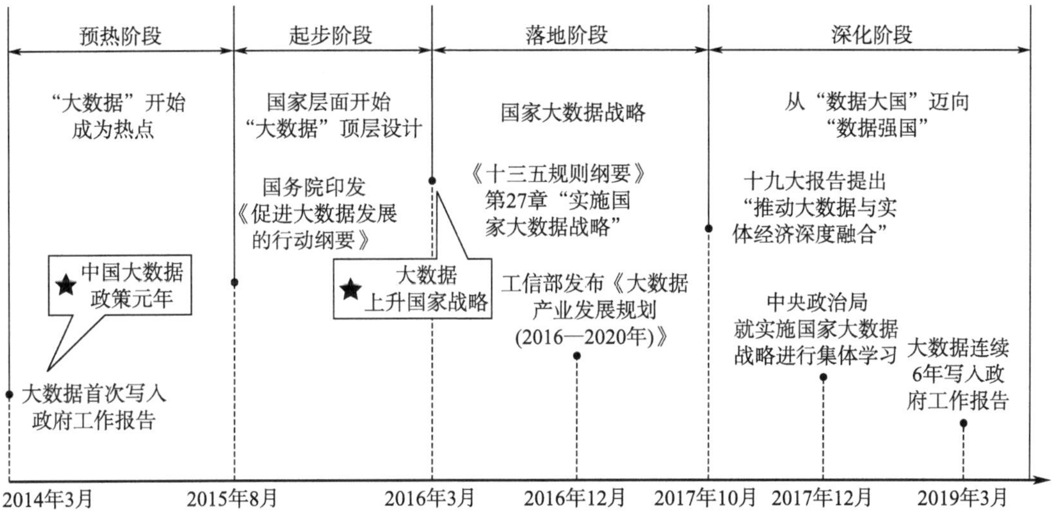

图 6-34 国家大数据战略的布局历程（来源：中国信息通信研究院）

济领域龙头企业不断完善自身大数据平台建设，持续加强数据治理，大数据与实体经济深度融合。

②数据助力国家治理，数据共享已有实践

政府大数据决策支撑平台作为综合运用互联网、大数据、人工智能的技术手段，有效激活了政府数据资源价值，并从中发现了新知识，创造了新价值，提升了新能力。从中央部委到地方政府纷纷加快政务大数据平台的探索与建设，不断加强大数据的规划设计，完善相关制度体系。目前，31 个省级行政区中有贵州、山东和广州等在内的 21 个已建成或基本建成公开、面向社会公众开放的政府数据平台。政务大数据平台参考架构由数据基础设施、数据资源层、数据应用层和政务服务层构成。政务大数据平台是信息时代支撑政府部门日常运转的重要基础设施，对提升政府部门信息化水平、推进社会治理能力和治理体系现代化的意义毋庸置疑①。

科技的进步，为提升未来我国重大疫情治理能力展现了更多可能性。正如习近平总书记在主持中共中央政治局第二次集体学习时指出的："要运用大数据提升国家治理现代化水平，建立健全大数据辅助科学决策和社会治理的机制。"面对此次疫情暴露出的诸多问题，大数据能够在一定程度上摆脱传统疫情治理方法所带来的弊端。首先，在疫情暴发前的防范控制环节，通过大数据在预警监测方面的应用，对政府、社会、网络中海量数据的收集、分析与预测，克服传统模式中信息零散、杂乱、模糊等特征，实现疫情在防控环节的"智能化治理"。其次，在疫情暴发中的医疗保障环节，可利用大数据对疫情信息进行全要素、全样本、全方位的相关关系分析，克服传统模式在诊断治疗、物资调配过程中面

① 中国信息通信研究院，大数据技术标准推进委员会．政务大数据平台建设白皮书．2019 年 12 月．

临的时间长、难度大、局面乱等问题，实现疫情在诊疗环节的“精确化治理”。最后，在疫情暴发后的社会管理环节，运用大数据对收治排查与执法工作进行辅助，克服传统模式中公共管理效率低、执法行为不规范等问题，实现疫情在管理环节的“标准化治理”。由此，通过大数据在上述 3 个环节的应用，对我国重大疫情的治理进行有效辅助，提升国家治理现代化水平①。

国家地球系统科学数据中心是国家在地球系统科学领域的数据共享实践主体，其创建的国家地球系统科学数据中心在 2019 年被遴选为 20 个国家科学数据中心之一，建成了学科面广、多时空尺度的地球系统科学数据库群，自主研发了海量、异构数据网络共享技术体系与服务系统，如图 6－35 所示。该系统突破了统一数据服务模型数据访问技术和大型网络异常流量预警控制技术，实现了分布式、异构数据资源的透明访问和平台总分一体化的监控管理，保障了共享网络系统的安全运行②。

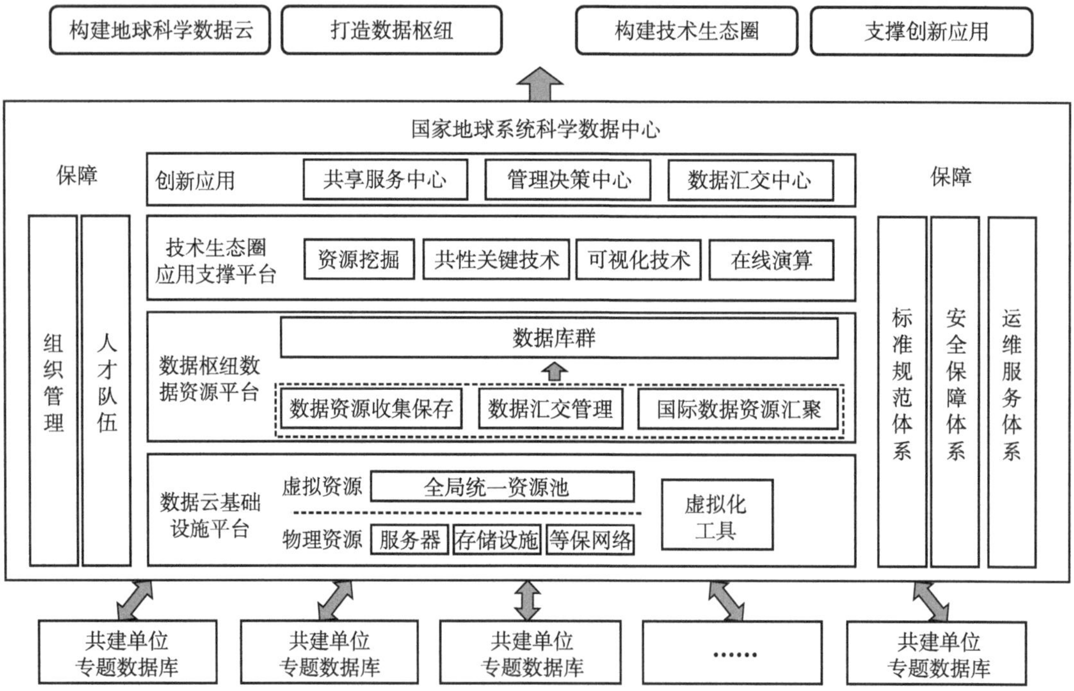

图 6－35　国家地球系统科学数据中心共享服务系统总体框架

③遥感领域广泛重视，正在探索深度应用

与航天科技、传感器技术等相结合的遥感数据已呈现出明显的大数据特征，遥感大数据的应用领域非常广泛，在传统行业服务中，可应用于环境保护、海洋监测、工业和信息

① 钟一苇．大数据在我国重大疫情治理中的应用．湖北经济学院学报，2020，18（4）：13－21.

② 杨雅萍，姜侯，孙九林．科学数据共享实践：以国家地球系统科学数据中心为例．地球信息科学学报，2020，22（6）：1358－1369.

化行业建设、城乡建设等方面，并逐步探索提出了面向大数据时代的新服务模式。在农业保险服务中，充分利用高分辨率卫星遥感影像的天然“大数据”属性，在地块与作物识别、农作物长势监测、灾后损失评估、按图理赔、按图承保等方面发挥作用，为农业保险承保和理赔提供精准数据支撑。在智慧旅游服务中，“旅游一张图”是一款集成了国产高分辨率遥感卫星影像、高精度导航电子地图、国产导航地图平台和我国自主的北斗卫星导航系统定位功能的聚焦旅游应用服务的国产卫星大数据旅游服务平台。武汉珈和科技有限公司等企业利用农业大数据以及遥感大数据等提供智慧农业解决方案，包括降水监测、长势监测、作物种植分布和面积监测、产量预估等①。北京遥测技术研究所开展过一些关于航天大数据处理的有益探索，如在高性能仿真中心搭建云计算集群环境，供相关设计人员研发使用。在该集群平台上通过并行编程模型可处理并行计算类问题，大幅提高了数据处理能力②。

6.2.3　存在问题

1）在空间目标监测方面，目前我国主要依靠地面系统，可观测弧段短、定轨精度低、编目数量少、新目标和小目标发现与识别能力不足。

2）在频谱管理方面，电磁频谱监测设施的建设发展不均衡，在频率利用率、频谱资源的价值体现、无线电频谱监管体系等诸多环节上存在不足，需要进一步解决。国外电磁频谱管理系统从 20 世纪 70 年代就已经开始研发，技术也越来越成熟。从军事应用起步，目前已经在国外各行各业都进行了渗透。很多发达国家已经制定了一系列电磁频谱监测相关的管理体制和规范，成立了相关的管理组织，并由此开发出相关管理软件。在日本、美国和德国等国，电磁频谱的日常监测已经越发规范、合理，并且全程自动监控，实现无人值守。频谱监测在我国的沿海地带发展较快，而在西部地区发展较慢。不同的设备有不同的配置、不同的管理规范和标准，缺乏统筹。目前还没有一套综合性的设备，能够将实时监测，大数据的采集、分析及传输，图表参数智能化显示，终端的无人值守等有机地结合起来，进行智能化的电磁环境监测。目前我国很多监测设备的监测频段较低，不能满足高频段全方位的监测任务。

3）在卫星数据应用方面，我国民用空间基础设施建设存在顶层规划缺乏、系统整体能力不足、部分核心关键技术受制于人、天地发展脱节、科研与业务发展脱节、资源不足与浪费并存、应用滞后和投入机制不完善、各部门重复规划建设等问题。卫星数据应用虽然取得了长足进步，但与美国等发达国家相比，还存在卫星覆盖范围有限和网络体系不够合理等问题。

---

① 邹同元，丁火平，王玮哲，等. 天基遥感大数据人工智能应用探讨. 卫星应用，2019（6）：38－44.

② 苏丽，张博为，谌明，等. 大数据技术在航天领域发展与应用. 遥测遥控，2015，36（2）：1－9.

由于我国遥感卫星数据基础设施建设及遥感应用起步较晚，与国际上的先进发展水平相比，尚存在一定差距。当前，我国遥感卫星数据中心采用集中存储管理、集中处理的技术体系架构，在容量、可扩展性、易用性和性能等方面都难以满足遥感大数据分析和应用挖掘需求。在综合利用多时空尺度、多源、多维、大量和多态数据进行大数据处理与分析的过程中，特别是在图像和数据流等半结构化、非结构化数据处理与分析方面，还存在结构和技术等方面的发展限制。系统建设上的严重不足也直接影响了自主遥感卫星数据的开放利用，存在卫星数据“不能用、不好用、不会用、得不到”等现实问题，迫切需要对多源卫星和航空遥感数据之间、不同平台卫星遥感数据之间、卫星数据与地面观测数据之间进行整合。

4）在空间碎片减缓与清除方面，国外的空间碎片主动移除技术研究重心已经跨过了概念研究，正处于关键技术研究阶段，并部分向技术验证和在轨试验转移。我国空间碎片移除总体技术水平与国外还有一定差距，主要表现为：我国空间碎片主动移除技术基础薄弱，一些关键技术尚未开展演示验证试验；缺乏明确的项目计划和工程牵引；离形成可常态化运行的系统要求差距明显，难以实施碎片环境治理任务。

5）在行星防御技术方面，我国研究水平、研究基础和研究成果的影响力都存在很大差距。具体表现为：

a）有关研究基本停留在很浅的概念研究和纸面上的方案设计阶段，成果显示度不高，在国际上没有发言权和影响力。

b）研究多为各相关单位自发行为，研究工作零星、分散，缺乏统一的部署规划。

c）基础设施短缺，研究基础十分薄弱，没有代表性的团队。

d）尚无针对特定 PHA 防御的宇航任务设计和实施计划，尚不能为可能会发生的小行星撞击威胁提供防御决策咨询。

e）尚无行动计划和发展路线图。这些差距严重影响了面临小行星撞击威胁时我国自主决策和话语权，与我国的负责任、有担当的大国形象严重不符。

6）在空间设施维护方面，技术发展水平、在轨试验情况等方面与美国存在较大差距。国外对航天器平台和载荷的维修已在轨开展多次试验，具备工程推广应用能力，国内操控层面的维修技术尚未实现在轨验证，技术成熟度和技术覆盖面急需深入推进。相比欧美等航天大国，我国在航天器检测与健康管理方面的发展起步较晚，受智能化和可维修能力的限制，目前仅具备当主部件出现故障时自动切换到备用部件的能力。

7）在人工智能方面，我国的空间人工智能与发达国家相比仍存在差距，缺少重大原创成果，在基础理论、核心算法以及关键设备、高端芯片、重大产品与系统、基础材料、元器件、软件与接口等方面差距较大；科研机构和企业尚未形成具有国际影响力的生态圈和产业链，缺乏系统的超前研发布局；人工智能尖端人才远远不能满足需求；适应人工智能发展的基础设施、政策法规、标准体系亟待完善，见表 6－5。

表 6－5　中国人工智能技术与全球领先地区的对比①

<table>
<tr><th colspan="2">关键指标</th><th>中国</th><th>全球领先地区</th></tr>
<tr><td colspan="2">数据</td><td>1)拥有全球最大规模移动互联网用户
2)已经推出国家标准《信息安全技术个人信息安全规范》,严格程度低于 GDPR</td><td>1)用户更加看重个人隐私
2)欧洲政府出台 GDPR 从政策层面划分数据使用权与所有权,美国可能紧随其后</td></tr>
<tr><td rowspan="2">硬件</td><td>芯片</td><td>1)中国控制着几乎一半的市场价值,在高端芯片领域严重依赖进口
2)在半导体设备、材料、制造环节落后</td><td>1)日本是半导体材料、高端设备和特殊半导体的重要产地
2)韩国在高带宽存储器和动态随机存取存储器市场居于绝对的领先地位</td></tr>
<tr><td>机器人</td><td>1)与世界先进水平差距较大,核心技术依赖进口
2)缺乏原创</td><td>1)日本机器人技术仍处于世界前列
2)欧美和日本掌握了上游位置高端芯片涉及的技术</td></tr>
<tr><td rowspan="3">技术</td><td>NLP</td><td>1)92 家 NLP 企业
2)融资 122.36 亿元
3)6 600 名员工</td><td>1)美国 252 家企业
2)美国融资 134.67 亿元
3)美国拥有 20 200 名员工</td></tr>
<tr><td>机器视觉</td><td>1)146 家企业
2)融资 158.30 亿元
3)1 510 名员工</td><td>1)美国 190 家企业
2)美国融资 73.20 亿元
3)美国拥有 4 335 名员工</td></tr>
<tr><td>语音识别</td><td>1)36 家企业
2)融资 30.87 亿元</td><td>1)美国 24 家企业
2)美国融资 19.31 亿元</td></tr>
<tr><td rowspan="2">应用</td><td>无人驾驶</td><td>中国在汽车传感技术、AI 硬件与软件、互联技术 V2X 与无人驾驶测试方面呈现全面追击的态势</td><td>1)美国拥有深厚的技术沉淀
2)美国在软件和硬件方面领先优势明显,呈现三足鼎立(NVIDIA、INTEL 和 IBM)的状态;在软件方面则以谷歌最为突出,更依赖于基础技术本身</td></tr>
<tr><td>人工智能教育</td><td>人工智能技术在中国的应用近几年刚起步,仍然处于发展的初期,以 ToC 为主</td><td>1)人工智能技术在教育行业的应用在国外的发展更早
2)人工智能教育产品在欧美国家的渗透程度更深。其中,美国与欧洲发展更为完善,并取得显著成效
3)发挥教学辅助作用,无法完全取代教师作用</td></tr>
</table>

资料来源:牛津大学人类未来研究所,腾讯研究院,德勤研究。

8）在大数据方面，我国也同样面临着诸多问题。例如，大数据原创性的技术和产品尚不足；数据开放共享水平依然较低，跨部门、跨行业的数据流通仍不顺畅，有价值的公共信息资源和商业数据没有充分流动起来；对比世界主要国家大数据产业相关人才占本国整体就业人口数量比例，我国大数据产业人才仍然存在着较大缺口。

① 德勤研究．全球人工智能发展白皮书．2019 年 10 月．

6.2.4 启示

6.2.4.1 空间技术能力是太空活动治理的核心基础

太空活动源于空间技术能力。空间技术能力是航天“硬实力”的中流砥柱，而航天“软实力”需在“硬实力”的支撑下发展。也就是说，空间技术能力是太空活动治理的核心基础。美国等航天强国的强大太空活动治理能力均是建立在其先进的空间技术能力基础上的。对提升太空活动治理能力而言，尤为重要的是以发展空间目标监测、空间碎片减缓、频谱监测与管理、空间设施维护等为代表的太空治理支撑技术。

6.2.4.2 重点工程牵引是推动技术发展的有效途径

太空活动治理支撑技术体系虽然庞大，但并非没有抓手。可行途径之一即是在有紧迫需求和深远影响的方向上设立重点工程进行集中突破、协同攻关、统筹推进，着力发展关键核心技术。习近平总书记反复强调：“只有把核心技术掌握在自己手中，才能真正掌握竞争和发展的主动权。”通过设立重点专项工程，形成重大成果和关键性突破，逐步掌握核心技术，将为提升国家综合竞争力、成为有世界影响的大国奠定重要基础。

6.2.4.3 在轨演示验证是支撑技术研发的必要环节

在轨演示验证是提升技术成熟度并最终实现在轨业务应用的必要手段，是支撑太空新技术研发的必要环节。一方面，航天事业固有的高风险特征，对在轨应用的技术成熟度提出了严格的要求，在轨演示验证是提高技术成熟度的必要手段。另一方面，在轨演示验证可以充分展示太空新技术的效能，可以推动新技术快速转化应用，从而为太空新技术研发工作提供重要驱动力。

6.2.4.4 新兴信息技术是提高治理能力的强大动力

新兴信息技术与航天技术相伴而行、共同作用、互相结合才能发挥最大作用，体现最大价值。在太空活动治理中应用新兴信息技术，有助于打破学科、产业和行业间的壁垒，提出符合新时代要求的治理方案。从国内外情况来看，人工智能等新兴信息技术与航天关系越来越紧密，军民两方都在资助开展相关研究，未来不可避免地在太空活动的很多环节中都将有重要地位。依托新兴信息技术进行太空活动数据处理，最终作用于太空活动各环节，推动数据应用和太空治理能力提升，实现航天领域的产业智能化。

6.3 支撑技术体系建设重点与关键技术

6.3.1 建设重点

针对我国太空活动现代化治理的需求，分别对数据层、信息层和业务层工作特点规划重点工程，分别是太空治理目标感知系统、太空治理信息服务中心、太空治理综合执行系统。其中，太空治理目标感知系统统筹构建天地协同监测系统，解决数据层工作需求，使我国具备空间目标监测能力；太空治理信息服务中心解决信息层工作需求，以人工智能、大数据和云计算等新一代信息技术为主，建立地面太空活动数据中心，为开展太空活动的处置行为和干预行为提供信息支持，使我国具备空间数据应用能力；太空治理综合执行系统解决业务层工作需求，是直接对太空活动进行处置和干预的技术分类，一般来说"一事一办"，应在相关处置中体现效率和效果，因此需要具备效能化的特点，使我国具备空间频谱管理、空间设施维护、空间碎片减缓、近地天体防御等能力，对应关系如图 6－36 所示。

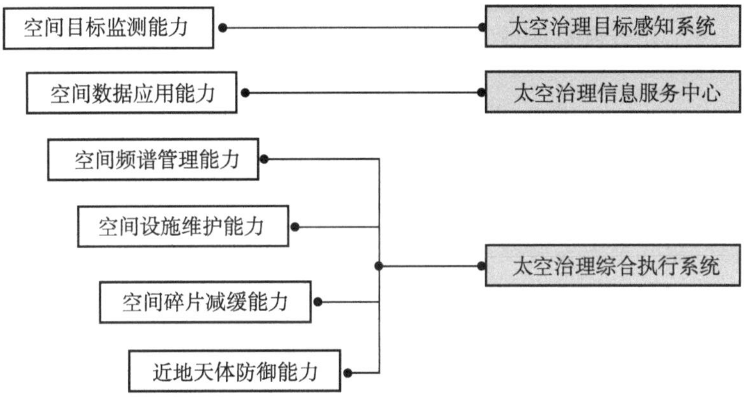

图 6－36　我国太空活动现代化治理建设重点

6.3.2　目标感知系统及关键技术

6.3.2.1　太空治理目标感知系统

太空治理目标感知系统主要针对空间目标（航天器、空间碎片、近地高危小天体）进行监视，为太空交通管理等太空治理活动提供观测数据。主要包括地基空间目标监测平台、天基空间目标监测平台和天地协同监测预警平台 3 部分，如图 6－37 所示。

地基空间目标监测平台：具有空间碎片低轨 1 cm、中高轨 10 cm 的搜索和定位能力，4 m 望远镜实现 100 m 以下近地天体观测能力，航天器定轨与跟踪。

天基空间目标监测平台：对突发事件快速应急观测、90%以上十米量级直径近地小天体普查。

天地协同监测预警平台：实现地基和天基监测网的一体化优化调度，基于大数据技术进行信息处理、分发和应用。

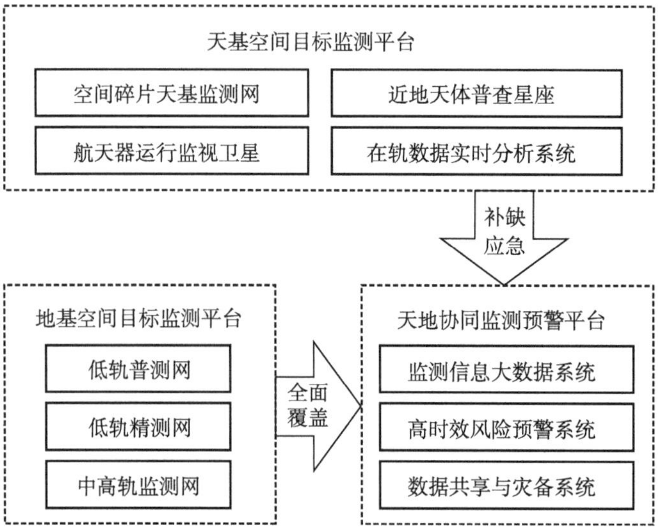

图 6-37 太空治理目标感知系统框图

6.3.2.2 太空治理目标感知系统关键技术分析

太空治理目标感知系统关键技术主要包括 5 项，见表 6-6。

表 6-6 太空治理目标感知系统关键技术

序号	支撑技术群
1	多源信息融合空间目标感知技术
2	空间碎片监测预警技术
3	高危小天体监测预警技术
4	天地一体化监测网智能调度技术
5	厘米级碎片监测大数据处理技术

6.3.3 信息服务中心及关键技术

当前，我国各类卫星系统的建设和使用相对独立，卫星在轨无法互联互通且处理能力较弱，在数据的应用方面距离用户需求尚有较大差距，如何进行顶层统筹规划设计，满足智慧海洋、智慧航空、应急保障、防灾减灾、处突维稳、战术支援等各类应用，并实现各类型卫星的互联互通和协同，提升整体利用太空效能仍然是一个迫切需要解决的问题。

6.3.3.1 太空治理信息服务中心

太空治理信息服务中心的技术内涵主要包括以下 3 个方面：

1）各领域专项工程顶层统筹规划。进行遥感、导航、通信、深空、载人、科学试验等各类航天器的专项工程顶层统筹规划。我国已规划了北斗导航工程、探月工程、载人航天工程等多项重大工程。其中，北斗导航工程已完成建设，正在进行下一代北斗导航工程的建设规划，探月工程也正在分阶段开展，载人航天工程也进入空间站的建设阶段，这些工程都在有条不紊地开展。深空、载人、科学试验更强调的是技术的验证，而与民用、军用密切相关的主要是遥感、通信和导航领域，如何通过遥感、通信、导航卫星的系统建设和规划实现民用各行业需求的覆盖以及满足军用战术支援需求迫切需要进行统筹规划。

2）各类型航天器互联互通顶层统筹规划。目前我国已发射了许多遥感卫星，但受限于无法全球布站，其信息难以实时下传。以应急救灾为例，2008 年汶川地震获取第一幅卫星影像用时 36 个小时；2015 年天津港爆炸时，获取第一幅卫星影像仍然花了 12 个小时，失去了宝贵的救援时间。与此相对应，据兰德公司披露，美国已具备 2 小时内完成全球打击的能力，并扬言到 2020 年将提升到从发现到消灭只用十秒钟的水平。尽管我国可以采用增加在轨遥感卫星数量、利用中继通信卫星等各种手段，试图最大限度提高我国航天遥感情报的时间分辨率，但是星间、星地间都普遍存在数据可用度低、通信传输瓶颈等问题，始终无法得到根本解决，最高情报保障能力也仅能达到小时级，与美国相比差距较大。为此需要研究如何构建一个太空云系统，实现各类型航天器互联互通和在轨处理，实现信息特征和情报的高效分发，满足各类行业应用。

3）各类型航天器数据应用顶层统筹规划。目前，地面有民用独立的海洋数据中心、资源数据中心、气象数据中心以及各军兵种的独立数据中心，这些数据的应用大多局限于局部，缺乏有效的信息共享机制，无法发挥这些数据最大的应用价值，需要对地面的数据应用中心进行顶层统筹规划，打破壁垒，并且充分引入民营企业开展数据应用相关市场拓展，做大卫星数据应用的市场，充分发挥空间数据的应用效能，真正做到有效、高效利用太空资源。

构建一个涵盖遥感、导航、通信、深空、载人、科学试验卫星以及地面应用的一体化信息系统，促进其互联互通以及融合，实现航天器数据的有效、高效利用，服务于各类垂直行业应用和战术支援。治理对象包括遥感观测网络（陆地、海洋、大气，高中低分辨率）、全球卫星导航系统、移动通信广播系统、数据应用与共享网络等。

太空治理信息服务中心主要统筹已有遥感、通信、卫星导航系统，建立天地协同的信息网络，对应用卫星数据进行处理和共享，如图 6－38 所示。

实现卫星数据多站协同、一体化接收，基于大数据技术实现卫星数据处理、存储、分发，形成面向用户的云服务能力，发布卫星运行状态与用户观测需求，高效利用各类计算与数据资源。具备应用卫星数据标准规范、检验评价、仿真验证、基础数据库等共性技术研发、设计、服务能力。

6.3.3.2　太空治理信息服务中心关键技术分析

太空治理信息服务中心关键技术主要包括 5 项，见表 6－7。

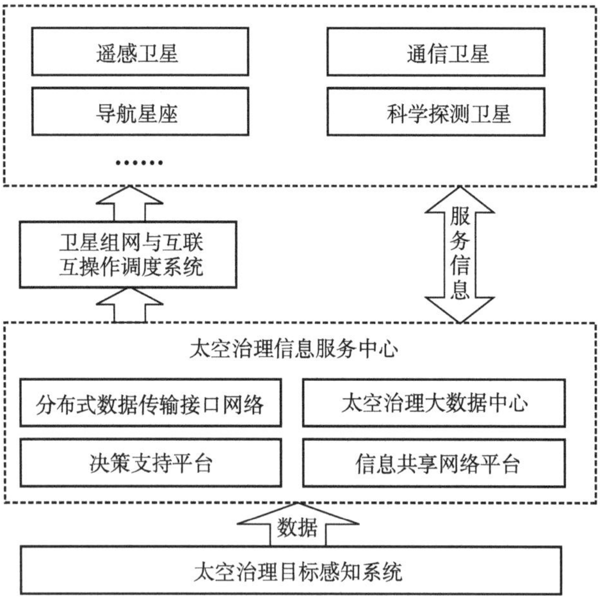

图 6-38 太空治理信息服务中心系统框图

表 6-7 太空治理信息服务中心关键技术

序号	支撑技术群
1	多网数据融合信息化技术
2	卫星物联网技术
3	基于大数据的信息挖掘和处理技术
4	基于区块链的分布式信息共享技术
5	面向用户终端优化的信息服务技术

6.3.4 综合执行系统及关键技术

6.3.4.1 太空治理综合执行系统

一方面，空间碎片数量随着航天活动的发展增长迅速，碰撞解体陨落等空间事件频发，使空间环境日益恶化，应用卫星和航天器运行安全受到严重威胁。通过动态监测空间碎片的运行，为卫星用户和公众提供空间碎片数据和信息更新服务，对航天器或碎片可能发生的碰撞和陨落及其危害及时发出预警，保障航天器安全运行，为政府应对空间突发事件、国家外空外交策略制定提供可靠权威的信息支撑，是发展空间碎片监测和防御治理技术的重要目的。另一方面，自然空间环境的危害也不容忽视。太阳系内近地威胁小行星对地球迫近事件时有发生，一旦碰撞地球，极有可能导致地球生态的破坏，地球乃至人类文明的毁灭。在自然和人为空间环境因素的威胁下，人类航天活动及其可持续发展面临巨大挑战。

准确及时地监测空间碎片和近地小行星的状态和变化，及时预警可能发生的威胁或灾害，提前采取有效措施进行治理和防御，可有效规避这些环境因素对航天系统和地球及地面生态安全的危害，保障航天器安全，保护地球和地面生态安全，维护外空活动长期可持续发展。太空治理信息服务中心系统框图如图 6 – 39 所示。

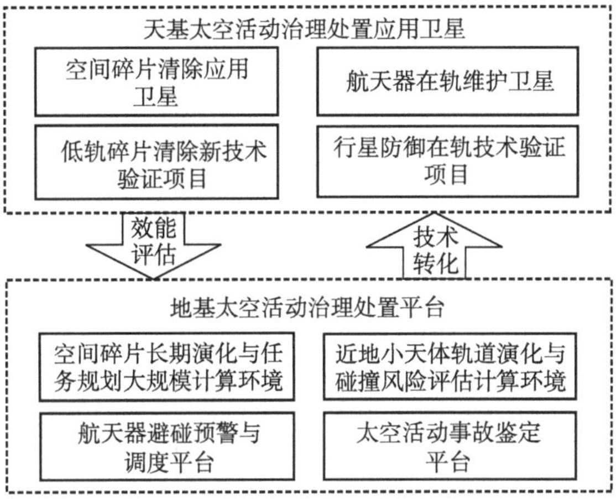

图 6 – 39　太空治理信息服务中心系统框图

6.3.4.2　太空治理综合执行系统关键技术分析

太空治理综合执行系统关键技术主要包括 9 项，见表 6 – 8。

表 6 – 8　太空治理综合执行系统关键技术

序号	支撑技术群
1	空间自主碰撞预警技术
2	频谱共享与高效利用技术
3	基于人工智能的航天器规避规划技术
4	卫星组网与互联互操作技术
5	卫星在轨处置与延寿技术
6	高效空间碎片清除技术
7	超高速动能撞击偏转与摧毁小行星技术
8	不规则小行星消旋与姿态控制技术
9	小行星超高速撞击模拟实验与仿真技术

6.3.5　适应太空活动现代化治理的支撑技术体系

根据三项重点工程关键技术需求分析，形成适应我国太空活动现代化治理的支撑技术体系，如图 6 – 40 所示。

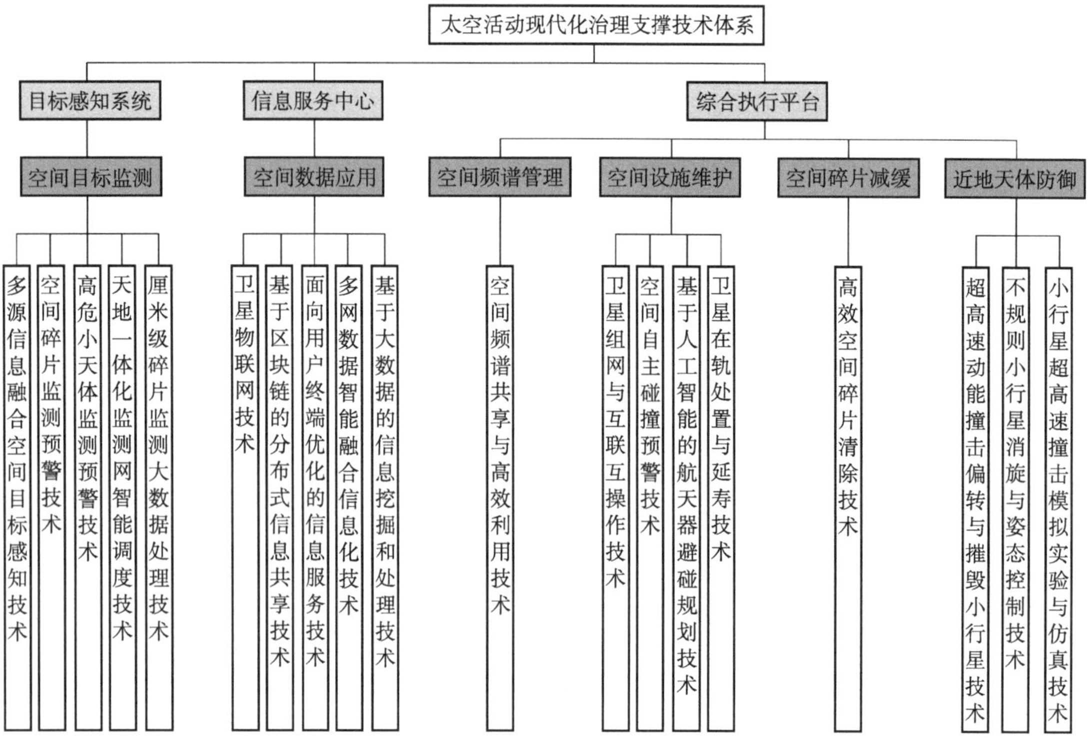

图 6－40 太空活动现代化治理体系关键技术

6.4 太空活动现代化治理支撑技术发展建议

6.4.1 发展目标

以体现战略性、前瞻性、创新性为宗旨，以保障空间活动长期可持续发展为任务牵引，立足人类全局高度、着眼未来长远发展，科学谋划太空活动现代化治理支撑技术体系建设，为推进我国太空活动治理现代化的稳步实施、国际交流合作的顺利开展提供有力支撑。

2025 年前，初步建成天地一体化空间目标感知系统，具备一定空间目标感知能力，支撑我国重点空间设施太空交通管理、太空安全治理；初步形成空间数据地面大数据处理与分析能力，有效聚合应用卫星数据计算、存储、软件资源和服务，全面提升空间数据利用水平；开展空间碎片清除与减缓、行星防御的在轨验证任务，具备一定太空安全行动能力。

2035 年前，建成空间频谱监测与管理系统和太空交通管理系统，形成较强空间综合空间目标感知能力，全面实现我国空间设施太空交通管理、太空安全治理；建成空间数据大数据中心，形成天地一体化信息获取能力，支撑国家治理；发展新型空间碎片清除与减缓技术和行星防御技术，具备多手段太空安全行动能力。

2045 年前，建成包含小行星监测系统在内的太空安全感知系统，具备全天域多维空间目标感知能力，建成能够自主运行的太空交通管理系统、地面空间应用数据中心和太空安全监测预警系统，建成多类型太空安全防护与处置系统，具备高效太空安全行动能力，形成天地协同、稳定可靠、高效智能的太空活动治理支撑技术体系。

6.4.2　总体思路

以智能化、网络化和效能化为目标，重点从以下 5 个方面开展支撑技术体系建设：

1）问题导向，按照治理需求合理构建太空活动现代化治理支撑技术框架。

2）科学推演，优化数据计算、信息服务等地面支持系统设计。

3）明确重点，提升太空交通管理、空间数据应用和太空安全防护等核心能力。

4）创新发展，培育人工智能、大数据、云计算和区块链等信息技术。

5）注重效能，支撑太空活动治理，服务国家治理。

6.4.3　发展建议

6.4.3.1　同步规划——与航天强国、各空间任务同规划，提供必要的空间基础设施和技术保障

发展航天事业是我国强国战略的重要组成部分之一。当前，我国已提出 2045 年全面建成航天强国的时间节点，2020 年 4 月，习近平总书记就加快航天强国建设再次提出殷切期望。未来航天产业将与国民经济主战场结合更加紧密，航天事业和产业发展对于我国实现“两个一百年”目标至关重要。目前我国太空活动治理虽取得一定成果，但治理能力及其现代化水平仍存在短板，对我国即将开展的各空间任务的保障作用有限。因此，太空活动治理能力提升工程应与航天强国建设和各空间任务同步规划，为其提供必要的空间基础设施和技术保障。

6.4.3.2　专项牵引——设立 3 个太空活动治理专项，推动新一代信息技术在太空治理中的应用，牵引支撑技术发展

新一代信息技术与航天技术相伴而行、共同作用、互相结合才能发挥最大作用，体现最大价值。应尽快设立太空活动治理专项，坚持问题导向，在太空治理目标感知系统、太空治理信息服务中心和太空治理综合执行系统 3 个方向上进行重点突破，推动新一代信息技术在太空治理中的应用，打破学科、产业和行业间的壁垒，提出符合新时代要求的治理方案，促进新一代信息技术与航天技术的深度融合，牵引太空活动治理支撑技术发展，深入开拓跨界融合新模式。

6.4.3.3 与时俱进——跟踪预测我国在轨卫星数量、空间数据规模、潜在用户需求，不断提升太空治理系统的治理能力和智能化水平

我国航天领域是开展大数据科学应用最早并取得成果最多的领域之一，奠定了航天实践的基石。在以空间数据规模爆炸式增长、在轨卫星数量不断跃升台阶、潜在用户需求持续挖掘为特点的新航天活动中，应坚持与时俱进，抢抓大数据时代发展机遇，全面提升航天领域数据应用和治理能力现代化、智能化意识，面向用户提供多源数据融合、综合治理、数据分析挖掘与展现服务。应从单纯的保存数据变革为科学化持有数据并不断加以利用，完成从数据到信息、从信息到知识的转变，助力航天各技术领域的纵深发展，不断提升太空活动治理能力和智能化水平。

6.4.3.4 产业转型——结合“新基建”，广纳社会主体和资本，发挥商业公司优势，推动空间数据应用等产业发展

党中央和国务院高度重视新型基础设施建设。在国家密集部署加快新基建的时代背景下，新形势、新挑战、新技术对新时代的国家治理、社会治理和太空治理都将带来深刻影响。作为对国民经济其他部门影响和带动作用明显的传统航天部门，也应积极投身国家“新基建”，广纳社会主体和资本，创新航天技术应用，为跨领域应用提供服务与支撑；发挥新型商业航天业务和新兴商业航天公司优势，推动空间数据应用等产业发展，优化航天系统大格局，不断推动科技创新和产业升级，同时赋能国家治理和社会治理。

第 7 章　推动太空活动现代化治理体系建设的主要思路

7.1　发展目标

到 2030 年左右，建成系统完备、科学规范、运行高效的现代太空治理体系，形成强大的太空治理能力，奠定迈向航天强国第一阵列的坚强基石。

1）管理体制机制更加健全。全面建成中央统一领导、政府统筹管理、军政协同推进、发挥市场作用的中国特色航天管理体制机制，实现军民航天统筹衔接、资源共享、协调发展。

2）法律法规体系不断完善。全面建成以航天法为统领，涵盖科技创新、科研生产、产业发展、金融保险等各领域的法律法规体系，为各类主体规范有序参与航天活动提供良好法治保障。

3）国际主导能力大幅提升。实现航天资源全球布局，成为国际重大航天合作工程、国际航天重大议题，以及国际规则和标准制定的重要参与者和主导者，在全球航天领域拥有强大的话语权和影响力。

4）空间治理技术超越引领。基础理论、颠覆性技术和前沿技术研究实现重大突破，取得一大批原始创新成果，特别是在空间碎片减缓、近地小行星撞击风险应对、空间交通管理等太空活动治理技术上实现超越引领。

7.2　发展思路

以习近平新时代中国特色社会主义思想为指导，全面贯彻党的十九大和十九届二中、三中、四中全会精神，增强“四个意识”，坚定“四个自信”，做到“两个维护”，胸怀“两个大局”，以发展航天事业、建设航天强国为己任，以全面深化改革为根本动力，着力破除制约发展的体制性障碍、结构性矛盾和政策性问题，不断健全法律法规体系，积极参与全球太空治理，大幅提升太空活动治理技术能力，牢牢把握国际话语权和主导权，加快推动治理体系和治理能力现代化，走出一条中国特色现代太空治理之路，奠定从航天大国迈向航天强国的坚强支撑，为实现航天梦、强军梦和中国梦做出新的更大贡献。

1）坚持党的全面领导。把坚持和加强党的全面领导贯彻于治理体系和治理能力现代化进程始终，充分发挥党组织“把方向、管大局、保落实”的领导作用。

2）坚持全面深化改革。把全面深化改革作为推动治理体系和治理能力现代化的根本动力，加强统筹谋划、压茬扎实推进，务求全面、系统、协同发力。

3）坚持对外开放合作。把对外开放合作作为推动治理体系和治理能力现代化的重要途径，积极参与国际太空合作和国际规则制定，不断提升国际影响力。

坚持创新驱动发展。把创新驱动发展作为推动治理体系和治理能力现代化的有力支撑，全面提升自主创新能力，取得一大批原创性成果，引领世界航天发展潮流。

7.3 太空活动现代化治理体系框架

太空活动治理现代化就是要按照国家治理体系与治理能力现代化的总体要求，改革不适应实践发展要求的体制机制障碍、法律法规短板。综合考虑国际现状与国内实际，太空活动现代化治理体系由组织管理体系、法律法规体系、国际合作体系和支撑技术体系 4 个部分组成。

组织管理体系包括太空活动决策层、管理层、执行层等机构及其运作机制；法律法规体系包括基本法（国家航天法）、行政法规、部门规章以及其他渠道发布的适应太空活动相关法规；国际合作体系具体包括政府间多边合作、政府间双边合作、非政府合作、国际商业活动等内容，依据相关法律法规，由相关机构组织实施；支撑技术体系包括空间态势监测管理、空间资产维护、碎片减缓清除、航天大数据智能平台等，为组织管理和国际合作提供技术手段，如图 7-1 所示。

在上述 4 个组成部分中，法律法规是基础，技术是手段，组织管理是核心，国际合作是重点，通过 4 个部分协调运行，实现太空活动各项事务治理的系统化、制度化、法治化和科学化，实现我国治理系统完备、科学规范和运行高效，推动建立符合人类命运共同体的国际太空活动治理体系，获得与我大国地位相匹配的太空国际地位。

（1）组织管理体系发展重点

太空活动受国家发展战略的影响极大，航天工业与国情密切相关，因此，在航天管理机构的设置和权限分工上，将太空活动现代化组织管理体系框架划分为决策层、管理层和执行层 3 层，如图 7-2 所示。

①组织管理机构优化研究

组织管理是现代化治理的核心环节，必须优化完善行政体制，构建设置科学、职责明确和权责协同的政府治理体系。

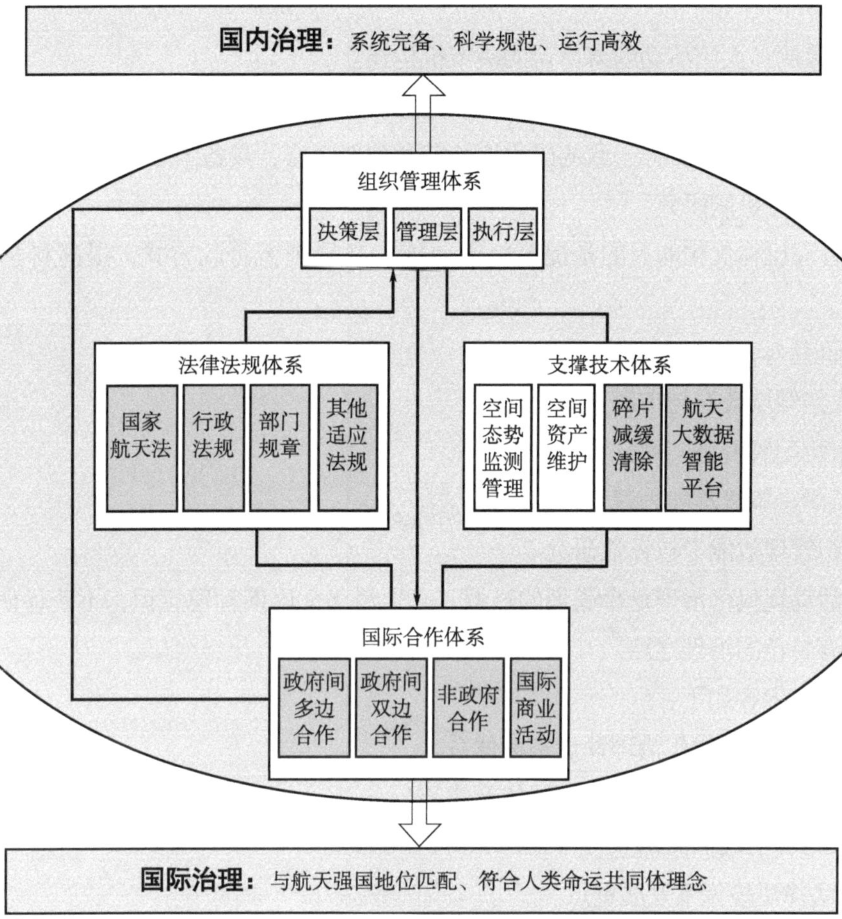

图 7-1　太空活动现代化治理体系框架

图 7-2　组织管理体系框架

主要研究内容如下：

1）决策层：太空活动统筹协调的决策机构建立。

2）管理层：分工明确的行政管理体系建立。

3）执行层：建立目标一致的国家实验室和创新中心，具备国际竞争力。

②高效运行机制研究

组织管理机构优化的目的是提高管理效能，必须创新行政方式，提高科学决策管理能力。

主要研究内容如下：

1）太空领域政府与市场关系研究。

2）市场配置资源问题分析。

3）科学决策管理能力建设研究。

③组织管理效能考核评估研究

太空活动现代化治理是个长期的过程，必须树立全周期管理意识，不断评估调整，探索出一条有特色的治理之路。

主要研究内容如下：

1）太空活动现代化治理评价指标体系。

2）太空活动现代化治理考核评估方法。

3）考核评估数据库建立。

（2）法律法规体系发展重点

未来中国特色的太空法律法规体系将采取母法加子法的模式，形成航天法为统领，太空活动安全管理、太空事件应急处置、航天损害赔偿、空间物体登记、航天发射/再入许可、航天器在轨操作管理、航天运营管理、载人航天管理等法律条例为主体，空间碎片减缓与防护管理办法、空间物体登记管理办法、卫星数据管理办法等部门规章为补充的太空法律法规体系框架，如图 7－3 所示。

①法律法规体系构建研究

以良法保障善治。需要构建一个由上至下、处于不同位阶、覆盖太空活动各领域、合理规范、内外配套衔接的完整体系。

主要研究内容如下：

1）我国太空活动现代化治理存在的问题与立法需求。

2）国际立法与国内立法的衔接、国内立法实践对国际立法的影响研究。

3）适应太空活动特点、符合现代化治理要求的法律法规体系。

②重点法律法规制定研究

按照急用先行的原则，开展重点法律法规制定研究，填平法律空白。

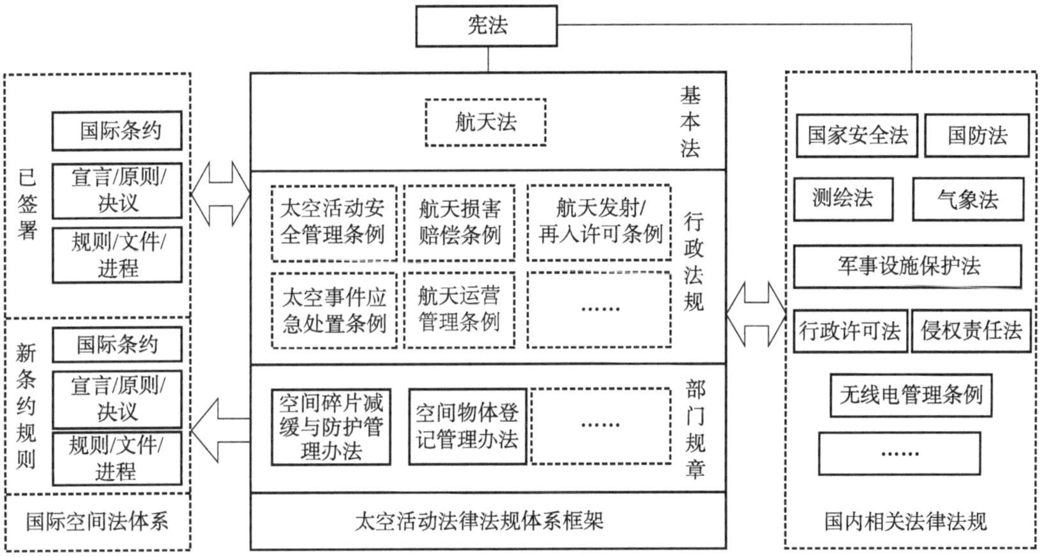

图 7-3　法律法规体系框架

主要研究内容如下：

1）安全与应急。

2）商业航天管理。

3）损害赔偿。

4）宇航产品和技术出口管制。

5）新型太空活动立法研究。

③法律法规高效执行机制研究

法律法规的生命是有法必依、执法必严、违法必究，实现依法开展太空治理需从立法、执法和监督等方面综合施策。

主要研究内容如下：

1）太空活动领域执法案例剖析。

2）在轨太空活动监督方法及合法性研究。

3）商业航天太空活动的监管机制研究。

（3）国际合作体系发展重点

我国太空活动国际合作涉及多个政府部门，多头对外、声音不一，急需建立高层决策、归口管理、高效协作、统一对外的航天合作政府管理机制，加强统一决策部署、整体协调对外，形成对外合力，助力实现整体目标。

①长期可持续国际合作目标与政策研究

改变太空活动外交被动局面，按照和平、发展、合作和共赢的要求，设计国际合作长期目标与政策。

主要研究内容如下：

1）我国外空发展责任与义务研究。

2）外空长期可持续发展途径研究。

3）我国太空活动国际合作规划研究。

4）太空规则博弈、全球合作伙伴关系建立策略研究。

5）部门间航天国际合作协作机制研究。

②基于人类命运共同体的国际规则研究

秉承人类命运共同体的理念，以建立“开放、包容”的太空秩序为目标，塑造公平、合理、有效、安全的国际规则。

主要研究内容如下：

1）太空交通管理国际规则研究。

2）太空资源开采国际规则研究。

3）大规模星座监管国际规则研究。

4）禁止太空武器化规则研究。

③重大专项工程助力国际合作途径研究

发挥重大专项工程对太空国际合作的带动作用，积极发起以我方为主导的国际合作工程项目，提升国际事务影响力。

主要研究内容如下：

1）国际合作项目培育机制研究。

2）重大专项工程技术标准国际化发展研究。

3）重大专项工程关键技术国际化联合攻关模式研究。

4）重大科学研究、技术成果共享机制研究。

（4）支撑技术体系发展重点

针对我国太空活动现代化治理的需求，分别从太空环境监测、太空资产防护和太空事件处置3个方面规划重点工程，使我国具备空间目标监测、空间频谱监测、空间数据应用、碎片减缓清除、空间资产维护、小行星撞击防御等能力，如图7－4所示。

①太空活动治理支撑技术体系研究

太空活动治理复杂，参与主体多、环境不确定、影响要素多，需要建立完备的技术能力。

主要研究内容如下：

1）太空活动治理需求及任务分析。

2）太空活动治理系统设计。

3）空间技术应用效能评估。

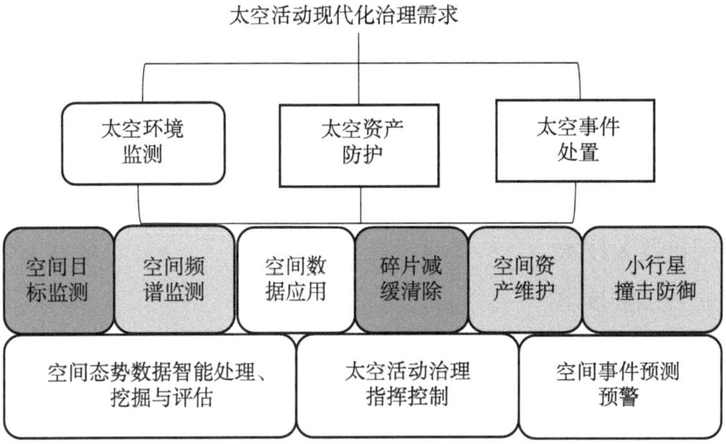

图 7 - 4　支撑技术体系框架

②空间目标监测技术研究

太空活动治理首先要求掌握全部态势：看得全、看得准、看得快、可溯源。

主要研究内容如下：

1）天基碎片监测技术。

2）近地天体普查技术。

3）人工智能数据处理技术。

4）碰撞预报预警技术。

③空间频谱监测技术研究

2020 年 9 月，白宫发布《5 号航天政策令：太空系统网络安全原则》，频率域治理需求凸显。

主要研究内容如下：

1）全频谱检测（0.1~100 GHz）技术。

2）频谱认知（频谱态势与威胁智能识别）。

3）频谱利用技术。

④空间碎片减缓与清除技术研究

空间碎片减缓与主动移除是空间环境治理的必然选择。

主要研究内容如下：

1）飞网、机械臂抓捕技术。

2）阻力帆、空间拖船离轨技术。

3）等离子体、激光驱离技术。

4）新型碎片清除技术。

⑤空间资产维护技术研究

空间资产维护是提升进出太空、利用太空和探索太空能力的核心关键，是太空活动治理的技术制高点。

主要研究内容如下：

1）高效能源与推进技术。

2）智能空间机器人技术。

3）航天器服务维护技术。

4）空间建造与重构技术。

5）空间碎片在轨利用技术。

⑥小行星防御技术研究

近地小行星撞击可能是造成全球性生物灭绝的主要原因，概率虽小，但风险危害大，是太空活动治理不得不关注的重大问题。

主要研究内容如下：

1）小行星撞击预警和灾害效应评估技术。

2）动能撞击偏转摧毁技术。

3）激光烧蚀驱动、拖船、引力牵引等长期作用力偏转防御技术。

第681次香山科学会议“太空治理能力现代化前沿问题与政策建议”参会专家合影

“太空活动现代化治理体系发展战略成果交流暨结题验收会”与会专家合影

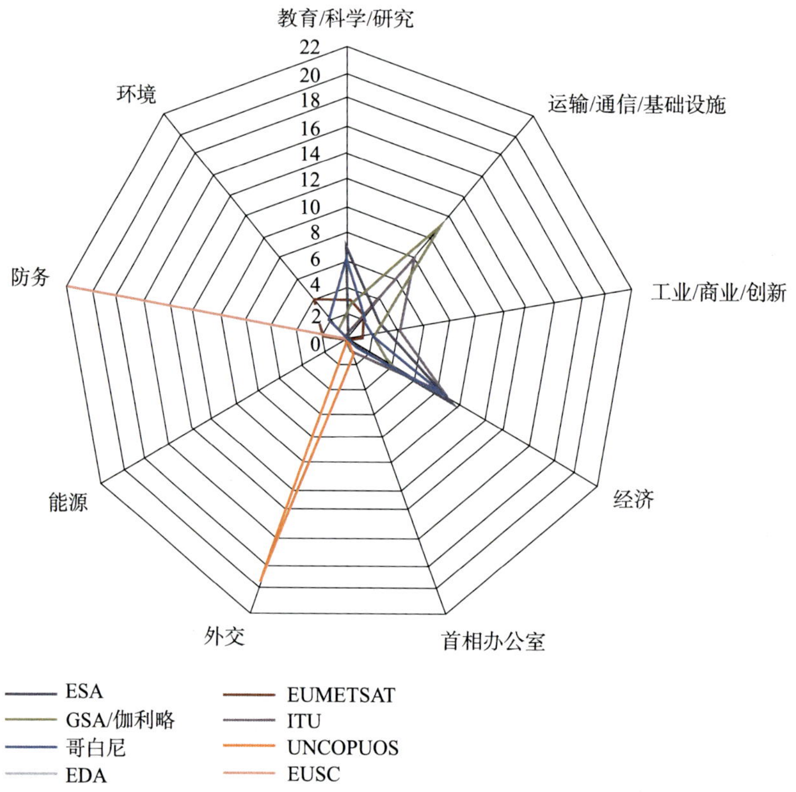

图 3-6　ESA 成员国参与各类太空活动的主管部委（P40）

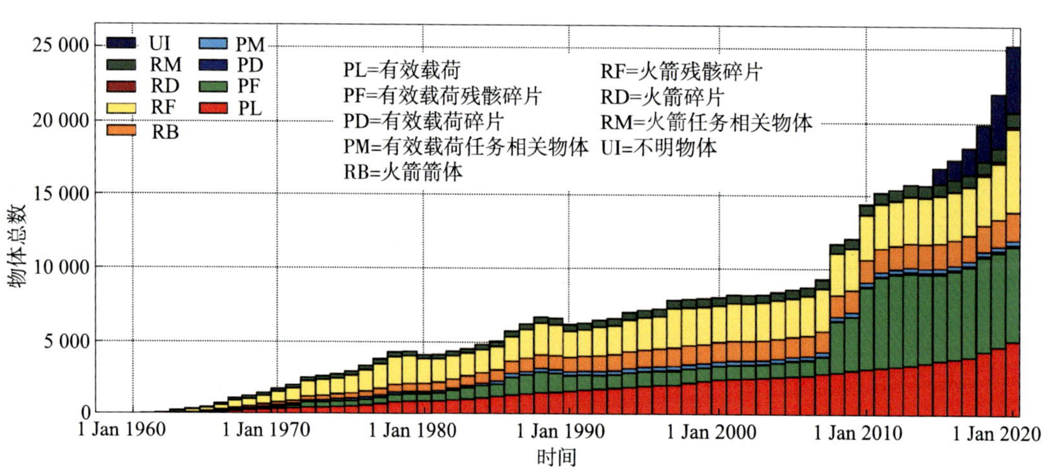

图 6-1　地心轨道空间物体总数变化趋势（P195）

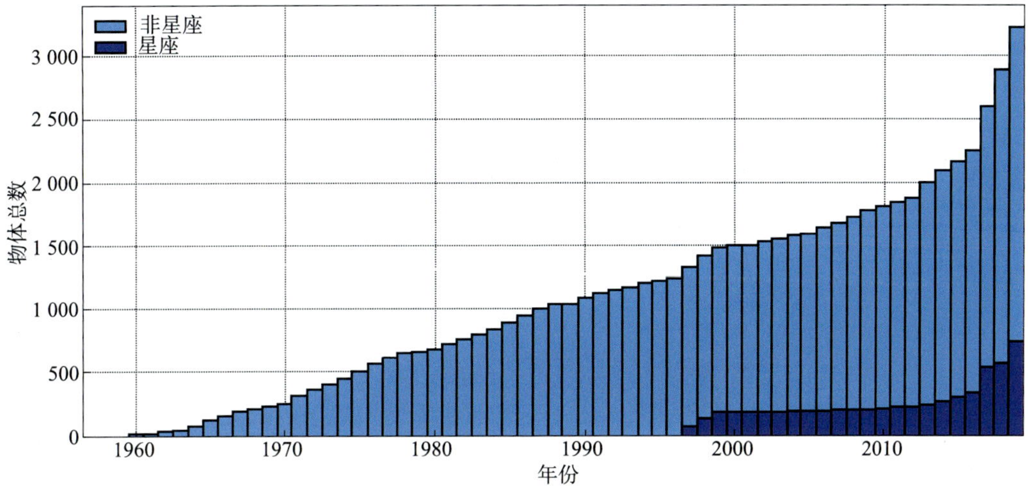

图 6-2　近地轨道空间物体总数变化趋势，区分星座和非星座有效载荷（P195）

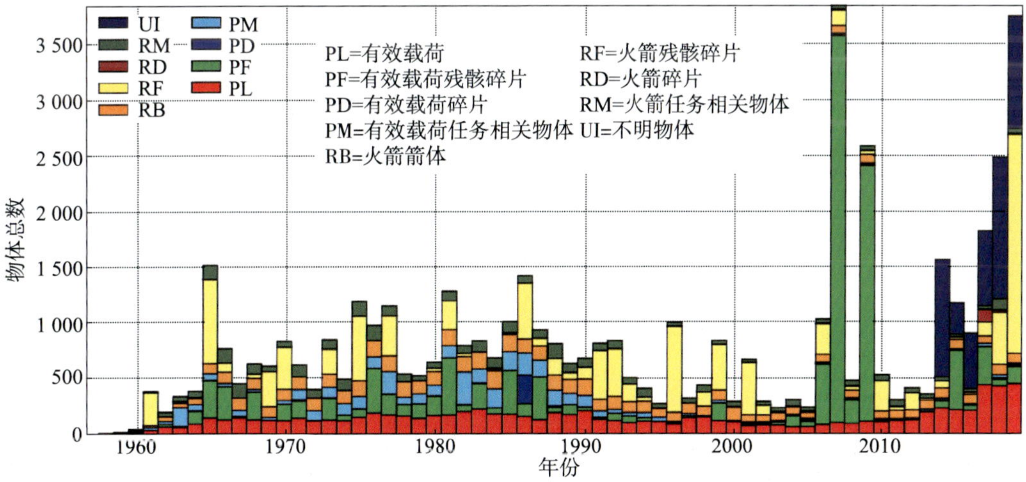

图 6-3　新增空间物体数目变化趋势（P196）

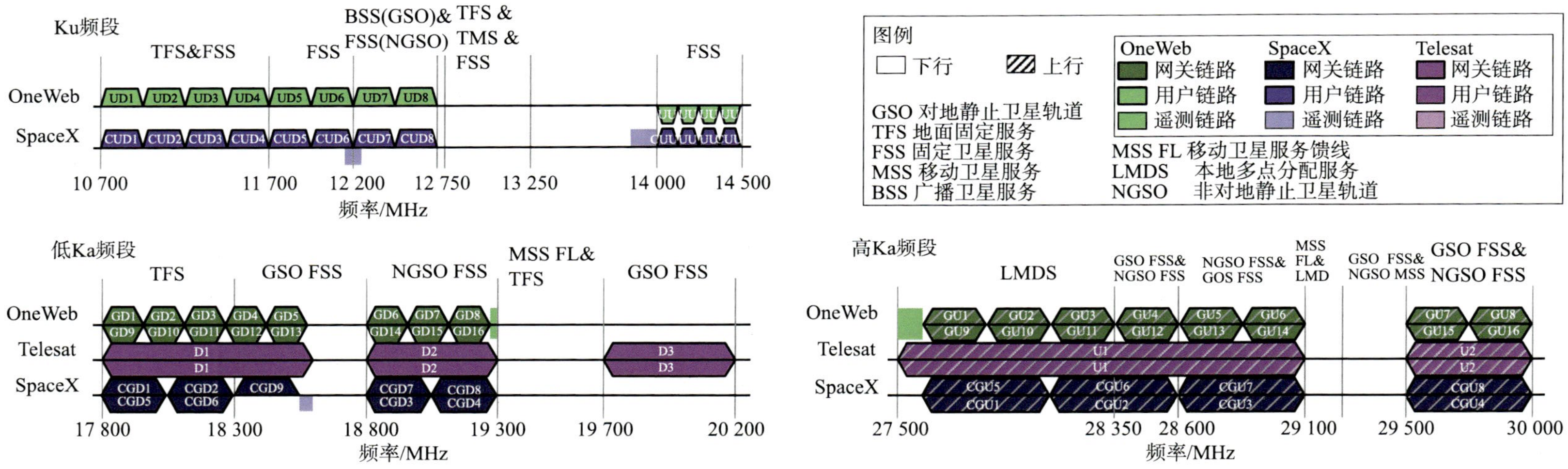

图 6－11　3 个星座系统的频带分配（P208）